yh 3496

Paris
1855

Schiller, Frederich von

Théatre

Tome 2

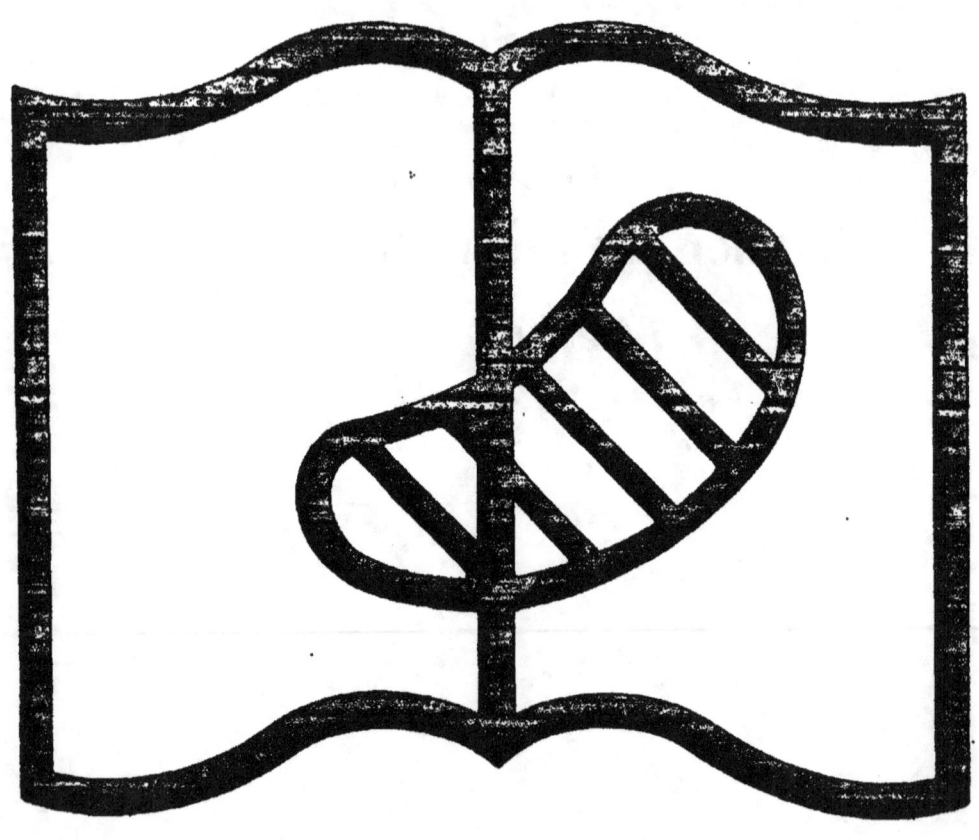

**Symbole applicable
pour tout, ou partie
des documents microfilmés**

Original illisible

NF Z 43-120-10

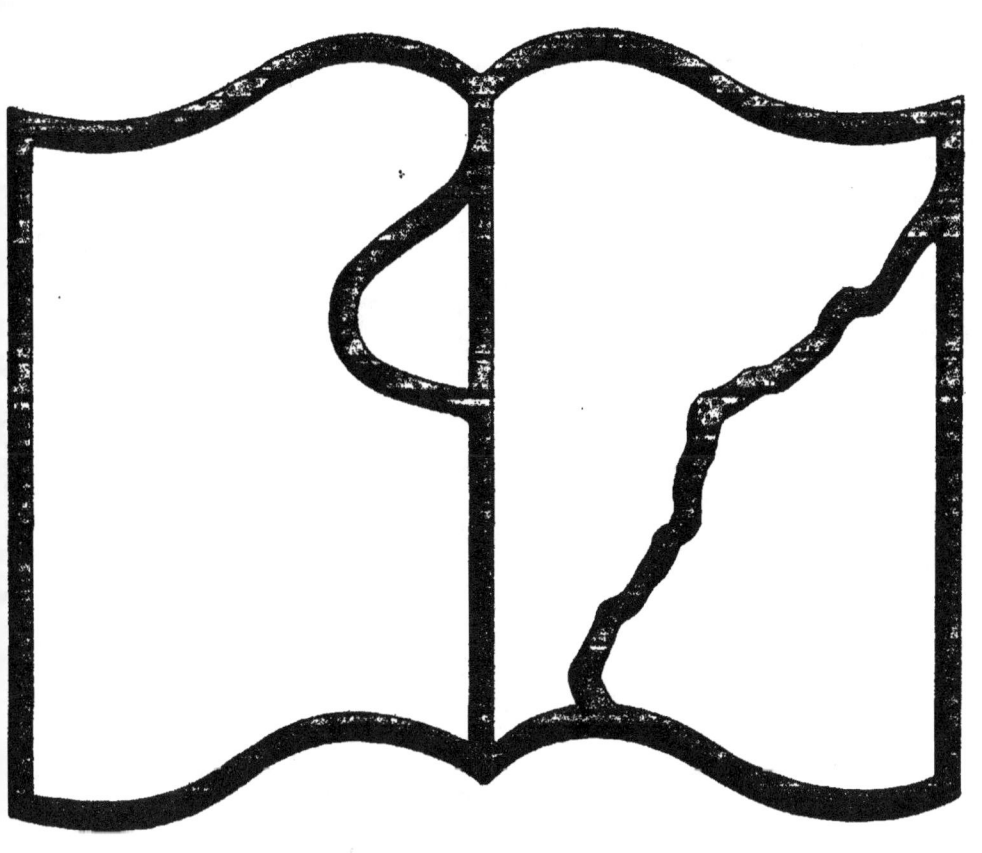

**Symbole applicable
pour tout, ou partie
des documents microfilmés**

Texte détérioré — reliure défectueuse

NF Z 43-120-11

THÉATRE
DE
SCHILLER

Abbeville. — Imp. de T. Jeunet, rue Saint-Gilles, 108.

THÉATRE

DE

SCHILLER

TRADUCTION NOUVELLE

PRÉCÉDÉE D'UNE NOTICE SUR SA VIE ET SES OUVRAGES

PAR M. X. MARMIER.

TROISIÈME ÉDITION

REVUE, CORRIGÉE ET AUGMENTÉE.

DEUXIÈME SÉRIE.

Don Carlos.
Marie Stuart.
La Pucelle d'Orléans.

PARIS.
CHARPENTIER, LIBRAIRE-ÉDITEUR,
39, RUE DE L'UNIVERSITÉ.

1855

DON CARLOS,

INFANT D'ESPAGNE.

PERSONNAGES.

PHILIPPE II, roi d'Espagne.
ELISABETH DE VALOIS, sa femme.
DON CARLOS, prince royal.
ALEXANDRE FARNÈSE, prince de Parme, neveu du roi.
L'INFANTE CLAIRE-EUGÉNIE, enfant de trois ans.
LA DUCHESSE D'OLIVARÈS, grande maîtresse de la cour,
LA MARQUISE DE MONDÉJAR,
LA PRINCESSE D'ÉBOLI, } dames de la reine.
LA COMTESSE DE FUENTÈS,
LE MARQUIS DE POSA, chevalier de Malte,
LE DUC D'ALBE,
LE COMTE DE LERME, commandant des gardes,
LE DUC DE FERIA, chevalier de la Toison, } grands d'Espagne.
LE DUC DE MEDINA-SIDONIA, amiral,
DON RAIMOND DE TAXIS, grand maître des postes,
DOMINGO, confesseur,
LE GRAND INQUISITEUR DU ROYAUME.
LE PRIEUR D'UNE CHARTREUSE.
UN PAGE de la reine.
DON LOUIS MERCUDO, médecin de la reine.
DAMES, GRANDS D'ESPAGNE, PAGES, OFFICIERS ET AUTRES PERSONNAGES MUETS.

ACTE PREMIER.

SCÈNE I.

Le jardin du palais d'Aranjuez.

CARLOS, DOMINGO.

DOMINGO. C'en est fait des beaux jours d'Aranjuez. Votre altesse royale ne nous quitte pas avec plus de gaîté. C'est en vain que nous aurons été ici. Rompez ce silence énigmatique ; ouvrez votre cœur, prince, au cœur d'un père. Le roi ne saurait payer trop cher le repos de son fils, trop cher le repos de son fils unique. (*Carlos regarde la terre et demeure silencieux.*) Y aurait-il donc encore un souhait dont le ciel refusât l'accomplissement au plus cher de ses enfants? J'étais là lorsque, dans les murs de Tolède, le fier Charles reçut l'hommage des princes qui s'empressaient pour lui baiser la main, et dans une seule génuflexion, dans une seule, six royaumes étaient à ses pieds. J'étais là, et je voyais son sang jeune et superbe monter à son visage; je voyais son sein se gonfler tout palpitant de royales résolutions, et son regard enivré, éclatant de joie, se promener sur l'assemblée... prince, et ce regard disait alors : Je suis au comble de mes vœux. (*Carlos se détourne.*) Ce chagrin calme et solennel que nous lisons, prince, depuis huit mois dans vos yeux, cette énigme de toute la cour, cette angoisse du royaume, ont déjà coûté bien des nuits inquiètes au roi, bien des larmes à votre mère.

CARLOS *se détourne vivement.* Ma mère! ô ciel! fais que je pardonne à celui qui d'elle a fait ma mère.

DOMINGO. Prince...

CARLOS *se recueille et passe la main sur son front.* Révérend père, j'ai eu bien des malheurs avec mes différentes mères. Mon premier acte, en ouvrant les yeux à la lumière du jour, a été la mort de ma mère.

DOMINGO. Est-il possible, prince? votre conscience peut-elle se faire un reproche de cet événement?

CARLOS. Et ma nouvelle mère, ne m'a-t-elle déjà pas enlevé l'amour de mon père? Il m'aimait à peine; tout mon mérite était d'être son unique enfant; elle lui a donné une fille... Oh! qui sait ce qui sommeille dans les espaces reculés du temps?

DOMINGO. Vous vous moquez, prince. L'Espagne entière idolâtre sa reine, et vous seul vous ne la regarderiez qu'avec les yeux de la haine, et son aspect n'éveillerait en vous que de la défiance! Comment, prince? la femme la plus belle qu'il y ait au monde, — une reine ! — jadis votre fiancée ! Impossible, prince ! incroyable, jamais ! Là où chacun aime, Carlos seul ne saurait haïr ! Prenez garde, prince, de lui laisser jamais apprendre combien elle déplaît à son fils ; cette nouvelle l'affligerait.

carlos. Croyez-vous ?

domingo. Votre altesse se rappelle encore le dernier tournoi de Sarragosse, où un éclat de lance atteignit notre souverain. La reine était assise avec ses dames au balcon du palais et regardait le combat. Tout à coup on s'écrie : Le sang du roi coule... On court pêle-mêle... un murmure confus parvient à l'oreille de la reine... Le sang du prince ! s'écrie-t-elle ; elle veut, elle veut se jeter du haut du balcon... Non, lui répond-on, c'est le roi lui-même... Eh bien ! dit-elle en prenant contenance, faites venir les médecins. (*Après un moment de silence.*) Vous demeurez pensif.

carlos. Je suis surpris de trouver le confesseur du roi si léger et de lui entendre raconter des histoires si ingénieuses. (*D'un ton sérieux et sombre.*) Cependant j'ai toujours ouï dire que ceux qui épient les démarches et qui rapportent ce qu'ils voient ont causé plus de mal en ce monde que le poison et le poignard dans la main du meurtrier n'en ont pu faire. Vous pouviez, monsieur, vous épargner cette peine. Si vous attendez des remercîments, allez trouver le roi.

domingo. Vous faites très-bien, mon prince, d'être circonspect avec les hommes... Mais sachez les discerner ; ne repoussez pas l'ami avec l'hypocrite. J'ai de bonnes intentions à votre égard.

carlos. En ce cas, ne les laissez pas voir à mon père, autrement c'en est fait de votre pourpre.

domingo, *déconcerté*. Comment, que voulez-vous dire ?

carlos. Eh bien ! oui. Ne vous a-t-il pas promis le premier chapeau qui serait donné à l'Espagne?

domingo. Prince, vous vous raillez de moi.

carlos. Dieu me garde de me railler de l'homme redoutable qui peut, à son gré, promettre le salut à mon père, ou le damner.

domingo. Je n'essayerai pas, prince, de pénétrer l'auguste secret de votre chagrin ; seulement je prie votre altesse de vouloir bien penser que l'Eglise offre aux consciences inquiètes un refuge où les rois n'ont nul accès, où les crimes mêmes restent ensevelis sous le sceau du sacrement... Vous savez, prince, quelle est ma pensée ; j'en ai dit assez.

carlos. Non, loin de moi l'idée de soumettre le dépositaire à une telle tentation.

domingo. Prince, cette méfiance... Vous méconnaissez votre plus fidèle serviteur.

carlos *lui prend la main.* Eh bien ! ne vous occupez plus de moi. Vous êtes un saint homme, le monde le sait.. Mais, à parler franchement, vous êtes pour moi trop accablé d'affaires. Pour arriver jusqu'au siége pontifical, votre route est longue, mon révérend père. Trop de savoir pourrait vous embarrasser. Dites cela au roi qui vous envoie ici.

domingo. Qui m'envoie ici ?...

carlos. Je l'ai dit. Oh ! je sais bien, trop bien, que je suis trahi à cette cour... Je sais que cent yeux sont payés pour m'observer. Je sais que le roi Philippe vendrait son fils unique au dernier de ses valets, que chaque syllabe qui m'est surprise est payée plus royalement qu'aucune noble action ne l'a jamais été. Je sais..... Oh ! silence ! rien de plus..... Mon cœur demande à s'épancher, et j'en ai déjà trop dit.

domingo. Le roi a résolu d'être avant ce soir même de retour à Madrid. Déjà la cour se rassemble. J'ai l'honneur, prince...

carlos. Bien ! je vous suis. (*Domingo sort après un moment de silence.*) Père digne de pitié, que ton fils est digne de pitié !... Déjà je vois ton cœur saigner de la morsure envenimée du soupçon. Ta malheureuse curiosité court au-devant de la plus terrible découverte, et quand tu l'auras faite, tu seras furieux.

SCÈNE II.

CARLOS, LE MARQUIS DE POSA.

CARLOS. Qui vient là? que vois-je? Oh! mes bons anges! mon Rodrigue!

LE MARQUIS. Mon Carlos!

CARLOS. Est-il possible? est-ce vrai? est-ce réellement toi?... Oh! c'est bien toi. Je te presse contre mon cœur, et je sens le tien battre avec force. Oh! à présent le bonheur va renaître; mon cœur malade se guérit dans cet embrassement. Je repose dans les bras de mon Rodrigue.

LE MARQUIS. Malade? votre cœur malade? Quel bonheur va renaître? quel malheur doit cesser? Je suis surpris de vous entendre.

CARLOS. Et qui te ramène dans un moment si inespéré de Bruxelles? A qui dois-je cette surprise? à qui? Je le demande encore. Providence céleste, pardonne ce blasphème à l'enivrement de la joie. A qui la devrais-je, si ce n'est à toi, Dieu de bonté? Tu savais que Carlos était sans ange, tu m'as envoyé celui-ci, et je t'interroge encore!

LE MARQUIS. Pardon, cher prince! si je ne réponds à ces transports ardents qu'avec consternation. Ce n'était pas ainsi que je m'attendais à revoir le fils de Philippe. Une rougeur étrange enflamme ses joues pâles; un mouvement fiévreux agite ses lèvres. Que dois-je croire, cher prince? Ce n'est pas là ce jeune homme au cœur de lion, vers lequel m'envoie un peuple opprimé, mais héroïque; car ce n'est plus Rodrigue que vous voyez ici, ce n'est plus le compagnon de jeu de Carlos enfant; c'est le député de l'humanité entière qui vous serre dans ses bras; ce sont les provinces de Flandre qui pleurent sur votre sein, qui vous conjurent solennellement de les délivrer. C'en est fait de cette contrée chérie, si Albe, ce rude bourreau du fanatisme, se présente devant Bruxelles avec les lois d'Espagne. Sur le glorieux petit-fils de l'empereur Charles repose le dernier espoir de ces nobles pays ; ils succombent, si ce cœur généreux a cessé de battre pour l'humanité.

CARLOS. Ils succomberont.

LE MARQUIS. Malheur à moi ! qu'ai-je entendu ?

CARLOS. Tu parles d'un temps qui est bien loin. Moi aussi j'ai rêvé un Carlos dont le visage s'enflammait au nom de la liberté... Mais celui-là est enseveli depuis longtemps. Celui que tu vois ici n'est plus ce Carlos qui te dit adieu à Alcala ; qui, dans sa douce ivresse, espérait être en Espagne le créateur d'un nouvel âge d'or... Ah ! c'était une pensée d'enfant, mais elle était divinement belle. Ces rêves sont passés !

LE MARQUIS. Ces rêves, prince ?... Ce n'étaient donc que des rêves ?...

CARLOS. Laisse-moi pleurer, pleurer sur ton cœur à chaudes larmes. Oh ! mon unique ami ! je n'ai personne sur cette vaste terre, personne, personne. Aussi loin que la domination de mon père s'étend, aussi loin que nos vaisseaux portent nos pavillons, je n'ai pas une place, pas une, où je puisse me soulager par mes larmes, si ce n'est celle-ci ! Oh ! Rodrigue ! par tout ce que toi et moi nous espérons obtenir un jour dans le ciel, ne me bannis point de cette place. (*Le marquis se penche sur lui dans une muette émotion.*) Dis-toi que je suis un orphelin que tu as recueilli avec compassion au pied d'un trône. Je ne sais ce que c'est qu'un père, je suis un fils de roi... Oh ! s'il est vrai, comme mon cœur me le dit, que tu te sois rencontré pour me comprendre parmi des millions d'hommes ; s'il est vrai que la nature créatrice a reproduit Rodrigue en Carlos, et qu'au matin de notre vie les fibres délicates de nos âmes eurent le même mouvement ; si une larme qui me soulage t'est plus chère que la faveur de mon père...

LE MARQUIS. Oh! plus chère que le monde entier!

CARLOS. Je suis tombé si bas, je suis devenu si misérable, qu'il faut que je te rappelle aux premières années de notre enfance, que je réclame la dette longtemps oubliée que tu contractas sous l'habit de matelot. Lorsque nous grandissions fraternellement avec notre nature impétueuse, je n'éprouvais point d'autre chagrin que de voir mon esprit éclipsé par le tien. Enfin, je résolus fermement de t'aimer sans mesure, puisque je ne me sentais plus la force de t'égaler. D'abord, je commençai à t'importuner par mon affection de frère et par mille tendresses. Toi, cœur altier, tu les recevais froidement. Souvent j'étais là, — mais cela tu ne le vis jamais, — et des larmes lourdes, brûlantes, roulaient dans mes yeux lorsque, me négligeant, tu serrais dans tes bras des enfants d'une condition inférieure. Pourquoi ceux-là seulement? m'écriais-je avec tristesse. N'ai-je pas pour toi la même affection?... Mais toi, tu te mettais à genoux avec froideur et gravité devant moi, et tu disais : Voilà ce qui est dû au fils d'un roi.

LE MARQUIS. Oh! trêve, prince, à ces histoires d'enfant qui me font encore rougir.

CARLOS. Je n'avais pas mérité cela de toi. Tu pouvais mépriser, déchirer mon cœur, mais jamais l'éloigner de toi. Trois fois tu repoussas le prince, trois fois il revint implorer ton affection et te forcer à accepter la sienne. Un accident fit ce que Carlos n'avait pu faire. Un jour, il arriva dans nos jeux que ton volant alla frapper l'œil de la reine de Bohême, ma tante. Elle crut que c'était prémédité, et se plaignit au roi, le visage en larmes. Toute la jeunesse du palais dut comparaître pour nommer le coupable. Le roi jura de punir d'une manière terrible cette insolente action, fût-ce sur son propre fils. Je te voyais trembler à l'écart. Alors je m'avançai, je me jetai aux pieds du roi : C'est moi! c'est moi! m'écriai-je; c'est moi qui suis coupable! venge-toi sur ton fils!

LE MARQUIS. Ah ! prince, que me rappelez-vous ?

CARLOS. Le roi tint sa parole à la vue de toute la cour émue de pitié : son Carlos fut châtié comme un esclave. Je te regardais et je ne pleurais pas. La douleur me faisait grincer les dents, mais je ne pleurais pas. Mon sang royal coulait honteusement sous des coups impitoyables ; je te regardais et je ne pleurais pas... Tu t'approches en sanglotant ; tu te jettes à mes pieds... Oui, t'écries-tu, oui, mon orgueil est vaincu ! Je te payerai quand tu seras roi.

LE MARQUIS *lui présente la main.* Je le ferai, Carlos. Ce serment d'enfant, l'homme à présent le renouvelle. Je m'acquitterai ; mon heure est peut-être venue.

CARLOS. Maintenant, maintenant. Oh ! ne retarde plus. Maintenant elle est venue. Le temps est arrivé où tu peux t'acquitter. J'ai besoin d'affection. Un horrible secret dévore mon cœur ; il faut, il faut qu'il en sorte. Sur ton visage pâle, je veux lire mon arrêt de mort. Écoute..., frémis..., mais ne réponds rien... J'aime ma mère !

LE MARQUIS. Oh ! mon Dieu !

CARLOS. Non, je ne veux pas de ce ménagement. Parle : dis que dans ce vaste univers il n'y a pas une misère qui approche de la mienne. Parle ! je devine déjà ce que tu peux me dire. Le fils aime sa mère ; les usages du monde, l'ordre de la nature, les lois de Rome, tout condamne cette passion. Mes désirs portent une atteinte terrible aux droits de mon père ; je le sens, et cependant j'aime ! Ce chemin ne conduit qu'au délire ou à l'échafaud. J'aime sans espérance, criminellement, avec les angoisses de la mort et au péril de la vie ; je le vois, et pourtant j'aime !

LE MARQUIS. La reine connaît-elle ce penchant ?

CARLOS. Pouvais-je le lui découvrir ? Elle est femme de Philippe et reine, et nous sommes sur la terre d'Espagne. Surveillé par la jalousie de mon père, cerné de toutes parts par l'étiquette, comment aurais-je pu m'approcher d'elle sans témoin ? Huit mois sont écoulés, huit mois d'angoisses infernales, depuis que le roi m'a rappelé de mes études et que je suis condamné à la voir chaque jour et à rester muet comme le tombeau. Huit mois d'enfer, Rodrigue, depuis que ce feu dévore ma poitrine, que cet horrible aveu a mille fois erré sur mes lèvres, et que la honte et l'effroi l'ont fait rentrer dans mon cœur. Oh! Rodrigue! un instant... un instant seul avec elle...

LE MARQUIS. Ah! et votre père, prince!

CARLOS. Malheureux! pourquoi me rappeler ce souvenir? Parle-moi de toutes les terreurs de la conscience, ne me parle pas de mon père.

LE MARQUIS. Vous haïssez votre père?

CARLOS. Non. Oh! non, je ne hais point mon père; mais la terreur, l'anxiété du coupable, me saisissent à ce nom terrible. Est-ce ma faute si une éducation d'esclave a détruit dans mon jeune cœur le tendre germe de l'amour? J'avais six ans lorsque, pour la première fois, l'homme redouté que l'on nommait mon père parut à mes yeux. C'était un matin où il venait de signer coup sur coup quatre arrêts de mort. Depuis ce jour, je ne l'ai revu que lorsqu'on m'annonçait la punition de quelques fautes! Oh! mon Dieu! je sens que mon langage devient amer... Quittons, quittons ce sujet.

LE MARQUIS. Non, prince; à présent il faut vous ouvrir à moi; les paroles soulagent un cœur lourdement oppressé.

CARLOS. Souvent j'ai lutté avec moi-même; souvent à minuit, quand mes gardes dormaient, je me suis jeté, le visage baigné de larmes, devant l'image de la reine du ciel. Je la suppliais de me donner un cœur filial, mais je me levais sans être exaucé. Ah! Rodrigue, explique-moi cette étrange énigme de la Providence : pourquoi, entre mille pères, m'a-t-elle précisément donné celui-là? et à lui, pourquoi ce fils entre mille fils meilleurs. Deux êtres plus incompatibles, la nature ne les trouverait pas! Comment a-t-elle pu rejoindre ces deux points extrêmes de la race humaine, lui et moi? Comment a-t-elle pu nous imposer un lien si sacré? Effroyable sort! pourquoi cela est-il arrivé ainsi? Pourquoi deux hommes qui s'évitent sans cesse se rencontrent-ils avec horreur dans un même désir. Tu vois ici, Rodrigue, deux astres ennemis qui, dans le cours entier des temps, se touchent une seule fois dans leur route, se fracassent, et s'éloignent l'un de l'autre pour l'éternité.

LE MARQUIS. Je pressens un moment désastreux.

CARLOS. Et moi de même. Comme les furies de l'abîme, des rêves épouvantables me poursuivent. Mon esprit lutte dans le doute avec d'affreux projets; ma fatale subtilité m'entraîne dans un labyrinthe de sophismes jusqu'à ce qu'enfin je m'arrête au bord de l'abîme béant. Oh! Rodrigue! si je désapprenais jamais à reconnaître en lui un père, Rodrigue, je le vois à la pâleur mortelle de ton visage, tu m'as compris; si je désapprenais jamais à reconnaître en lui un père, que serait le roi pour moi?

LE MARQUIS, *après un moment de silence*. Oserai-je adresser une prière à mon Carlos? Quel que soit votre dessein, promettez-moi de ne rien entreprendre sans votre ami. Me le promettez-vous?

CARLOS. Tout, tout ce que ton amitié exigera. Je me jette sans réserve dans tes bras.

LE MARQUIS. On dit que le roi va retourner dans la capitale. Le temps est court : si vous désirez parler en secret à la reine, ce ne peut être qu'à Aranjuez. Le calme de ce lieu, les habitudes moins contraintes de la campagne vous favorisent.

CARLOS. C'était aussi mon espérance ; mais, hélas! elle a été vaine.

LE MARQUIS. Pas entièrement. Je vais à l'instant me présenter chez elle. Si elle est encore en Espagne telle que je l'ai connue à la cour de Henri, je trouverai en elle un cœur ouvert. Pourrai-je lire dans ses yeux quelque espoir pour Carlos? la trouverai-je disposée à cet entretien? peut-on éloigner ces dames?

CARLOS. La plupart me sont dévouées..., surtout madame de Mondéjar, que j'ai gagnée par son fils qui me sert comme page.

LE MARQUIS. Tant mieux; restez près d'ici, prince, pour paraître au premier signal que je vous donnerai.

CARLOS. Oui, oui! c'est ce que je ferai. Seulement hâte-toi!

LE MARQUIS. Je ne perdrai pas un instant; ainsi, prince, au revoir.

(*Tous deux sortent de différents côtés.*)

SCÈNE III.

LA COUR DE LA REINE A ARANJUEZ.

Contrée champêtre traversée par une allée qui conduit à la demeure de la reine.

LA REINE, LA DUCHESSE D'OLIVARÈS, LA PRINCESSE D'ÉBOLI ET LA MARQUISE DE MONDÉJAR; *elles arrivent par l'allée.*

LA REINE, *à la marquise*. Je veux vous avoir près de moi, marquise. La joie de la princesse m'agace depuis ce matin. Voyez, elle peut à peine cacher le bonheur qu'elle éprouve de quitter la campagne.

LA PRINCESSE D'ÉBOLI. Je ne puis nier à la reine que ce sera pour moi une grande joie de revoir Madrid.

MONDÉJAR. N'en est-il pas de même de Votre Majesté? Auriez-vous tant de regret de quitter Aranjuez?

LA REINE. De quitter tout au moins cette belle contrée. Je suis ici comme dans ma sphère; j'ai depuis longtemps fait de ces lieux un séjour de prédilection. Ici je retrouve la nature de ma terre natale, qui fit la joie de mes jeunes années; ici je retrouve les jeux de mon enfance et l'air de ma France chérie. Ne me le reprochez pas, la patrie a toujours des charmes pour nous.

ÉBOLI. Mais que ce lieu est solitaire! que tout ici est triste et mort! on se croirait à la Trappe.

LA REINE. Bien au contraire, c'est à Madrid seulement que je trouve cet air de mort... Mais qu'en dit notre duchesse?

OLIVARÈS. Mon opinion est, madame, que, depuis qu'il y a des rois en Espagne, la coutume a toujours été de passer un mois ici, un autre au Prado, et l'hiver à Madrid.

LA REINE. Oui, duchesse; vous savez qu'avec vous je ne discute jamais.

MONDÉJAR. Et comme Madrid sera prochainement animé! Déjà la place Mayor est disposée pour un combat de taureaux, et on nous a promis un auto-da-fé.

LA REINE. Promis? est-ce ma douce Mondéjar qui parle ainsi.

MONDÉJAR. Pourquoi pas? ce sont des hérétiques qu'on voit brûler.

LA REINE. J'espère que mon Éboli pense autrement?

ÉBOLI. Moi?... je prie Votre Majesté de vouloir bien ne pas me regarder comme une plus mauvaise chrétienne que la marquise de Mondéjar.

LA REINE. Hélas! j'oublie où je suis.... Passons à autre chose... nous parlions, je crois, de la campagne. Ce mois m'a semblé étonnamment court; je m'étais promis beaucoup, beaucoup de plaisir, de ce séjour, et je n'ai pas trouvé ce que j'espérais. En est-il ainsi de chaque espérance? Je ne puis cependant découvrir quel vœu n'a pas été rempli.

OLIVARÈS. Princesse Éboli, vous ne nous avez pas encore dit si Gomès peut espérer, si nous pourrons vous saluer comme sa fiancée.

LA REINE. Merci de m'y faire penser, duchesse. (*A la princesse.*) On m'a priée de vous parler en sa faveur. Mais comment le puis-je? l'homme que je voudrais donner comme une récompense à mon Éboli doit être digne d'elle.

OLIVARÈS. Il l'est, madame; c'est un homme respectable, connu de notre auguste monarque et honoré de sa faveur royale.

LA REINE. Cela rend cet homme très-heureux : mais nous désirons savoir s'il peut aimer et s'il mérite de l'être... Éboli, je vous le demande.

ÉBOLI *reste muette et embarrassée, les yeux baissés vers la terre, enfin elle tombe aux pieds de la reine.* Généreuse reine, ayez pitié de moi ; ne me laissez pas, au nom du ciel, ne me laissez pas sacrifier !

LA REINE. Sacrifier ? Je ne demande plus rien, levez-vous. C'est un rude destin que d'être sacrifiée ; je vous crois, levez-vous... Y a-t-il longtemps que vous avez repoussé les démarches du comte ?

ÉBOLI, *se levant.* Oh! plusieurs mois, le prince Carlos était encore à l'université.

LA REINE, *surprise et la regardant d'un œil pénétrant.* Et en avez-vous bien vous-même examiné les motifs ?

ÉBOLI, *avec chaleur.* Cela ne peut être, madame, non, jamais, et par mille motifs.

LA REINE, *très-sérieusement.* Plus d'un c'est déjà trop ; il ne peut vous plaire... c'est assez pour moi, n'en parlons plus. (*Aux autres dames.*) Je n'ai pas encore vu l'infante aujourd'hui ; marquise, amenez-la-moi.

OLIVARÈS *regarde sa montre.* Ce n'est pas encore l'heure, madame.

LA REINE. Pas encore l'heure où il m'est permis d'être mère ? C'est triste ; mais n'oubliez pas de me rappeler quand l'heure sonnera. (*Un page entre et parle à voix basse à la grande maîtresse, qui s'approche ensuite de la reine.*)

OLIVARÈS. Madame, le marquis de Posa.

LA REINE. De Posa !

OLIVARÈS. Il vient de France et des Pays-Bas, et sollicite la faveur de remettre à Votre Majesté des lettres de la reine mère.

LA REINE. Et cela est-il permis ?

OLIVARÈS, *réfléchissant.* Dans mes instructions, on n'a point prévu le cas particulier où un grand d'Espagne, arrivant d'une cour étrangère, viendrait présenter des lettres à la reine d'Espagne dans ses jardins.

LA REINE. Je veux donc le recevoir à mes risques et périls.

OLIVARÈS. Mais Votre Majesté me permettra pendant ce temps de m'éloigner ?

LA REINE. Faites ce que vous voudrez, duchesse. (*La grande maîtresse sort; la reine fait signe au page, qui s'éloigne aussitôt.*)

SCÈNE IV.

LA REINE, LA PRINCESSE D'ÉBOLI, LA MARQUISE DE MONDÉJAR ET LE MARQUIS DE POSA.

LA REINE. Soyez le bienvenu, chevalier, sur la terre d'Espagne.

LE MARQUIS. Je ne l'ai jamais nommée ma patrie avec un plus légitime orgueil.

LA REINE, *aux deux dames.* Le marquis de Posa qui, au tournoi de Reims, rompit une lance avec mon père et fit trois fois triompher mes couleurs. Le premier homme de sa nation qui me fit comprendre la gloire de devenir reine d'Espagne. (*Se tournant du côté du marquis.*) Lorsque nous nous vîmes pour la dernière fois au Louvre, chevalier, vous n'imaginiez sans doute pas qu'un jour je vous recevrais en Castille.

LE MARQUIS. Non, grande reine, je n'imaginais pas alors que la France nous abandonnât la seule chose que nous pussions lui envier.

LA REINE. Orgueilleux Espagnol ! La seule ! et vous dites cela à un fille de la maison de Valois !

LE MARQUIS. A présent, j'ose le dire, madame... car à présent vous êtes à nous.

LA REINE. Vos voyages, dit-on, vous ont aussi conduit en France... Que me rapportez-vous de ma vénérable mère et de mes frères bien-aimés.

LE MARQUIS *lui présente les lettres.* J'ai trouvé la reine mère malade, détachée de toutes les joies de ce monde, excepté celle de savoir sa royale fille heureuse sur le trône d'Espagne.

LA REINE. Ne dois-je pas l'être de me savoir ainsi présente à la pensée de si tendres parents! ne dois-je pas l'être par les doux souvenirs?... Vous avez visité plusieurs cours, chevalier, vous avez vu bien des pays et observé bien des mœurs, et maintenant on dit que vous êtes résolu à vivre pour vous-même, dans votre patrie, plus grand prince dans votre demeure paisible que le roi Philippe sur son trône... Homme libre, philosophe.... je doute fort que vous puissiez vous plaire à Madrid. On est — très-tranquille à Madrid...

LE MARQUIS. C'est un bonheur dont ne jouit pas le reste de l'Europe.

LA REINE. C'est ce qu'on dit. J'ai presque perdu jusqu'au souvenir des affaires de ce monde. (*A la princesse d'Éboli.*) Il me semble, princesse, que je vois là fleurir une jacinthe... voulez-vous bien me l'apporter? (*La princesse va vers le lieu indiqué. La reine, plus bas au marquis.*) Chevalier, ou je suis bien trompée, ou votre arrivée ici a fait plus d'un heureux.

LE MARQUIS. J'ai trouvé fort triste quelqu'un qu'une seule chose au monde pourrait réjouir. (*La princesse revient avec la fleur.*)

ÉBOLI. Puisque le chevalier a vu tant de pays, il doit nécessairement avoir à nous raconter beaucoup de choses dignes d'intérêt sans doute.

LE MARQUIS. Un des devoirs des chevaliers est, comme on sait, de chercher les aventures... Le plus sacré de tous c'est de défendre les dames.

MONDÉJAR. Contre les géants? A présent il n'y en a plus de géants.

LE MARQUIS. La violence est toujours pour le faible un géant.

LA REINE. Le chevalier a raison, il y a encore des géants, mais il n'y a plus de chevaliers.

LE MARQUIS. Dernièrement encore, à mon retour de Naples, j'ai été témoin d'une histoire touchante que je me suis en quelque sorte appropriée par le legs de l'amitié. Si je ne craignais que ce récit ne fatiguât Votre Majesté?...

LA REINE. Puis-je hésiter? La princesse ne refuse rien à sa curiosité. Au fait, j'aime aussi les aventures.

LE MARQUIS. Deux nobles maisons de la Mirandole, fatiguées de la jalousie et des longues inimitiés dont elles avaient hérité pendant des siècles, depuis le temps des Guelfes et des Gibelins, résolurent de contracter une paix éternelle par les liens de la parenté. Fernando, neveu du puissant Pietro, et la divine Mathilde, fille de Colonna, furent choisis pour former le beau nœud de cette union. Jamais la nature n'avait formé deux plus nobles cœurs l'un pour l'autre; jamais le monde n'avait applaudi à un choix si heureux. Fernando n'avait encore adoré que l'image de son aimable fiancée. Comme Fernando tremblait de ne pas trouver en réalité ce que dans son ardente sollicitude il n'osait croire semblable à ce portrait! Enchaîné par ses études à Padoue, il n'attendait que l'heureux moment où il pourrait venir bégayer aux pieds de Mathilde le premier hommage de l'amour. (*La reine devient plus attentive. Le marquis, après un moment de silence, continue son récit, qu'il adresse, autant que la présence de la reine le permet, à la princesse Éboli.*) Sur ces entrefaites, la main de Pietro devient libre par la mort de sa femme... Le vieillard, avec une ardeur de jeune homme, écoute la voix de la renommée qui de tous côtés célèbre la beauté de Mathilde. Il vient, il voit, il aime. Cette passion nouvelle étouffe en lui le faible accent de la parenté. L'oncle demande la fiancée de son neveu et consacre ce vol devant l'autel.

LA REINE. Et que fait Fernando?

LE MARQUIS. Ignorant ce changement terrible, il accourt, dans son ivresse, il accourt à Mirandole sur les ailes de l'amour. Au tomber de la nuit, son cheval rapide atteint les portes de la ville. Un bruit extraordinaire de danse et d'instruments retentit dans le palais illuminé et le frappe tout à coup. Il monte avec effroi et en tremblant les degrés, et se trouve inconnu au milieu d'une salle de noce, où, parmi les convives bruyants, Pietro était assis avec un ange à ses côtés, un ange que Fernando connaît, qui ne lui est jamais apparu, même en rêve, avec tant d'éclat. Un seul coup d'œil lui montre tout ce qu'il possédait, et ce qu'il a perdu pour toujours.

ÉBOLI. Malheureux Fernando!

LA REINE. C'est la fin de l'histoire, chevalier, ce doit être la fin!

LE MARQUIS. Pas encore tout à fait.

LA REINE. Ne nous avez-vous pas dit que Fernando était votre ami?

LE MARQUIS. Je n'en ai pas de plus cher.

ÉBOLI. Continuez donc votre récit, chevalier.

LE MARQUIS. Il sera fort triste, et ce souvenir renouvelle ma douleur; laissez-moi le terminer là. (*Silence général.*)

LA REINE *se tourne vers la princesse Éboli.* Me sera-t-il enfin permis d'embrasser ma fille? Princesse, amenez-la-moi. (*Celle-ci s'éloigne. Le marquis fait signe à un page qui se tient dans le fond et disparaît aussitôt. La reine ouvre les lettres que le marquis lui a données, et paraît surprise. Pendant ce temps, le marquis parle à voix basse et avec précipitation à la marquise de Mondéjar. La reine, après avoir lu les lettres, jette un regard pénétrant sur le marquis.*) Vous ne nous avez rien dit de Mathilde; peut-être ne sait-elle pas combien Fernando souffre?

LE MARQUIS. Personne n'a encore sondé le cœur de Mathilde... Les grandes âmes souffrent en silence.

LA REINE. Vous regardez autour de vous; que cherchez-vous des yeux?

LE MARQUIS. Je pense au bonheur qu'éprouverait à ma place quelqu'un que je n'ose nommer.

LA REINE. A qui la faute, s'il n'y est pas?

LE MARQUIS, *vivement*. Comment! Oserai-je expliquer ces paroles selon mon désir?... Obtiendrait-il son pardon, s'il paraissait à présent?

LA REINE, *effrayée*. A présent, marquis? à présent? Que voulez-vous dire?

LE MARQUIS. Oserait-il espérer? Oserait-il?...

LA REINE, *avec un plus grand embarras*. Vous m'effrayez, marquis... Il n'essayera pas.

LE MARQUIS. Le voilà!

SCÈNE V.

LA REINE, CARLOS; LE MARQUIS DE POSA *et* LA MARQUISE DE MONDÉJAR *se retirent dans le fond.*

CARLOS, *se jetant aux pieds de la reine*. Le moment est enfin venu, et Carlos ose presser cette main chérie.

LA REINE. Quelle démarche!... Quelle téméraire et coupable surprise! Levez-vous, on nous voit; ma suite est près d'ici...

CARLOS. Je ne me lèverai pas, je veux rester éternellement à genoux, être à jamais enchanté dans ce lieu, prendre racine dans cette position.

LA REINE. Insensé! à quelle hardiesse vous porte ma bonté! Quoi! savez-vous que ce langage téméraire s'adresse à une reine, à une mère? Savez-vous que moi-même je dois dire au roi?...

CARLOS. Et que je dois mourir? Qu'on m'emporte

d'ici sur l'échafaud ! Un moment passé dans le paradis ne sera pas payé trop cher par la mort.

LA REINE. Et votre reine ?

CARLOS *se lève*. Dieu ! Dieu ! Je m'éloigne... je vous quitte... Ne le dois-je pas, lorsque vous l'exigez ? Ma mère ! ma mère ! quel jeu cruel vous jouez avec moi ! Un signe, un seul coup d'œil, un mot de votre bouche m'ordonne d'être ou de ne plus être. Que voulez-vous qui arrive encore ? Qu'y a-t-il encore sous le soleil que je puisse vous sacrifier, si vous le désirez ?

LA REINE. Fuyez !

CARLOS. Oh Dieu !

LA REINE. C'est la seule chose, Carlos, que je vous demande avec des larmes ; fuyez avant que mes dames, avant que mes geôliers me trouvent avec vous, et portent cette grande nouvelle aux oreilles de votre père.

CARLOS. J'attends mon destin ; que ce soit la vie ou la mort. Quoi ! aurais-je donc placé toutes mes espérances sur cet unique instant où je vous trouve sans témoin, pour qu'une frayeur trompeuse me fasse manquer mon but ? Non, reine ! Le monde pourrait tourner cent fois, mille fois sur son axe, avant que le sort m'accordât de nouveau cette faveur.

LA REINE. Aussi de toute l'éternité ne doit-elle plus revenir. Malheureux ! que voulez-vous de moi ?

CARLOS. O reine ! Dieu m'en est témoin, j'ai lutté, lutté comme aucun mortel ne pourrait le faire. Reine, c'est en vain, mon courage héroïque est anéanti ; je succombe.

LA REINE. Rien de plus.. Au nom de mon repos !

CARLOS. Vous étiez à moi à la face du monde, vous m'étiez donnée par deux grands royaumes ; le ciel et la terre avaient reconnu que vous étiez à moi, et Philippe, Philippe vous a dérobée à moi.

LA REINE. C'est votre père.

CARLOS. C'est votre époux.

LA REINE. Il vous donnera le plus grand empire du monde pour héritage.

CARLOS. Et vous pour mère.

LA REINE. Grand Dieu! vous êtes en délire.

CARLOS. Et sait-il au moins quel trésor il possède? A-t-il un cœur capable d'apprécier le vôtre? Je ne veux pas me plaindre. Non, je veux oublier l'inexprimable bonheur que j'aurais goûté avec vous, si seulement lui-même est heureux. Non, il ne l'est pas; non, il ne l'est pas. C'est là une infernale souffrance pour moi. Il ne l'est pas et ne le sera jamais. Tu m'as ravi mon paradis pour l'anéantir dans les bras de Philippe.

LA REINE. Horrible pensée!

CARLOS. Oh! je sais qui a conclu cette union. Je sais comment Philippe peut aimer, et comment il a cherché à se faire aimer. Qu'êtes-vous dans cet empire? Écoutez: êtes-vous régente? Non. Si vous étiez régente, comment Albe pourrait-il commettre ses crimes? Comment la Flandre pourrait-elle saigner pour sa croyance? Êtes-vous la femme de Philippe? Impossible; je ne puis pas le croire. Une femme possède le cœur de son mari... Et à qui appartient le sien? Et si quelque tendresse lui échappe dans un mouvement fiévreux, n'en demande-t-il pas pardon à son sceptre et à ses cheveux blancs?

LA REINE. Qui vous a dit qu'auprès de Philippe mon sort fût digne de compassion?

CARLOS. Mon cœur qui sent avec transport combien à mes côtés il eût été digne d'envie!

LA REINE. Homme vain! Si mon cœur me disait le contraire! si la tendresse respectueuse de Philippe et le muet langage de son amour me touchaient plus profondément que la voix téméraire de son orgueilleux fils! Si l'estime réfléchie d'un vieillard...

CARLOS. C'est autre chose... Alors... alors, pardon. Je ne savais pas, je ne le savais pas que vous aimiez le roi.

LA REINE. L'honorer est mon devoir et ma satisfaction.

CARLOS. Vous n'avez jamais aimé.

LA REINE. Je n'aime plus.

CARLOS. Parce que votre cœur et votre serment ainsi l'ordonnent !

LA REINE. Quittez-moi, prince, et ne reprenez plus de semblables entretiens.

CARLOS. Parce que votre cœur, parce que votre serment ainsi l'ordonnent.

LA REINE. Dites mon devoir... Malheureux ! pourquoi cette triste analyse d'un destin auquel vous et moi nous devons obéir ?

CARLOS. Nous devons ?... nous devons obéir ?

LA REINE. Comment ? Que signifie ce ton solennel ?

CARLOS. Que Carlos n'est point résolu à reconnaître le devoir à la place de la volonté ; que Carlos n'est point résolu à être le plus malheureux homme de ce royaume, quand il n'en coûterait que le renversement des lois pour qu'il en devînt le plus heureux.

LA REINE. Vous ai-je compris ? Espérez-vous encore ? Osez-vous espérer quand tout, tout est déjà perdu ?

CARLOS. Rien n'est perdu pour moi que ceux qui sont morts.

LA REINE. Vous espérez ?... de moi... de votre mère ! (*Elle le regarde longtemps et fixement, puis avec dignité.*) Et pourquoi pas ? Oh ! le roi nouvellement élu peut faire plus encore, il peut détruire par le feu les dernières dispositions de celui qui l'a précédé, renverser ces images ; il peut même... qui l'en empêche ?... arracher au repos de l'Escurial le squelette du mort, le traîner au grand jour, jeter au vent sa cendre profanée, et enfin, pour terminer dignement...

CARLOS. Au nom de Dieu, n'achevez pas !

LA REINE. Enfin, épouser sa mère.

CARLOS. Fils maudit !... (*Il demeure un moment immobile et muet.*) Oui, c'en est fait : à présent, c'en est fait ! Je vois clairement, évidemment, ce qui devait me rester à jamais obscur. Vous êtes perdue pour moi, perdue, perdue, perdue pour toujours ! Maintenant le sort en est jeté. Vous êtes perdue pour moi... Oh ! l'enfer est dans cette pensée... Un autre vous possède, c'est là l'enfer. Malheur ! Je ne puis... le surmonter, et mes nerfs sont prêts à se rompre.

LA REINE. Cher Carlos ! digne de pitié ! je sens, je sens la douleur inexprimable qui gronde en votre sein. Cette douleur est infinie comme votre amour ; infinie aussi sera la gloire de la vaincre. Conquérez-la, jeune héros. Le prix de ce rude, de ce noble combat est digne du jeune homme dont le cœur renferme la vertu de tant de royaux ancêtres. Courage, noble prince. Le petit-fils du grand Charles commence sa vaillante lutte où les enfants des autres hommes s'arrêtent épuisés.

CARLOS. Il est trop tard ; mon Dieu ! il est trop tard !

LA REINE. D'être homme ? O Carlos ! combien notre vertu est grande lorsqu'elle brise notre cœur par ses efforts ! La Providence vous a placé haut... plus haut, prince, que des millions de vos semblables. Dans sa partialité pour son favori, elle lui a donné ce qu'elle prenait à d'autres, et des millions d'hommes demandent : « Celui-là méritait-il d'être, dès le sein de sa mère, plus que nous autres mortels ? » Allons, justifiez la faveur du ciel ; soyez digne de marcher en tête du monde ; sacrifiez ce que nul ne sacrifierait.

CARLOS. Le puis-je... Pour vous conquérir, j'aurais la force des géants... je n'en ai point pour vous perdre.

LA REINE. Avouez-le, Carlos, il y a de l'arrogance, de l'amertume, de l'orgueil dans les désirs qui vous poussent avec tant d'exaltation vers votre mère. L'amour, le cœur que vous me sacrifiez en prodigue, appartiennent aux royaumes que vous gouvernerez un jour. Voyez, vous dissipez les biens confiés à votre tutelle. L'amour est votre grand devoir. Jusqu'à présent, il s'est égaré vers votre mère... reportez-le, oh ! reportez-le sur vos royaumes à venir, et, au lieu du poignard de la conscience, goûtez le bonheur d'être pareil aux dieux. Élisabeth fut votre premier amour, que l'Espagne soit le second ! Je cède volontiers à cette affection sacrée.

CARLOS, *maîtrisé par son émotion, se jette à ses pieds.* Que vous êtes grande, ô créature céleste ! Oui, je veux faire tout ce que vous désirez... Oui, qu'il en soit ainsi ! (*Il se relève.*) Je suis ici dans la main du Tout-Puissant, et je vous jure... ô ciel ! je vous jure un éternel... Non, un éternel silence, mais pas un éternel oubli !

LA REINE. Comment pourrais-je exiger de Carlos ce que moi-même je ne puis accomplir?

LE MARQUIS, *accourant par l'allée.* Le roi !

LA REINE. Dieu !

LE MARQUIS. Fuyez, prince, fuyez de ce lieu.

LA REINE. Ses soupçons sont terribles, s'il vous aperçoit...

CARLOS. Je reste...

LA REINE. Et alors qui sera la victime ?

CARLOS, *tirant le marquis par le bras.* Allons, allons, viens, Rodrigue. (*Il s'en va et revient encore une fois.*) Que puis-je emporter avec moi ?

LA REINE. L'amitié de votre mère.

CARLOS. L'amitié de ma mère !

LA REINE. Et les larmes des Pays-Bas.

(*Elle lui donne quelques lettres. Carlos et le marquis sortent. La reine cherche ses dames d'un air inquiet. Au moment où elle va se retirer, le roi paraît.*)

SCÈNE VI.

LE ROI, LA REINE, LE DUC D'ALBE, LE COMTE DE LERME, DOMINGO, *quelques dames et quelques grands qui restent dans l'éloignement.*

LE ROI *regarde autour de lui avec surprise et garde un moment le silence.* Seule, madame? Pas une dame pour vous accompagner? cela m'étonne... Où sont vos femmes?

LA REINE. Mon grâcieux époux...

LE ROI. Pourquoi seule? (*A sa suite.*) On me rendra un compte sévère de cette impardonnable négligence. Qui était de service près de la reine? qui devait rester près d'elle aujourd'hui?

LA REINE. Oh! ne vous irritez point, mon époux... c'est moi-même, c'est moi qui suis coupable; c'est par mon ordre que la princesse Éboli s'est éloignée.

LE ROI. Par votre ordre?

LA REINE. Pour appeler la femme de chambre, parce que je désirais voir l'infante.

LE ROI. Et pourquoi toute votre suite s'est-elle éloignée? Ceci excuse la première dame; où était la seconde?

MONDÉJAR, *qui pendant ce temps est revenue et s'est mêlée aux autres dames, s'avance.* Sire, je sens que je suis blâmable.

LE ROI. Je vous donne dix ans pour y penser loin de Madrid. (*La marquise se retire en pleurant. Silence général. Tout le monde regarde avec surprise la reine.*)

LA REINE. Marquise, qui pleurez-vous? (*Au roi.*) Sire, si j'ai commis une faute, la couronne de ce royaume, que je n'ai jamais recherchée, devrait au moins me garantir de cet affront. Y a-t-il dans ce pays une loi qui traduise devant la justice les filles de roi? La contrainte seule garde-t-elle les femmes d'Espagne? Un témoin les protége-t-il plus que leur vertu?... Et maintenant, pardon, sire, je ne suis pas habituée à voir celles qui m'ont servi avec joie me quitter dans les larmes... Mondéjar (*elle prend sa ceinture et la donne à la marquise.*) vous avez mécontenté le roi, mais non pas moi; acceptez ceci comme souvenir de ma faveur et de ce moment... Quittez ce royaume... C'est en Espagne seulement que vous vous êtes rendue coupable, et dans ma chère France on se plaira à essuyer de telles larmes... Oh! faut-il toujours me la rappeler! (*Elle s'appuie sur la grande maîtresse et se cache le visage.*) Dans ma chère France, il n'en était pas ainsi.

LE ROI, *avec quelque émotion.* Un reproche de mon amour peut-il vous affliger ainsi? un mot que la plus tendre sollicitude a amené sur mes lèvres? (*Il se retourne vers les grands.*) Voici les vassaux de mon trône. Dites si jamais le sommeil tombe sur mes paupières avant que chaque soir j'aie examiné ce qui se passe dans le cœur de mes peuples, aux régions les plus lointaines? Puis-je avoir plus de souci de mon trône que de l'épouse de mon cœur? Mon épée et le duc d'Albe me répondent de mes peuples... Ces yeux seuls me répondent de l'amour de ma femme.

LA REINE. Si je vous ai offensé, sire...

LE ROI. On m'appelle l'homme le plus riche du monde chrétien. Le soleil ne se couche point dans mes États. Mais tout ce que je possède, un autre l'a possédé auparavant, et beaucoup d'autres le posséderont ensuite. Ce qui appartient au roi lui vient de la fortune... Élisabeth est à Philippe, et c'est le côté par où je suis mortel.

LA REINE. Vous craignez, sire?

LE ROI. Je ne crains pas encore ces cheveux blancs. Si une fois je commençais à craindre, j'aurais cessé de craindre. (*Il se tourne vers les grands.*) Je compte les grands de mon royaume... Le premier manque. Où est donc Carlos mon fils? (*Personne ne répond.*) Le jeune homme commence à me donner du souci. Depuis qu'il est revenu de l'université d'Alcala, il évite ma présence. Son sang est chaud, pourquoi son regard est-il si froid, son maintien si solennel? Faites attention à lui, je vous le recommande.

ALBE. C'est ce que je fais. Aussi longtemps que mon cœur battra sous cette cuirasse, Philippe peut dormir tranquille. Comme le chérubin de Dieu se tient à la porte du paradis, le duc d'Albe se tient devant le trône.

LERME. Oserais-je contredire humblement le plus sage des rois? Je vénère trop profondément la majesté de mon roi pour juger son fils avec tant de promptitude et de rigueur. Je crains beaucoup du sang ardent de Carlos, mais je ne crains rien de son cœur.

LE ROI. Comte de Lerme, votre langage est flatteur pour le père ; mais c'est le duc qui défendra le roi. N'en parlons plus. (*Il se retourne vers sa suite.*) Maintenant, je retourne à la hâte à Madrid; mes devoirs de roi m'y appellent. La contagion de l'hérésie gagne mes peuples; la rébellion grandit dans les Pays-Bas, le temps presse; un exemple terrible doit convertir ceux qui s'égarent. Demain, j'accomplirai le grand serment que tous les rois chrétiens ont prêté. L'exécution sanglante sera sans exemple. Toute ma cour y est solennellement convoquée. (*Il emmène la reine. Les autres les suivent.*)

SCÈNE VII.

DON CARLOS, *des lettres à la main*; LE MARQUIS DE POSA. *Ils entrent par le côté opposé.*

CARLOS. Je suis décidé. Que la Flandre soit sauvée! elle le veut... c'est assez.

LE MARQUIS. Il n'y a pas un moment à perdre. On dit que le duc d'Albe est déjà dans le cabinet nommé gouverneur.

CARLOS. Dès demain je demande audience à mon père, et je sollicite cette charge pour moi. C'est la première prière que j'ose lui adresser; il ne peut la rejeter. Il y a longtemps qu'il me voit à regret dans Madrid ; quel beau prétexte pour m'en éloigner. Et dois-je te l'avouer, Rodrigue, j'espère encore davantage... peut-être, en me trouvant face à face avec lui, parviendrai-je à recouvrer sa faveur. Il n'a pas encore entendu la voix de la nature... je veux voir, Rodrigue, si elle aura quelque pouvoir sur mes lèvres.

LE MARQUIS. Maintenant, enfin, je retrouve mon Carlos; maintenant vous voilà redevenu vous-même.

SCÈNE VIII.
Les précédents, LE COMTE DE LERME.

LERME. Le roi quitte à l'instant Aranjuez. J'ai l'ordre...

CARLOS. Bien, comte de Lerme, je rejoins le roi.

LE MARQUIS *fait semblant de s'éloigner, et d'un ton cérémonieux.* Votre altesse n'a rien de plus à m'ordonner?

CARLOS. Rien, chevalier; je vous souhaite une heureuse arrivée à Madrid. Vous me donnerez encore d'autres détails sur la Flandre. (*A Lerme qui attend.*) Je vous suis. (*Le comte de Lerme sort.*)

SCÈNE IX.
DON CARLOS, LE MARQUIS.

CARLOS. Je t'ai compris. Je te remercie; mais la présence seule d'un tiers excuse cette contrainte. Ne sommes-nous pas frères? Que cette comédie du rang disparaisse désormais de notre union! Figure-toi que nous nous sommes rencontrés tous deux dans un bal masqué, toi avec un costume d'esclave, et moi enveloppé par fantaisie dans une robe de pourpre. Aussi longtemps que dure cette folie, nous gardons avec un sérieux risible le mensonge de notre rôle, afin de ne pas troubler la foule dans son étourdissement; mais à travers le masque ton cher Carlos te fait signe, tu lui serres la main en passant, et nous nous comprenons.

LE MARQUIS. Ce rêve est ravissant; mais ne se dissipera-t-il jamais? Mon Carlos est-il assez sûr de lui pour braver les séductions d'une souveraineté sans bornes?

Un grand jour viendra, un jour où cette âme héroïque... je dois vous le rappeler... sera soumise à une rude épreuve. Don Philippe meurt; Carlos hérite du plus grand royaume de la chrétienté; un espace immense le sépare de la race des mortels. Hier il était homme, aujourd'hui il est dieu; maintenant il n'a plus aucune faiblesse. Les devoirs éternels se taisent devant lui. L'humanité, qui résonne aujourd'hui comme un grand mot à son oreille, se vend elle-même et rampe devant son idole. Sa compassion s'éteint; sa vertu s'énerve dans les voluptés; le Pérou lui envoie de l'or pour ses folies; sa cour lui fournit des démons. Il s'endort enivré dans le ciel que ses esclaves lui ont adroitement fait; sa divinité dure autant que son rêve. Malheur à l'insensé qui le réveillerait par compassion! Mais que fera Rodrigue? L'amitié est vraie et hardie; la majesté affaiblie ne supporte pas sa terrible clarté; vous ne souffrirez point l'arrogance du citoyen, ni moi l'orgueil du prince.

CARLOS. Ta peinture de monarque est vraie et terrible; oui, je te crois... mais c'est la volupté seule qui ouvre le cœur au vice. J'ai vingt-trois ans à peine, je suis encore pur. Ce que des milliers d'autres avant moi ont follement dissipé dans la débauche, la meilleure part de l'esprit, la force virile, je les ai conservées pour le maître futur. Qui pourrait te chasser de mon cœur, si les femmes n'ont pu le faire?

LE MARQUIS. Et moi-même, pourrais-je, Carlos, vous aimer si profondément, si je devais vous craindre?

CARLOS. Cela n'arrivera jamais. As-tu besoin de moi? as-tu des passions qui mendient devant le trône? l'or te séduit-il? Tu es plus riche comme sujet que je ne le serai jamais comme roi. Recherches-tu les honneurs? Jeune encore, tu en avais déjà atteint le terme et tu les as repoussés. Qui de nous deux sera le créancier ou le débiteur?... Tu te tais, tu trembles devant cette épreuve? N'es-tu pas sûr de toi-même?

LE MARQUIS. Eh bien, je cède : voici ma main.

CARLOS. Elle est à moi ?

LE MARQUIS. Pour toujours, et dans la plus large extension du mot.

CARLOS. Aussi fidèle, aussi ardente pour le roi futur qu'aujourd'hui pour l'infant ?

LE MARQUIS. Je vous le jure.

CARLOS. Et si le serpent de la flatterie enlaçait mon cœur sans défense ; — si ces yeux oubliaient les larmes répandues autrefois ; — si cette oreille se fermait à la plainte, — intrépide gardien de ma vertu, tu viendrais me fortifier, et rappeler à mon génie son grand nom ?

LE MARQUIS. Oui.

CARLOS. Et maintenant, encore une prière. Dis-moi tu : j'ai toujours envié à tes égaux ce privilége de la confiance ; ce mot fraternel charme mon cœur et mon oreille par le doux sentiment de l'égalité. Point d'objections ; je devine ce que tu veux dire : c'est pour toi une bagatelle, je le sais ; mais pour moi, fils du roi, c'est beaucoup. Veux-tu être mon frère ?

LE MARQUIS. Ton frère.

CARLOS. Maintenant, chez le roi, je ne crains plus rien. Mon bras sur ton bras, je défie avec toi mon siècle.

ACTE DEUXIÈME.

Le palais du roi à Madrid.

SCÈNE I.

LE ROI PHILIPPE, *assis sur son trône;* LE DUC D'ALBE, *à quelque distance du roi et la tête couverte;* CARLOS.

CARLOS. L'État a le pas sur moi. Carlos laissera volontiers passer le ministre : il parle pour l'Espagne... moi je suis le fils de la maison. (*Il se retire en s'inclinant.*)

PHILIPPE. Le duc reste et l'infant peut parler.

CARLOS, *se tournant vers Albe.* C'est donc de votre grandeur d'âme, duc, que je dois obtenir la faveur de parler au roi. Un fils, vous le savez, peut avoir à confier à son père beaucoup de choses qu'un tiers ne doit pas entendre. Je ne veux point vous ravir le roi ; je ne demande mon père que pour ce seul instant.

PHILIPPE. Il est ici comme mon ami.

CARLOS. Ai-je mérité aussi de le regarder comme le mien ?

PHILIPPE. Vous ferez donc sagement de le mériter ? je n'aime point les fils qui prétendent faire de meilleurs choix que leur père.

CARLOS. La fierté chevaleresque du duc d'Albe peut-elle supporter une pareille scène ? Aussi vrai que j'existe, ce rôle de l'importun qui ne rougit pas de s'insinuer entre le père et le fils, sans être appelé ; qui, dans le sentiment de sa nullité, se condamne à rester là, ce rôle-là, par le ciel, je ne voudrais pas le jouer pour un diadème.

PHILIPPE *se lève et jette sur son fils un regard de colère.* Éloignez-vous, duc. (*Celui-ci s'avance vers la grande porte par laquelle Carlos est entré ; le roi lui en indique une autre.*) Non, dans le cabinet jusqu'à ce que je vous appelle.

SCÈNE II.

LE ROI, DON CARLOS.

CARLOS, *dès que le duc a quitté la chambre, s'avance vers le roi, et se précipite à ses pieds avec l'expression de la plus profonde émotion.* Mon père, je retrouve mon père ! grâces vous soient rendues pour cette faveur ! votre main, mon père !... O jour heureux ! il y a longtemps que la douceur de ce baiser avait été refusée à votre fils. Pourquoi, mon père, m'avez-vous si longtemps repoussé de votre cœur? Qu'ai-je fait?

PHILIPPE. Infant, ton cœur ne doit rien savoir de ces artifices ; épargne-les, je ne les aime point.

CARLOS, *se levant*. C'est cela. J'entends vos courtisans. Mon père, par le ciel! tout n'est pas vrai dans ce qu'un prêtre dit, tout ne l'est pas dans ce que disent les créatures d'un prêtre. Je ne suis pas perverti, mon père ; un sang bouillant est toute ma méchanceté ; ma jeunesse est tout mon crime. Je ne suis pas perverti, en vérité, je ne le suis pas. Quoique souvent des mouvements impétueux trahissent mon cœur, ce cœur est bon.

PHILIPPE. Ton cœur est pur, je le sais, comme ta prière.

CARLOS. A présent ou jamais : nous sommes seuls ; les barrières de l'étiquette sont tombées entre le père et le fils. A présent ou jamais. Un rayon céleste d'espérance a lui en moi, un doux pressentiment pénètre mon cœur. Le ciel entier avec ses chœurs de joyeux anges se penche vers moi ; le Dieu trois fois saint se plaît à voir cette auguste et touchante scène... Mon père, réconciliation! (*Il tombe à ses pieds.*)

PHILIPPE. Laisse-moi, et lève-toi.

CARLOS. Réconciliation!

PHILIPPE, *se dégageant de lui*. Cette comédie me devient par trop impudente.

CARLOS. Une impudence, l'amour de ton fils?

PHILIPPE. Des larmes! Indigne spectacle! Retire-toi de mes yeux.

CARLOS. Aujourd'hui ou jamais. Réconciliation! Ô mon père!

PHILIPPE. Retire-toi de mes yeux. Si tu revenais d'un combat couvert d'humiliation, mes bras s'ouvriraient pour te recevoir... Tel que te voilà, je te rejette. Il n'y a qu'une lâche faute qui puisse se laver en de si honteuses sources ! ! ! Celui que le repentir ne fait pas rougir ne s'épargnera jamais le repentir !

CARLOS. Qui est-il ? Par quelle méprise cet être étranger à l'humanité s'est-il égaré parmi les hommes? L'éternel témoignage de l'humanité ce sont les larmes : son œil est sec. Ce n'est pas une femme qui l'a enfanté. Oh ! pendant qu'il en est temps encore, laissez vos yeux, toujours arides, apprendre à verser des larmes ; autrement, autrement peut-être aurez-vous à les invoquer en vain dans une heure cruelle.

PHILIPPE. Crois-tu pouvoir ébranler par de belles paroles le pénible doute de ton père?

CARLOS. Le doute? Je veux l'anéantir ce doute ; je veux m'attacher à ton cœur paternel, je veux m'y attacher avec force, jusqu'à ce que le doute, cette enveloppe de granit, tombe de votre cœur. Qui sont-ils ceux qui m'ont enlevé la faveur de mon roi ? Qu'est-ce que le moine a offert au père en place de son fils ? Quelle compensation Albe lui donnera-t-il pour une vie perdue sans enfant ? Vous voulez de l'amour ? Ici, dans ce cœur, coule une source d'amour, plus fraîche, plus vive que dans ces âmes obscures et troublées que l'or de Philippe seul peut ouvrir.

PHILIPPE. Arrête, téméraire ! Les hommes que tu oses flétrir sont les serviteurs éprouvés de mon choix, et tu dois les honorer.

CARLOS. Jamais. Je me sens. Ce que fait votre Albe, Carlos le peut faire, et il peut davantage. Qu'importe à un mercenaire le royaume qui ne sera jamais le sien ? Que lui importe que les cheveux de Philippe blanchissent ? Votre Carlos vous eût aimé... Je m'effraye à la pensée d'être seul et isolé sur un trône.

PHILIPPE, *frappé de ces paroles, demeure pensif, faisant un retour sur lui-même; puis après un instant de silence.* Je suis seul.

CARLOS, *avec vivacité et chaleur, s'approchant de lui.* Vous l'avez été. Ne me haïssez plus, je vous aimerai

ACTE II, SCÈNE II.

comme un enfant, je vous aimerai avec ardeur, seulement ne me haïssez plus. Qu'il est doux et ravissant de se sentir honoré dans une âme noble, de savoir que notre joie anime un autre visage, que notre anxiété agite un autre sein, que notre souffrance baigne de larmes d'autres yeux ! Qu'il est beau et glorieux pour un père de redescendre, la main dans la main de son fils bien-aimé, la route fleurie de la jeunesse, de recommencer encore une fois le rêve de la vie ! Qu'il est doux et grand de se rendre immortel et impérissable par la vertu de son enfant, de faire le bien pendant des siècles ! Qu'il est beau de planter ce qu'un fils chéri moissonnera, de recueillir ce qui lui profitera ! De pressentir combien sa reconnaissance sera grande ! Mon père, vos moines se taisent fort sagement sur ce paradis terrestre.

PHILIPPE, *avec quelque émotion*. O mon fils ! mon fils ! tu prononces toi-même ton arrêt. Tu peins en termes enchanteurs une félicité que tu ne m'as jamais donnée.

CARLOS. Que le Tout-Puissant en soit juge ! vous-même, vous m'avez éloigné de votre cœur et de votre autorité. Et jusqu'à présent, jusqu'à ce jour, était-ce juste ? jusqu'à présent moi, prince héréditaire d'Espagne, qu'ai-je été en Espagne, sinon un étranger, un prisonnier sur cette terre, où je serai maître un jour. Etait-ce bien, était-ce juste ? Oh ! que de fois, mon père, que de fois, j'ai baissé les yeux en rougissant, quand les ambassadeurs des puissances étrangères, quand les gazettes m'apprenaient les nouvelles de la cour d'Aranjuez !

PHILIPPE. Ton sang est encore trop bouillant dans tes veines. Tu ne saurais que détruire.

CARLOS. Eh bien ! mon père, employez-moi à détruire, mon sang est trop bouillant... Vingt-trois ans ! et je n'ai rien fait pour l'immortalité ! Je m'éveille, je me sens. Ma vocation au trône m'arrache à mon sommeil comme un créancier, et les heures perdues de ma jeunesse pèsent sur moi comme des dettes d'honneur. Il est venu ce grand et imposant moment où je dois rendre compte, avec usure, d'un dépôt précieux. L'histoire du monde, la renommée de mes aïeux, la trompette éclatante de la gloire m'appellent. Maintenant, l'instant est venu d'ouvrir pour moi les glorieuses barrières de l'honneur... Mon roi, oserais-je vous dire la prière qui m'a conduit ici ?

PHILIPPE. Encore une prière? parle.

CARLOS. La révolte grandit et devient effrayante dans le Brabant; l'opiniâtreté des rebelles exige une sage et forte résistance. Pour dompter les rebelles, le duc doit conduire une armée en Flandre; il est investi par le roi d'un pouvoir souverain. Que cette mission est glorieuse ! comme elle conviendrait pour conduire votre fils dans le temple de la gloire! Confiez, ô mon roi, confiez-moi cette armée. Les Flamands m'aiment ; je réponds de leur fidélité sur ma vie.

PHILIPPE. Tu parles comme un rêveur. Cette fonction demande un homme et non pas un enfant.

CARLOS. Elle demande un homme, mon père, et c'est là précisément ce qu'Albe n'a jamais été.

PHILIPPE. La terreur seule peut maîtriser la révolte ; la clémence serait folie... Ton âme est faible, mon fils. Le duc est redouté. Renonce à ta prière.

CARLOS. Envoyez-moi en Flandre avec l'armée ; osez vous confier à cette âme faible. Le nom seul du fils du roi, volant au-devant des drapeaux, conquerra ce que les bourreaux du duc d'Albe ne sauront que dévaster. Je vous en prie à genoux, c'est la première grâce que j'aie jamais demandée, mon père, confiez-moi la Flandre...

PHILIPPE, *jetant sur l'infant un regard pénétrant.* Et en même temps je confierais ma meilleure armée à ton ambition, le couteau à mon meurtrier ?

CARLOS. O mon Dieu! ne suis-je pas plus avancé?

Est-ce là le fruit de cet instant solennel si longtemps désiré? (*Après un instant de réflexion, d'un ton solennel, mais plus doux.*) Répondez-moi avec plus de douceur, ne m'éloignez pas ainsi; je n'aimerais pas à vous quitter, après ces tristes paroles, avec ce cœur lourd. Traitez-moi avec plus de bonté... C'est mon désir le plus pressant, c'est ma dernière tentative, une tentative désespérée. Je ne puis soutenir, je ne puis supporter, avec une fermeté d'homme, que vous me refusiez ainsi tout, absolument tout... A présent, je vous quitte; non compris, trompé dans mille douces pensées, je m'éloigne de vos regards. Votre Albe et votre Domingo régneront victorieusement, tandis que votre enfant a pleuré dans la poussière. La tourbe des courtisans, la troupe tremblante des grands, la pâle corporation des moines, étaient là quand vous m'avez accordé solennellement audience. Ne m'humiliez pas. Ne me blessez pas ainsi mortellement, mon père; ne me sacrifiez pas avec ignominie à l'impudente moquerie de la cour. Qu'on ne dise pas que, tandis que des étrangers regorgent de vos faveurs, les sollicitations de votre Carlos ne peuvent rien obtenir. Pour preuve que vous voulez m'honorer, envoyez-moi avec l'armée en Flandre.

PHILIPPE. Par la colère de ton roi, ne répète pas ces paroles.

CARLOS. Je me hasarde à mériter la colère du roi, et je supplie pour la dernière fois. Confiez-moi la Flandre. Je dois quitter l'Espagne, il le faut; rester ici, c'est respirer sous la main du bourreau. Le ciel de Madrid pèse lourdement sur moi, comme la pensée d'un meurtre. Un prompt changement de climat peut seul me guérir. Si vous voulez me sauver, envoyez-moi sans retard en Flandre.

PHILIPPE, *avec un abandon contraint.* Des malades comme toi, mon fils, exigent de bons soins et doivent rester sous l'œil du médecin. Tu demeureras en Espagne, le duc ira en Flandre.

CARLOS, *hors de lui.* Oh! maintenant, mes bons anges, entourez-moi.

PHILIPPE, *reculant d'un pas.* Arrête! Que signifie cette expression de visage?

CARLOS, *d'une voix tremblante.* Mon père, cette décision est-elle irrévocable?

PHILIPPE. Elle vient du roi.

CARLOS. J'ai rempli mon devoir. (*Il sort dans une violente agitation.*)

SCÈNE III.

PHILIPPE *reste quelques instants plongé dans une profonde méditation; enfin il fait quelques pas dans le salon;* ALBE *s'approche avec embarras.*

PHILIPPE. Soyez prêt à partir pour Bruxelles au premier ordre.

ALBE. Tout est prêt, sire.

PHILIPPE. Vos pleins pouvoirs sont déjà scellés dans mon cabinet. Prenez congé de la reine, et, avant de partir, présentez-vous chez l'infant.

ALBE. Je l'ai vu sortir de cette salle avec l'air d'un furieux. Votre Majesté me paraît aussi hors d'elle-même et profondément émue. Peut-être le sujet de cet entretien?...

PHILIPPE, *allant et venant.* Le sujet était le duc d'Albe. (*Le roi s'arrête et le regarde d'un air sombre.*) Je puis apprendre volontiers que Carlos hait mes courtisans, mais je découvre avec chagrin qu'il les méprise. (*Albe pâlit et veut parler.*) A présent, point de réponse. Je vous permets de vous réconcilier avec le prince.

ALBE. Sire...

PHILIPPE. Dites, qui le premier m'a averti des noirs projets de mon fils? Je vous écoutai alors et non pas lui. Je veux peser les preuves, duc. Désormais Carlos sera plus près de mon trône. Allez. (*Le roi se retire dans son cabinet. Le duc sort par une autre porte.*)

SCÈNE IV.

Une antichambre de l'appartement de la reine.

DON CARLOS *entre par la porte du milieu, causant avec un* PAGE; *les gens de la cour se dispersent à son approche dans les salles voisines.*

CARLOS. Une lettre pour moi? Pourquoi cette clef? Et toutes deux remises si mystérieusement? Approche... D'où tiens-tu cela?

LE PAGE. Autant que j'ai pu le voir, la dame aime mieux être devinée que nommée.

CARLOS, *reculant.* La dame? (*Il considère plus attentivement le page.*) Quoi? comment? Qui es-tu donc?

LE PAGE. Un page de Sa Majesté la reine.

CARLOS, *effrayé, va à lui et lui met la main sur la bouche.* Tu es mort. Arrête; j'en sais assez. (*Il rompt vivement le cachet et va à l'extrémité de la salle pour lire la lettre. Pendant ce temps, le duc d'Albe passe, sans que le prince le voie, et entre dans la chambre de la reine. Carlos tremble, et tour à tour rougit et pâlit. Après avoir lu, il reste longtemps muet, les yeux fixés sur la lettre. Enfin, il se tourne vers le page.*) Elle t'a donné elle-même cette lettre?

LE PAGE. De sa propre main.

CARLOS. Elle t'a donné elle-même cette lettre? Oh! ne te joue pas de moi. Je n'ai encore rien vu de son écriture. Je dois le croire, si tu peux le jurer. Si c'est un mensonge, avoue-le franchement, et ne te joue pas de moi.

LE PAGE. De vous?

CARLOS, *regarde de nouveau la lettre, puis contemple le page d'un air soupçonneux. Après avoir fait un tour dans la salle.* Tu as encore tes parents, n'est-ce pas? Ton père sert le roi? il est né dans le pays?

LE PAGE. Il a été tué à Saint-Quentin, colonel de la cavalerie du duc de Savoie. Il s'appelait Alonzo, comte de Hénarez.

CARLOS *lui prend la main et fixe sur lui un regard expressif.* Le roi t'a remis cette lettre?

LE PAGE, *ému.* Prince, ai-je mérité ce soupçon?

CARLOS, *il lit la lettre.* « Cette clef ouvre les appartements derrière le pavillon de la reine. Le plus reculé de tous touche à un cabinet de côté, où n'a jamais pénétré nul espion ; là l'amour peut exprimer en toute liberté ce qu'il n'osa jusqu'alors confier qu'à des signes. L'amant craintif sera entendu, et la patience modeste sera récompensée. (*Il semble se réveiller d'un assoupissement.*) Je ne rêve pas... je ne suis pas dans le délire... C'est bien là ma main droite... c'est là mon épée... Ce sont là des paroles écrites. C'est vrai et réel. Je suis aimé... je le suis. Oui, je suis, je suis aimé! (*Il se précipite à travers la chambre, hors d'haleine et les bras étendus.*)

LE PAGE. Venez, prince, je vous conduirai.

CARLOS. Laisse-moi d'abord revenir à moi-même. Tous les frémissements de ce bonheur ne vibrent-ils point encore en moi? Avais-je osé concevoir un espoir si audacieux? avais-je même jamais osé le rêver? Où est l'homme qui s'habituerait si vite à devenir Dieu? Qui étais-je et qui suis-je à présent? C'est un autre ciel, un autre ciel qu'auparavant. Elle m'aime.

LE PAGE *veut l'entraîner.* Prince, prince, ce n'est pas ici le lieu ; vous oubliez...

CARLOS, *saisi d'une terreur soudaine.* Le roi, mon père... (*Il laisse retomber ses bras, regarde autour de lui avec effroi et commence à se remettre.*) C'est affreux. Oui, tu as raison, mon ami, je te remercie ; je n'étais pas à moi. Qu'il faille me taire, qu'il faille enfermer tant de bonheur dans mon sein, c'est affreux, affreux ! (*Il prend le page par la main et le conduit à l'écart.*) Ce que tu as vu, m'entends-tu bien, et ce que tu n'as pas vu doit être enseveli dans ton cœur comme dans un cercueil. Maintenant, va ; je m'y trouverai. Va, il ne faut pas qu'on nous rencontre ici ; va. (*Le page veut sortir.*) Arrête, écoute. (*Le page revient, Carlos lui appuie sa main sur l'épaule, et jetant sur lui un regard sévère.*) Tu emportes avec toi un secret terrible, pareil à ces poisons violents qui brisent le vase où ils sont renfermés. — Maîtrise bien l'expression de ton visage, que ta tête n'apprenne jamais ce que cache ton cœur; sois comme le porte-voix, qui reçoit le son et le rend, et qui lui-même n'entend rien. Tu es un enfant; — sois-le toujours, et continue à jouer avec gaîté. Qu'elle a été prudente et habile celle qui t'a choisi pour ce message d'amour? Ce n'est pas là que le roi ira chercher ses vipères.

LE PAGE. Et moi, prince, je suis fier de me savoir plus riche d'un secret que le roi lui-même.

CARLOS. Jeune présomptueux, c'est là ce qui doit te faire trembler. S'il arrive que nous nous rencontrions en public, approche-toi de moi d'un air timide et soumis; que la vanité ne t'entraîne jamais à laisser remarquer que l'infant t'est favorable; ton plus grand crime, mon fils, serait de me complaire. Ce que tu auras désormais à m'annoncer, ne l'exprime point par des paroles, ne le confie point à tes lèvres; que tes avis ne m'arrivent point par la route ordinaire des pensées. Parle par tes regards, par tes signes; je te comprendrai d'un clin d'œil. L'air, la lumière qui nous entourent sont vendus à Philippe; les murailles muettes sont à sa solde. On vient... (*l'appartement de la reine s'ouvre et le duc d'Albe en sort*) éloigne-toi. A revoir!

LE PAGE. Prince, ne vous trompez pas sur l'appartement indiqué.

(*Il sort.*)

CARLOS. C'est le duc... Non, non, c'est bien, je me trouverai bien.

SCÈNE V.

DON CARLOS, LE DUC D'ALBE.

ALBE, *se plaçant devant le prince.* Deux mots, prince.

CARLOS. Très-bien, c'est bon... Une autre fois... (*Il veut sortir.*)

ALBE. Ce lieu n'est, à la vérité, pas le plus convenable; peut-être plairait-il à votre altesse royale de me donner audience dans son appartement?

CARLOS. A quoi bon? l'audience peut avoir lieu ici; seulement vite et bref.

ALBE. Ce qui me conduit surtout auprès de votre altesse, c'est la respectueuse reconnaissance que je lui dois pour l'ordre que vous savez.

CARLOS. De la reconnaissance? pour moi? par quel motif? Et la reconnaissance du duc d'Albe?

ALBE. A peine aviez-vous quitté l'appartement du roi que j'ai reçu l'ordre de partir pour Bruxelles.

CARLOS. Pour Bruxelles? Ah!

ALBE. A quoi donc, mon prince, si ce n'est à votre favorable intervention auprès du roi, pourrais-je attribuer...

CARLOS. A moi? non pas à moi, en vérité pas à moi. Partez, partez, et que Dieu soit avec vous!

ALBE. Rien de plus? cela m'étonne. Votre altesse n'a pas d'ordre à me donner pour la Flandre?

CARLOS. Quoi de plus? et pourquoi pour la Flandre?

ALBE. Il me semblait naguère que le sort de ce pays réclamait la présence même de don Carlos.

CARLOS. Comment cela? Ah! oui, il en fut ainsi. Maintenant c'est très-bien, très-bien; cela vaut mieux même...

ALBE. J'écoute avec étonnement.

CARLOS, *avec ironie*. Vous êtes un grand général, qui ne le sait? L'envie même doit le reconnaître. Moi, je suis un jeune homme; telle a été aussi la pensée du roi. Le roi a raison, parfaitement raison; je le vois à présent, je suis satisfait. Donc assez là-dessus. Je vous souhaite un heureux voyage; je ne puis en cet instant, comme vous voyez, m'arrêter plus longtemps. J'ai précisément beaucoup de choses à faire; le reste à demain, ou quand vous voudrez, ou quand vous reviendrez de Bruxelles.

ALBE. Comment?

CARLOS, *après un moment de silence, voyant que le duc n'est pas encore parti.* Vous partez dans une bonne saison; vous traverserez le Milanais, la Lorraine, l'Allemagne... L'Allemagne... oui, c'était en Allemagne; on vous connaît là... Nous voilà en avril, mai, juin, juillet, très-bien; au plus tard, au commencement d'août, vous êtes à Bruxelles. Oh! je ne doute pas qu'on n'entende très-prochainement parler de vos victoires; vous vous rendrez digne de notre gracieuse confiance.

ALBE, *d'un air significatif.* Sera-ce par le sentiment de ma nullité?

CARLOS, *après un moment de silence, avec fierté et dignité.* Vous êtes susceptible, duc, et avec raison. Il y avait, je dois l'avouer, peu de générosité de ma part à employer contre vous des armes dont vous n'étiez pas en état de vous servir contre moi.

ALBE. Pas en état?...

CARLOS, *lui présentant la main en riant.* C'est dommage que le temps me manque pour engager un noble combat avec Albe. Une autre fois...

ALBE. Prince, nous calculons chacun d'une manière différente. Vous, par exemple, vous vous portez à vingt ans plus tard, et moi à vingt ans plus tôt.

CARLOS. Eh bien!

ALBE. Je pense maintenant combien de nuits passées auprès de la belle princesse de Portugal, votre mère, le roi aurait données pour acquérir à sa couronne un bras comme celui-ci? Il savait combien il est plus facile de perpétuer des rois que de faire des monarchies, et combien on a plus promptement pourvu le monde d'un roi que les rois d'un monde.

CARLOS. C'est très-vrai; cependant, duc d'Albe, cependant...

ALBE. Et combien de sang, de sang de son peuple a

dû couler avant que deux gouttes pussent faire de vous un roi.

CARLOS. C'est très-vrai, par le ciel; et en deux mots vous avez exprimé ce que l'orgueil du mérite peut opposer à l'orgueil de la fortune... Maintenant la conséquence, duc d'Albe?

ALBE. Malheur à la majesté au berceau qui pourrait se railler de sa nourrice! Il lui est doux de se reposer mollement, de s'endormir sur nos victoires. Les perles seules brillent sur la couronne; on n'y voit pas les blessures par lesquelles elle fut conquise... Cette épée a imposé les lois espagnoles à des peuples étrangers; elle a brillé devant l'étendard de la croix, elle a ouvert sur ce continent des sillons sanglants à la semence de la foi. Dieu jugeait dans le ciel, et moi sur la terre.

CARLOS. Dieu ou le diable, c'est la même chose. Vous étiez son bras droit, je le sais bien; et à présent n'en parlons plus, je vous prie. Je voudrais me garder de certains souvenirs... J'honore le choix de mon père; mon père a besoin d'un Albe; qu'il en ait besoin, ce n'est pas là ce que je lui envie. Vous êtes un grand homme, soit, je le crois presque; seulement je crains que vous ne soyez venu quelques siècles trop tôt. Un Albe, selon mon opinion, est l'homme qui devait apparaître à la fin des temps. Quand l'audace gigantesque du crime aura épuisé la patience du ciel, quand l'abondante moisson des forfaits sera pleinement mûre et qu'il faudra un moissonneur sans exemple, alors vous serez à votre place... O Dieu! mon paradis! ma Flandre! mais il ne faut plus y penser. Silence là-dessus! On dit que vous emportez une provision d'arrêts de mort signés d'avance. La précaution est louable, de cette sorte on n'a plus à craindre aucune chicane. O mon père, que j'ai mal compris tes intentions! Je t'accusais de me refuser une mission où le duc d'Albe devait briller; c'était le commencement de ton estime pour moi.

ALBE. Prince, ces paroles mériteraient !...

CARLOS, *l'interrompant.* Quoi !

ALBE. Mais votre titre de fils de roi vous sert de sauvegarde.

CARLOS, *tirant son épée.* Cela demande du sang ! — l'épée à la main, duc !

ALBE, *froidement.* Contre qui ?

CARLOS, *se précipitant sur lui.* L'épée à la main, ou je vous perce le sein !

ALBE *tirant son épée.* Puisqu'il le faut...

(*Ils se battent.*)

SCÈNE VI.

LA REINE, DON CARLOS, LE DUC D'ALBE.

LA REINE *sort effrayée de sa chambre.* Des épées nues ! (*Au prince avec mécontentement et d'un ton impérieux.*) Carlos !

CARLOS *que l'aspect de la reine met hors de lui, laisse retomber son bras, reste immobile, puis court vers le duc et l'embrasse.* Réconciliation, duc ! que tout soit oublié. (*Il se jette muet aux pieds de la reine, puis se relève et sort vivement agité.*)

ALBE *reste immobile et ne détourne pas les yeux de lui.* Par le ciel ! cela est étrange !

LA REINE, *après un instant de trouble et d'inquiétude, s'avance lentement vers sa chambre; arrivée près de la porte, elle se retourne.* Duc d'Albe !

(*Le duc d'Albe la suit dans sa chambre.*)

SCÈNE VII.

Un cabinet de la princesse d'Éboli.

LA PRINCESSE, *idéalement vêtue, mais dans un goût parfait, joue du luth et chante; ensuite* LE PAGE *de la reine.*

LA PRINCESSE *se lève en sursaut.* Il vient ?

LE PAGE, *accourant.* Êtes-vous seule ! Je suis surpris

de ne pas encore le trouver ici, mais il va paraître à l'instant.

LA PRINCESSE. Doit-il venir? il le veut donc aussi? C'est décidé.

LE PAGE. Il est sur mes pas. Noble princesse, vous êtes aimée, vous êtes aimée comme personne ne l'a été, comme personne ne peut l'être. Quelle scène j'ai vue!

LA PRINCESSE, *avec impatience.* Vite! tu lui as parlé, réponds. Que t'a-t-il dit? quelle contenance avait-il? quelle parole a-t-il prononcée? A-t-il paru embarrassé, troublé? a-t-il deviné la personne qui lui envoyait la clef ou ne l'a-t-il pas devinée? N'a-t-il rien deviné, ou a-t-il pensé à une autre? Eh bien! tu ne me réponds pas un mot? Oh! fi! fi! n'es-tu pas honteux? tu n'as jamais été si roide, si lent, si insupportable.

LE PAGE. Puis-je placer un mot, princesse? Je lui ai remis la clef et le billet dans l'antichambre de la reine. Il m'a paru interdit quand je lui ai dit que j'étais envoyé par une femme.

LA PRINCESSE. Interdit? très-bien! très-bien! Allons, continue ton récit.

LE PAGE. Je voulais en dire plus; alors il est devenu pâle, il m'a arraché la lettre des mains, et, en jetant sur moi un regard menaçant, il m'a dit qu'il savait tout. Il a lu la lettre avec trouble, et, en la lisant il s'est mis à trembler!

LA PRINCESSE. Qu'il savait tout? qu'il savait tout? A-t-il dit cela?

LE PAGE. Il m'a demandé trois, quatre fois, si c'était vous-même qui m'aviez réellement remis cette lettre.

LA PRINCESSE. Si c'était moi-même? et il a prononcé mon nom?

LE PAGE. Non pas; il n'a point prononcé votre nom... Des espions, a-t-il dit, pouvaient écouter dans le voisinage, et tout rapporter au roi.

LA PRINCESSE, *étonnée*. A-t-il dit cela ?

LE PAGE. Il lui importerait beaucoup, a-t-il dit, il lui importerait prodigieusement d'avoir connaissance de cette lettre.

LA PRINCESSE. Au roi ? as-tu bien entendu ? Au roi ? est-ce là le mot dont il s'est servi ?

LE PAGE. Oui. Il a dit que c'était un secret dangereux ; il m'a averti de prendre garde à mes paroles et à mes démarches, afin que le roi n'en conçoive aucun soupçon.

LA PRINCESSE, *après un moment de réflexion, très-surprise*. Tout est d'accord. Cela ne peut être autrement. Il faut qu'il connaisse cette aventure. C'est inconcevable. Qui peut lui avoir révélé... qui ? je le demande encore. Quel autre que celui qui a le regard si perçant, si profond, l'amour aux yeux d'aigle ? Mais continue, continue... Il a lu le billet ?...

LE PAGE. Le billet, disait-il, annonçait un bonheur qui le faisait trembler, qu'il n'avait jamais osé rêver. Malheureusement le duc est entré dans la salle, ce qui nous a forcés...

LA PRINCESSE, *avec aigreur*. Qu'est-ce que le duc avait donc à faire là ?... Mais où est-il ? Pourquoi tarde-t-il ? pourquoi ne paraît-il pas ! Vois-tu comme tu as été faussement informé ! Comme il aurait déjà été heureux dans le temps que tu emploies à me raconter qu'il veut l'être !

LE PAGE. J'ai peur que le duc...

LA PRINCESSE. Encore le duc ! Qu'a-t-il à faire ici ? quel rapport y a-t-il entre ce brave général et ma paisible félicité ? Il pouvait le laisser là, ou le renvoyer. Avec qui, dans le monde, n'en agirait-on pas ainsi ? Oh ! vraiment ton prince, à ce qu'il me semble, comprend aussi mal l'amour que le cœur des femmes. Il ne sait pas ce que sont les minutes. Paix ! paix ! j'entends venir. Éloigne-toi ; c'est le prince. (*Le page sort à la hâte.*) Va, va... Où est donc mon luth ? Il faut qu'il me surprenne. Mon chant doit être le signal.

SCÈNE VIII.

LA PRINCESSE ; *bientôt après*, DON CARLOS. *La princesse s'est jetée sur une ottomane et joue.*

CARLOS. *Il entre précipitamment, reconnaît la princesse, et reste comme frappé de la foudre.* Dieu ! où suis-je ?

LA PRINCESSE *laisse tomber son luth et va au-devant de lui.* Ah ! prince Carlos ! Oui vraiment...

CARLOS. Où suis-je ? Folle méprise ! je me suis trompé de cabinet.

LA PRINCESSE. Que Carlos sait bien remarquer la chambre où les femmes sont sans témoins !

CARLOS. Princesse !... pardonnez-moi, princesse, j'ai, j'ai trouvé le premier salon ouvert.

LA PRINCESSE. Est-il possible ? Il me semble pourtant que je l'avais moi-même fermé.

CARLOS. Il vous semble seulement, il vous semble... mais sans doute vous vous trompez. Vous vouliez le fermer... Oui, d'accord, je le crois ; mais il n'était pas fermé ; assurément il ne l'était pas. J'entends quelqu'un jouer du luth... N'était-ce pas un luth ? (*Il regarde autour de lui d'un air de doute.*) Oui, le voilà encore ! Et... le luth... Dieu le sait ! le luth, je l'aime à la folie. Je deviens tout oreilles ; ne sachant ce qui se passe en moi, je me précipite dans ce cabinet pour voir les beaux yeux de l'aimable chanteuse dont le charme céleste m'a si doucement ravi.

LA PRINCESSE. Aimable curiosité, qui s'est bientôt apaisée, autant que je puis le voir. (*Après un moment de silence, d'un ton significatif.*) Oh ! je dois estimer l'homme modeste qui, pour ménager la pudeur d'une femme, s'embarrasse dans de telles inventions.

CARLOS, *avec confiance.* Princesse, je sens moi-même que j'aggrave ce que je voudrais améliorer. Épargnez-moi un rôle que je ne puis en aucune façon remplir.

ACTE II, SCÈNE VIII.

Vous cherchiez dans cet appartement un refuge contre le monde ; vous vouliez, loin des regards des hommes, vous abandonner aux secrets désirs de votre cœur ; moi, j'arrive comme un mauvais destin, voilà votre heureux songe détruit. Je dois donc m'éloigner sans retard. (*Il veut sortir.*)

LA PRINCESSE, *surprise et déconcertée, se remet aussitôt.* Prince, oh ! cela n'est pas bien !

CARLOS. Princesse, je comprends ce que signifie ce regard dans ce cabinet, et je respecte l'embarras de la vertu. Malheur à l'homme que la rougeur d'une femme enhardit ! Quand les femmes tremblent devant moi, je deviens timide.

LA PRINCESSE. Est-il possible ? Scrupule sans exemple chez un jeune homme, un fils de roi ! Eh bien ! prince, à présent vous devez rester près de moi ; c'est moi-même qui vous en prie. Une telle vertu dissipe l'inquiétude d'une jeune fille. Mais savez-vous que votre subite apparition m'a troublée au milieu de mon ariette favorite ? (*Elle le conduit près du sofa et reprend son luth.*) Prince Carlos, je vais jouer encore une fois cette ariette ; votre punition sera de m'entendre.

CARLOS. (*Il s'asseoit, non sans contrainte, près de la princesse.*) Punition aussi désirable que ma faute même; et, en vérité, le sujet de ce chant m'a semblé si beau, si céleste, que je pourrais bien l'entendre pour la troisième fois.

LA PRINCESSE. Quoi ! vous avez tout entendu ? C'est affreux, prince. C'était, je crois, un chant d'amour.

CARLOS. Et, si je ne me trompe, d'un amour heureux. Charmant texte dans cette charmante bouche, mais sans doute plus beau que vrai.

LA PRINCESSE. Que vrai, dites-vous ? Ainsi vous doutez ?

CARLOS, *sérieusement.* Je doute presque que Carlos et la princesse d'Éboli puissent jamais se comprendre, s'il s'agit d'amour. (*La princesse est interdite: il le remarque et continue avec une légère galanterie.*) Car en voyant ces joues roses, qui pourrait croire que la passion agite votre cœur? La princesse d'Éboli peut-elle courir le danger de soupirer vainement et sans être écoutée? Celui-là seul connaît l'amour, qui aime sans espoir.

LA PRINCESSE, *reprenant toute sa gaîté.* Oh! taisez-vous. C'est affreux. Ne semble-t-il pas que ce soit là précisément le malheur qui vous poursuive aujourd'hui, aujourd'hui vous plus que tout autre, bon prince! (*Elle lui prend la main avec tendresse.*) Vous n'êtes pas gai. Vous souffrez : par le ciel! vous souffrez beaucoup. Est-il possible? Et pourquoi souffrir, prince?... Vous qui êtes appelé aux voluptés de ce monde, doué de tous les présents d'une nature prodigue, fait pour aspirer à toutes les joies de la vie; vous, fils d'un grand roi; et plus encore, vous qui, dès votre berceau de prince, avez été comblé de dons qui effacent même la splendeur de votre rang; vous qui, dans le rigoureux tribunal des femmes, avez séduit ces femmes, ces juges qui prononcent sans appel sur la valeur et la gloire des hommes; vous qui n'avez qu'à jeter un regard pour vaincre, qui enflammez en restant froid; vous dont l'amour donnerait le ciel et le bonheur des dieux; vous que la nature a choisi entre mille pour vous combler de bonheur et de qualités sans égales, vous seriez souffrant? O ciel! toi qui lui as tout prodigué, tout, pourquoi lui as-tu refusé des yeux pour voir ses triomphes?

CARLOS, *qui pendant tout ce temps est resté absorbé dans une profonde distraction, revient tout à coup à lui-même au moment où la princesse se tait, et se relève en sursaut.* C'est parfait; c'est incomparable, princesse. Chantez-moi ce morceau encore une fois.

LA PRINCESSE *le regarde étonnée.* Carlos, où étiez-vous donc?

CARLOS *se lève.* Ah! par le ciel! vous me le rappelez. A propos, il faut que j'aille, que j'aille au plus vite.

LA PRINCESSE *le retient.* Où?

CARLOS, *avec une cruelle anxiété*. Dehors, en plein air. Laissez-moi, princesse. Il me semble sentir derrière moi le monde en feu.

LA PRINCESSE *le retient avec force*. Qu'avez-vous? Pourquoi cette conduite étrange? (*Carlos s'arrête et réfléchit; elle saisit ce moment pour l'attirer à elle sur le sofa.*) Vous avez besoin de repos, cher Carlos; votre sang est agité. Asseyez-vous près de moi, éloignez ces noires fantaisies de la fièvre. Si vous vous demandiez franchement : Ma tête sait-elle ce qui pèse sur mon cœur? et si elle le sait, n'y a-t-il parmi tous les cavaliers de cette cour, et parmi toutes les dames, personne pour le guérir, pour le comprendre, veux-je dire, personne qui soit digne?...

CARLOS, *d'un air distrait*. Peut-être la princesse d'Éboli.

LA PRINCESSE, *avec joie et vivacité*. Vraiment?

CARLOS. Donnez-moi une lettre, une recommandation pour mon père. Donnez. On dit que vous avez beaucoup de crédit.

LA PRINCESSE. Qui dit cela? Ah! c'est le soupçon qui t'a rendu muet.

CARLOS. Probablement. L'histoire est déjà publique. J'avais tout à coup formé le projet d'aller dans le Brabant, seulement pour gagner mes éperons. Mon père ne le veut pas; ce bon père craint que si je commande l'armée, ma voix n'en souffre.

LA PRINCESSE. Carlos, vous vous jouez de moi. Avouez-le, vous voulez m'échapper par ces mouvements de couleuvre. Regardez-moi en face, hypocrite. Celui qui ne rêve qu'à des actions chevaleresques pourrait-il, avouez-le, s'abaisser jusqu'à dérober avec avidité les rubans que les dames laissent tomber? et, excusez-moi (*elle écarte légèrement la fraise de Carlos, et saisit un ruban qui était caché*), et les garder si précieusement?

CARLOS, *reculant avec surprise*. Princesse, non, cela

va trop loin; je suis trahi. On ne peut vous tromper; vous vous entendez avec les démons, avec les esprits.

LA PRINCESSE. Vous paraissez en être étonné! Gageons, prince, que je rappelle dans votre cœur des choses... des choses... Essayez, interrogez-moi. Si les caprices de votre humeur, un accent étouffé, un sourire effacé à l'instant par un air sérieux, si des gestes, si des attitudes où votre âme n'était pour rien n'ont pu m'échapper, jugez si j'ai compris ce que vous vouliez faire comprendre.

CARLOS. C'est vraiment hasarder beaucoup. Va pour la gageure, princesse. Vous me promettez de faire dans mon propre cœur des découvertes que je n'ai jamais sues?

LA PRINCESSE, *un peu blessée et d'un ton sérieux.* Jamais, prince! pensez-y mieux. Regardez autour de vous. Ce cabinet n'est pas l'appartement de la reine, où un peu de déguisement est toujours de mise! Vous êtes interdit, vous rougissez tout à coup. Ah! vraiment, qui pourrait être assez pénétrant, assez hardi et désœuvré pour épier Carlos, lorsque Carlos se croit à l'abri de toute surveillance? Qui a remarqué comme au dernier bal il quitta la reine, dont il était le cavalier, pour se jeter violemment dans un groupe voisin, et tendre la main à la princesse d'Éboli, au lieu de sa royale partenaire? Distraction, prince, que le roi, arrivant dans cet instant, observa lui-même.

CARLOS, *avec un sourire ironique.* Et même le roi? En vérité, chère princesse, cela n'a pas dû lui paraître singulier.

LA PRINCESSE. Pas plus que cette scène de la chapelle du château, dont le prince Carlos ne se souviendra pas lui-même. Vous étiez aux pieds de la Sainte-Vierge, plongé dans la prière, quand tout à coup... était-ce votre faute?... les vêtements de certaines dames frôlèrent derrière vous. Voilà que l'héroïque fils du roi Philippe commence à trembler comme un hérétique devant le

ACTE II, SCÈNE VIII.

saint-office ; la prière glacée expire sur ses lèvres pâles. Dans le transport de la passion... c'était, prince, une comédie touchante... vous saisissez la sainte et froide main de la mère de Dieu, et des baisers ardents tombent sur le marbre.

CARLOS. Vous me faites une injustice, princesse ; c'était de la piété.

LA PRINCESSE. Oui ! Alors ! c'est tout autre chose prince ; alors, c'est aussi par la crainte de perdre que, lorsque Carlos jouait avec la reine et moi, il me déroba avec une merveilleuse habileté mon gant. (*Carlos se lève tout troublé.*) Il est vrai qu'un instant après il fut assez poli pour le jeter sur la table au lieu d'une carte.

CARLOS. Oh ! Dieu ! Dieu ! Dieu ! Qu'ai-je fait là.

LA PRINCESSE. Rien que vous deviez désavouer, j'espère. Quelles furent ma joie et ma surprise lorsque, sans m'y attendre, je trouvai un petit billet que vous aviez su cacher dans ce gant. C'était, prince, la plus touchante romance qui...

CARLOS, *l'interrompant tout à coup*. Des vers, rien de plus ; il s'échappe souvent de mon cerveau de ces bulles légères qui s'évanouissent comme elles sont venues, voilà tout. Ne parlons pas de cela.

LA PRINCESSE, *s'éloignant de lui avec surprise, le regarde un instant*. Je suis à bout ; toutes mes tentatives glissent sur cet homme bizarre comme sur un serpent. (*Elle se tait quelques instants.*) Mais quoi ! si c'était un orgueil prodigieux qui, pour rendre son plaisir plus doux, employât le masque de la timidité ? Oui, (*elle s'approche du prince et le regarde d'un air de doute*) prince, apprenez-moi enfin... Je suis devant une porte fermée et enchantée que mes clefs ne peuvent ouvrir.

CARLOS. C'est comme moi devant vous.

LA PRINCESSE *le quitte brusquement, se promène en silence dans le cabinet, et paraît occupée d'une pensée impor-*

tante. Enfin elle lui dit d'un air sérieux et solennel. Eh bien! soit! Il faut me résoudre à parler. Je vous prends pour juge. Vous êtes un cœur loyal,—un homme, vous êtes prince et chevalier. Je me jette dans vos bras; vous me sauverez, prince, et si je suis perdue sans retour, vous pleurerez sur mon sort. (*Le prince se rapproche d'elle avec curiosité, intérêt et surprise.*) Un impudent favori du roi, Ruy Gomez, comte de Silva, recherche ma main. Le roi le veut; déjà on est d'accord pour le marché. Je suis vendue à sa créature.

CARLOS. Vendue et toujours vendue, et toujours, par le trafiquant renommé de l'Espagne.

LA PRINCESSE. Non, écoutez tout d'abord. Ce n'est pas assez qu'on me sacrifie à la politique, on en veut à mon innocence. Tenez, cet écrit peut démasquer ce saint homme. (*Carlos prend le papier, mais son impatience ne lui permet pas de le lire, et il écoute le récit de la princesse.*) Où trouver mon salut, prince? Jusqu'à présent mon orgueil a protégé ma vertu; mais enfin...

CARLOS. Enfin vous avez succombé? vous avez succombé? Non, non! au nom du ciel, non!

LA PRINCESSE, *avec noblesse et fierté.* Et par qui? Misérable raisonnement! Que ces esprits forts sont faibles! Estimer les faveurs d'une femme, le bonheur de l'amour, comme une marchandise dont on peut disposer! C'est la seule chose en ce monde qui ne souffre point d'autre acheteur que soi-même. L'amour est le prix de l'amour, c'est le diamant inestimable que je veux donner, ou enfouir éternellement sans jamais en jouir, pareille à ce riche marchand qui, insensible à l'or du Rialto, et défiant les rois, rejeta sa perle dans les trésors de la mer, trop fier pour l'abandonner au-dessous de sa valeur.

CARLOS. Par le Dieu tout-puissant, cette femme est belle!

LA PRINCESSE. Qu'on nomme cela caprice ou vanité, n'importe! je ne partage point mes plaisirs. A l'homme,

au seul que j'aie choisi, je donne tout pour tout.
Je ne donne qu'une fois, mais c'est pour toujours.
Mon amour ne fera qu'un heureux, mais ce sera pour
lui un bonheur divin. La ravissante harmonie des
hommes... le baiser... la joie voluptueuse de l'heure
du berger, la magie céleste de la beauté, ne sont que
là, couleurs d'un même rayon, feuilles d'une même
fleur. Et moi, insensée! j'irais perdre une feuille arrachée au riant calice de cette fleur, j'irais profaner la
majesté de la femme, le chef-d'œuvre de la Divinité,
pour récréer les derniers jours d'un débauché!

CARLOS. Incroyable. Comment! Madrid avait une telle
jeune fille, et moi, moi, je l'apprends aujourd'hui pour
la première fois!

LA PRINCESSE. Il y a longtemps que j'aurais quitté cette
cour, ce monde, pour m'ensevelir dans un cloître; mais
il me reste encore un lien unique et tout-puissant pour
m'enchaîner à ce monde. Hélas! un fantôme peut-être,
mais si précieux pour moi. J'aime et je — ne suis pas
aimée.

CARLOS, *s'approchant d'elle avec feu.* Vous l'êtes, aussi
vrai qu'il y a un Dieu dans le ciel; je le jure. Vous l'êtes,
et d'un amour inexprimable!

LA PRINCESSE. Vous le jurez. Vous? oh! c'est la voix
de mon ange. Oui si vraiment vous le jurez, Carlos,
alors je vous crois, alors je le suis.

CARLOS *la presse dans ses bras avec tendresse.* Douce,
noble jeune fille, adorable créature! Mes yeux, mes
oreilles, tout est devant toi admiration et ravissement.
Qui aurait pu te voir, te voir sous ce ciel et se vanter
de n'avoir jamais aimé? Mais ici, à la cour du roi Philippe? Quoi, ici? Que viens-tu faire ici, ange charmant,
ici parmi ces moines, et sous ce joug de moines? Ce
ciel ne convient pas à de telles fleurs. Ils pourraient
les briser. Ils pourraient... Oh! je le crois. Mais non,
aussi vrai que je respire, non; j'enlace mes bras autour de toi, je t'emporterai dans mes bras à travers les

démons et l'enfer... Oui, prends-moi pour ton ange.

LA PRINCESSE, *avec un regard plein d'amour.* O Carlos, combien peu je vous avais connu! Comme votre noble cœur récompense richement, prodigieusement la peine que l'on s'est donnée pour le comprendre! (*Elle prend sa main et veut la baiser.*)

CARLOS, *la retirant.* Princesse, où êtes-vous à présent?

LA PRINCESSE, *avec douceur et grâce, regardant fixement sa main.* Que cette main est belle! quelle est riche! Prince, cette main a encore deux précieux dons à faire : un diadème et le cœur de Carlos, et tous deux peut-être à une mortelle, à une seule! Un présent grandiose, divin... trop grandiose presque pour une mortelle! Eh quoi! prince, si vous vous décidiez à un partage? Les reines aiment mal. Une femme qui peut aimer s'entend mal à régner. Tant mieux, prince, vous partagerez, et tout de suite, et tout de suite. Quoi! ou bien l'auriez-vous déjà fait? l'auriez-vous réellement fait? C'est encore mieux! Et connais-je l'heureuse personne?

CARLOS. Tu la connaîtras. Je me découvrirai à toi, jeune fille. Je me découvrirai à cette nature innocente, ouverte, sans tache. Tu es dans cette cour la première, la seule digne de connaître mon âme entière. Eh bien! je ne le nie pas..... j'aime.

LA PRINCESSE. Méchant homme! Cet aveu était-il si difficile? Ah! devais-je être digne de pitié, quant tu me trouvais digne d'amour?

CARLOS, *interdit.* Quoi? qu'est-ce donc?

LA PRINCESSE. Jouer un tel jeu avec moi! Oh! vraiment, prince, ce n'était pas bien. Et nier même la clef!

CARLOS. La clef! la clef! (*Après une muette réflexion.*) Oui... c'était cela... A présent je m'en aperçois... Oh! mon Dieu! (*Ses genoux fléchissent. Il s'appuie contre une chaise et se cache le visage.*)

LA PRINCESSE, *après un moment de silence de part et*

d'autre, *pousse un cri.* Malheureuse! qu'ai-je fait?

CARLOS, *se levant avec l'accent de la plus violente douleur.* Tomber si bas du haut de mon ciel!... Oh! c'est affreux!

LA PRINCESSE, *se cachant le visage.* Qu'ai-je découvert? Dieu!

CARLOS, *à genoux devant elle.* Je ne suis pas coupable, princesse. La passion... une fatale méprise... Par le ciel! je ne suis pas coupable.

LA PRINCESSE *le repousse.* Retirez-vous de mes yeux, au nom du ciel!

CARLOS. Jamais! Vous abandonner dans cette affreuse agitation!

LA PRINCESSE, *le repoussant avec force.* Par générosité, par pitié, retirez-vous de mes yeux. Voulez-vous me tuer? Je hais votre aspect. (*Carlos veut sortir.*) Rendez-moi ma lettre et ma clef. Où avez-vous mis l'autre lettre?

CARLOS. L'autre? Quelle autre?

LA PRINCESSE. Celle du roi.

CARLOS, *effrayé.* De qui?

LA PRINCESSE. Celle que vous avez reçue de moi tout à l'heure.

CARLOS. Du roi? Et à qui? A vous?

LA PRINCESSE. O ciel! dans quel embarras je me suis jetée! La lettre! donnez-la, je veux la ravoir.

CARLOS. La lettre du roi? Et à vous?

LA PRINCESSE. La lettre, au nom de tous les saints!

CARLOS. Cette lettre qui devait démasquer un certain.

LA PRINCESSE. Je suis morte. Donnez-la moi.

CARLOS. La lettre?...

LA PRINCESSE, *joignant les mains avec désespoir.* Insensée! à quel péril me suis-je livrée?

CARLOS. La lettre, elle venait du roi. Ah! princesse, cela change bien vite tout. C'est (*tenant la lettre avec joie*), c'est une lettre chère, dangereuse, inestimable.

Toutes les couronnes de Philippe seraient trop légères et de trop peu de valeur pour la racheter... Je garde cette lettre.

(*Il sort.*)

LA PRINCESSE *se jette au-devant de lui.* Grand Dieu ! je suis perdue !

SCÈNE IX.

LA PRINCESSE, *seule. Elle demeure un instant interdite, hors d'elle-même ; puis lorsqu'il est sorti, elle court après lui et veut le rappeler.* Prince, encore un mot; prince, écoutez-moi... Il s'éloigne. Encore cela ! Il me méprise. Me voilà dans un isolement horrible, repoussée, rejetée... (*Elle tombe dans un fauteuil ; après un moment de silence.*) Non, mais sacrifiée, sacrifiée à une rivale ! Il aime, plus de doute ; il l'a lui-même avoué. Mais quelle est cette heureuse femme ? Autant que je puis le voir, il aime qui il ne doit pas aimer. Il craint d'être découvert ; il cache sa passion au roi. Pourquoi au roi, qui désirerait le voir amoureux ?... Ou bien dans son père, n'est-ce pas son père qu'il redoute ? Quand les vues galantes du roi lui ont été révélées, son visage exprimait la joie, il semblait heureux et content... D'où vient que sa vertu sévère n'a point exprimé de blâme là-dessus, précisément là-dessus ? Qu'a-t-il donc à gagner, si le roi, infidèle à la reine... (*Elle s'arrête tout à coup comme saisie d'une pensée subite. En même temps elle tire de son sein le ruban qu'elle a pris à Carlos, le regarde, et tout à coup le reconnaît.*) O insensée que j'étais ! Maintenant enfin, maintenant... où étaient mes sens ? maintenant mes yeux s'ouvrent... Ils s'aimaient, ils s'aimaient avant que le roi la choisît. Jamais le prince ne m'a vue sans elle..... C'était donc à elle qu'il pensait quand je me croyais si ardemment, si immensément aimée. Ah ! tromperie sans exemple ! Et je lui ai révélé ma faiblesse. (*Après un moment de silence.*) Aimerait-il sans espérance ? Je ne puis le croire. Un amour sans espérance n'aurait pas résisté à cette lutte. Goûter une volupté après laquelle le plus puissant roi de la terre soupire en vain ; vraiment on ne fait pas de tels sacrifices à un amour sans espoir. Que son baiser était ardent, avec quelle tendresse il me pressait sur son cœur palpitant ! L'épreuve était presque trop forte pour cette fidélité romanesque, si elle ne doit pas être payée de retour... Il prend la clef qu'il croit recevoir de la reine... Il croit à ce pas de géant... Il vient, en vérité il vient, pensant que la femme de Philippe a pu se laisser aller à cette folle résolution... Comment aurait-il pu le penser, si des preuves notables ne l'eussent encouragé? C'est clair ; il est écouté ; elle l'aime, par le ciel ! Cette sainte s'est attendrie. Comme elle est habile!... Je tremblais moi-même devant l'aspect hautain et redoutable de cette vertu. Une nature supérieure s'élevait devant moi, je m'effaçais devant sa splendeur, j'enviais à sa beauté ce calme élevé, affranchi de toutes les agitations de la nature mortelle. Et ce calme n'était qu'une apparence ! Elle aurait voulu goûter un double bonheur, conserver habilement les dehors d'une vertu céleste, et en même temps savourer les secrets ravissements du vice. C'était là son audace! Et ce jeu hypocrite lui réussirait et ne serait pas vengé, parce qu'aucun vengeur ne se présente! Non, par le ciel ! Je l'adorais ; cela crie vengeance. Le roi saura cette fourberie..... Le roi ! (*Après un moment de réflexion.*) Oui... c'est le moyen de le lui apprendre.

(*Elle sort.*)

SCÈNE X.

Un appartement dans le palais du roi.

LE DUC D'ALBE, DOMINGO.

DOMINGO. Que voulez-vous me dire?

ALBE. Une découverte importante que j'ai faite aujourd'hui, et dont je voudrais avoir le mot.

DOMINGO. Quelle découverte? De quoi s'agit-il?

ALBE. Le prince Carlos et moi nous nous sommes rencontrés cet après-midi dans le salon de la reine. J'étais offensé. Nous nous échauffons, le combat éclate, nous croisons le fer ; la reine, à ce bruit, ouvre la porte, s'avance entre nous, et jette sur le prince un regard qui exprimait une confiance souveraine. A ce seul regard, son bras devient immobile, il court dans mes bras, je sens son étreinte ardente, et il disparait.

DOMINGO, *après un moment de silence*. C'est très-suspect. Duc, vous me rappelez quelque chose... Une pensée de ce genre germe depuis longtemps, je l'avoue, dans mon sein. Je chassais ce rêve, et je ne l'ai confié encore à personne. Il y a des glaives à double tranchant, des amis douteux... Je m'en défie. Les hommes sont difficiles à connaître, plus difficiles encore à pénétrer. Des paroles qui vous échappent sont des confidents irrités. Voilà pourquoi j'ai enseveli mon secret, jusqu'à ce que le temps vint de le produire au jour. Il est dangereux, duc, de rendre certains services aux rois... Un trait qui manque son but revient frapper celui qui l'a lancé. Ce que j'ai à dire, je pourrais le jurer sur l'hostie ; mais un témoignage oculaire, une parole surprise, un lambeau de papier, pèsent plus dans la balance que mon sentiment intime... Le malheur est que nous sommes sur la terre d'Espagne.

ALBE. Pourquoi est-ce un malheur?

DOMINGO. Dans toute autre cour, la passion peut s'oublier; ici, elle est retenue par la sévérité des lois. Il est difficile à une reine d'Espagne de faillir... je le crois... Mais malheureusement, juste au point où nous parviendrions à la surprendre...

ALBE. Ecoutez-moi encore. Carlos a vu le roi aujourd'hui. L'audience a duré une heure. Il demandait le gouvernement des Pays-Bas ; il le demandait à haute voix et avec vivacité, je l'entendais du cabinet. Ses yeux étaient rouges de larmes lorsque je l'ai rencontré à la porte. Et voilà que cet après-midi il se montre avec des airs triomphants. Il est ravi que le roi m'ait donné la préférence ; il le remercie. Les choses sont changées, dit-il, et cela vaut mieux. Jamais il n'a pu feindre. Comment expliquer ces contradictions? Le prince est joyeux d'être mis de côté, et le roi m'accorde une grâce avec tous les signes de sa colère. Que dois-je croire? En vérité, cette nouvelle dignité ressemble plus à un exil qu'à une faveur.

DOMINGO. Les choses en seraient donc venues à ce point, à ce point? Et un instant renverserait ce que nous avons mis des années à construire! Et vous êtes si calme, si impassible! Connaissez-vous ce jeune homme? Prévoyez-vous ce qui nous attend quand le pouvoir lui échoira? Le prince!... je ne suis pas son ennemi. D'autres soucis troublent mon repos, les soucis du trône de Dieu et de son Eglise... (l'infant, je le connais, j'ai pénétré son âme); l'infant nourrit un projet terrible, duc, le projet de devenir régent et d'échapper à notre sainte croyance. Son cœur brûle pour une nouvelle vertu qui se suffit orgueilleusement à elle-même et n'implore aucune croyance. IL PENSE ! Sa tête est échauffée par des chimères étranges. Il honore l'homme. Duc, est-ce là celui qui nous convient pour roi?

ALBE. Fantômes! Quoi de plus? Peut-être aussi un orgueil de jeune homme qui veut jouer un rôle et qui n'a point d'autre parti à prendre. Cela passera lorsque son tour viendra de commander.

DOMINGO. J'en doute. Il est fier de sa liberté, il n'est pas habitué au joug par lequel on soumet les autres au joug. Convient-il pour notre trône? Cet esprit hardi et gigantesque franchira les limites de notre politique. En vain j'ai cherché, dans le temps, à énerver ce caractère hautain par les voluptés, il a résisté à cette épreuve. C'est terrible de voir une telle âme dans un tel corps... Et Philippe touche à sa soixantième année.

ALBE. Vos regards s'étendent bien loin.

DOMINGO. Lui et la reine ne sont qu'un. Le poison des novateurs s'est glissé et reste, il est vrai, caché dans leur cœur; mais bientôt il gagnera du terrain, il atteindra le trône. Je connais cette Valois. Craignons toute la vengeance de cette ennemie secrète, si Philippe montre de la faiblesse. La fortune nous est encore favorable. Prévenons-les, enveloppons-les tous deux dans le même filet. Aujourd'hui, qu'un tel avis soit donné au roi avec des preuves ou sans preuves, s'il est ébranlé, ce sera déjà beaucoup. Nous-mêmes, nous ne doutons pas. Lorsqu'on est persuadé, il n'est pas difficile de persuader. Nous ne pouvons manquer d'en découvrir davantage, si d'avance nous sommes bien convaincus que nous devons découvrir.

ALBE. Reste encore maintenant la question la plus importante, celle de savoir qui prendra sur soi d'instruire le roi.

DOMINGO. Ni vous ni moi. Apprenez encore ce que, depuis longtemps, plein de mes grands projets, j'ai préparé avec une tranquille patience pour atteindre le but. Il nous manque, pour compléter notre ligue, une troisième personne, la plus importante. Le roi aime la princesse d'Éboli; j'entretiens cette passion qui sert mes désirs. Je suis son émissaire. J'entraînerai la princesse dans notre plan. Si ma trame réussit, cette jeune femme sera notre alliée, notre reine. Elle-même m'a fait appeler dans ce salon. J'espère tout... Peut-être une jeune fille espagnole brisera-t-elle en une seule nuit les lis des Valois!

ALBE. Qu'entends-je! Ce que vous dites est-il vrai? Par le ciel, cela me surprend! Oui, l'œuvre est complète. Dominicain, je t'admire. Maintenant la partie est gagnée.

DOMINGO. Silence! Qui vient? C'est elle... elle-même.

ALBE. Je serai dans la pièce voisine, et si...

DOMINGO. Très-bien. Je vous appellerai.

(Le duc d'Albe sort.)

SCÈNE XI.

LA PRINCESSE, DOMINGO.

DOMINGO. Je suis à vos ordres, princesse.

LA PRINCESSE, *après avoir jeté un regard curieux sur le duc.* Ne sommes-nous pas seuls? Vous avez, je le vois, un témoin près de vous.

DOMINGO. Comment?

LA PRINCESSE. Qui donc vient de vous quitter tout-à-l'heure?

DOMINGO. Le duc d'Albe, princesse, qui demande la permission d'être admis après moi.

LA PRINCESSE. Le duc d'Albe? Que veut-il? Que peut-il vouloir? Vous saurez peut-être me le dire?

DOMINGO. Moi? Et saurai-je auparavant à quelle occasion importante je dois le bonheur dont j'ai été privé si longtemps de me retrouver avec la princesse d'Éboli? (*Après un moment de silence pour attendre la réponse de la princesse.*) Puis-je savoir si quelque circonstance vous rend enfin favorable aux vœux du roi? Puis-je espérer avec quelque raison que des réflexions meilleures vous ont réconciliée avec des offres repoussées seulement par humeur, par caprice? Je suis dans l'attente...

LA PRINCESSE. Avez-vous porté au roi ma dernière réponse?

DOMINGO. J'ai différé de lui faire cette mortelle blessure. Il est encore temps, princesse; il dépend de vous de la lui épargner.

LA PRINCESSE. Annoncez au roi que je l'attends.

DOMINGO. Puis-je prendre cela pour une parole sérieuse, princesse?

LA PRINCESSE. J'espère du moins que vous ne la prendrez pas pour une plaisanterie? Par le ciel, vous m'effrayez! Comment, qu'ai-je donc fait, si vous-même, — vous-même vous pâlissez?

DOMINGO. Princesse, cette surprise... A peine puis-je concevoir?...

LA PRINCESSE. Mon révérend père, vous ne devez pas le concevoir. Pour tous les biens du monde, je ne voudrais pas que vous m'eussiez comprise. C'est assez pour vous qu'il en soit ainsi. Epargnez-vous la peine de chercher qui, par son éloquence, a opéré ce changement. J'ajouterai pour votre consolation que vous n'avez aucune part à ma faute, ni vous, ni l'Église, quoique vous m'ayez démontré qu'il y a certains cas où l'Église sait employer dans un but élevé le corps même des jeunes filles. Non, ce n'est pas cela... Ces pieuses raisons, mon révérend père, sont pour moi trop sublimes...

DOMINGO. Très-bien, princesse, je les abandonne, puisqu'elles sont superflues.

LA PRINCESSE. Dites de ma part au monarque de ne pas se méprendre sur moi-même en cette démarche : ce que j'ai été, je le suis encore; seulement la situation des choses a changé. Lorsque je repoussai ses offres avec indignation, je le croyais l'heureux époux de la plus belle des reines, je croyais que cette épouse fidèle méritait ce sacrifice de ma part. Oui, je croyais alors... alors... A présent, en vérité, je suis mieux informée.

DOMINGO. Continuez, continuez, princesse ; je le vois, nous nous entendons.

LA PRINCESSE. Assez. Elle est découverte. Je ne l'épargnerai pas plus longtemps. Sa fourbe habile est découverte. Le roi, l'Espagne entière et moi, elle nous a trompés. Elle aime ; je sais qu'elle aime. J'ai des preuves qui la feront trembler. Le roi est trompé : mais, par le ciel! qu'il ne le soit pas sans être vengé! Je lui arracherai ce masque de résignation sublime et surnaturelle, et tout le monde reconnaîtra le front de la coupable. Il m'en coûte un prix énorme;

mais ce qui me ravit, ce qui fait mon triomphe, c'est qu'il lui en coûtera plus encore.

DOMINGO. Maintenant tout est mûr, permettez-moi d'appeler le duc.

(Il sort.)

LA PRINCESSE, *étonnée*. Que signifie cela ?

SCÈNE XII.

LA PRINCESSE, LE DUC D'ALBE, DOMINGO.

DOMINGO, *amenant le duc*. Nos nouvelles arrivent trop tard, duc d'Albe. La princesse d'Éboli nous découvre un secret qu'elle devait précisément apprendre de nous.

ALBE. Ma visite la surprendra d'autant moins. Je ne me fie pas à mes propres yeux ; de telles découvertes exigent des yeux de femme.

LA PRINCESSE. Vous parlez de découvertes ?

DOMINGO. Nous désirerions savoir, princesse, dans quel lieu et à quelle heure ?...

LA PRINCESSE. Eh bien, je vous attendrai demain à midi. J'ai des motifs pour ne pas cacher plus longtemps ce mystère coupable, pour ne pas le soustraire plus longtemps au roi.

ALBE. C'est cela même qui m'amène ici. Il faut que le roi le sache tout de suite, et qu'il le sache par vous, princesse, par vous. Qui croira-t-il plus que la sévère et vigilante compagne de sa femme ?

DOMINGO. Celle qui, dès qu'elle le voudra, exercera sur lui une autorité sans bornes.

ALBE. Je suis l'ennemi déclaré du prince.

DOMINGO. C'est ainsi que l'on a aussi l'habitude de me regarder. La princesse d'Éboli est libre. Quand nous devons nous taire, le devoir, le devoir de votre charge vous oblige à parler. Le roi ne pourra nous échapper. Vous donnerez le signal, et nous achèverons l'œuvre.

ALBE. Mais il faut que cela s'achève bientôt, à l'instant même. Les moments sont précieux ; je puis recevoir à chaque heure l'ordre de partir.

DOMINGO, *après un instant de réflexion, se tournant vers la princesse.* Si l'on pouvait trouver des lettres? Des lettres de l'infant qui seraient saisies produiraient de l'effet... Voyons... N'est-ce pas?... Oui... vous couchez... à ce qu'il me semble... dans la chambre même de la reine.

LA PRINCESSE. Près de sa chambre... Mais pourquoi cela?

DOMINGO. Quelqu'un qui s'entendrait à ouvrir les serrures?... Avez-vous remarqué où elle a l'habitude de mettre la clef de sa cassette?

LA PRINCESSE, *réfléchissant.* Cela pourrait conduire à quelque chose. Oui, la clef pourrait se trouver, je pense...

DOMINGO. Des lettres exigent des messagers... La suite de la reine est considérable. Si l'on pouvait trouver la trace... L'or peut beaucoup.

ALBE. Personne ne connaît-il un confident au prince?

DOMINGO. Il n'en a pas un dans tout Madrid, pas un.

ALBE. C'est étrange.

DOMINGO. Vous pouvez me croire. Il méprise toute la cour; j'en ai des preuves.

ALBE. Mais comment? je me rappelle à l'instant même que, lorsque je sortis du salon de la reine, l'infant était avec un de ses pages; ils causaient mystérieusement...

LA PRINCESSE, *l'interrompant brusquement.* Non pas! Non! c'était de quelque autre chose.

DOMINGO. Pourrions-nous le savoir? Non. Cette circonstance est suspecte... (*Au duc.*) Connaissez-vous ce page?

LA PRINCESSE. Enfantillage! Que voulez-vous que ce soit? C'est assez; je connais cela, nous nous reverrons

ACTE II, SCÈNE XIV.

avant que je parle au roi... En attendant, on découvrira bien des choses.

DOMINGO, *la conduisant à l'écart.* Et le roi peut-il espérer? Je puis lui annoncer, n'est-ce pas? Puis-je lui dire à quelle charmante heure ses désirs seront comblés? Ne puis-je?...

LA PRINCESSE. Dans quelques jours je serai malade; on me séparera de la reine; c'est l'usage à cette cour, comme vous le savez. Je resterai dans mon appartement.

DOMINGO. Très-bien, la grande partie est gagnée. Je brave à présent toutes les reines...

LA PRINCESSE. Ecoutez! On m'appelle... La reine me demande. Au revoir.

(*Elle sort.*)

SCÈNE XIII.

ALBE, DOMINGO.

DOMINGO, *après un moment de silence, suivant des yeux la princesse.* Duc, avec ce visage rose et vos batailles...

ALBE. Et votre Dieu, je veux défier la foudre qui doit nous frapper.

(*Ils sortent.*)

SCÈNE XIV.

Un cloître de chartreux.

DON CARLOS, LE PRIEUR.

DON CARLOS, *au prieur, en entrant.* Ainsi, il est déjà venu? J'en suis fâché.

LE PRIEUR. Trois fois depuis ce matin. Il est parti il y a une heure...

CARLOS. Il reviendra pourtant? Ne l'a-t-il pas dit?

LE PRIEUR. Avant midi encore; il l'a promis.

CARLOS, *s'approchant d'une fenêtre et regardant les en-*

rirons. Votre cloître est éloigné de la route ; là on aperçoit encore les tours de Madrid ; ici coule le Mançanarès. Ce site est de mon goût : tout est paisible ici et mystérieux.

LE PRIEUR. Comme l'entrée dans l'autre vie.

CARLOS. Mon révérend père, je confie à votre probité ce que j'ai de plus précieux, de plus sacré. Pas un mortel ne doit savoir, ni même soupçonner, qui j'aurai entretenu ici secrètement. J'ai d'importants motifs pour cacher au monde entier quel homme j'attends ici. Voilà pourquoi j'ai choisi ce cloître. Ici nous sommes à l'abri des trahisons et des surprises. Vous vous rappelez ce que vous m'avez juré ?

LE PRIEUR. Fiez-vous à nous, monseigneur ; le soupçon des rois ne va pas fouiller les tombeaux. La curiosité n'applique ses oreilles qu'aux portes du bonheur et de la passion. Le monde finit à ces murs.

CARLOS. Vous pensez peut-être que ces précautions et cette crainte cachent une conscience coupable ?

LE PRIEUR. Je ne pense rien.

CARLOS. Vous vous tromperiez, mon père ; en vérité, vous vous tromperiez. Mon secret redoute l'homme, mais non pas Dieu.

LE PRIEUR. Mon fils, cela nous inquiète fort peu. Ce refuge est ouvert au crime comme à l'innocence ; quelle que soit ta pensée, bonne ou mauvaise, juste ou coupable, c'est l'affaire de ton cœur.

CARLOS, *avec chaleur.* Ce que nous cachons ne peut offenser votre Dieu ; c'est son œuvre même, son œuvre la plus belle. Mais je puis bien à vous tout vous révéler.

LE PRIEUR. Dans quel but ? Dispensez-m'en, prince ; le monde et ses instruments sont depuis longtemps scellés pour le grand voyage. Pourquoi briser encore le coffre, un instant avant de partir ? Il faut si peu pour la béatitude ! La cloche sonne l'heure de l'office. Je vais prier. *(Il sort.)*

SCÈNE XV.

DON CARLOS, LE MARQUIS DE POSA.

CARLOS. Enfin! enfin!

LE MARQUIS. Quelle épreuve pour l'impatience d'un ami! Deux fois le soleil s'est levé et deux fois il s'est couché depuis que la destinée de mon Carlos s'est décidée. Et à présent, à présent seulement je vais l'apprendre... Parle, êtes-vous réconciliés?

CARLOS. Qui?

LE MARQUIS. Toi et le roi Philippe. Et la Flandre, y a-t-il à ce sujet quelque chose de décidé?...

CARLOS. Que le duc part demain, voilà ce qui est décidé.

LE MARQUIS. Cela ne peut être; cela n'est pas; tout Madrid serait trompé. Tu as eu une audience secrète, dit-on. Le roi...

CARLOS. Est resté inflexible. Nous sommes séparés pour toujours, et plus encore que nous ne l'étions déjà.

LE MARQUIS. Tu ne vas pas en Flandre?

CARLOS. Non! non! non!

LE MARQUIS. O mes espérances!

CARLOS. Laissons cela de côté. O Rodrigue! depuis que nous nous sommes quittés, que de choses j'ai éprouvées! Mais, avant tout, je réclame tes conseils. Je veux lui parler...

LE MARQUIS. A la mère? Non... Et pourquoi?

CARLOS. J'ai des espérances... Tu pâlis? sois tranquille. Je dois être heureux, et je le serai... Mais nous parlerons de cela une autre fois; maintenant, tâche de me dire comment je puis lui parler.

LE MARQUIS. Que signifie cela? Sur quoi se fonde ce nouveau rêve du délire?

CARLOS. Ce n'est pas un rêve, par le Dieu des miracles! C'est la réalité, la réalité! (*Il lui montre la lettre du roi à la princesse d'Éboli.*) Elle est là dans ce papier important. La reine est libre ; libre aux yeux des hommes comme aux yeux du ciel. Lis, et cesse d'être étonné.

LE MARQUIS, *ouvrant la lettre*. Quoi ! que vois-je ? La main même du roi ! (*Après l'avoir lue.*) Et pour qui cette lettre ?

CARLOS. Pour la princesse d'Éboli. Avant-hier, un page de la reine m'apporte une lettre d'une écriture inconnue et une clef. On m'indique dans l'aile gauche du palais habitée par la reine, un cabinet où je suis attendu par une dame que j'aime depuis longtemps. Je me rends sur-le-champ à cette indication...

LE MARQUIS. Insensé ! tu vas...

CARLOS. Je ne connais pas l'écriture... Je ne connais qu'une femme que j'aime ; quelle autre pourrait se croire adorée de Carlos ? Plein d'une douce ivresse, j'accours dans ce lieu. Un chant céleste qui retentissait dans l'intérieur de l'appartement me sert de guide... J'ouvre la porte... et qui vois-je ? Juge de ma terreur.

LE MARQUIS. Oh ! je devine tout.

CARLOS. J'étais perdu sans ressource, Rodrigue, si je n'étais tombé entre les mains d'un ange. Quel malheureux hasard ! Trompée par le langage imprudent de mes yeux, elle s'abandonne à cette douce erreur et se croit elle-même l'idole de ces regards. Touchée des secrètes souffrances de mon âme, dans l'imprévoyance et la générosité de son cœur attendri, elle veut elle-même répondre à mon amour. Le respect semblait m'imposer le silence, elle a la hardiesse de le rompre et m'ouvre son noble cœur.

LE MARQUIS. Et tu racontes cela avec tant de calme. La princesse d'Éboli t'a pénétré ! Plus de doute, elle connaît l'intime secret de ton amour. Tu l'as gravement offensée, elle gouverne le roi.

CARLOS, *avec confiance*. Elle est vertueuse.

LE MARQUIS. Elle l'est dans l'intérêt de son amour. Je crains beaucoup cette vertu : je la connais. Qu'elle est loin de ce sentiment idéal qui, s'élevant de l'âme comme du sol maternel, se développe avec grâce et fierté, s'épanouit librement sans le secours de la culture et répand des fleurs abondantes! C'est un rameau étranger, transporté des régions du midi dans un plus rude climat. Éducation, principes, nomme-la comme tu voudras, c'est une innocence acquise, disputée, par la ruse et par de pénibles combats, à un sang ardent, imposée avec soin en compte au ciel qui la réclame et qui la paye. Juges-en toi-même : la princesse pardonnera-t-elle jamais à la reine qu'un homme ait dédaigné le sacrifice de cette vertu si péniblement combattue pour consacrer à la femme de don Philippe une flamme sans espérance ?

CARLOS. Connais-tu si bien la princesse?

LE MARQUIS. Non, certainement ; je l'ai à peine vue deux fois. Mais laisse-moi te dire encore un mot. Il m'a semblé qu'elle évitait habilement de donner prise sur elle, et qu'elle savait très-bien ce que valait sa vertu. J'ai vu aussi la reine. O Carlos! combien tout ce que j'ai remarqué en elle est différent! Ignorante, en sa gloire native et calme, ignorante et de l'insouciante légèreté et des calculs dogmatiques de la convenance, aussi éloignée de la hardiesse que de la crainte, elle marche d'un pas ferme, héroïque, dans le sentier étroit du bien, sans savoir qu'elle excite un sentiment d'adoration, quand elle ose à peine compter sur son propre suffrage. Dans ce portrait, mon Carlos reconnaît-il aussi son Éboli. La princesse est restée ferme, parce qu'elle aimait ; l'amour était la condition expresse de sa vertu. Tu ne l'as point récompensée, elle succombera.

CARLOS, *avec vivacité.* Non ! non ! (*Il se promène avec agitation.*) Non, te dis-je ! O Rodrigue ! si tu savais combien c'est mal à toi de vouloir enlever à ton Carlos la plus céleste des félicités, la foi à la vertu du cœur humain !

LE MARQUIS. Ai-je mérité ce reproche? Non, tendre ami de mon âme ; non, par le Dieu du ciel ! ce n'est pas cela que je voulais. Oh! cette Éboli! quand elle serait un ange, et quand je devrais me prosterner devant sa vertu, plût à Dieu qu'elle n'eût pas appris ton secret!

CARLOS. Vois combien ta crainte est vaine! A-t-elle d'autres preuves que celle dont elle rougirait? Achètera-t-elle par son honneur la triste satisfaction de sa vengeance?

LE MARQUIS. Plus d'une femme, pour effacer un moment de rougeur, s'est vouée à la honte.

CARLOS, *se levant avec vivacité*. Non, c'est trop dur, trop cruel. Elle est noble et fière: je la connais et je ne crains rien. C'est en vain que tu t'efforces de troubler mes espérances; je parlerai à ma mère.

LE MARQUIS. Maintenant? et pourquoi?

CARLOS. Je n'ai plus rien à ménager. Il faut que je sache mon sort. Fais seulement en sorte que je puisse lui parler.

LE MARQUIS. Et tu veux lui montrer cette lettre? réellement tu le veux?

CARLOS. Ne m'interroge pas là-dessus. Le moyen seulement, le moyen de lui parler!

LE MARQUIS, *avec autorité*. Ne m'as-tu pas dit que tu aimais ta mère? et tu veux lui montrer cette lettre? (*Carlos baisse les yeux et se tait*.) Carlos, je lis sur ton visage quelque chose de nouveau pour moi et que je n'avais pas encore vu jusqu'à présent. Tu détournes les yeux. Est-il vrai? Ai-je réellement bien lu? Laisse-moi voir. (*Carlos lui donne la lettre, le marquis la déchire*.)

CARLOS. Comment! es-tu fou? (*Avec une émotion contenue*.) Réellement, je l'avoue, j'attachais une grande importance à cette lettre.

LE MARQUIS. C'est ce que j'ai cru reconnaître, et voilà pourquoi je la déchire. (*Le marquis jette un coup-d'œil pénétrant sur le prince qui le regarde d'un air d'hésita-*

tion. Long silence.) Parle. Qu'y a-t-il de commun entre la profanation de la couche royale et ton amour? Est-ce Philippe qui lui était redoutable? Quel lien peux-tu établir entre la violation de ses devoirs conjugaux et tes audacieuses espérances? Sa faute est-elle d'accord avec ton amour? Ah! maintenant, j'apprends à te connaître. Combien j'avais mal compris jusqu'à présent ton amour!

CARLOS. Comment, Rodrigue! que crois-tu?

LE MARQUIS. Oh! je sens ce dont il faut que je perde l'habitude. Oui, autrefois, autrefois, il n'en était pas ainsi. Alors ton âme était si ardente et si riche! alors le monde tout entier trouvait place dans ton large sein; et tout cela s'est évanoui devant une passion, devant un petit intérêt personnel. Ton cœur est mort. Pas une larme sur le sort effroyable des Provinces-Unies, pas une seule larme! O Carlos! que tu es devenu pauvre et misérable depuis que tu n'aimes personne que toi.

CARLOS *se jette sur un fauteuil, se tait un moment, puis avec des larmes étouffées.* Je sais que tu ne m'estimes plus.

LE MARQUIS. Ne dis pas cela, Carlos. Je connais cet emportement; c'était l'erreur d'un sentiment louable. La reine était à toi, elle te fut ravie par le roi... Cependant, jusqu'à présent tu doutais modestement de tes droits. Peut-être Philippe était-il digne d'elle? Tu n'osais exprimer que tout bas ton jugement; la lettre résout la question. Avec une orgueilleuse joie, tu reconnais que tu es le plus digne, tu vois le sort convaincu de vol et de tyrannie, tu triomphes d'être l'offensé; car les grandes âmes s'enorgueillissent de souffrir injustement. Mais ici ton imagination s'égare. Ton orgueil avait reçu satisfaction, ton cœur se promit l'espoir. Vois si je ne savais pas bien que cette fois tu t'étais mal compris toi-même.

CARLOS, *touché.* Non, Rodrigue, tu te trompes beaucoup. Ma pensée n'était pas si noble, pas à beaucoup près si noble que tu veux bien me le faire croire.

LE MARQUIS. Te connaîtrais-je donc si peu! Vois, Carlos, quand tu t'égares, je cherche toujours entre cent vertus celle à laquelle je dois imputer la faute. Mais à présent nous nous comprenons mieux. Soit : tu veux parler à la reine, tu lui parleras.

CARLOS, *en se jetant dans ses bras.* Ah! comme je rougis près de toi!

LE MARQUIS. Tu as ma parole, confie-moi le reste. Une pensée étrange, hardie, heureuse, s'élève aussi dans mon imagination. Tu l'entendras d'une plus belle bouche, Carlos. Je me rends chez la reine; peut-être dès ce matin même aurons-nous une solution. Jusque-là, Carlos, n'oublie pas qu'un projet conçu par une intelligence élevée et réclamé par les souffrances de l'humanité, eût-il échoué mille fois, ne doit jamais être abandonné... Entends-tu? Souviens-toi de la Flandre.

CARLOS. Oui! oui! Tout ce qui me sera prescrit par toi, et par la vertu.

LE MARQUIS *s'approche d'une fenêtre.* Il est temps; voici ta suite. (*Ils s'embrassent.*) Maintenant, tu redeviens prince et moi sujet.

CARLOS. Tu retournes à l'instant à la ville?

LE MARQUIS. A l'instant.

CARLOS. Arrête. Encore un mot; j'allais oublier une nouvelle de la plus grande importance. C'est le roi qui ouvre les lettres pour le Brabant. Sois sur tes gardes. Les postes du royaume ont, je le sais, des ordres secrets.

LE MARQUIS. Comment l'as-tu appris?

CARLOS. Don Raymond de Taxis est un de mes amis.

LE MARQUIS, *après un moment de silence.* Encore cela : elles feront donc à l'avenir un détour par l'Allemagne.

(*Ils sortent des deux côtés opposés.*)

ACTE TROISIÈME.

SCÈNE I.

La chambre à coucher du roi. Deux flambeaux allumés sur une table de nuit. Plusieurs pages endormis dans le fond de l'appartement.

LE ROI, *à demi habillé, est assis devant la table, un bras appuyé sur le fauteuil, dans une attitude pensive. Devant lui on voit un médaillon et quelques papiers.* Qu'elle ait d'ailleurs été exaltée, qui peut le nier? Jamais je n'ai pu lui inspirer d'amour, et pourtant semble-t-elle en éprouver le besoin!... C'est évident, elle est fausse. (*Il fait un mouvement qui le rappelle à lui-même, et regarde avec surprise.*) Où étais-je? N'y a-t-il donc ici personne qui veille, si ce n'est le roi? Quoi, ces flambeaux sont déjà consumés! Cependant il n'est pas encore jour. C'en est fait de mon sommeil ; il faut que tu t'en contentes, nature. Un roi n'a pas le temps de réparer ses nuits perdues; maintenant, je suis éveillé, et il faut qu'il fasse jour. (*Il éteint les lumières et ouvre les rideaux d'une fenêtre. Il se promène en long et en large, remarque les enfants endormis, les regarde un instant en silence, puis tire une sonnette.*) Dort-on aussi dans l'antichambre?

SCÈNE II.

LE ROI, LE COMTE DE LERME.

LERME, *avec surprise, en voyant le roi.* Votre Majesté ne se trouve-t-elle pas bien ?

LE ROI. Le feu était au pavillon de l'aile gauche. N'avez-vous pas entendu le bruit?

LERME. Non, sire.

LE ROI. Non? Comment! je l'aurais donc rêvé? Ce ne peut être un hasard. La reine ne couche-t-elle pas dans cette aile?

LERME. Oui, sire.

LE ROI. Ce rêve m'effraie. Désormais on doublera la garde en cet endroit, entendez-vous? dès que le soir sera venu... mais secrètement, très-secrètement. Je ne veux pas que... Il semble que vous m'observez?

LERME. Je remarque des yeux enflammés qui demandent du sommeil. Oserai-je rappeler à Votre Majesté le soin d'une vie précieuse, le soin des peuples qui verraient avec un douloureux étonnement les traces de l'insomnie sur son visage... Seulement deux petites heures de sommeil.

LE ROI, *avec un regard troublé.* Le sommeil! le sommeil! je le trouverai à l'Escurial. Quand le roi dort, c'en est fait de sa couronne; quand le mari dort, c'en est fait du cœur de sa femme. Non! non! c'est une calomnie. N'est-ce pas une femme, une femme qui m'a soufflé cela? Le nom de la femme est calomnie. Le crime ne sera certain que quand un homme l'aura confirmé. (*Aux pages qui viennent de s'éveiller.*) Appelez le duc d'Albe... (*Les pages sortent.*) Approchez, comte. Est-ce vrai? (*Il attache sur le comte un regard pénétrant.*) Oh! pouvoir tout connaître! Cette puissance ne durât-elle que le temps d'une pulsation! Est-ce vrai? Jurez-le moi. Suis-je trompé? le suis-je? Est-ce vrai?

LERME. Mon grand, mon excellent roi...

LE ROI, *reculant.* Roi, et encore et toujours roi; pas d'autre réponse que l'écho de ce vain son. Je frappe le rocher, je lui demande de l'eau, de l'eau pour ma soif ardente, et il me donne de l'or brûlant.

LERME. Qu'est-ce qui serait vrai, sire?

LE ROI. Rien, rien. Laissez-moi. Allez. (*Le comte veut s'éloigner, le roi le rappelle.*) Vous êtes marié, vous êtes père, n'est-ce pas?

LERME. Oui, sire.

LE ROI. Marié, et vous osez veiller une nuit près de votre maître? Vos cheveux sont gris et vous ne rougissez pas de croire à l'honnêteté de votre femme? Oh! rentrez chez vous et vous la trouverez dans les embrassements incestueux de votre fils. Croyez-en votre roi. Allez... Vous restez stupéfait? vous me regardez d'un air pénétrant?... parce que je porte moi-même des cheveux gris? Malheureux, songez à ce que vous faites! la vertu des reines est inattaquable : vous êtes mort, si vous en doutez.

LERME, *avec chaleur.* Qui pourrait en douter? Dans tous les États de mon roi, qui serait assez hardi pour jeter un soupçon envenimé sur cette angélique vertu, la meilleure des reines?...

LE ROI. La meilleure? Elle est donc aussi pour vous la meilleure? Elle a, je le vois, d'ardents amis autour de moi. Cela doit lui coûter beaucoup, beaucoup plus qu'elle ne peut donner, à ma connaissance. Vous êtes libre; faites venir le duc.

LERME. Je l'entends déjà dans le salon. (*Il veut sortir.*)

LE ROI, *avec un ton plus radouci.* Comte, ce que vous avez remarqué est vrai. Cette nuit d'insomnie a rendu ma tête brûlante. Oubliez ce que j'ai dit dans ce rêve éveillé. Entendez-vous? oubliez-le. Je suis votre gracieux roi. (*Il lui donne sa main à baiser. Lerme sort et ouvre la porte au duc d'Albe.*)

SCÈNE III.

LE ROI, LE DUC D'ALBE.

ALBE *s'approche du roi d'un air d'hésitation.* Un ordre aussi imprévu à cette heure inaccoutumée! (*Il se trouble en examinant le roi de plus près.*) Et ce regard!...

LE ROI *s'est assis et a pris le médaillon sur la table. Il regarde longtemps le duc en silence.* Il est donc vrai, je n'ai pas un serviteur fidèle ?

ALBE, *troublé.* Comment !

LE ROI. Je suis offensé mortellement... On le sait et personne ne m'avertit.

ALBE, *avec un regard de surprise.* Une offense qui atteindrait mon roi, et qui aurait échappé à mes yeux ?

LE ROI *lui montre les lettres.* Connaissez-vous cette main ?

ALBE. C'est la main de don Carlos.

LE ROI, *jetant sur lui un regard pénétrant.* Ne soupçonnez-vous rien encore ? Vous m'avez averti de son ambition. Etait-ce son ambition, son ambition seule que je devais redouter ?

ALBE. L'ambition est un grand, un vaste mot qui peut renfermer une pensée infinie !

LE ROI. Et n'avez-vous rien de particulier à me découvrir ?

ALBE, *après un instant de silence, et d'un air contraint.* Votre Majesté a confié le royaume à ma garde ; je dois au royaume mes soins et mes pensées les plus intimes. Ce que je soupçonne du reste, ce que je pense ou ce que je sais, m'appartient ; c'est une propriété sacrée que l'esclave acheté, comme le vassal, a le droit de refuser aux rois de la terre. Tout ce qui est clair à mes yeux n'est pas encore assez mûr pour mon roi... S'il veut être satisfait, je le prie donc de ne pas m'interroger comme maître.

LE ROI, *lui donnant les lettres.* Lisez.

ALBE *lit et se retourne avec terreur vers le roi.* Quel est l'insensé qui a pu remettre ce malheureux écrit entre les mains de mon roi ?

LE ROI. Quoi ! savez-vous à qui il s'adresse ? Le nom, autant que je sache, ne se trouve pas dans cette lettre.

ALBE, *reculant interdit.* J'ai été trop prompt.

ACTE III, SCÈNE III.

LE ROI. Vous savez?

ALBE, *après un moment de réflexion*. Eh bien! c'en est fait, mon roi l'ordonne, je ne puis plus reculer. Je ne le nie pas... je connais la personne.

LE ROI, *se levant, avec une émotion profonde*. Dieu terrible de la vengeance! aide-moi à trouver une mort nouvelle. Leur intelligence est donc si claire, si connue du monde, si publique, que, sans se donner la peine d'examiner, on la devine du premier coup-d'œil. C'en est trop. Je ne l'ai pas su, je ne l'ai pas su. Je suis donc le dernier qui l'apprenne, le dernier de tout mon royaume...

ALBE *se jette aux pieds du roi*. Oui, je confesse ma faute, ô mon grâcieux roi ; j'ai honte d'une lâche prudence qui m'a ordonné de me taire, quand l'honneur de mon roi, la justice, la vérité me commandaient hautement de parler. Mais puisque tout se tait, puisque le charme de la beauté enchaîne la langue de tous les hommes, j'en cours le risque : je parlerai. Je sais pourtant que les insinuantes protestations d'un fils, les attraits séduisants, les larmes d'une épouse...

LE ROI, *avec vivacité et promptitude*. Levez-vous, — je vous donne ma parole royale ; — levez-vous, parlez sans effroi.

ALBE, *se levant*. Votre Majesté se rappelle peut-être encore cette scène des jardins d'Aranjuez. Vous trouvâtes la reine éloignée de toutes ses femmes, le regard troublé, seule, dans une allée écartée.

LE ROI. Ah! que vais-je entendre? Continuez.

ALBE. La marquise de Mondéjar fut bannie du royaume, parce qu'elle fut assez généreuse pour se sacrifier à l'instant à la reine... Maintenant nous sommes instruits... La marquise n'avait fait qu'obéir à l'ordre de la reine. Le prince avait été là.

LE ROI, *avec emportement*. Il avait été là? Ainsi donc?...

ALBE. Les traces empreintes d'un homme sur le sable.

qui partaient du côté gauche de cette allée, et qui allaient se perdre dans une grotte où l'on trouva un mouchoir oublié par l'infant, éveillèrent aussitôt le soupçon ; un jardinier avait aperçu le prince et cela à l'instant même où Votre Majesté paraissait dans le bosquet.

LE ROI, *revenant à lui après une sombre réflexion.* Et elle pleurait lorsque je lui laissai voir mon étonnement ; elle me fit rougir devant toute ma cour, rougir devant moi-même : par le ciel ! j'étais devant sa vertu comme un coupable. (*Long et profond silence. Il s'asseoit et se cache le visage.*) Oui, duc d'Albe... vous avez raison... tout ceci pourrait me conduire à quelque chose de terrible... Laissez-moi un instant seul.

ALBE. Cela ne suffit pas encore pour décider entièrement...

LE ROI, *prenant des papiers.* Et ceci non plus, et cela, et encore cela, et tout ce concours de preuves convaincantes ? Oh ! c'est plus clair que le jour... Il y a longtemps que j'aurais dû le savoir... Le crime commença lorsque je la reçus de vos mains à Madrid... Je vois encore cette figure pâle, et ce regard d'effroi arrêté sur mes cheveux blancs. Alors commença cette hypocrite comédie.

ALBE. Dans sa jeune mère, le prince perdait une fiancée. Déjà ils s'étaient bercés d'espoir, ils avaient déjà ressenti l'un pour l'autre des émotions brûlantes que leur interdisait leur situation nouvelle. La crainte était déjà vaincue, la crainte qui, d'ordinaire, accompagne le premier aveu ; et la séduction s'appuyant sur les souvenirs d'une intimité jadis permise, devint plus téméraire en son langage. Unis par les rapports de l'âge et des sentiments, irrités par la même contrainte, ils obéirent avec d'autant plus d'audace à l'impulsion de leur amour. La politique avait attenté aux droits de leur affection ; mais est-il croyable, ô mon roi, qu'elle reconnût cette toute-puissance à la raison d'État? qu'elle se refusât de céder à l'envie d'examiner à part elle le choix de votre cabinet? Elle se réserva l'amour, et prit un diadème.

LE ROI, *offensé, avec amertume.* Vous dissertez très-bien, duc, et avec sagacité; j'admire votre éloquence, et je vous remercie... (*Il se lève et continue avec fierté et froideur.*) Vous avez raison : la reine a commis une faute grave en me cachant le contenu de ces lettres, et en me faisant un mystère de l'apparition coupable de l'infant dans le jardin. Elle a commis cette faute par une fausse générosité : je saurai la punir. (*Il sonne.*) Qui est dans le salon? Je n'ai plus besoin de vous, duc d'Albe. Retirez-vous.

ALBE. Aurais-je, par mon zèle, déplu une seconde fois à Votre Majesté?

LE ROI, *à un page qui entre.* Faites venir Domingo. (*Le page sort.*) Je vous pardonne de m'avoir laissé craindre pendant deux minutes un crime qui peut tourner contre vous.

(*Albe s'éloigne.*)

SCÈNE IV.

LE ROI, DOMINGO; *le roi va et vient pendant quelques instants pour se recueillir.*

DOMINGO *entre quelques minutes après que le duc est sorti, s'approche du roi et le regarde en silence d'un air respectueux.* Quelle joyeuse surprise pour moi, sire, de vous voir si calme, si serein!

LE ROI. Cela vous étonne?

DOMINGO. Grâces soient rendues à la Providence de ce que mes craintes étaient sans fondement! Maintenant je puis avoir d'autant plus d'espérance.

LE ROI. Vos craintes? Qu'aviez-vous à craindre?

DOMINGO. Je ne puis cacher à Votre Majesté que je connais déjà un mystère...

LE ROI, *d'un air sombre.* Vous ai-je donc déjà manifesté le désir de partager ce secret avec vous? Qui me prévient ainsi sans y être appelé? Sur mon honneur, c'est bien hardi.

DOMINGO. Sire, le lieu, le moyen par lequel je l'ai appris, le sceau sous lequel il m'a été remis, me disculpent au moins de cette faute. C'est au tribunal de la confession qu'il m'a été confié... confié comme un crime qui chargeait la conscience inquiète de la pénitente, et dont elle demandait pardon au ciel. La princesse déplore trop tard une action dont elle craint les suites redoutables pour sa reine.

LE ROI. Vraiment! le bon cœur! Vous avez bien deviné pourquoi je vous ai fait appeler. Il faut que vous m'arrachiez à cet obscur labyrinthe où un zèle aveugle m'a jeté. J'attends de vous la vérité : parlez-moi ouvertement. Que dois-je croire et que dois-je résoudre? J'exige de votre charge la vérité...

DOMINGO. Sire, lors même que la douceur de mon ministère ne m'imposerait pas l'agréable devoir de la modération, je conjurerais Votre Majesté au nom de son repos; je la conjurerais de ne pas poursuivre cette découverte, d'abandonner à tout jamais l'examen d'un mystère qui ne peut avoir aucune solution heureuse. Ce que l'on en sait d'à présent peut être pardonné. Un mot du roi, et la reine n'a pas eu tort. La volonté du roi donne la vertu comme le bonheur, et le calme du roi peut seul anéantir les rumeurs que la calomnie s'est permises.

LE ROI. Des rumeurs? Sur moi et parmi mon peuple?

DOMINGO. Mensonges! damnables mensonges! je l'atteste. Cependant il y a des cas où la croyance du peuple, fût-elle même dénuée de preuves, a l'importance de la vérité.

LE ROI. Par le ciel! et ce serait ici un de ces cas!

DOMINGO. Une bonne renommée est un précieux bien,

l'unique qu'une reine ait dû disputer à la femme d'un bourgeois.

LE ROI. Là-dessus, j'espère, il n'y a rien à craindre. (*Il jette un regard de doute sur Domingo. Après un moment de silence.*) Prêtre, j'ai encore quelque chose de fâcheux à apprendre de vous ; point de retard. Voilà longtemps que je lis un malheur sur votre visage ; quel qu'il soit, dites-le. Ne me laissez pas plus longtemps à la torture. Que croit le peuple?

DOMINGO. Encore une fois, sire, le peuple peut se tromper, et il se trompe certainement. Ce qu'il affirme ne doit pas ébranler le roi... Seulement qu'on ait osé dire de telles choses!...

LE ROI. Quoi! faut-il que j'implore si longtemps une goutte de poison?

DOMINGO. Le peuple pense encore à cette époque où Votre Majesté fut si près de mourir... Trente semaines plus tard, il apprend l'heureuse délivrance... (*Le roi se lève et sonne. Le duc d'Albe entre ; Domingo se trouble.*) Je suis étonné, sire.

LE ROI, *allant au-devant du duc.* Tolède, vous êtes un homme ; défendez-moi de ce prêtre.

DOMINGO. (*Le duc d'Albe et lui échangent des regards embarrassés. Après un moment de silence.*) Si nous avions pu savoir d'avance que cette nouvelle serait funeste à celui qui la porterait...

LE ROI. Bâtard, dites-vous? J'étais à peine échappé à la mort quand elle s'est sentie mère. Comment! à cette époque, si je ne me trompe, vous rendiez dans toutes les églises des actions de grâces à saint Dominique pour le miracle qu'il avait opéré en moi. Ce qui était un miracle alors a-t-il cessé de l'être? alors donc vous mentiez ou vous mentez aujourd'hui? A quoi désirez-vous que je croie à présent? Oh! je vous devine ; si le complot eût été mûr alors, c'en était fait de la gloire de votre saint patron.

ALBE. Le complot!

LE ROI. Vous vous seriez rencontrés à présent dans la même opinion, avec une conformité sans exemple, et vous ne seriez pas d'intelligence? vous voulez me le persuader, à moi? Il faudrait donc que je n'eusse pas remarqué avec quelle avidité et quel acharnement vous vous précipitiez sur votre proie? quelle volupté vous éprouviez à vous repaître de ma douleur et des transports de ma colère? il faudrait que je n'eusse pas remarqué avec quel zèle le duc brûle de ravir la faveur destinée à mon fils? et comme ce saint homme voulait armer sa petite passion du bras puissant de ma colère? Me regardez-vous comme un arc que l'on peut tendre à son gré? J'ai aussi ma volonté, et si je dois douter, laissez-moi commencer par vous.

ALBE. Notre fidélité ne s'attendait pas à une telle interprétation.

LE ROI. Votre fidélité! La fidélité avertit du crime dont on est menacé; la vengeance parle de celui qui est accompli. Ecoutez-moi, qu'ai-je gagné à votre empressement?... Si ce que vous me dites est vrai, que me reste-t-il à attendre, si ce n'est la douleur du divorce ou le triste triomphe de la vengeance?... Mais non, vous n'avez que des craintes; vous ne me donnez que des soupçons incertains... Vous me laissez au bord de l'enfer, et vous fuyez.

DOMINGO. D'autres preuves sont-elles possibles quand on ne peut avoir le témoignage des yeux.

LE ROI, *d'un ton sérieux, après un moment de silence, se tournant vers Domingo.* Je rassemblerai les grands de mon royaume et je présiderai moi-même le tribunal. Présentez-vous alors, si vous en avez le courage, et accusez-la d'adultère. Elle mourra sans miséricorde, et l'infant mourra aussi; mais, faites-y attention, si elle peut se justifier, vous mourrez vous-même. Voulez-vous rendre par un tel sacrifice hommage à la vérité? décidez-vous. Vous ne le voulez pas? vous restez muet? vous ne le voulez pas? Vous avez le zèle du mensonge.

ALBE, *qui est demeuré à l'écart, avec calme et froideur.*
Je le veux.

LE ROI *se retourne vers lui avec surprise et le regarde fixement.* Cela est hardi. Cependant, je songe que vous avez exposé votre vie à tant de rudes combats pour des motifs bien moins importants; vous l'avez exposée avec la légèreté d'un joueur de dés pour le néant de la gloire. Qu'est-ce que la vie pour vous? Je ne livrerai point le sang royal à un insensé qui n'a rien à espérer que de relever sa modeste destinée. Je rejette votre sacrifice. Allez, allez, et attendez mes ordres dans la chambre d'audience.

(Ils sortent tous deux.)

SCÈNE V.

LE ROI, *seul.* Maintenant, Providence clémente! donne-moi un homme; tu m'as déjà beaucoup donné, maintenant donne-moi un homme. Toi, seule, tu peux être seule, car tes regards sondent ce qui est caché. Moi, je te demande un ami, car je ne suis pas comme toi qui connais tout; tu sais ce que sont pour moi les auxiliaires que tu as soumis à mes ordres; ce qu'ils pouvaient faire pour moi, ils l'ont fait. Leurs vices apprivoisés et tenus en bride servent à mes desseins, comme les tempêtes servent à purger le monde. J'ai besoin de la vérité; chercher sa source paisible sous les sombres débris de l'erreur n'est pas le sort des rois. Donne-moi l'homme rare, l'homme au cœur pur et ouvert, à l'esprit clairvoyant, au regard ferme, qui m'aidera à la découvrir... Je jette les dés; parmi les milliers d'hommes qui tourbillonnent autour du soleil de la royauté, fais que j'en trouve un seul. *(Il ouvre une cassette, prend un registre, et après l'avoir longtemps feuilleté.)* Rien que des noms... il n'y a là que des noms, et pas même la mention des services qui les ont fait inscrire dans ce registre. Quoi de plus facilement oublié que la reconnaissance? Cependant, dans cet autre registre, je lis chaque faute soigneusement inscrite. Comment? à quoi sert? le souvenir de la vengeance a-t-il besoin d'un pareil secours? (*Il continue à lire.*) Le comte d'Egmont! Pourquoi se trouve-t-il ici? La victoire de Saint-Quentin est depuis longtemps effacée; je le rejette parmi les morts. (*Il efface ce nom et l'écrit dans un autre registre. Il continue à lire.*) Marquis de Posa... Posa? A peine me souviens-je de cet homme! Et son nom est marqué deux fois! preuve que je le destinais à de grands desseins. Est-il possible que cet homme se soit jusqu'à présent soustrait à ma présence? qu'il ait évité les regards de son royal débiteur? Par le ciel! c'est dans toute l'étendue de mes États le seul homme qui n'ait pas besoin de moi. S'il eût recherché la fortune ou les honneurs, il y a longtemps qu'il aurait paru devant mon trône. Me hasarderai-je avec cet homme bizarre? Celui qui peut se passer de moi pourra me dire la vérité.

(*Il sort.*)

SCÈNE VI.

La salle d'audience.

DON CARLOS *s'entretenant avec* LE PRINCE DE PARME, LES DUCS D'ALBE, FERIA, MEDINA SIDONIA, LE COMTE DE LERME *et quelques autres grands, avec des papiers à la main, tous attendant le roi.*

MEDINA SIDONIA, *que tout le monde évite, se tourne vers le duc d'Albe qui va et vient seul à l'écart.* Vous avez déjà parlé au roi, duc; comment l'avez-vous trouvé disposé?

ALBE. Très-mal pour vous et vos nouvelles.

MEDINA SIDONIA. Sous le feu des canons anglais j'étais plus à mon aise que sur ce parquet. (*Carlos, qui l'a observé en silence avec intérêt, va à lui et lui prend la main.*) Je vous remercie de cœur, prince, pour ces larmes généreuses; vous voyez comme chacun me fuit. Maintenant ma perte est résolue.

CARLOS. Espérez mieux, mon ami, de la bonté de mon père et de votre innocence.

MEDINA SIDONIA. Je lui ai perdu une flotte telle que la mer n'en avait encore point vu. Qu'est-ce qu'une tête comme la mienne près de soixante-dix galions abîmés? Mais, prince, cinq fils de la plus belle espérance comme vous... c'est là ce qui me brise le cœur.

SCÈNE VII.

LE ROI *entre en costume royal. Les précédents. Tous se découvrent et se rangent des deux côtés, formant autour de lui un demi-cercle. Grand silence.*

LE ROI, *jetant un regard rapide sur ce cercle.* Couvrez-vous. (*Don Carlos et le prince de Parme s'avancent les premiers et baisent la main du roi; il se tourne vers le dernier avec un air affectueux sans vouloir remarquer son fils.*) Votre mère, mon neveu, désire savoir si l'on est content de vous à Madrid.

PARME. Elle ne doit pas le demander avant l'issue de ma première bataille.

LE ROI. Soyez tranquille, votre tour viendra quand ces tiges se briseront. (*Au duc de Feria.*) Que m'apportez-vous?

FERIA, *courbant un genou devant le roi.* Le grand commandeur de l'ordre de Calatrava est mort ce matin; je rapporte sa croix.

LE ROI *prend l'ordre et regarde autour de lui.* Qui maintenant est le plus digne de la porter? (*Il fait signe au duc d'Albe, qui fléchit le genou devant le roi, et lui met le collier au cou.*) Duc, vous êtes mon premier capitaine. Ne soyez jamais plus, et ma faveur ne vous manquera point. (*Il aperçoit le duc de Medina Sidonia.*)

MEDINA SIDONIA *s'approche en tremblant, et s'agenouille devant le roi, la tête baissée.* Voici, grand roi, tout ce que je rapporte de l'Armada et de la jeunesse espagnole.

LE ROI, *après un moment de silence.* Dieu est au-dessus de moi. Je vous ai envoyé contre les hommes et non pas contre les écueils et la tempête. Soyez le bienvenu à Madrid. (*Il lui donne sa main à baiser.*) Je vous remercie de m'avoir conservé en vous un digne serviteur. Je le reconnais pour tel, messieurs, et je veux qu'il soit reconnu pour tel. (*Il lui fait signe de se lever et de se couvrir, puis il se tourne vers les autres.*) Qu'y a-t-il encore? (*A don Carlos et au prince de Parme.*) Je vous salue, princes. (*Ils sortent. Les autres grands s'approchent, mettent un genou en terre, et lui présentent leurs papiers. Il y jette un coup-d'œil, et les donne au duc d'Albe.*) Vous me les remettrez dans mon cabinet. Est-ce fini? (*Personne ne répond.*) Comment se fait il donc que le marquis de Posa ne se montre jamais parmi mes grands? Je sais fort bien que ce marquis de Posa m'a servi avec honneur. Peut-être ne vit-il plus? Pourquoi ne paraît-il pas?

LERME. Le chevalier est nouvellement revenu d'un voyage à travers toute l'Europe. Il est en ce moment à Madrid, et n'attend qu'un jour d'audience publique pour se mettre aux pieds de son roi.

ALBE. Le marquis de Posa? Oui, sire, c'est ce hardi chevalier de Malte dont la renommée raconte une action éclatante. Lorsque, sur l'ordre du grand maître, les chevaliers se rendirent dans leur île assiégée par Soliman, ce jeune homme, alors âgé de dix-huit ans, s'échappe de l'université d'Alcala, et se présente, sans avoir été convoqué, devant La Valette. Qu'on m'achète ma croix, dit-il, je veux la mériter. Il fut un des quarante chevaliers qui, en plein jour, dans le fort Saint-Elme, soutinrent trois assauts contre Psali, Ulucciali, Hassem et Mustapha. Le fort étant emporté, et tous les chevaliers tombés autour de lui, il se jette à la mer et revient seul à La Valette. Deux mois après, l'ennemi abandonna l'île, et le chevalier retourna achever ses études.

FERIA. C'est aussi ce marquis de Posa qui plus tard découvrit la fameuse conspiration de Catalogne, et, par sa seule activité, conserva à la couronne la plus importante partie du royaume.

LE ROI. Je suis surpris... Qu'est-ce donc que cet homme qui a fait tout cela, et qui, sur trois personnes que j'interroge, n'a pas un seul envieux? Certes, cet homme a le caractère le plus rare, ou il n'en a aucun. Pour l'amour du merveilleux, je veux lui parler. (*Au duc d'Albe.*) Après la messe, amenez-le dans mon cabinet. (*Le duc sort; le roi appelle Feria.*) Prenez ma place dans le conseil privé. (*Il sort.*)

FERIA. Le roi est aujourd'hui d'une grande bonté.

MEDINA SIDONIA. Dites que c'est un Dieu... Il l'a été pour moi.

LERME. Que vous méritez bien votre bonheur, amiral! J'y prends la plus vive part.

UN DES GRANDS. Et moi aussi.

UN SECOND. Et moi aussi, en vérité.

UN TROISIÈME. Le cœur me battait. Un si digne capitaine!

LE PREMIER. Le roi ne vous a point fait de faveur, il n'a été que juste.

LERME, *en s'en allant, à Medina Sidonia.* Combien vous voilà riche maintenant, et cela grâce à deux mots. (*Ils sortent.*)

SCÈNE VIII.

Le cabinet du roi.

LE MARQUIS DE POSA et LE DUC D'ALBE.

LE MARQUIS, *en entrant.* Il veut me voir, moi? Cela ne peut être. Vous vous trompez de nom. Et que veut-il donc de moi?

ALBE. Il veut vous connaître.

LE MARQUIS. De la curiosité, alors. — C'est dommage de perdre ainsi le temps ; la vie est sitôt finie !

ALBE. Je vous abandonne à votre bonne étoile. Le roi est entre vos mains. Profitez aussi bien que vous pourrez de ce moment, et, s'il est perdu, n'en attribuez la faute qu'à vous. (*Il s'éloigne.*)

SCÈNE IX.

LE MARQUIS, *seul*. Très-bien dit, duc ! Il faut mettre à profit le moment qui ne se présente qu'une fois. Ce courtisan me donne en vérité une bonne leçon, si ce n'est dans son sens, au moins dans le mien. (*Après s'être promené un instant.*) Mais comment suis-je ici ? Est-ce seulement par un caprice bizarre du sort que je vois mon visage se refléter dans cette glace ? Sur un million d'hommes, il va me prendre, moi, contre toute vraisemblance, et me fait revivre dans la mémoire du roi ? Est-ce un hasard seulement ? C'est peut-être plus. Et qu'est-ce que le hasard, sinon la pierre brute à laquelle la main du sculpteur donne la vie ? La Providence accorde le hasard, l'homme doit l'employer à son but. Qu'importe ce que le roi peut me vouloir ? je sais ce que je dois faire du roi... Et quand ce ne serait qu'une étincelle de vérité hardiment lancée dans l'âme du despote, combien ne peut-elle pas porter de fruits sous la main de la Providence ! Ainsi, ce qui m'a paru d'abord si étrange pourrait me conduire à un but parfait. Que cela soit ou non, n'importe, j'agirai avec cette croyance. (*Il fait quelques tours dans la chambre, et s'arrête en silence devant un tableau. Le roi paraît dans un salon voisin où il donne des ordres, puis il s'avance, s'arrête à la porte, et regarde longtemps le marquis, qui ne le voit pas.*)

SCÈNE X.

LE ROI *et* LE MARQUIS DE POSA. (*Dès que le marquis aperçoit le roi, il s'avance vers lui, pose un genou en terre, et se lève sans aucun signe d'embarras.*)

LE ROI *le regarde d'un air étonné.* Vous m'avez donc déjà parlé?

LE MARQUIS. Non.

LE ROI. Vous avez rendu des services à ma couronne, pourquoi vous dérober à ma reconnaissance? Tant d'hommes se pressent dans mon souvenir! Dieu seul sait tout! C'était à vous à rechercher les regards de votre roi. Pourquoi ne l'avez-vous pas fait?

LE MARQUIS. Il y a deux jours, sire, que je suis de retour dans le royaume.

LE ROI. Je ne veux pas rester le débiteur de ceux qui me servent. Demandez-moi une grâce.

LE MARQUIS. Je jouis des lois.

LE ROI. C'est un droit dont jouit aussi le meurtrier.

LE MARQUIS. Mais combien plus le bon citoyen! Sire, je suis content.

LE ROI, *à part.* Un grand sentiment de soi-même et une courageuse hardiesse! Par le ciel! il fallait s'y attendre. Je veux que l'Espagnol soit fier, et je le souffre volontiers, même quand le vase déborde... (*Au marquis.*) On me dit que vous avez quitté mon service.

LE MARQUIS. Je me suis retiré pour faire de la place à un plus digne.

LE ROI. Cela me fait de la peine. Lorsque de tels esprits rentrent dans l'oisiveté, quelle perte pour mes États!... Peut-être craignez-vous de manquer la sphère digne de votre nature?

LE MARQUIS. Oh! non. Je suis certain que le connaisseur exercé, celui qui possède l'expérience de l'âme humaine et sait utiliser ses matériaux, aurait vu dès le premier coup d'œil en quoi je pouvais ou non lui être utile. Je sens avec une humble reconnaissance la grâce que me fait Votre Majesté en ayant de moi cette haute opinion. Cependant... (*Il s'arrête.*)

LE ROI. Vous réfléchissez ?

LE MARQUIS. Je ne suis pas, je l'avoue, sire, préparé à revêtir tout à coup du langage d'un de vos sujets ce que j'ai pensé comme citoyen du monde ; car lorsque je rompis pour toujours avec le pouvoir, je me crus aussi délivré de la nécessité de lui expliquer les motifs de cette détermination.

LE ROI. Ces motifs sont-ils si frivoles ? craignez-vous de les exposer ?

LE MARQUIS. Si j'avais le temps, sire, de les développer complètement, je risquerais tout au plus ma vie. Mais je vous dirai la vérité si vous ne me refusez pas cette faveur. J'ai à choisir entre votre disgrâce et votre dédain. S'il faut me décider, j'aime mieux paraître criminel que fou à vos yeux.

LE ROI, *avec curiosité.* Eh bien ?

LE MARQUIS. Je ne puis être serviteur des princes. (*Le roi le regarde avec surprise.*) Je ne veux point tromper l'acheteur, sire. Si vous daignez m'employer, vous ne voulez que des actions pesées d'avance ; vous ne voulez que mon bras et mon courage sur les champs de bataille, ma tête dans les conseils. Le but de mes actions ne doit plus être dans mes actions mêmes, mais dans l'accueil qu'elles trouveront auprès du trône. Pour moi, la vertu a sa valeur à elle. Le bonheur que le roi ferait par mes mains, je le produirais moi-même ; ce serait pour moi une œuvre d'inclination, une joie, non pas un devoir. Est-ce là votre pensée ? Pouvez-vous souffrir une action étrangère dans votre création ? et moi dois-je m'abaisser à n'être que le ciseau quand je pourrais être l'artiste ? J'aime l'humanité, et dans les monarchies je ne dois aimer que moi-même.

LE ROI. Cette chaleur est louable. Vous voudriez faire

le bien. Peu importe au patriote, au sage, de quelle manière il se fait. Cherchez dans mon royaume un poste qui vous permette de satisfaire cette noble impulsion.

LE MARQUIS. Je n'en vois aucun.

LE ROI. Comment !

LE MARQUIS. Ce que Votre Majesté veut répandre par mes mains, c'est le bonheur des hommes. Mais est-ce le même bonheur que je leur désire dans la pureté de mon amour ? Devant un tel bonheur la majesté des rois tremblerait. Non, la politique des trônes leur en a fait un nouveau, un bonheur qu'elle est encore assez riche pour leur distribuer. Elle a aussi jeté dans le cœur des hommes de nouveaux penchants qui se contentent de ce bonheur. Elle frappe de son empreinte la vérité, la vérité qu'elle peut souffrir, et toutes les empreintes qui ne ressemblent pas à celles-là sont rejetées. Mais ce qui satisfait la couronne me suffit-il ? Mon amour fraternel pour l'homme peut-il se prêter au rapetissement de l'homme ? Puis-je le croire heureux avant qu'il lui soit permis de penser ? Ne me choisissez donc pas, sire, pour répandre ce bonheur frappé à votre coin. Je me refuse à distribuer cette monnaie. Je ne puis être serviteur des princes.

LE ROI, *avec vivacité*. Vous êtes protestant.

LE MARQUIS, *après quelques réflexions*. Votre croyance, sire, est aussi la mienne. (*Il s'arrête un moment.*) Je suis mal compris ; c'est là ce que je craignais. Vous voyez que ma main a levé le voile des mystères de la royauté. Qui peut vous répondre que je regarderai encore comme sacré ce qui a cessé de m'effrayer ? Je parais dangereux parce que j'ai réfléchi sur moi-même. Je ne le suis pas, sire, mes vœux sont renfermés ici. (*Il met la main sur son cœur.*) Cette ridicule rage d'innovation qui augmente le poids des chaînes qu'elle ne peut briser n'échauffera jamais mon sang. Ce siècle n'est pas mûr pour mon idéal ; je suis un citoyen des siècles à venir.

Une peinture peut-elle troubler votre repos? Un souffle, et la voilà effacée!

LE ROI. Suis-je le premier à qui vous vous soyez montré sous cet aspect?

LE MARQUIS. Sous cet aspect, oui.

LE ROI *se lève, fait quelques pas et s'arrête devant le marquis.* Ce langage est du moins nouveau. La flatterie s'épuise; l'imitation rabaisse l'homme de mérite... On essaie une fois le contraire. Pourquoi pas? ce qui surprend fait fortune. Si vous l'entendez ainsi, bien; j'établirai un nouvel office, une nouvelle charge de cour qui s'appellera : l'esprit fort!...

LE MARQUIS. Je vois, sire, quelle petite, quelle humiliante opinion vous avez de la dignité de l'homme! Dans le langage même de l'homme libre, vous ne découvrez qu'un artifice de la flatterie, et je crois savoir qui vous porte à cela. Les hommes vous y ont contraint. Ils ont volontairement abdiqué leur noblesse; ils sont volontairement descendus à ce degré subalterne; ils fuient avec effroi devant l'ombre de leur dignité intérieure; ils se plaisent dans leurs misères; ils parent leurs chaînes avec une lâche habileté, et les porter avec convenance s'appelle parmi eux vertu. C'est ainsi que vous avez reçu le monde, c'est ainsi qu'il avait été transmis à votre glorieux père. Comment, après cette douloureuse mutilation, l'homme pouvait-il être honoré par vous?

LE ROI. Je trouve du vrai dans ces paroles.

LE MARQUIS. Mais le tort est d'avoir changé l'homme, œuvre des mains du Créateur, en une œuvre de vos mains, et de vous être donné pour dieu à cette créature de nouvelle façon. Seulement vous vous êtes mépris en une chose : vous êtes resté homme, homme sorti des mains du Créateur; vous avez continué à éprouver les souffrances et les désirs des mortels, vous aviez besoin de sympathie; et que peut-on offrir à un dieu, sinon la crainte et les prières? Echange déplorable!

fatale interversion de la nature! vous avez fait de l'homme une corde de votre instrument, qui donc avec vous partagera le sentiment de l'harmonie?

LE ROI. Par le ciel! il me saisit le cœur.

LE MARQUIS. Mais pour vous ce sacrifice n'est rien ; vous êtes par là seul, unique de votre espèce. A ce prix vous êtes un dieu... Et quelle chose terrible, s'il n'en était pas ainsi! si à ce prix, si par la perte du bonheur de tant de millions d'hommes vous n'aviez rien gagné, si la liberté que vous avez anéantie était la seule chose qui pût satisfaire vos désirs! Je vous prie, sire, de me permettre de me retirer ; mon sujet m'entraîne. Mon cœur est plein ; il y a trop de charme à me trouver devant le seul être auquel je puisse l'ouvrir. (*Le comte de Lerme entre et dit à voix basse quelques mots au roi; celui-ci lui fait signe de s'éloigner et reprend son attitude.*)

LE ROI, *au marquis, après que Lerme est parti.* Achevez.

LE MARQUIS, *après un moment de silence.* Je sens, sire, tout le prix...

LE ROI. Achevez, vous avez encore à me parler.

LE MARQUIS. Je suis revenu, sire, tout récemment de la Flandre et du Brabant. Quelle riche et florissante province! C'est un grand, un puissant peuple, et en même temps un bon peuple. Être le père de ce peuple, me disais-je, doit être une joie céleste... Et voilà que mon pied heurte des ossements humains brûlés. (*Il s'arrête ; ses yeux se reposent sur le roi qui essaye de répondre à son regard, mais qui, saisi et troublé, baisse les yeux.*) Vous avez raison, vous devez avoir raison. Que vous ayez pu accomplir ce que vous regardiez comme votre devoir, voilà ce qui m'a pénétré d'une affreuse admiration. Oh! c'est dommage que la victime qui roule dans son sang ne puisse entonner un chant de louanges à l'esprit du sacrificateur! C'est dommage que l'histoire du monde soit écrite par des hommes seulement, et non point par des êtres d'une nature supérieure! Des siècles plus doux remplaceront celui de Philippe et amèneront une sagesse plus douce ; le bonheur des citoyens s'accordera avec la grandeur des princes, l'État deviendra avare de ses enfants, et la nécessité elle-même sera humaine.

LE ROI. Et quand, croyez-vous, que ces siècles humains se montreraient si j'avais tremblé, moi, devant la malédiction de celui-ci? Regardez autour de vous dans mon Espagne ! Le bonheur des citoyens y fleurit dans une paix sans nuage, et je veux donner ce repos à la Flandre.

LE MARQUIS, *vivement*. Le repos d'un cimetière !... Et vous espérez finir ce que vous avez commencé ! Vous espérez arrêter la transformation devenue nécessaire de la chrétienté, le printemps universel qui rajeunit la face du monde? Seul dans toute l'Europe, vous voulez vous jeter au-devant de cette roue des destinées du monde qui poursuit incessamment son cours? Vous voulez qu'un bras humain l'enraye? C'est ce que vous ne ferez point. Déjà des milliers d'hommes ont fui de vos États, pauvres mais joyeux. Les citoyens que vous avez perdus à cause de leurs croyances étaient les plus nobles. Elisabeth tend des bras maternels à ces fugitifs, et la terrible Angleterre prospère par l'industrie des enfants de notre contrée. Privée du travail actif des nouveaux chrétiens, Grenade est déserte, et l'Europe triomphe de voir son ennemi saignant des blessures qu'il s'est faites lui-même. (*Le roi est ému ; le marquis s'en aperçoit, et s'approche de lui.*) Vous voulez travailler pour l'éternité, et vous semez la mort. Cette œuvre de contrainte ne pourra survivre à celui qui l'a entreprise. Vous construisez votre édifice pour des ingrats. En vain vous aurez livré un rude combat à la nature, en vain vous aurez sacrifié à vos projets destructeurs une vie royale et tant de royales vertus ; l'homme est plus que vous ne croyez : il brisera le joug de son long sommeil, et, réclamant ses droits sacrés, il unira votre nom à ceux des Néron et des Busiris; et cela m'afflige, car vous étiez bon.

LE ROI. Qui vous a donné cette certitude?

LE MARQUIS, *avec feu*. Oui, par le Dieu tout-puissant! oui, oui, je le répète. Rendez-nous ce que vous nous avez pris. Soyez généreux comme le fort, et laissez le bonheur des hommes tomber de vos mains. Laissez les esprits mûrir dans votre large édifice. Rendez-nous ce que vous nous avez pris; entre mille, soyez un roi. (*Il s'approche du roi avec hardiesse, et fixe sur lui un regard ferme et ardent.*) Oh! que ne puis-je avoir sur les lèvres l'éloquence de ces milliers d'hommes dont le sort se décide dans cette heure solennelle! Que ne puis-je faire une flamme de l'éclair que je remarque dans vos yeux! Abdiquez cette apothéose contre nature qui nous anéantit. Soyez pour nous l'exemple de ce qui est éternel et vrai! Jamais, jamais un mortel n'eut autant de pouvoir à employer aussi divinement. Tous les rois de l'Europe rendent hommage au nom espagnol; marchez à la tête des rois de l'Europe. Un trait de plume de cette main, et la terre est de nouveau créée. Donnez-nous la liberté de penser. (*Il se jette à ses pieds.*)

LE ROI, *surpris*. Étrange enthousiaste! Mais levez-vous... Je...

LE MARQUIS. Regardez autour de vous la nature dans sa splendeur, elle est fondée sur la liberté; et comme elle est riche par la liberté! Le grand Créateur jette le vermisseau dans une goutte de rosée, et le laisse s'agiter à son gré dans le domaine de la mort et de la corruption. Que votre création est petite et misérable! Le bruit d'une feuille effraye le maître de la chrétienté. Il faut que vous trembliez devant chaque vertu; lui, plutôt que de troubler le ravissant aspect de la liberté, il laisse le triste cortége des maux se déchaîner sur son univers; lui qui a tout fait, on ne le voit pas, il se cache discrètement sous d'éternelles lois. L'esprit fort les voit, mais ne le voit pas. Pourquoi un Dieu? dit-il; le monde se suffit à lui-même; et nulle dévotion chrétienne ne lui rend un plus grand hommage que ce blasphême de l'esprit fort.

LE ROI. Et voudriez-vous entreprendre d'imiter ici-bas et dans mes états ce sublime modèle?

LE MARQUIS. Vous le pouvez; et qui le pourrait, si ce n'est vous? Consacrez au bonheur des peuples ce pouvoir qui pendant si longtemps n'a fructifié que pour la grandeur du trône. Rendez à l'humanité la noblesse qu'elle a perdue; que le citoyen soit de nouveau ce qu'il était auparavant, le but de la royauté. Qu'il ne soit pas lié par d'autre devoir que par les droits sacrés de ses frères. Quand l'homme rendu à lui-même reprendra le sentiment de sa dignité, quand les vertus fières et élevées de la liberté se développeront, quand vous aurez, sire, rendu votre royaume le plus heureux de tous, alors votre devoir sera de subjuguer le monde.

LE ROI, *après un long silence*. Je vous ai laissé parler jusqu'à la fin. Le monde, je le vois bien, se peint dans votre tête autrement que dans celle des autres hommes. Aussi ne veux-je pas vous soumettre à la mesure ordinaire. Je suis le premier à qui vous ayez révélé votre pensée la plus intime. Je le crois parce que je le sais. En faveur de la réserve qui vous a fait taire jusqu'à ce jour de telles opinions conçues avec tant de chaleur, en faveur de cette modeste réserve, je veux oublier, jeune homme, que je les ai apprises et comment je les ai apprises. Levez-vous, je veux répondre à la précipitation du jeune homme, non pas en roi, mais en vieillard. Je le veux, parce que je le veux. Le poison même, je n'en doute pas, peut chez les bonnes natures se transformer en une plus noble substance. Mais fuyez mon inquisition. Je verrais avec douleur...

LE MARQUIS. Réellement, avec douleur?

LE ROI. Je n'ai jamais vu un tel homme. Non, non, marquis. Vous me traitez trop rudement. Je ne veux pas être un Néron, je ne veux pas l'être, je ne veux pas l'être pour vous. Tout bonheur ne périra pas sous ma domination; vous-même vous pourrez sous mes yeux continuer à être un homme.

LE MARQUIS, *vivement*. Et mes concitoyens, sire? Ah! il ne s'agissait pas de moi; ce n'est pas ma cause que j'ai voulu plaider. — Et vos sujets, sire?

LE ROI. Puisque vous savez si bien comment la postérité me jugera, qu'elle apprenne aussi par vous comment je traitais les hommes quand j'en trouvais un.

LE MARQUIS. Oh! que le plus juste des rois ne soit pas en même temps le plus injuste! Dans votre Flandre il y a des milliers de citoyens meilleurs que moi. Vous seul, oserai-je le dire, grand roi, vous voyez peut-être pour la première fois sous un aspect plus doux la liberté.

LE ROI, *avec une gravité douce*. Rien de plus là-dessus, jeune homme. Je sais que vous penserez autrement quand vous connaîtrez les hommes comme moi. Cependant je vous verrais à regret pour la dernière fois. Comment m'y prendrai-je pour vous attacher à moi?

LE MARQUIS. Laissez-moi comme je suis. Que serais-je pour vous, si vous me séduisiez aussi?

LE ROI. Je ne supporte pas cet orgueil. Dès aujourd'hui vous êtes à mon service. Point de réplique, je le veux. (*Après un moment de silence.*) Mais comment? que voulais-je donc? N'est-ce pas la vérité que je voulais? et je trouve plus encore... Vous m'avez vu sur mon trône, marquis, mais non dans ma maison. (*Le marquis semble se recueillir.*) Je vous comprends... Mais quand je serais le plus malheureux des pères, ne puis-je pas être un heureux époux?

LE MARQUIS. Si un fils de la plus belle espérance, si la possession de la femme la plus digne d'amour peuvent donner à un mortel le droit d'être appelé heureux, vous avez, sire, plus que personne ce double bonheur.

LE ROI, *d'un air sombre*. Non, je ne l'ai pas, je ne l'ai pas. Je ne l'ai jamais si bien senti qu'à présent.

LE MARQUIS. Le prince a l'âme noble et pure : je ne l'ai jamais vu autrement.

LE ROI. Mais moi... Aucune couronne ne peut compenser ce qu'il m'a ravi... Une reine si vertueuse!

LE MARQUIS. Qui oserait, sire?

LE ROI. Le monde, la calomnie, moi-même!... Voici des témoignages irrécusables qui la condamnent; il y en a d'autres encore et qui me font craindre la découverte la plus terrible... Mais, marquis, j'ai de la peine, de la peine à croire à un seul témoin qui l'accuse. Eh quoi! elle capable, elle capable de tomber!... Oh! combien plus il m'est permis de croire qu'une Éboli peut la calomnier! Le prêtre ne la hait-il pas ainsi que mon fils, et ne sais-je pas qu'Albe couve la vengeance? Ma femme vaut mieux qu'eux tous.

LE MARQUIS. Sire, il y a quelque chose dans l'âme de la femme qui s'élève au-dessus de toutes les apparences et de toutes les calomnies... C'est la vertu de la femme.

LE ROI. Oui, c'est ce que je dis aussi. Pour tomber aussi bas qu'on accuse la reine d'être tombée, il en coûte beaucoup. Les liens sacrés de l'honneur ne se rompent point aussi facilement qu'on voudrait me le persuader. Vous connaissez les hommes, marquis. Un homme tel que vous me manque depuis longtemps. Vous êtes bon, confiant, et pourtant vous connaissez les hommes... Voilà pourquoi je vous ai choisi.

LE MARQUIS, *surpris et effrayé*. Moi, sire!

LE ROI. Vous avez été devant votre maître, et vous n'avez rien demandé pour vous, rien. C'est chose nouvelle près de moi... Vous serez juge; la passion n'égarera pas vos yeux. Introduisez-vous près de mon fils, sondez le cœur de la reine. Je vous enverrai un plein pouvoir pour l'entretenir en secret. En attendant, et maintenant retirez-vous.

(*Il sonne.*)

LE MARQUIS. Si je puis emporter une espérance fondée, ce jour est le plus beau de ma vie.

LE ROI *lui donne sa main à baiser.* Il n'est pas perdu dans la mienne. (*Le marquis se lève et se retire. Le comte de Lerme entre.*) Le chevalier entrera désormais sans être annoncé.

ACTE QUATRIÈME.

SCÈNE I.

Un salon chez la reine.

LA REINE, LA DUCHESSE D'OLIVARÈS, LA PRINCESSE D'ÉBOLI, LA COMTESSE FUENTÈS *et d'autres dames.*

LA REINE, *se levant, à la grande maîtresse.* On ne trouve donc pas la clef? Alors il faudra briser la cassette, et cela tout de suite. (*Elle aperçoit la princesse Éboli qui s'approche et lui baise la main.*) Soyez la bienvenue, chère princesse; je me réjouis de vous voir rétablie... Mais vous êtes encore très-pâle.

FUENTÈS, *avec malignité.* C'est la suite de cette méchante fièvre qui attaque les nerfs d'une si étrange façon; n'est-ce pas, princesse?

LA REINE. J'ai beaucoup souhaité d'aller vous voir, ma chère, mais je n'ai pas osé.

OLIVARÈS. La princesse d'Éboli n'a du moins pas manqué de société.

LA REINE. Je le crois volontiers. Mais, qu'avez-vous? vous tremblez?

ÉBOLI. Rien, rien du tout, madame. Je vous demande la permission de me retirer.

LA REINE. Vous nous le cachez; mais vous êtes plus malade que vous ne voulez nous le faire croire. C'est une fatigue pour vous de rester debout. Aidez-la, comtesse, à s'asseoir sur ce tabouret.

ÉBOLI. Je serai mieux au grand air.

(*Elle sort.*)

LA REINE. Suivez-la, comtesse; — comme elle est changée! (*Un page entre et parle à la duchesse qui se tourne du côté de la reine.*)

OLIVARÈS. Le marquis de Posa, madame. Il vient de la part du roi.

LA REINE. Je l'attends. (*Le page sort et ouvre la porte au marquis.*)

SCÈNE II.

LE MARQUIS DE POSA, *les précédents*. (*Le marquis met le genou en terre devant la reine qui lui fait signe de se lever.*)

LA REINE. Quel est l'ordre de mon roi? Puis-je publiquement?...

LE MARQUIS. C'est à Sa Majesté seule que je dois parler. (*Les dames s'éloignent sur un signe de la reine.*)

SCÈNE III.

LA REINE, LE MARQUIS DE POSA.

LA REINE, *avec surprise*. Comment! dois-je en croire mes yeux, marquis? Vous, envoyé à moi par le roi?

LE MARQUIS. Cela paraît étrange à Votre Majesté? A moi, pas du tout.

LA REINE. Le monde est sorti de sa route. Vous et lui!... J'avoue...

LE MARQUIS. Que cela semble bizarre? C'est possible. Le temps actuel est destiné à produire encore bien des choses étonnantes.

LA REINE. A de plus étonnantes, je n'oserai en vérité point croire?

LE MARQUIS. Supposons que je me sois enfin laissé séduire, que je me sois lassé de jouer à la cour de Philippe le rôle d'un original? Un original! Qu'est-ce que cela signifie? Celui qui veut se rendre utile aux hommes doit d'abord se montrer à eux comme leur semblable. A quoi bon le costume fastueux d'un sectaire? Admettons... qui est assez libre de vanité pour ne pas chercher à faire des recrues en faveur de sa croyance?... admettons que je travaille à mettre la mienne sur le trône.

LA REINE. Non! non! marquis, je ne voudrais pas, même en plaisantant, vous prêter une idée si mal mûrie. Vous n'êtes pas un rêveur capable d'entreprendre ce qui ne peut être conduit à bonne fin.

LE MARQUIS. C'est là précisément, ce me semble, que serait la question.

LA REINE. Ce que je pourrais tout au plus vous imputer, marquis, ce qui m'étonnerait beaucoup de votre part, ce serait... ce serait... ce serait...

LE MARQUIS. De la duplicité peut-être?

LA REINE. De la dissimulation au moins. Le roi ne vous a vraisemblablement pas chargé de me dire ce que vous me direz.

LE MARQUIS. Non.

LA REINE. Une bonne cause peut-elle ennoblir un méchant moyen? Votre noble fierté, pardonnez-moi ce doute, se peut-elle prêter à un tel rôle? A peine puis-je le croire...

LE MARQUIS. Et moi non plus je ne le croirais pas s'il ne s'agisssait que de tromper le roi. Mais ce n'est pas là mon opinion. Je pense le servir cette fois plus loyalement qu'il ne me l'a lui-même ordonné.

LA REINE. Je vous reconnais là, et cela me suffit. Que fait-il?

LE MARQUIS. Le roi? A ce qu'il me semble, je vais être bientôt vengé de vos jugements sévères. Ce que je ne me hâte pas de raconter à Votre Majesté, vous êtes encore, autant que je puis le voir, bien moins pressée de l'entendre ; il faut pourtant que vous l'entendiez. Le roi fait prier Votre Majesté de ne pas accorder aujourd'hui d'audience à l'ambassadeur de France. Voilà ma commission. Elle est remplie.

LA REINE. Et c'est là, marquis, tout ce que vous avez à me dire de sa part?

LE MARQUIS. C'est à peu près tout ce qui m'autorise à être ici.

LA REINE. Je me résous volontiers, marquis, à ne pas savoir ce qui doit être un secret pour moi.

LE MARQUIS. Cela doit être, madame. A la vérité, si vous n'étiez pas vous-même, je m'empresserais de vous avertir de certaines choses, de vous mettre en garde contre certaines personnes... Mais avec vous, cela n'est pas nécessaire. Le danger peut aller et venir autour de vous sans que vous le sachiez jamais. Tout cela n'est pas digne de troubler le sommeil d'or d'un ange. Aussi, n'est-ce pas là ce qui m'amène. Le prince Carlos...

LA REINE. Comment l'avez-vous laissé?

LE MARQUIS. Comme le seul sage de son temps pour qui c'est un crime d'adorer la vérité ; tout aussi résolu à mourir pour son amour que le sage pour le sien. J'ai peu de paroles à vous dire... mais, là, il parle lui-même. (*Il donne une lettre à la reine.*)

LA REINE, *après l'avoir lue.* Il faut qu'il me parle, dit-il.

LE MARQUIS. Je le dis aussi.

LA REINE. En sera-t-il plus heureux pour voir de ses propres yeux que je ne le suis pas?

LE MARQUIS. Non — mais il en deviendra plus actif et plus résolu.

LA REINE. Comment?

LE MARQUIS. Le duc d'Albe a le gouvernement de la Flandre.

LA REINE. Il l'a, m'a-t-on dit.

LE MARQUIS. Le roi ne se rétracte jamais. Nous connaissons bien le roi. Mais ce qui est vrai, c'est que le prince ne peut rester ici. Cela ne se peut absolument pas, et la Flandre ne doit pas être sacrifiée.

LA REINE. Pouvez-vous empêcher cela?

LE MARQUIS. Oui, peut-être... Le moyen est presque aussi redoutable que le péril; il est hardi comme le désespoir... Mais je n'en connais point d'autre.

LA REINE. Dites-le-moi.

LE MARQUIS. C'est à vous, madame, à vous seule que j'ose le découvrir. C'est de vous seule que Carlos peut l'entendre sans horreur. Le nom qu'on lui donnera est, il est vrai, un peu rude...

LA REINE. Rébellion!

LE MARQUIS. Il faut qu'il désobéisse au roi, il faut qu'il se rende secrètement à Bruxelles, où les Flamands l'attendent à bras ouverts. Les Provinces-Unies se lèveront à son signal; le fils du roi donnera de la force à la bonne cause; qu'il fasse trembler le trône espagnol par ses armes. Ce que son père lui refuse à Madrid, il le lui accordera à Bruxelles.

LA REINE. Vous lui avez parlé aujourd'hui, et c'est là ce que vous voulez?

LE MARQUIS. Parce que je lui ai parlé aujourd'hui.

LA REINE, *après un moment de silence*. Le plan que vous me découvrez m'effraie et m'entraîne en même temps. Je crois que vous n'avez pas tort. Le projet est hardi, et c'est pour cela, je crois, qu'il me plaît. Je veux le mûrir. Le prince le connaît-il?

LE MARQUIS. Mon idée était qu'il l'apprît de votre bouche pour la première fois.

LA REINE. Sans contredit! l'idée est grande... Si la jeunesse du prince...

LE MARQUIS. Elle ne nuira pas. Il trouvera là un Egmont, un Orange. Ces braves soldats de l'empereur Charles, aussi sages dans les conseils que redoutables dans les combats.

LA REINE, *avec vivacité*. Oui, l'idée est grande et belle! Le prince doit agir; je sens tout cela vivement. Le rôle qu'on lui voit jouer à Madrid m'humilie pour lui. Je lui promets le secours de la France, de la Savoie. Je suis tout à fait de votre avis, marquis ; il faut qu'il agisse. Mais cette entreprise exige de l'argent.

LE MARQUIS. Il est déjà prêt...

LA REINE. Je connais, en outre, un moyen.

LE MARQUIS. Je puis donc lui laisser espérer une entrevue.

LA REINE. Je veux réfléchir.

LE MARQUIS. Carlos attend une réponse, madame ; je lui ai promis de la lui rapporter. (*Il présente ses tablettes à la reine.*) Pour le moment, deux mots suffiront.

LA REINE, *après avoir écrit*. Vous reverrai-je ?

LE MARQUIS. Aussi souvent que vous l'ordonnerez.

LA REINE. Aussi souvent... aussi souvent que je l'ordonnerai ? Marquis, comment dois-je m'expliquer cette liberté ?

LE MARQUIS. Aussi innocemment que vous pourrez. Nous en jouissons, c'est assez pour Votre Majesté.

LA REINE, *l'interrompant*. Quelle joie ce serait pour moi, marquis, s'il restait encore à la liberté ce refuge en Europe ! Si c'était lui qui le conservât !... Comptez sur mon secret intérêt.

LE MARQUIS. Oh ! je savais qu'ici je serais compris. (*La duchesse d'Olivarès paraît à la porte.*)

LA REINE, *froidement au marquis*. Ce qui vient du roi, mon maître, sera respecté comme une loi. Allez l'assurer de ma soumission. (*Elle fait un signe. Le marquis s'éloigne.*)

SCÈNE IV.

Une galerie.

DON CARLOS et LE COMTE DE LERME.

CARLOS. Ici nous ne serons pas troublés. Qu'avez-vous à m'apprendre ?

LERME. Votre altesse avait à cette cour un ami...

CARLOS, *surpris*. Que je ne connaissais pas ? Comment ? Que voulez-vous dire ?

ACTE IV, SCÈNE IV.

LERME. Alors je dois demander pardon d'en avoir appris plus que je ne devais en savoir. Cependant, que votre altesse se rassure! Je tiens ce secret d'une personne sûre. Bref, je l'ai appris par moi-même.

CARLOS. De qui voulez-vous parler?

LERME. Du marquis de Posa.

CARLOS. Eh bien?

LERME. Si par hasard il en savait sur votre altesse plus qu'il n'est permis à personne d'en savoir, comme j'ai lieu de le craindre...

CARLOS. De craindre?

LERME. Il a été chez le roi.

CARLOS. Ah!

LERME. Deux grandes heures, et dans une conversation très-intime.

CARLOS. Vraiment!

LERME. Il ne sagissait pas de petites choses.

CARLOS. Je veux le croire.

LERME. J'ai plusieurs fois, prince, entendu prononcer votre nom, prince.

CARLOS. J'espère que ce n'est pas un mauvais signe!

LERME. Il a été aussi question aujourd'hui de la reine dans la chambre à coucher du roi, et d'une manière très-énigmatique.

CARLOS *recule étonné*. Comte de Lerme!

LERME. Lorsque le marquis est sorti, j'ai reçu l'ordre de le laisser entrer désormais sans être annoncé.

CARLOS. C'est vraiment grave.

LERME. C'est sans exemple, prince, aussi loin que je me souvienne depuis que je sers le roi.

CARLOS. C'est grave, vraiment grave! et comment dites-vous qu'il a été question de la reine?

LERME *recule*. Non, prince, non! non! c'est contre mon devoir.

CARLOS. C'est singulier : vous me dites une chose et vous me cachez l'autre.

LERME. La première je devais vous la dire; quant à la seconde, elle appartient au roi.

CARLOS. Vous avez raison.

LERME. J'ai toujours regardé le marquis comme un homme d'honneur.

CARLOS. Vous l'avez très-bien jugé.

LERME. Chaque vertu est sans tache jusqu'au moment de l'épreuve.

CARLOS. La sienne l'est avant comme après l'épreuve.

LERME. La faveur d'un grand roi me semble digne d'être mise en question ; plus d'une vertu forte s'est laissé prendre à cet hameçon doré.

CARLOS. Oh! oui!

LERME. Souvent il est sage de révéler ce qui ne peut rester caché.

CARLOS. Oui, sage ! mais vous dites que vous avez toujours regardé le marquis comme un homme d'honneur.

LERME. S'il l'est encore, mon soupçon ne le rend pas mauvais, et vous, prince, vous y gagnez doublement. (*Il veut sortir.*)

CARLOS *le suit et lui presse la main.* C'est pour moi un triple gain, noble et digne homme : je suis plus riche d'un ami et je ne perds pas celui que je possédais.

(*Lerme sort.*)

SCÈNE V.

LE MARQUIS DE POSA, *arrivant par la galerie;* CARLOS.

LE MARQUIS. Carlos! Carlos!

CARLOS. Qui m'appelle? Ah! c'est toi? Très-bien. Je vais au couvent; viens m'y rejoindre bientôt. (*Il veut sortir.*)

LE MARQUIS. Encore deux minutes... Reste.

CARLOS. Si l'on nous surprenait!

LE MARQUIS. Cela ne sera pas : j'aurai bientôt dit. La reine...

CARLOS. Tu as été chez mon père?

LE MARQUIS. Il m'a fait appeler. Oui.

CARLOS, *avec curiosité.* Eh bien?

LE MARQUIS. C'est arrangé : tu lui parleras.

CARLOS. Et le roi? que veut donc le roi?

LE MARQUIS. Lui? peu de chose... curiosité de savoir qui je suis... empressement à me servir de la part de quelques bons amis qui n'en avaient point la mission. Que sais-je? il m'a offert du service.

CARLOS. Que tu as refusé?

LE MARQUIS. Bien entendu.

CARLOS. Et comment vous êtes-vous quittés?

LE MARQUIS. Assez bien.

CARLOS. Il n'a donc pas été question de moi?

LE MARQUIS. De toi? mais oui, d'une façon générale. (*Il tire ses tablettes de sa poche et les donne au prince.*) Voici deux mots de la reine. Demain je saurai où et comment...

CARLOS *lit d'un air très-distrait, cache les tablettes et veut sortir.* Tu me trouveras donc chez le prieur.

LE MARQUIS. Attends : pourquoi te presser? Il ne vient personne.

CARLOS, *avec un sourire affecté.* Avons-nous donc changé de rôle? Tu es aujourd'hui d'une étonnante sécurité.

LE MARQUIS. Aujourd'hui? pourquoi aujourd'hui?

CARLOS. Et que m'écrit la reine?

LE MARQUIS. Ne viens-tu pas de le lire à l'instant?

CARLOS. Moi? Ah! oui.

LE MARQUIS. Qu'as-tu donc? que se passe-t-il en toi?

CARLOS *relit ce qu'elle a écrit, puis avec chaleur et ravissement.* Ange du ciel! oui, je veux être, je veux être digne de toi. L'amour agrandit les grandes âmes. Quoi que ce soit, n'importe : j'obéis quand tu ordonnes... Elle écrit que je dois me préparer à une importante résolution. Que veut-elle dire par là? le sais-tu?

LE MARQUIS. Et quand je le saurais, Carlos, es-tu disposé à l'entendre?

carlos. T'ai-je offensé? j'étais distrait; pardonne-moi, Rodrigue.

le marquis. Distrait? par quoi?

carlos. Par... Je ne sais pas moi-même. Ces tablettes sont à moi?

le marquis. Non, du tout. Bien plus : je suis venu pour te demander les tiennes.

carlos. Les miennes? pourquoi?

le marquis. Et tout ce que tu aurais en outre de bagatelles qui ne doivent pas tomber entre les mains d'un tiers : des lettres, des fragments, des lambeaux de papier; en un mot, ton portefeuille.

carlos. Mais pourquoi?

le marquis. Pour prévenir tout accident; qui peut être à l'abri d'une surprise? Personne ne viendra les chercher chez moi. Donne.

carlos, *très-inquiet.* C'est pourtant singulier. Pourquoi tout d'un coup cette...?

le marquis. Sois parfaitement tranquille. Je n'ai pas d'autres intentions, certainement pas. C'est une précaution contre le danger. Je n'ai pas cru, non, sans doute, que tu devais avoir peur.

carlos *lui donne le portefeuille.* Garde-le bien.

le marquis. C'est ce que je ferai.

carlos *le regarde d'un air expressif.* Rodrigue, je te donne beaucoup.

le marquis. Beaucoup moins que je n'avais déjà reçu de toi... Ainsi, là-bas le reste, et à présent adieu, adieu. (*Il veut sortir.*)

carlos *lutte avec lui-même, enfin il le rappelle.* Redonne-moi ces lettres encore une fois. Il en est une là qu'elle m'écrivit à Alcuda, lorsque j'étais dangereusement malade. Je l'ai toujours portée sur mon cœur; il m'est cruel de me séparer de cette lettre; laisse-moi celle-là, seulement celle-là, et prends tout le reste. (*Il prend la lettre et lui rend le portefeuille.*)

LE MARQUIS. Carlos, je te cède à regret. J'avais justement besoin de cette lettre.

CARLOS. Adieu. (*Il s'éloigne lentement, puis s'arrête à la porte, revient et lui rend la lettre.*) La voilà. (*Sa main tremble, il fond en larmes, se jette dans les bras du marquis et repose sa tête sur son sein.*) Cela ne peut pas être au pouvoir de mon père; n'est-ce pas, Rodrigue, cela ne peut pas être. (*Il sort à la hâte.*)

SCÈNE VI.

LE MARQUIS, *étonné, le suit des yeux.* Serait-ce possible? serait-ce possible? Ainsi je ne l'aurais donc pas entièrement connu! pas entièrement! Ce repli de son cœur me serait-il réellement échappé? De la défiance envers son ami! non, c'est une calomnie... Que m'a-t-il fait pour que je l'accuse de faiblesse, moi qui suis le plus faible? Ce que je lui impute, je l'éprouve moi-même.... Étonné!.... cela doit être, je le crois bien. Quand aurait-il pu prévoir cette étrange résolution de la part d'un ami?... De l'affliction! je ne puis te l'épargner, Carlos, et je dois encore tourmenter ta bonne âme. Le roi s'est fié au vase auquel il a confié son secret intime, et la confiance exige la reconnaissance. Pourquoi serais-je indiscret, quand mon silence ne peut te causer de douleur et qu'il t'en épargne peut-être? Pourquoi montrer à celui qui dort le nuage orageux qui plane sur sa tête? Il suffit que je le détourne de toi, et quand tu t'éveilleras le ciel aura repris sa clarté.

(*Il sort.*)

SCÈNE VII.

Le Cabinet du roi.

LE ROI, *assis dans un fauteuil, et près de lui* L'INFANTE CLAIRE-EUGÉNIE.

LE ROI, *après un profond silence.* Non, c'est pourtant ma fille. La nature pourrait-elle mentir avec tant de vérité? Ces yeux bleus sont les miens; je me retrouve dans chacun de ses traits! Enfant de mon amour, oui, tu l'es. Je te presse sur mon cœur... tu es mon sang. (*Il s'arrête tout à coup avec trouble.*) Mon sang! que puis-je craindre de pire? Mes traits ne sont-ils pas aussi les siens? (*Il prend le médaillon dans ses mains, et porte alternativement les yeux sur le portrait et sur une glace placée en face de lui. Enfin il le jette à terre, se lève, et repousse l'infante.*) Loin de moi! loin de moi! Je me perds dans cet abîme.

SCÈNE VIII.

LE COMTE DE LERME, LE ROI.

LERME. Sire, la reine vient d'entrer dans le salon.

LE ROI. A présent?

LERME. Et demande la faveur d'être reçue...

LE ROI. A présent? à présent? à cette heure inaccoutumée? Non, je ne puis lui parler à présent, je ne le puis.

LERME. Voici Sa Majesté elle-même.

(*Il sort.*)

SCÈNE IX.

LE ROI, LA REINE, L'INFANTE. (*L'infante court au-devant de sa mère et s'attache à elle. La reine tombe à genoux devant le roi, qui reste muet et embarrassé.*)

LA REINE. Mon maître et mon époux... je suis forcée... de venir chercher justice au pied de votre trône.

LE ROI. Justice!

LA REINE. Je me vois traitée avec indignité dans cette cour : on a brisé ma cassette.

LE ROI. Comment?

LA REINE. Et des objets d'un grand prix pour moi ont disparu.

LE ROI. D'un grand prix pour vous?

LA REINE. Par l'interprétation que la témérité d'une personne mal informée pourrait...

LE ROI. La témérité! l'interprétation! mais levez-vous.

LA REINE. Non, pas avant que mon époux se soit engagé, par une promesse, à employer son royal pouvoir à me donner satisfaction. Sinon, il faudra me séparer d'une cour où ceux qui me volent trouvent un refuge.

LE ROI. Levez-vous donc... cette attitude... levez-vous.

LA REINE *se lève*. Que le coupable soit d'un rang élevé, je le sais; car il y avait dans ma cassette pour plus d'un million de perles et de diamants, et il n'a pris que les lettres.

LE ROI. Que pourtant je...

LA REINE. Très-volontiers, mon époux. C'était des lettres et un médaillon de l'infant.

LE ROI. De?...

LA REINE. De l'infant, votre fils.

LE ROI. Adressés à vous?

LA REINE. A moi.

LE ROI. De l'infant? et vous me dites cela, à moi?

LA REINE. Pourquoi pas à vous, sire?

LE ROI. Avec cette assurance.

LA REINE. D'où vient cette surprise? Je pense que vous vous rappelez encore les lettres que don Carlos m'écrivit à Saint-Germain, avec l'agrément des deux cours. Si le portrait qui les accompagna était compris dans cette permission, ou si ses espérances trop promptes l'entraînèrent à cette démarche hardie, c'est ce que je n'essayerai pas de décider. Mais s'il y eut précipitation, elle était très-pardonnable. J'en suis garant pour lui. Car alors il ne pouvait avoir la pensée que cela s'adressât à sa mère. (*Le roi fait un mouvement qu'elle remarque.*) Qu'est-ce? qu'avez-vous?

L'INFANTE *joue avec le médaillon qu'elle a ramassé par*

terre, et le rapporte à sa mère.) Ah! regardez-donc, ma mère, le beau portrait!

LA REINE. Quoi donc?... mon... (*Elle reconnaît le médaillon et demeure muette de surprise. Elle et le roi se regardent fixement. Après un long silence.*) Vraiment, sire, ce moyen d'éprouver le cœur de votre épouse me paraît très-noble et très-royal... Cependant puis-je me permettre encore une question?

LE ROI. C'est à moi à questionner.

LA REINE. L'innocence, du moins, ne doit pas souffrir de mes soupçons. Si c'est donc par votre ordre que ce vol a été...

LE ROI. Oui.

LA REINE. Alors je n'ai plus personne à accuser, plus personne à plaindre, personne que vous, dont l'épouse n'était pas faite pour qu'on employât envers elle de pareils moyens.

LE ROI. Je connais ce langage; mais, madame, il ne me trompera pas une seconde fois, comme il m'a trompé à Aranjuez. Cette reine d'angélique pureté, qui se défendait avec tant de dignité, je la connais mieux.

LA REINE. Qu'est-ce que cela signifie?

LE ROI. Bref donc, madame, et sans réticence; est-il vrai qu'alors vous n'ayez parlé à personne, à personne? Cela est-il vrai?

LA REINE. J'ai parlé à l'infant, oui.

LE ROI. Oui? Eh bien! c'est clair, c'est évident. Tant d'audace, et si peu de soin de mon honneur!

LA REINE. L'honneur, sire? Si l'honneur était en péril, c'était, je le crains, un honneur plus grand que celui qui m'a été conféré par la couronne de Castille.

LE ROI. Pourquoi m'avez-vous nié?...

LA REINE. Parce que je ne suis pas habituée, sire, à subir un interrogatoire de coupable en présence de la cour. Je ne nierai pas la vérité quand elle me sera demandée avec égard, avec bonté. Était-ce là le ton que Votre Majesté employa avec moi à Aranjuez? L'assemblée des grands d'Espagne est-elle le tribunal devant lequel les reines doivent rendre compte de leurs actions secrètes? J'avais accordé au prince l'entrevue qu'il demandait avec instance. Je l'avais accordée, sire, parce que je le voulais, parce que je ne souffrirai jamais que l'usage soit juge des choses que je reconnais pour innocentes, et je vous l'ai caché parce qu'il ne me plaisait pas de discuter avec Votre Majesté sur cette action, en présence des gens de ma maison.

LE ROI. Vous parlez très-hardiment, madame...

LA REINE. Et j'ajouterai encore, parce que l'infant trouve difficilement dans le cœur de son père la justice qu'il mérite.

LE ROI. Qu'il mérite !

LA REINE. Oui; pourquoi vous le cacherais-je, sire? Je l'estime beaucoup et je l'aime comme mon parent le plus cher, comme celui qui fut autrefois jugé digne de porter un nom qui me touchait de plus près. Je n'ai pas encore pu me faire à l'idée qu'il dût m'être plus étranger que tout autre, par cela même qu'il m'avait été plus cher que tout autre. Si vos maximes d'État peuvent, quand vous le jugez utile, former des liens, il leur est plus difficile de les rompre. Je ne veux pas haïr celui que je dois... Et puisque enfin on m'a contrainte à parler, je ne veux pas que mon penchant soit enchaîné plus longtemps.

LE ROI. Élisabeth, vous m'avez vu dans des heures de faiblesse. C'est ce souvenir qui vous donne tant d'audace. Vous vous fiez à un pouvoir absolu que vous avez souvent essayé sur ma fermeté. Mais craignez d'autant plus : ce qui m'a rendu faible peut me conduire à la fureur.

LA REINE. Quel crime ai-je donc commis?

LE ROI *lui prend la main.* Si cela est... et cela n'est-il pas déjà? si la mesure de vos fautes est remplie, si un seul souffle la fait déborder, si je suis trompé... (*Il quitte sa main.*) Je puis vaincre encore cette dernière faiblesse, je le puis et je le veux. Alors, malheur à moi et à vous, Élisabeth!

LA REINE. Quel crime ai-je donc commis?

LE ROI. Alors je verserai le sang.

LA REINE. En être venu là! O Dieu!

LE ROI. Je ne me connais plus moi-même, je ne respecte plus aucune loi, aucune voix de la nature, aucun droit des nations.

LA REINE. Combien je plains Votre Majesté!

LE ROI, *hors de lui.* Me plaindre! La pitié d'une impudique!

L'INFANTE *se jette effrayée dans les bras de sa mère.* Le roi est en colère et ma mère chérie pleure! (*Le roi arrache durement l'infante à sa mère.*)

LA REINE, *avec douceur et dignité et d'une voix tremblante.* Je dois pourtant garantir cette enfant des mauvais traitements. Viens avec moi, ma fille. (*Elle la prend dans ses bras.*) Si le roi ne veut plus te connaître, je ferai venir de l'autre côté des Pyrénées des protecteurs pour défendre notre cause. (*Elle veut sortir.*)

LE ROI, *troublé.* Madame!

LA REINE. Je ne puis plus supporter... C'en est trop!... (*Elle s'avance vers la porte, mais s'évanouit et tombe avec l'infante.*)

LE ROI *court à elle avec effroi.* Dieu! Qu'est-ce donc?

L'INFANTE *jette des cris de frayeur.* Ah! ma mère saigne. (*Elle s'enfuit.*)

LE ROI, *avec anxiété.* Quel horrible accident! Du sang! Ai-je mérité que vous me punissiez si cruellement? Levez-vous, remettez-vous, levez-vous. On vient, on nous surprendra... Levez-vous. Faut-il que toute ma cour se repaisse de ce spectacle? Faut-il vous prier de vous lever? (*Elle se lève appuyée sur le roi.*)

SCÈNE X.

Les précédents, ALBE, DOMINGO *entrent effrayés. Plusieurs dames les suivent.*

LE ROI. Qu'on reconduise la reine chez elle ; elle n'est pas bien.

La reine sort accompagnée de ses dames. Albe et Domingo s'approchent.

ALBE. La reine en larmes et du sang sur son visage?

LE ROI. Cela paraît-il surprenant aux démons qui m'ont amené là?

ALBE *et* DOMINGO. Nous?

LE ROI. Qui m'en ont dit assez pour me mettre en fureur, pas assez pour ma persuasion.

ALBE. Nous avons donné ce que nous avions.

LE ROI. Que l'enfer vous remercie! Je me repens de ce que j'ai fait... Était-ce là le langage d'une conscience coupable?

LE MARQUIS DE POSA, *derrière le théâtre.* Le roi y est-il?

SCÈNE XI.

LE MARQUIS DE POSA, *les précédents.*

LE ROI, *vivement ému par cette voix, fait quelques pas au-devant du marquis.* Ah! c'est lui! Soyez le bienvenu, marquis. Maintenant, duc, je n'ai plus besoin de vous. Laissez-nous. (*Albe et Domingo se regardent avec un muet étonnement et sortent.*)

SCÈNE XII.

LE ROI *et* LE MARQUIS DE POSA.

LE MARQUIS. Sire, il est dur pour un vieux guerrier qui a exposé pour vous sa vie dans vingt batailles de se voir éloigné ainsi.

LE ROI. Il vous convient de penser de la sorte et à moi d'agir comme je l'ai fait. Ce que vous avez été pour moi dans quelques heures, il ne l'a pas été dans toute sa vie. Je ne veux point dissimuler ma bienveillance envers vous. Le sceau de ma royale faveur doit briller au loin sur votre front. Je veux qu'on porte envie à l'homme que j'ai choisi pour ami.

LE MARQUIS. Et même alors que son obscurité l'eût seule rendu digne de ce nom?

LE ROI. Que m'apportez-vous?

LE MARQUIS. En traversant le salon, j'entends une rumeur terrible qui me paraît incroyable... Une vive altercation... du sang... la reine...

LE ROI. Vous venez de là?

LE MARQUIS. Si cette rumeur était vraie, si Votre Majesté avait cru devoir se laisser aller... j'en serais désolé; car j'ai fait d'importantes découvertes qui changent toute la situation des choses.

LE ROI. Eh bien?

LE MARQUIS. J'ai trouvé l'occasion d'enlever le portefeuille du prince avec quelques papiers, qui, je l'espère, jetteront un certain jour... (*Il donne au roi le portefeuille de Carlos.*)

LE ROI, *le parcourant avec curiosité.* Un écrit de l'empereur mon père... Comment! je ne me rappelle pas en avoir entendu parler! (*Il le lit, le met de côté, et prend d'autres papiers.*) Le plan d'une forteresse... des pensées extraites de Tacite... et quoi donc encore?... Je crois reconnaître l'écriture, c'est celle d'une femme. (*Il lit attentivement, tantôt à voix haute, tantôt à voix basse.*) « Cette clef... Le cabinet du pavillon de la reine... » Ah! qu'est-ce donc? « Là, l'amour sera libre... Vœux exaucés, douce récompense! » Satanique trahison! A présent, je la connais : c'est elle, c'est sa main!

LE MARQUIS. La main de la reine? impossible.

LE ROI. De la princesse d'Éboli.

LE MARQUIS. Ainsi ce que le page Hénarès m'a avoué

dernièrement serait vrai? Il aurait remis la lettre et la clef?

LE ROI, *prenant la main du marquis dans une violente indignation.* Marquis, je vois que je suis dans des mains terribles. Cette femme, je veux vous l'avouer, marquis, cette femme a brisé la cassette de la reine. C'est d'elle que m'est venu le premier avertissement... Qui pourrait dire ce que le moine sait là-dessus? J'ai été trompé par une infâme scélératesse!

LE MARQUIS. Alors ce serait donc encore une chose heureuse si...

LE ROI. Marquis, marquis, je commence à craindre d'être allé trop loin avec la reine.

LE MARQUIS. S'il y a eu des intelligences secrètes entre la reine et le prince, elles étaient certainement d'une tout autre nature que celle qu'on lui impute. J'ai la certitude que le désir du prince d'aller en Flandre a pris naissance dans la tête de la reine.

LE ROI. Je l'ai toujours cru.

LE MARQUIS. La reine a de l'ambition, oserai-je dire plus encore? Elle se voit avec chagrin trompée dans ses orgueilleuses espérances et écartée de toute participation au pouvoir. La jeunesse ardente du prince s'est offerte à ses vastes projets... Son cœur... Je doute qu'elle puisse aimer.

LE ROI. Je ne tremble point devant les habiles projets de sa politique.

LE MARQUIS. Est-elle aimée? De la part de l'infant n'y a-t-il rien de pire à redouter? Cette question me paraît digne d'examen. Je crois qu'ici une surveillance rigoureuse est nécessaire.

LE ROI. Vous me répondez de lui...

LE MARQUIS, *après un moment de réflexion.* Si Votre Majesté me croit capable de remplir cette tâche, je dois la prier de la remettre entièrement et sans restriction entre mes mains.

LE ROI. J'y consens!

LE MARQUIS. Au moins qu'aucun auxiliaire, quel que soit le nom qu'il porte, ne vienne me troubler dans les arrangements que je jugerai nécessaires.

LE ROI. Aucun, je vous le promets. Vous êtes mon bon ange ! Combien je vous dois de remerciments pour ce que vous venez de m'apprendre ! (*A Lerme qui vient d'entrer.*) Comment avez-vous laissé la reine ?

LERME. Encore très-fatiguée de son évanouissement. (*Il jette sur le marquis un regard de défiance et sort.*)

LE MARQUIS, *après un moment de silence*. Une précaution me semble nécessaire. Je crains que le prince ne soit averti. Il a beaucoup d'amis dévoués, peut-être des intelligences à Gand avec les rebelles. La crainte peut le conduire à une résolution désespérée. Mon avis serait de chercher dès à présent un moyen soudain de prévenir cette catastrophe.

LE ROI. Vous avez parfaitement raison ; mais lequel ?...

LE MARQUIS. Un ordre secret que Votre Majesté remettrait entre mes mains, et dont je me servirais au moment même du danger. (*Le roi semble réfléchir.*) Ce serait d'abord un secret d'État, jusqu'à ce que...

LE ROI *va à sa table et écrit l'ordre d'arrestation*. Le royaume est en jeu... Le danger pressant permet des moyens extraordinaires... Voici, marquis... Je n'ai pas besoin de vous recommander des ménagements...

LE MARQUIS, *prenant l'ordre*. Sire, c'est pour un cas extrême.

LE ROI *lui met la main sur l'épaule*. Allez, allez, cher marquis ; ramenez la paix dans mon cœur et rendez le repos à mes nuits.

(*Tous deux sortent de différents côtés.*)

SCÈNE XIII.
Une galerie.

CARLOS *arrive dans la plus vive agitation*, LE COMTE DE LERME *va au-devant de lui*.

CARLOS. Je vous cherche.

LERME. Je vous cherche aussi.

CARLOS. Est-il vrai, au nom du ciel, est-il vrai?...

LERME. Quoi donc?

CARLOS. Qu'il a levé le poignard sur elle? Qu'on l'a emportée sanglante de sa chambre? Par tous les saints! répondez-moi. Que dois-je croire? cela est-il vrai?

LERME. Elle s'est évanouie et s'est blessée en tombant. Rien de plus.

CARLOS. N'y a-t-il aucun danger, aucun? Sur votre honneur, comte?

LERME. Pas pour la reine — mais beaucoup pour vous.

CARLOS. Pas pour ma mère. Eh bien! que Dieu soit loué. Un bruit effroyable était venu à mon oreille ; on disait que le roi était en fureur contre la mère et l'enfant, qu'un mystère avait été révélé.

LERME. Ceci peut bien être vrai...

CARLOS. Vrai? Comment?

LERME. Prince, je vous ai donné aujourd'hui un avis que vous avez méprisé ; profitez mieux du second.

CARLOS. Comment?

LERME. Si je ne me trompe, prince, j'ai vu il y a quelques jours entre vos mains un portefeuille bleu de ciel brodé en or...

CARLOS, *déconcerté*. Oui, j'en ai un semblable... Eh bien?

LERME. Sur la couverture est, je crois, un médaillon entouré de perles.

CARLOS. C'est très-juste.

LERME. Lorsque je suis entré tantôt à l'improviste dans le cabinet du roi, je crois avoir vu ce portefeuille entre ses mains, et le marquis de Posa était près de lui...

CARLOS, *vivement, après un instant de silence et de surprise*. Cela n'est pas vrai.

LERME, *blessé*. Alors je suis un imposteur?

CARLOS *le regarde fixement*. Oui, vous l'êtes.

LERME. Hélas! je vous pardonne.

CARLOS *se promène dans une vive agitation et s'arrête enfin devant lui.* Quel mal t'a-t-il fait? que t'a fait notre innocente union pour que tu emploies cette infernale activité à la détruire?

LERME. Prince, je respecte le chagrin qui vous rend injuste.

CARLOS. O Dieu! Dieu! Dieu! préserve-moi du soupçon.

LERME. Je me rappelle aussi les propres paroles du roi : « Combien je vous dois de reconnaissance, disait-» il lorsque je suis entré, pour les nouvelles que vous » m'aurez apprises! »

CARLOS. Silence! silence!

LERME. Le duc d'Albe sera disgracié, le grand sceau enlevé au prince Ruy Gomès et confié au marquis...

CARLOS, *absorbé dans ses réflexions.* Et il ne m'a rien dit? Pourquoi ne m'a-t-il rien dit?

LERME. Toute la cour le regarde déjà avec surprise comme un ministre tout-puissant, comme un favori absolu.

CARLOS. Il m'a aimé, beaucoup aimé; je lui ai été cher comme son âme. Oh! je le sais... il m'en a donné mille preuves. Mais des millions d'hommes et la patrie ne doivent-ils pas lui être plus chers qu'un seul individu? Son âme était trop vaste pour un seul ami, et le bonheur de Carlos trop peu important pour son amour. Il m'a sacrifié à sa vertu; puis-je l'en blâmer? Oui, c'est certain, maintenant c'est certain; je l'ai perdu. (*Il se détourne et se cache le visage.*)

LERME. *après un moment de silence.* Mon bon prince, que puis-je faire pour vous?

CARLOS. *sans le regarder.* Se rendre au roi et me trahir! Je n'ai rien à donner.

LERME. Voulez-vous attendre ce qui va suivre?

CARLOS *s'appuie sur la balustrade et regarde fixement devant lui.* Je l'ai perdu. Ah! je suis complétement abandonné!

LERME *s'approche de lui avec émotion et intérêt.* Vous ne voulez pas penser à votre salut ?

CARLOS. A mon salut ? excellent homme !

LERME. Et, du reste, n'y a-t-il personne pour qui vous ayez plus à trembler que pour vous-même ?

CARLOS. Dieu ! que me rappelez-vous ? Ma mère ! la lettre qu'il a reçue de mes mains, que je ne voulais pas lui laisser et que je lui ai pourtant laissée ! (*Il se promène çà et là vivement en se tordant les mains.*) Comment a-t-elle mérité cela de lui ? il aurait dû au moins l'épargner. Lerme, ne l'aurait-il pas dû ? (*Avec une résolution subite.*) Je vais vers elle ; il faut que je l'avertisse, il faut que je la prépare... Lerme, cher Lerme, qui donc enverrai-je ? N'ai-je plus personne ? Dieu soit loué ! encore un ami... et là il n'y a plus rien à perdre.

(*Il sort.*)

LERME *le suit et le rappelle.* Prince, où allez-vous ?

(*Il sort.*)

SCÈNE XIV.

LA REINE, ALBE, DOMINGO.

ALBE. S'il nous est permis, grande reine.

LA REINE. Qu'y a-t-il pour votre service ?

DOMINGO. Une sollicitude sincère pour l'auguste personne de Votre Royale Majesté ne nous permet pas de garder le silence sur un événement qui menace votre sûreté.

ALBE. Nous nous hâtons de paralyser par un avis donné à temps un complot organisé contre vous.

DOMINGO. Et de mettre aux pieds de Votre Majesté notre zèle et nos services.

LA REINE *les regarde avec surprise.* Mon révérend père, et vous, noble duc, vous m'étonnez, en vérité. Je ne m'attendais pas à un pareil dévoûment de la part de Domingo et du duc d'Albe. Je sais comme je dois l'apprécier. Vous me parlez d'un complot qui me menace; puis-je connaître qui?...

ALBE. Nous vous prions de vous tenir en garde contre un marquis de Posa qui conduit les affaires secrètes du roi.

LA REINE. J'apprends avec plaisir que le roi a fait un si bon choix; il y a longtemps qu'on me parle du marquis comme d'un excellent homme et d'un esprit distingué. Jamais haute faveur ne fut plus justement placée.

DOMINGO. Plus justement placée! Nous sommes mieux informés.

ALBE. Depuis longtemps on sait fort bien à quoi cet homme est employé.

LA REINE. Comment! que serait-ce donc? Vous excitez toute mon attention.

DOMINGO. Y a-t-il longtemps que Votre Majesté a regardé pour la dernière fois dans sa cassette?

LA REINE. Comment?

DOMINGO. Et n'a-t-elle rien perdu de précieux?

LA REINE. Quoi donc? toute ma cour sait que j'ai perdu... Mais le marquis de Posa? Comment se fait-il que le marquis de Posa se trouve mêlé à ceci?

ALBE. Il y est mêlé très-étroitement, madame, car il manque aussi au prince des papiers importants qui ont été vus ce matin entre les mains du roi, lorsque le chevalier avait une audience secrète.

LA REINE, *après quelques réflexions.* C'est singulier, par le ciel! c'est tout à fait extraordinaire!... Je trouve ici un ennemi auquel je n'avais jamais songé, et par compensation deux amis que je ne me rappelle jamais avoir eus... car réellement (*elle attache sur eux un regard pénétrant*), je dois vous l'avouer, le mauvais service qui m'a été rendu auprès du roi, j'étais disposée à vous le pardonner...

ALBE. A nous?

LA REINE. A vous.

DOMINGO. Duc d'Albe, à nous?

LA REINE, *fixant sur eux ses regards.* Combien je me réjouis d'être garantie de ma précipitation! Sans cela, j'avais résolu de prier aujourd'hui même le roi de faire paraître devant moi mes accusateurs. A présent, cela vaut mieux; je puis invoquer le témoignage du duc d'Albe.

ALBE. Mon témoignage? Parlez-vous sérieusement?

LA REINE. Pourquoi pas?

DOMINGO. Anéantir ainsi tous les bons offices que nous pourrions en secret!...

LA REINE. En secret? (*Avec fierté.*) Je désirerais savoir cependant, duc d'Albe, ce que la femme de votre roi peut avoir à dire avec vous, ou avec vous, prêtre, que son époux ne doive pas savoir... Suis-je innocente ou coupable?

DOMINGO. Quelle question!

ALBE. Mais si le roi n'était pas juste? Si du moins en ce moment il ne l'était pas?

LA REINE. Alors, j'attendrai qu'il le devienne. Heureux celui qui n'a qu'à gagner à ce qu'il le devienne! (*Elle leur fait un salut et se retire. Ils sortent par une autre porte.*)

SCÈNE XV.

Appartements de la princesse d'Éboli.

LA PRINCESSE D'ÉBOLI, *puis* CARLOS.

ÉBOLI. Est-elle donc vraie cette nouvelle étrange qui occupe déjà toute la cour?

CARLOS *entre*. Ne vous effrayez pas, princesse. Je veux être doux comme un enfant.

ÉBOLI. Prince... Cette surprise...

CARLOS. Êtes-vous encore offensée? encore?...

ÉBOLI. Prince...

CARLOS, *d'un ton pressant.* Êtes-vous encore offensée? Je vous en prie, dites-le moi.

ÉBOLI. Qu'est-ce donc? Vous semblez oublier, prince... Que cherchez-vous près de moi?

CARLOS, *prenant sa main avec vivacité.* Jeune fille, peux-tu éternellement haïr? L'amour blessé ne pardonne-t-il jamais?

ÉBOLI, *cherchant à se dégager.* Que me rappelez-vous, prince?

CARLOS. Ta bonté et mon ingratitude. Hélas! je le sais bien, je t'ai cruellement offensée, jeune fille. J'ai déchiré ton cœur tendre; j'ai fait couler des larmes de ces yeux d'ange... Hélas! je ne viens pas encore ici pour t'en exprimer mon repentir.

ÉBOLI. Prince, laissez-moi... je...

CARLOS. Je viens parce que tu es une douce jeune fille, parce que j'ai foi dans la bonté et la beauté de ton âme. Vois, vois, je n'ai plus d'autre ami dans ce monde que toi seule. Un jour tu as été si bonne envers moi! tu ne me haïras pas éternellement, tu ne resteras pas inflexible.

ÉBOLI *détourne le visage.* Oh! silence! Rien de plus, au nom du ciel, prince!

CARLOS. Laisse-moi te rappeler ces jours d'or, laisse-moi te rappeler ton amour, ton amour, jeune fille, ton amour dont je me suis montré si indigne. Laisse-moi, à présent, faire valoir ce que j'ai été pour toi, ce que les rêves de ton cœur m'avaient donné. Une fois encore, une fois encore seulement place-moi devant ton âme comme j'étais alors, et sacrifie à cette image ce que tu ne peux plus jamais me sacrifier à moi.

ÉBOLI. Oh! Carlos, comme vous vous jouez cruellement de moi!

CARLOS. Sois plus grande que ton sexe. Oublie les offenses. Fais ce qu'aucune femme n'a fait avant toi, ce qu'aucune femme ne fera plus après. Je demande de toi quelque chose d'inouï. Fais-moi, je t'en conjure à genoux, fais-moi dire deux mots à ma mère. (*Il se jette à genoux devant elle.*)

SCÈNE XVI.

Les précédents; LE MARQUIS DE POSA *se précipite dans l'appartement, suivi de deux officiers de la garde du roi.*

LE MARQUIS, *hors d'haleine, se jette entre eux.* Qu'a-t-il avoué? Ne le croyez pas.

CARLOS, *encore à genoux et d'une voix plus élevée.* Par tout ce qu'il y a de sacré!...

LE MARQUIS *l'interrompant avec violence.* Il est dans le délire. N'écoutez point cet insensé.

CARLOS, *d'un ton plus pressant.* Il y va de la vie et de la mort. Conduisez-moi près d'elle.

LE MARQUIS *éloigne de lui la princesse avec force.* Vous êtes morte si vous l'écoutez. (*A l'un des officiers.*) Comte de Cordoue, au nom du roi (*il lui montre l'ordre d'arrestation*), le prince est votre prisonnier. (*Carlos reste immobile et comme frappé de la foudre. La princesse pousse un cri de terreur et veut s'enfuir. Les officiers sont étonnés. Long et profond silence. On voit le marquis tremblant qui s'efforce avec peine de se remettre. Au prince.*) Je vous demande votre épée. Princesse Éboli, vous, demeurez. (*Et à l'officier.*) Vous me répondez sur votre tête que le prince ne parle à personne, à personne, pas même à vous. (*Il dit à voix basse quelques mots à l'officier; puis se retournant.*) Je vais me jeter à l'instant aux pieds du monarque et lui rendre compte. (*A Carlos.*) Et à vous aussi. Attendez-moi, prince, dans une heure. (*Carlos se laisse emmener sans donner signe d'aucun sentiment. Seulement, en passant, il laisse tomber un regard mourant sur le marquis, qui se cache le visage. La princesse essaye de s'enfuir. Le marquis la ramène par le bras.*)

SCÈNE XVII.

LA PRINCESSE D'ÉBOLI, LE MARQUIS DE POSA.

ÉBOLI. Au nom du ciel, laissez-moi quitter ce lieu!

LE MARQUIS, *d'un air sévère et terrible.* Que t'a-t-il dit, malheureuse ?

ÉBOLI. Rien. Laissez-moi ; rien.

LE MARQUIS *la retient avec force.* Qu'as-tu appris ? Il n'y a plus ici moyen d'échapper ; tu ne le raconteras plus à personne au monde.

ÉBOLI *le regarde avec effroi.* Grand Dieu ! à quoi pensez-vous donc ? Vous ne voulez pourtant pas me tuer ?

LE MARQUIS *tire un poignard.* En effet, j'en serais tenté. Dépêche-toi.

ÉBOLI. Moi ! moi ! O miséricorde éternelle ! Qu'ai-je donc fait ?

LE MARQUIS, *les yeux levés vers le ciel, posant le poignard sur sa poitrine.* Il en est encore temps. Le poison n'est pas encore sorti de ces lèvres ; je brise le vase, et tout reste dans le même état. — Le sort de l'Espagne et la vie d'une femme !... (*Il demeure dans cette attitude, et semble incertain.*)

ÉBOLI *tombe à ses pieds et le regarde fixement.* Eh bien ! que tardez-vous ? Je ne demande pas de ménagement... Non : j'ai mérité de mourir, et je veux mourir.

LE MARQUIS *laisse lentement tomber son bras, après un instant de réflexion.*) Ce serait aussi lâche que barbare. Non ! non ! Dieu soit loué ! il y a encore un autre moyen. (*Il laisse tomber le poignard, et sort rapidement. La princesse sort par une autre porte.*)

SCÈNE XVIII.

Un appartement de la reine.

LA REINE, *à la comtesse Fuentés.* Quel tumulte dans le palais ? Chaque rumeur, comtesse, m'épouvante aujourd'hui. Allez donc voir, et dites-moi ce que cela signifie. (*La comtesse Fuentés sort, et la princesse d'Éboli entre précipitamment.*)

SCÈNE XIX.

LA REINE, LA PRINCESSE D'ÉBOLI.

ÉBOLI, *hors d'haleine, pâle et défaite, se jette à genoux devant la reine.* Madame, au secours ! il est prisonnier.

LA REINE. Qui ?

ÉBOLI. Le marquis de Posa l'a arrêté par l'ordre du roi.

LA REINE. Mais qui donc ? qui ?

ÉBOLI. Le prince.

LA REINE. Es-tu folle ?

ÉBOLI. Ils l'emmènent à l'instant.

LA REINE. Et qui l'a fait prisonnier ?

ÉBOLI. Le marquis de Posa.

LA REINE. Eh bien ! Dieu soit loué ! si c'est le marquis qui l'a arrêté.

ÉBOLI. Vous dites cela, madame, avec tant de calme et tant de froideur ! Oh Dieu ! vous ne pressentez pas ?... vous ne savez pas ?...

LA REINE. Pourquoi il est prisonnier ? Sans doute pour quelques fausses démarches qui s'accordent naturellement avec la violence de caractère de ce jeune homme.

ÉBOLI. Non, non. Je suis mieux informée. Non, madame. C'est une action infâme, diabolique... Il n'y a plus de salut pour lui, il mourra.

LA REINE. Il mourra ?

ÉBOLI. Et c'est moi qui l'assassine.

LA REINE. Il mourra ? Insensée, y penses-tu ?

ÉBOLI. Et pourquoi, pourquoi mourra-t-il ! Oh ! si j'avais pu prévoir que les choses en viendraient là !

LA REINE *la prend avec bonté par la main.* Princesse, vous êtes encore hors de vous-même ; recueillez d'abord vos esprits, racontez-moi avec plus de calme ce que vous savez, et ne jetez pas dans mon âme ces horribles images. Qu'est-il arrivé ?

ÉBOLI. Oh ! madame, n'ayez pas pour moi cet abandon sublime; n'ayez pas cette bonté; elle tourmente ma conscience comme une flamme de l'enfer. Je ne suis pas digne d'élever jusqu'à votre gloire mon indigne regard. Écrasez la misérable qui se traîne à vos pieds, oppressée par le repentir, la honte et le mépris d'elle-même.

LA REINE. Malheureuse! malheureuse! qu'avez-vous à m'avouer?

ÉBOLI. Ange de lumière, âme sainte, vous ne savez pas, vous ne soupçonnez pas à quel démon vous avez souri avec tant de bonté. Apprenez aujourd'hui à la connaître. C'est moi... moi... qui vous ai volée.

LA REINE. Vous?

ÉBOLI. Et qui ai livré ces lettres au roi.

LA REINE. Vous?

ÉBOLI. Et qui ai eu l'audace de vous accuser.

LA REINE. Vous, vous avez pu?...

ÉBOLI. La vengeance... l'amour... la rage... Je vous haïssais et j'aimais l'infant.

LA REINE. Et parce que vous l'aimiez...

ÉBOLI. Parce que je le lui avais avoué, et qu'il ne m'avait pas payée de retour.

LA REINE, *après un moment de silence.* Oh! à présent, tout est expliqué pour moi... Levez-vous... Vous l'aimiez... j'ai déjà pardonné... Tout est oublié... Levez-vous. (*Elle lui tend la main.*)

ÉBOLI. Non, non. Il me reste encore un aveu terrible à faire. Non, grande reine, pas avant...

LA REINE, *attentive.* Que dois-je encore entendre? Parlez.

ÉBOLI. Le roi... une séduction... Oh! vous détournez les yeux... je lis sur votre visage ma réprobation... Le crime dont je vous accusais, je l'ai moi-même commis. (*Elle presse contre terre son visage enflammé. La reine sort. Grand silence. La duchesse d'Olivarès sort quelques minutes après du cabinet dans lequel la reine est entrée, et trouve la princesse dans la même situation. Elle s'ap-*

proche d'elle en silence. Au bruit de ses pas, la princesse se lève et semble en proie au délire, ne voyant plus la reine.)

SCÈNE XX.

LA PRINCESSE D'ÉBOLI, LA DUCHESSE D'OLIVARÈS.

ÉBOLI. Dieu! elle m'a abandonnée! A présent, c'en est fait.

OLIVARÈS *s'approche d'elle*. Princesse d'Éboli...

ÉBOLI. Je sais, duchesse, pourquoi vous venez. La reine vous envoie pour m'annoncer ma sentence... Hâtez-vous.

OLIVARÈS. J'ai l'ordre de Sa Majesté de reprendre votre croix et votre clef.

ÉBOLI *tire de son sein une croix en or, et la remet entre les mains de la duchesse*. Me sera-t-il permis encore une fois de baiser la main de la meilleure des reines!

OLIVARÈS. On vous dira au couvent de Sainte-Marie ce qui aura été décidé sur vous.

ÉBOLI, *fondant en larmes*. Je ne reverrai plus la reine!

OLIVARÈS *l'embrasse en détournant le visage*. Vivez heureuse! (*Elle sort à la hâte. La princesse la suit jusqu'à la porte du cabinet, qui se referme aussitôt derrière la duchesse. Elle reste quelques minutes muette et immobile, à genoux devant cette porte, puis elle se lève et s'éloigne, le visage voilé.*)

SCÈNE XXI.

LA REINE, LE MARQUIS DE POSA.

LA REINE. Ah! enfin, marquis, grâce à Dieu vous voilà!

LE MARQUIS, *pâle, le visage bouleversé, la voix tremblante, s'avance en faisant un profond salut*. Votre Majesté est-elle seule? Personne ne peut-il nous entendre de la chambre voisine?

LA REINE. Personne; pourquoi? Que m'apportez-vous? (*Elle le regarde plus attentivement et recule effrayée.*) Quel changement? D'où vient cela? Vous me faites trembler, marquis; vos traits décomposés portent l'empreinte de la mort.

LE MARQUIS. Vous savez déjà probablement...

LA REINE. Que Carlos a été arrêté, et même par vous... ajoute-t-on. Est-il donc vrai? Je ne voulais là-dessus m'en rapporter à personne qu'à vous.

LE MARQUIS. C'est vrai.

LA REINE. Par vous?

LE MARQUIS. Par moi.

LA REINE *le regarde d'un œil de doute.* Je respecte votre conduite, alors même que je ne la comprends pas. Mais cette fois pardonnez à l'inquiétude d'une femme; je crains que vous ne jouiez un terrible jeu.

LE MARQUIS. Et j'ai perdu.

LA REINE. Dieu du ciel!

LE MARQUIS. Soyez parfaitement tranquille, madame. Pour lui toutes les précautions sont prises, c'est moi qui ai perdu.

LA REINE. Que vais-je entendre, Dieu!

LE MARQUIS. Qui m'ordonnait de tout mettre sur un dé incertain? Tout jouer ainsi témérairement, sans prévoyance avec le ciel! Quel est l'homme qui voudrait entreprendre de diriger le lourd gouvernail du destin, s'il ne sait pas tout? Oh! c'est juste!... Mais pourquoi parler de moi à présent? Le moment est précieux, précieux comme la vie d'un homme; qui sait si la main avare du juge suprême ne me compte pas en ce moment les dernières gouttes de l'existence.

LA REINE. La main du juge? Quel ton solennel! Je ne comprends pas ce que ces paroles signifient, mais elles m'épouvantent.

LE MARQUIS. Il est sauvé, qu'importe à quel prix? mais seulement pour aujourd'hui: peu de moments lui appartiennent, qu'il sache les épargner! Cette nuit même il faut qu'il quitte Madrid.

LA REINE. Cette nuit même?

LE MARQUIS. Les préparatifs sont faits. Dans ce même cloître de chartreux qui, depuis longtemps, sert de refuge à notre amitié, les chevaux de poste l'attendent. Voici en lettres de change ce que la fortune m'avait donné dans ce monde; ajoutez-y ce qui manquerait. A la vérité j'aurais encore dans le cœur bien des choses pour mon Carlos, bien des choses qu'il doit savoir; mais le temps me manquera peut-être pour les traiter moi-même avec lui. Vous lui parlerez ce soir, voilà pourquoi je m'adresse à vous.

LA REINE. Au nom de mon repos, marquis, expliquez-vous plus clairement... Ne me parlez pas ainsi en énigmes terribles. Qu'est-il arrivé?

LE MARQUIS. J'ai encore un important aveu à vous faire; je le dépose entre vos mains. J'ai eu un bonheur accordé à peu d'hommes : j'aimais le fils d'un roi... mon cœur, voué à un seul, embrassait le monde entier... Dans l'âme de mon Carlos je créais un paradis pour des millions d'êtres. Oh! mes rêves étaient beaux!... Mais il a plu à la Providence de me rappeler de ma noble entreprise avant le temps. Bientôt il n'aura plus son Rodrigue; l'ami fait place à l'amante. Ici, ici sur cet autel sacré, sur le cœur de sa reine, je dépose mon dernier, mon précieux legs; c'est là qu'il le trouvera quand je ne serai plus. (*Il se détourne; les larmes étouffent sa voix.*)

LA REINE. C'est le langage d'un mourant; j'espère encore que le délire seul... Quel sens caché renferme ce discours?

LE MARQUIS *cherche à se remettre et continue d'un ton plus ferme.* Dites au prince de penser au serment que nous avons fait en partageant l'hostie dans nos jours d'enthousiasme. J'ai tenu le mien, je lui suis resté fidèle jusqu'à la mort; à présent, c'est à lui à remplir le sien

LA REINE. Jusqu'à la mort?

LE MARQUIS. Qu'il l'accomplisse! Oh! dites-le-lui! Ce rêve est vrai, ce rêve hardi d'un nouvel état, cette conception divine de l'amitié; qu'il mette la première main à cette rude pierre; qu'il accomplisse son œuvre ou qu'il échoue, n'importe, qu'il y mette la main. Quand les siècles auront passé, la Providence reproduira un fils de roi comme lui, sur un trône comme le sien, et enflammera du même enthousiasme son nouveau favori. Dites-lui que, quand il sera homme, il doit respecter les rêves de sa jeunesse, qu'il ne doit pas ouvrir son cœur, cette tendre et divine fleur, au ver meurtrier de la raison tant vantée, qu'il ne se laisse point égarer quand la sagesse de la poussière blasphémera l'enthousiasme, cet enfant du ciel. Je le lui ai dit autrefois.

LA REINE. Quoi, marquis? mais où ceci nous...

LE MARQUIS. Et dites-lui que je dépose dans son âme le bonheur des hommes; qu'en mourant je l'exige de lui... Je l'exige... et que j'en avais le droit. Il eût dépendu de moi de ramener un nouveau jour dans ces royaumes. Le roi me donnait son cœur; il me nommait son fils. Je suis chargé des sceaux, et son Albe n'est plus rien. (*Il s'arrête et regarde quelques instants la reine en silence.*) Vous pleurez. Ah! je connais ces larmes, âme noble, c'est la joie qui les fait couler. Mais c'en est fait, c'en est fait; Carlos ou moi! Le choix fut prompt et terrible. L'un des deux devait être perdu, et je veux être celui-là. Moi plutôt que lui... Ne cherchez pas à en savoir davantage.

LA REINE. A présent, à présent enfin je commence à vous comprendre: malheureux! qu'avez-vous fait?

LE MARQUIS. J'ai donné deux petites heures du soir pour gagner un beau jour d'été, j'abandonne le roi. Que puis-je être pour le roi? — Aucune rose ne fleurit pour moi sur ce sol aride. La destinée de l'Europe mûrit dans la pensée de mon noble ami. Je lui lègue l'Espagne. Qu'elle saigne jusque-là sous la main de Philippe... Mais malheur à lui et à moi, si je devais me repentir, si j'avais pris le plus mauvais parti! Non! non! je connais mon Carlos... Cela n'arrivera jamais, et vous êtes mon garant, madame. (*Après un moment de silence.*) Je l'ai vu germer cet amour ; j'ai vu des passions la plus malheureuse prendre racine dans son cœur. Alors il était en mon pouvoir de la combattre, cette passion. Je ne l'ai pas fait, j'ai entretenu cet amour qui ne me semblait pas funeste; le monde peut en juger autrement. Je ne me repens point, et mon cœur ne m'accuse pas. J'ai vu la vie là où le monde ne voyait que la mort. Dans cette flamme sans espoir, j'ai vu de bonne heure briller le rayon d'or de l'espoir. Je voulais le conduire à la perfection, l'élever à ce qui est beau et grandiose; l'humanité me refusait une image, la langue me refusait des paroles... je le dirigeai de ce côté, et tout mon désir était de lui faire comprendre son amour.

LA REINE. Marquis, votre ami vous occupait tellement, que pour lui vous m'avez oubliée. Me croyiez-vous sérieusement assez dégagée des faiblesses de la femme, quand vous vouliez faire de moi son ange, et lui donner pour arme la vertu ? Vous n'aviez pas réfléchi quel risque court notre cœur, quand on ennoblit la passion par de tels noms !

LE MARQUIS. Pour toutes les femmes, excepté une seule, une seule, je le jure. Pourriez-vous rougir du noble désir d'animer une héroïque vertu ? Qu'importe au roi Philippe si la Transfiguration placée dans son Escurial enflamme d'une pensée d'immortalité le peintre qui la regarde ! La douce harmonie qui dort dans les flancs de la lyre appartient-elle à celui qui l'a achetée et qui la conserve, quelque sourd qu'il soit ? Il a payé le droit de la briser en morceaux, mais non pas l'art d'en tirer des sons mélodieux et de s'enivrer des extases du chant. La vérité gouverne le sage, la beauté règne sur le cœur sensible ; ils s'appartiennent l'un à l'autre. Aucun lâche préjugé ne détruira en moi cette croyance. Promettez-moi de l'aimer toujours, de ne vous laisser jamais entraîner à une abnégation humiliante par la crainte des hommes, par un faux héroïsme... de l'aimer immuablement et toujours ; promettez-moi cela, Madame... promettez-le en mes mains.

LA REINE. Je vous promets que mon cœur sera toujours et à jamais seul juge de mon amour.

LE MARQUIS *retire sa main.* A présent, je meurs tranquille... ma tâche est finie. (*Il salue la reine et veut se retirer*).

LA REINE *le suit en silence des yeux.* Vous partez, marquis, sans me dire si nous nous reverrons bientôt.

LE MARQUIS *revient en détournant le visage.* Certainement ! nous nous reverrons.

LA REINE. Je vous ai compris, Posa, je vous ai très-bien compris. Pourquoi avez-vous agi ainsi envers moi?

LE MARQUIS. Lui ou moi ?

LA REINE. Non ! non ! vous vous êtes précipité dans cette action que vous nommez une grande action ! Ne le niez pas. Je vous connais ; il y a longtemps que c'était là votre désir. Que des milliers de cœurs se brisent, que vous importe, pourvu que votre orgueil soit assouvi ! Oh ! à présent, à présent, j'apprends à vous connaître. Vous n'avez agi que pour être admiré.

LE MARQUIS, *étonné.* (*A part.*) Non, je n'étais pas préparé à ces paroles.

LA REINE, *après un moment de silence.* Marquis, n'y a-t-il point de salut possible ?

LE MARQUIS. Aucun.

LA REINE. Aucun ! pensez-y bien. Rien de possible, pas même par moi?

LE MARQUIS. Pas même par vous.

LA REINE. Vous ne me connaissez qu'à demi ; j'ai du courage.

LE MARQUIS. Je le sais.
LA REINE. Aucun salut?
LE MARQUIS. Aucun.
LA REINE *le quitte en se cachant le visage.* Allez! je n'estime plus aucun homme.
LE MARQUIS, *dans une violente agitation, se jette à genoux devant elle.* Reine! ô Dieu! la vie est pourtant belle! (*Il se lève et sort à la hâte. La reine rentre dans son cabinet.*)

SCÈNE XXII.

Un salon chez le roi.

LE DUC D'ALBE *et* DOMINGO *vont et viennent en silence;* LE COMTE DE LERME *sort du cabinet du roi; vient ensuite* DON RAYMOND DE TAXIS.

LERME. N'a-t-on pas encore vu le marquis?
ALBE. Pas encore. (*Lerme veut entrer.*)
TAXIS *s'avance.* Comte de Lerme, annoncez-moi.
LERME. Le roi n'y est pour personne.
TAXIS. Dites-lui qu'il faut que je lui parle; c'est une affaire de la dernière importance pour Sa Majesté; hâtez-vous. Cela ne souffre aucun retard. (*Lerme entre dans le cabinet.*)
ALBE. Cher Taxis, habituez-vous à la patience. Vous ne parlerez pas au roi...
TAXIS. Et pourquoi?
ALBE. Vous auriez dû prendre la précaution de demander cette permission au chevalier de Posa, qui retient prisonniers le père et le fils.
TAXIS. De Posa? Comment? Très-bien! C'est le même de qui j'ai reçu cette lettre.
ALBE. Une lettre! Quelle lettre?
TAXIS. Que je dois envoyer à Bruxelles.
ALBE, *attentif.* A Bruxelles?
TAXIS. Et je la porte au roi.

ALBE. A Bruxelles ? Avez-vous entendu, chapelain ? A Bruxelles ?

DOMINGO. C'est très-suspect.

TAXIS. Avec quelle anxiété, avec quel embarras il me l'a recommandée !

DOMINGO. Avec anxiété ? ah !

ALBE. A qui est-elle adressée ?

TAXIS. Au prince de Nassau et Orange.

ALBE. A Guillaume ? Chapelain, c'est une trahison.

DOMINGO. Peut-il en être autrement ? Oui, en vérité, il faut à l'instant livrer cette lettre au roi. Que de mérite vous avez, digne seigneur, à vous montrer aussi strict dans vos fonctions !

TAXIS. Révérend père, je n'ai fait que mon devoir.

ALBE. Vous avez bien fait.

LERME, *sortant du cabinet, au maître des postes.* Le roi veut vous parler. (*Taxis entre.*) Le marquis n'est pas encore là ?

DOMINGO. On le cherche partout.

ALBE. Voilà qui est singulier et étonnant. Le prince est prisonnier d'État et le roi ne sait pas encore pourquoi.

DOMINGO. Il n'est pas encore venu ici lui en rendre compte.

ALBE. Comment le roi a-t-il pris la chose ?

LERME. Le roi n'a pas dit un mot. (*Bruit dans le cabinet.*)

ALBE. Qu'est-ce donc ? (*Silence.*)

TAXIS, *sortant du cabinet.* Comte de Lerme ! (*Tous deux entrent.*)

ALBE, *à Domingo.* Que va-t-il se passer ici ?

DOMINGO. Ce ton de frayeur, cette lettre saisie ! duc, je ne pressens rien de bon.

ALBE. Il fait appeler Lerme ; il doit savoir pourtant que vous et moi nous sommes dans le salon.

DOMINGO. Notre temps est passé.

ALBE. Ne suis-je donc plus celui devant qui s'ouvraient toutes les portes? Comme tout est changé ici! comme tout m'est étranger!

DOMINGO *s'approche doucement de la porte du cabinet et prête l'oreille.* Écoutons!

ALBE, *après un moment de silence.* Tout est dans un profond silence; on les entend respirer.

DOMINGO. La double tapisserie amortit le son.

ALBE. Retirons-nous, on vient.

DOMINGO *quitte la porte.* J'éprouve une émotion solennelle, un sentiment de frayeur comme si ce moment devait décider d'une grande destinée.

SCÈNE XXIII.

LE PRINCE DE PARME, LES DUCS DE FÉRIA *et* MEDINA SIDONIA, *quelques grands et les précédents.*

PARME. Peut-on parler au roi?

ALBE. Non.

PARME. Non! qui est près de lui?

FÉRIA. Le marquis de Posa, sans doute.

ALBE. On l'attend en ce moment.

PARME. Nous arrivons à l'instant de Sarragosse: la frayeur est dans tout Madrid. Est-il donc vrai?...

DOMINGO. Oui, malheureusement.

FÉRIA. C'est vrai? Il a été arrêté par ce chevalier de Malte?

ALBE. Cela est ainsi.

PARME. Pourquoi? qu'est-il arrivé?

ALBE. Pourquoi? Aucun homme ne le sait, si ce n'est le roi et le marquis de Posa.

PARME. Sans convoquer les cortès de son royaume?

FÉRIA. Malheur à celui qui a pris part à ce crime d'État!

ALBE. Malheur à lui; je le dis aussi.

MEDINA SIDONIA. Et moi aussi.

LES AUTRES GRANDS. Et nous tous.

ALBE. Qui veut me suivre dans le cabinet ?... je me jette aux pieds du roi.

LERME *se précipite hors du cabinet.* Duc d'Albe !

DOMINGO. Enfin, Dieu soit loué ! (*Albe entre dans le cabinet.*)

LERME, *dans une grande agitation.* Si le chevalier de Malte vient, le roi n'est pas seul à présent, il le fera appeler.

DOMINGO, *à Lerme, que tous environnent avec une vive curiosité.* Comte, qu'est-il arrivé ? vous voilà pâle comme un mort.

LERME *veut s'éloigner.* C'est diabolique !

PARME *et* FÉRIA. Quoi donc ? quoi donc ?

MEDINA SIDONIA. Que fait le roi ?

DOMINGO. Diabolique ! quoi donc ?

LERME. Le roi a pleuré.

DOMINGO. Pleuré !

TOUS, *avec une extrême surprise.* Le roi a pleuré ! (*On entend une sonnette dans le cabinet. Le comte de Lerme y entre.*)

DOMINGO, *essayant de le retenir.* Comte, encore un mot... pardonnez... Le voilà loin, et nous restons ici subjugués par l'épouvante.

SCÈNE XXIV.

LA PRINCESSE D'ÉBOLI, FÉRIA, MEDINA SIDONIA, PARME, DOMINGO *et les autres grands.*

ÉBOLI, *hors d'elle et très-pressée.* Où est le roi ? où ? je veux lui parler. (*A Féria.*) Duc, conduisez-moi près de lui.

FÉRIA. Le roi a d'importantes affaires, personne ne peut arriver à lui.

ÉBOLI. Signe-t-il déjà le terrible jugement ? Il est trompé ; je veux lui prouver qu'il est trompé.

ACTE IV, SCÈNE XXIV.

DOMINGO *lui fait de loin un signe expressif.* Princesse Éboli !

ÉBOLI, *s'avançant vers lui.* Vous aussi en ce lieu, prêtre ? très-bien ; j'ai précisément besoin de vous. Vous m'appuierez. *(Elle saisit sa main et veut l'entraîner dans le cabinet.)*

DOMINGO. Moi ? avez-vous perdu la raison, princesse ?

FÉRIA. Restez ; le roi ne vous entendra pas à présent.

ÉBOLI. Il faut qu'il m'entende ; il faut qu'il entende la vérité, la vérité, quand il serait dix fois Dieu.

DOMINGO. Éloignez-vous, éloignez-vous ! Vous risquez tout. Restez.

ÉBOLI. Homme ! tremble devant la colère de ton idole ; pour moi, je n'ai rien à risquer. *(Au moment où elle veut se jeter dans le cabinet, le duc d'Albe en sort.)*

ALBE, *les yeux étincelants et l'air triomphant, court à Domingo et l'embrasse.* Faites chanter un *Te Deum* dans toutes les églises, la victoire est à nous.

DOMINGO. A nous ?

ALBE, *à Domingo et aux autres grands.* Entrez maintenant chez le roi ; je vous en dirai davantage.

ACTE CINQUIÈME.

SCÈNE I.

Un appartement dans le palais du roi, séparé, par une grille de fer, d'une cour où les gardes vont et viennent.

CARLOS, *assis devant une table, la tête appuyée sur son bras, comme s'il dormait. Dans le fond, quelques officiers qui sont enfermés avec lui. Le marquis de POSA s'avance sans que Carlos le voie, et parle à voix basse aux officiers, qui s'éloignent aussitôt. Il se place devant Carlos et le regarde quelque temps en silence et avec tristesse. Enfin il fait un mouvement qui tire le prince de son assoupissement. Carlos se lève, aperçoit le marquis, et paraît effrayé. Il le regarde ensuite fixement et passe la main sur son front comme s'il cherchait à se rappeler quelque chose.*

LE MARQUIS. C'est moi, Carlos.

CARLOS *lui donne la main.* Tu reviens donc encore à moi? cela est beau de ta part.

LE MARQUIS. J'ai pensé qu'ici tu pourrais avoir besoin de ton ami.

CARLOS. Vraiment? As-tu pensé cela? Vois, c'est une joie pour moi;... c'est une joie inexprimable. Ah! je le savais bien que tu resterais bon pour moi.

LE MARQUIS. J'ai mérité que tu eusses cette pensée.

CARLOS. N'est-ce pas? Oh! nous nous comprenons encore entièrement; cela me plaît. Ces ménagements, cette douceur conviennent à de grandes âmes comme toi et moi. Admettons qu'une de mes prétentions ait été injuste et exagérée, dois-tu pour cela me refuser ce qui est juste? La vertu peut être rigoureuse, mais jamais cruelle, jamais inhumaine. Il t'en a bien coûté! oh! oui, il me le semble; je sais combien ton tendre cœur a saigné, quand tu parais ta victime pour la conduire à l'autel.

LE MARQUIS. Carlos, que penses-tu donc?

CARLOS. Tu accompliras toi-même ce que je devais, ce que je n'ai pu faire. Tu donneras aux Espagnols les jours d'or qu'ils ont en vain espérés de moi. C'en est fait de moi; c'en est fait pour toujours... Tu l'as vu... oh! cet amour terrible a détruit sans retour les fleurs précoces de mon génie... Je suis mort à tes grandes espérances... La Providence, ou le hasard, t'ont rapproché du roi... Il m'en a coûté mon secret, et il est à toi... Tu peux être son ange protecteur... Pour moi il n'y a plus de salut... peut-être pour l'Espagne... Il n'y a là rien de condamnable, rien, rien que mon fol aveuglement qui m'a jusqu'à ce jour empêché de voir que tu es — aussi grand que tendre.

LE MARQUIS. Non, je n'avais pas prévu ceci! Je n'avais pas prévu que la générosité d'un ami pouvait être plus ingénieuse que mes sages combinaisons. Mon édifice s'écroule;... j'avais oublié ton cœur.

CARLOS. Sans doute, si tu avais pu lui épargner, à elle, un tel sort, vois-tu, j'aurais eu pour toi une inexprimable reconnaissance. Ne pouvais-je pas les supporter tout seul? Devait-elle être la seconde victime?... Mais, paix là-dessus! je ne veux te charger d'aucun reproche. Que t'importe la reine? Aimes-tu la reine?... Ton austère vertu peut-elle se préoccuper des petits soucis de mon amour?... Pardonne-moi... j'ai été injuste.

LE MARQUIS. Tu l'es; mais non pas à cause de ce reproche... Si j'en méritais un, je les mériterais tous, et alors je ne serais pas ainsi devant toi. (*Il tire son portefeuille.*) Voici quelques-unes des lettres que tu m'avais données à garder; reprends-les.

CARLOS *regarde avec étonnement tantôt les lettres, tantôt le marquis.* Comment?

LE MARQUIS. Je te les rends, parce qu'elles seront à

présent plus en sûreté entre tes mains qu'entre les miennes.

CARLOS. Qu'est-ce donc? Le roi ne les a donc pas lues? Elles ne lui ont pas été présentées?

LE MARQUIS. Ces lettres?

CARLOS. Tu ne les lui as pas toutes montrées?

LE MARQUIS. Qui t'a dit que je lui en avais montré une?

CARLOS, *stupéfait*. Est-il possible! Le comte de Lerme.

LE MARQUIS. C'est lui qui te l'a dit? Oui, eh bien! tout s'éclaircit! Qui pouvait prévoir cela?... Ainsi, Lerme... Non, cet homme n'a jamais appris à mentir, c'est très-juste : les autres lettres sont chez le roi.

CARLOS *le regarde avec un muet étonnement*. Pourquoi donc suis-je ici?

LE MARQUIS. Par précaution, dans le cas où, pour la seconde fois, tu serais tenté de choisir une Éboli pour ta confidente.

CARLOS, *se réveillant comme d'un rêve*. Ah! enfin, maintenant, je vois... Tout est éclairci.

LE MARQUIS, *allant vers la porte*. Qui vient?

SCÈNE II.

LE DUC D'ALBE, *les précédents*.

ALBE *s'approche respectueusement du prince, et pendant toute la scène tourne le dos au marquis*. Prince, vous êtes libre : le roi m'envoie vous l'annoncer. (*Carlos regarde le marquis avec surprise; tous se taisent.*) Souffrez en même temps que je m'estime heureux d'être le premier qui a l'honneur de...

CARLOS *les examine tous deux avec un extrême étonnement; après un moment de silence il s'adresse au duc*. J'ai été arrêté et je suis remis en liberté sans savoir pourquoi.

ALBE. Par une méprise, prince, à laquelle, autant

que je le sais, le roi aurait été entraîné par un imposteur.

CARLOS. Mais c'est pourtant par l'ordre du roi que je me trouve ici.

ALBE. Oui, par une erreur de Sa Majesté.

CARLOS. J'en suis réellement fâché... Mais si le roi commet une erreur, c'est au roi à la réparer lui-même en personne. (*Il cherche les yeux du marquis et affecte une expression hautaine à l'égard du duc.*) On m'appelle ici fils de don Philippe; les yeux de la calomnie et de la curiosité sont arrêtés sur moi; ce que Sa Majesté a fait par devoir, je ne veux point paraître en avoir obligation à sa clémence; je suis d'ailleurs tout prêt à me présenter devant le tribunal des cortès... je ne reçois pas mon épée d'une telle main.

ALBE. Le roi ne mettra aucun retard à satisfaire aux justes désirs de votre altesse; si vous voulez le permettre, je vous accompagnerai jusqu'auprès de lui.

CARLOS. Je reste ici jusqu'à ce que le roi ou Madrid me tire de cette prison. Portez-lui cette réponse. (*Albe s'éloigne; on le voit encore s'arrêter dans la cour et donner des ordres.*)

SCÈNE III.

CARLOS et LE MARQUIS DE POSA.

CARLOS, *après que le duc est sorti, s'adresse au marquis avec étonnement et curiosité.* Que veut dire ceci? explique-moi... N'es-tu donc pas ministre?

LE MARQUIS. Tu vois du moins que je ne le suis plus. (*Allant à lui avec une grande émotion.*) O Carlos! tout a donc agi, tout a réussi, tout est terminé. Bénie soit la puissance suprême qui a permis que cela réussit!

CARLOS. Réussi? Quoi? je ne comprends pas tes paroles.

LE MARQUIS *lui prend la main.* Tu es sauvé, Carlos... tu es libre... Et moi... (*Il s'arrête.*)

CARLOS. Et toi?

LE MARQUIS. Et moi, moi, je te presse sur mon cœur. Pour la première fois j'en ai le droit, j'en ai pleinement le droit; je l'ai acheté par tout, par tout ce qui m'est cher! O Carlos! que ce moment est grand et doux! Je suis content de moi.

CARLOS. Quel changement subit dans tes traits! je ne t'ai jamais vu ainsi. Ta poitrine s'élève avec fierté, et tes regards étincellent!

LE MARQUIS. Nous devons nous dire adieu, Carlos. Ne t'effraye pas, sois homme. Quoi que tu apprennes, promets-moi, Carlos, de ne pas me rendre cette séparation plus pénible par une douleur immodérée et indigne d'une grande âme... Tu me perds, Carlos, pour beaucoup d'années... les insensés appellent cela pour toujours. (*Carlos retire sa main, le regarde fixement et ne répond rien.*) Sois homme. J'ai beaucoup compté sur toi; je n'ai pas évité de passer avec toi ces heures sinistres que l'on appelle les dernières, et même, te l'avouerai-je, Carlos, je m'en suis réjoui. Viens, asseyons-nous, je me sens faible et épuisé. (*Il s'assied près de Carlos, qui, toujours dans une même stupeur, se laisse involontairement attirer près de lui.*) Où es-tu? tu ne me réponds pas? je serai court. Le lendemain du jour où nous nous vimes pour la dernière fois à la Chartreuse, le roi me fit appeler; le résultat, tu le sais, et tout Madrid le sait. Mais ce que tu ne sais pas, c'est que tes secrets lui avaient déjà été révélés, que tes lettres trouvées dans la cassette de la reine témoignaient contre toi, que je l'ai appris de sa propre bouche et que je fus son confident. (*Il s'arrête pour attendre la réponse de Carlos qui persiste dans son silence.*) Oui, Carlos, des lèvres j'ai trahi ma foi; moi-même j'ai dirigé le complot préparé pour te perdre. Les faits parlaient déjà trop haut; il était trop tard pour te justifier. M'associer à sa vengeance, c'était tout ce qui me restait à faire; et je devins ainsi ton ennemi pour te servir plus puissamment. Tu ne m'écoutes pas ?

CARLOS. J'écoute : continue, continue.

LE MARQUIS. Jusque-là j'étais innocent. Mais bientôt les rayons inaccoutumés de la faveur du roi me trahirent. Comme je l'avais prévu, le bruit en vint jusqu'à toi. Séduit par une fausse tendresse, aveuglé par une orgueilleuse présomption, je voulais terminer sans toi cette entreprise hardie, et je dérobai mon dangereux secret à ton amitié. Ce fut là une grande imprudence ; je commis une faute grave, je le sais. J'avais une folle confiance ; pardonne, elle était fondée, si l'éternelle fermeté de ton amitié... (*Il se tait. Carlos passe de sa stupéfaction à une violente agitation.*) Ce que je craignais arriva. On te fit trembler devant des dangers imaginaires... la reine baignée dans son sang... le palais retentissant d'un cri de terreur... le malheureux empressement de Lerme... enfin, mon inconcevable silence, tout agite ton cœur surpris... Tu chancelles... tu me crois perdu. Cependant, trop noble toi-même pour douter de la loyauté de ton ami, tu décores sa chute du nom de grandeur, et tu n'oses le nommer infidèle que quand tu peux l'honorer dans son infidélité. Abandonné de ton unique ami, tu te jettes dans les bras de la princesse Éboli... Malheureux! dans les bras d'un démon; car c'est elle qui t'a trahi. (*Carlos se lève.*) Je te vois y courir ; un fatal pressentiment traverse mon cœur ; je te suis ; il était trop tard, tu étais à ses pieds ; l'aveu allait s'échapper de tes lèvres... plus de salut pour toi...

CARLOS. Non! non! elle était émue; tu te trompes. Oui, elle était émue.

LE MARQUIS. Mes sens se troublent... Rien... rien... aucune issue... aucun secours dans toute la nature. Le désespoir fait de moi une furie, une bête féroce... Je pose le poignard sur le sein d'une femme. Mais alors,

alors un rayon de lumière descend dans mon âme : « Si je trompais le roi? si je pouvais parvenir à passer pour le coupable? Vraisemblablement ou non, pour lui c'est assez ; pour le roi Philippe, le mal est toujours assez vraisemblable. Soit, j'essayerai ; peut-être un coup de tonnerre, frappant ainsi le tyran à l'improviste, l'ébranlera! Et que veux-je de plus? Je réfléchirai, et Carlos aura le temps de fuir en Brabant. »

CARLOS. Et cela... tu l'aurais fait?

LE MARQUIS. J'écris à Guillaume d'Orange que j'aime la reine, que je suis parvenu à tromper la méfiance du roi par les faux soupçons qui pèsent sur toi, que par le roi même j'ai trouvé le moyen de m'approcher librement de la reine. J'ajoute que je crains d'être découvert, parce que, instruit de ma passion, tu as eu recours à la princesse Éboli, peut-être pour qu'elle avertît la reine que je t'ai fait prisonnier, et que, maintenant, tout étant perdu, je voulais me jeter dans Bruxelles... Cette lettre...

CARLOS *l'interrompt avec effroi.* As-tu confié cette lettre à la poste? Tu sais que toutes les lettres pour le Brabant et la Flandre...

LE MARQUIS. Sont livrées au roi... D'après ce que je vois, Taxis a déjà fait son devoir.

CARLOS. Dieu! je suis perdu?

LE MARQUIS. Toi? pourquoi toi?

CARLOS. Malheureux! et tu es perdu avec moi. Mon père ne pardonnera jamais cette monstrueuse imposture. Non, il ne la pardonnera jamais.

LE MARQUIS. Imposture! tu n'y penses pas. Réfléchis donc. Qui lui dira que c'est une imposture?

CARLOS *le regarde fixement.* Qui? tu le demandes? Moi-même. (*Il veut sortir.*)

LE MARQUIS. Tu es un insensé ; reste.

CARLOS. Loin d'ici! loin d'ici! Au nom du ciel! ne me retiens pas ; pendant que je m'arrête ici, il aposte déjà ses bourreaux.

LE MARQUIS. Le temps n'en est que plus précieux. Nous avons encore beaucoup à nous dire.

CARLOS. Quoi ! avant qu'il ait tout... (*Il veut s'éloigner ; le marquis le saisit par le bras et le regarde d'un air expressif.*)

LE MARQUIS. Écoute... Carlos... ai-je en moi tant de hâte et de consciencieuse sensibilité, lorsque dans notre enfance... ton sang coula pour moi ?

CARLOS, *immobile et plein d'admiration.* Oh ! Providence divine !

LE MARQUIS. Conserve-toi pour la Flandre. Régner est ta vocation ; mourir pour toi était la mienne.

CARLOS *le prend par la main avec une profonde émotion.* Non ! non ! il ne pourra pas résister... il ne pourra pas résister à une telle élévation ! Je veux te conduire à lui ; ton bras sous le mien, allons le trouver. Mon père, lui dirai-je, voilà ce qu'un ami a fait pour son ami. Cette action le touchera. Crois-moi, mon père n'est point dépourvu d'humanité. Oui, certainement cette action le touchera ; ses yeux répandront des larmes généreuses, et il te pardonnera à toi et à moi. (*On entend un coup d'arquebuse à travers la grille. Carlos tressaille.*) Ah ! pour qui cela ?

LE MARQUIS. Pour moi, je crois. (*Il tombe.*)

CARLOS *tombe à côté de lui en poussant un cri de douleur.*) Oh ! miséricorde céleste !

LE MARQUIS, *d'une voix mourante.* Il est expéditif le roi... j'espérais... plus longtemps... pense à ta sûreté... Écoute... à ta sûreté... ta mère sait tout... Je ne puis plus... (*Carlos reste comme mort près du marquis. Quelques instants après, le roi entre accompagné des grands et recule à cet aspect. Silence général et profond. Les grands forment un demi-cercle autour du roi et de son fils, et regardent tantôt l'un, tantôt l'autre. Carlos ne donne aucun signe de vie ; le roi le regarde, muet et pensif.*)

SCÈNE IV.

LE ROI, CARLOS, LES DUCS D'ALBE, FERIA, MEDINA SIDONIA, LE PRINCE DE PARME, LE COMTE DE LERME, DOMINGO *et des grands d'Espagne.*

LE ROI, *avec un ton de bonté.* Ta prière a été écoutée, mon fils; je viens moi-même ici avec tous les grands de mon royaume pour t'annoncer ta liberté. (*Carlos regarde autour de lui, comme s'il s'éveillait d'un rêve; ses yeux se portent tantôt sur le roi, tantôt sur le mort. Il ne répond rien.*) Reçois ton épée... on a agi avec trop de précipitation. (*Il s'approche de lui, lui tend la main et l'aide à se lever.*) Mon fils n'est pas à sa place: lève-toi, viens dans les bras de ton père.

CARLOS *prend sans y songer le bras du roi; mais tout à coup il revient à lui, s'arrête et le regarde fixement.*) Tu portes l'odeur du meurtre, je ne puis t'embrasser. (*Il le repousse, tous les grands sont troublés.*) Non! ne soyez pas ainsi effrayés. Qu'ai-je donc fait de monstrueux? J'ai touché à l'oint du Seigneur; ne craignez rien, je ne mettrai pas la main sur lui. Voyez-vous cette empreinte de feu sur son front? Dieu l'a marqué.

LE ROI *se retourne pour s'en aller.* Suivez-moi, messieurs.

CARLOS. Où? vous ne quitterez pas ce lieu, sire. (*Il le retient avec force. Sa main rencontre l'épée que le roi lui apportait; elle sort du fourreau.*)

LE ROI. L'épée tirée contre ton père!

TOUS LES GRANDS *tirent la leur.* Régicide!

CARLOS, *tenant le roi d'une main et son épée nue de l'autre.* Remettez vos épées. Que voulez-vous? croyez-vous que je suis dans le délire? Non, je ne suis point dans le délire; si j'y étais, vous ne feriez pas bien de me rappeler que sa vie dépend de la pointe de cette épée. Je vous en prie, éloignez-vous; des dispositions comme celles où je suis demandent des égards... Ainsi retirez-vous; ce que j'ai à faire avec ce roi n'a aucun rapport avec votre serment de vassaux. Regardez seulement comme ses doigts saignent! Regardez ici, voyez-vous? Oh! voyez-vous de ce côté!... voilà ce qu'il a fait, l'habile homme.

LE ROI, *aux grands qui se pressent avec inquiétude autour de lui.* Retirez-vous. De quoi tremblez-vous? ne sommes-nous pas père et fils? Je veux voir à quel acte honteux la nature...

CARLOS. La nature? je ne la connais pas; ce meurtre est à présent l'arrêt décisif; les liens de l'humanité sont rompus; toi-même, sire, tu les as brisés dans ton royaume; dois-je respecter ce dont tu te joues?... Oh! voyez! oh! voyez!... jusqu'à ce jour il n'y avait encore point eu de meurtre... N'y a-t-il pas de Dieu? Quoi! les rois peuvent-ils donc ainsi bouleverser sa création? Je le demande, n'y a-t-il pas de Dieu? Depuis que les mères enfantent, il n'y a eu qu'un homme, qu'un seul, qui soit mort l'ayant si peu mérité... Sais-tu donc ce que tu as fait? Non, il ne le sait pas, il ne sait pas qu'il a privé ce monde d'une existence plus importante, plus noble, plus précieuse que la sienne et celles de tout son siècle.

LE ROI, *d'un ton de douceur.* Si j'ai été trop prompt, te convient-il à toi, pour qui tout a été fait, de me demander compte?

CARLOS. Comment! est-il possible? Vous ne devinez pas qui était pour moi celui qui est mort!... Oh! dites-le lui.. Aidez sa suprême science à expliquer cette énigme. Celui qui est mort était mon ami... Et voulez-vous savoir pourquoi il est mort? C'est pour moi qu'il est mort!

LE ROI. Ah! mes pressentiments!

CARLOS. Ombre sanglante, pardonne si je profane ce mystère devant de pareils auditeurs! Mais que ce grand connaisseur des hommes succombe à sa honte.

en voyant son habileté de vieillard trompée par la pénétration d'un jeune homme! Oui, sire, nous étions frères! frères par un plus noble lien que ceux que la nature forme ; le cours de sa vie a été rempli par l'amour ; sa noble, sa belle mort n'a été que de l'amour pour moi. Il était à moi lorsqu'il vous agrandissait par son estime, lorsque son éloquence badine se jouait de votre immense orgueil. Vous croyiez le maîtriser, et vous n'étiez que l'instrument docile de ses sublimes projets. Si je suis prisonnier, c'est l'œuvre de sa prudente amitié. Pour me sauver, il écrivit la lettre au prince d'Orange... O mon Dieu! c'était le premier mensonge de sa vie! Pour me sauver, il se jeta au-devant de la mort et la subit. Vous le dotiez de votre faveur... et il est mort pour moi... Votre cœur et votre amitié étaient à lui... et votre sceptre était un jouet dans ses mains; il l'a rejeté et il est mort pour moi. (*Le roi reste immobile, les yeux baissés. Tous les grands le regardent avec surprise et frayeur.*) Cela était-il possible? Pouvez-vous ajouter foi à ce grossier mensonge? Combien il devait avoir peu d'estime pour vous, quand il entreprit de vous tendre ce piége grossier! Vous avez osé rechercher son amitié, et vous avez cédé à cette légère épreuve! Oh! non! non, il n'y avait là rien pour vous ; ce n'était pas là un homme pour vous! Il le savait bien, lorsqu'il vous a repoussé avec toutes vos couronnes ; cette lyre délicate s'est brisée entre vos mains de fer... Vous ne pouviez que le tuer.

ALBE, *qui n'a pas quitté des yeux le roi et observe avec une inquiétude visible les mouvements de sa physionomie, s'approche de lui d'un air craintif.* Sire... ne gardez pas ce silence de mort : jetez les yeux autour de vous... parlez-nous.

CARLOS. Vous ne lui étiez pas indifférent. Depuis longtemps il vous portait intérêt ; peut-être banni il eût pu encore vous rendre heureux. Son cœur était assez

ACTE V, SCÈNE IV.

riche pour vous satisfaire avec son superflu. Une parcelle de son esprit eût fait de vous un Dieu... Vous vous êtes dépouillé vous-même et vous m'avez dépouillé. Que trouverez-vous pour remplacer une âme comme celle-ci? (*Profond silence. Plusieurs des grands détournent les yeux, ou se cachent le visage dans leurs manteaux.*) Oh! vous qui êtes ici rassemblés, et que l'horreur et l'admiration rendent muets! ne condamnez pas le jeune homme qui tient ce langage à son père et à son roi! Regardez ici... il est mort pour moi... Si vous avez des larmes, si c'est du sang et non pas un airain brûlant qui coule dans vos veines, regardez ici et ne me condamnez pas. (*Il se tourne vers le roi avec plus de modération et de calme.*) Peut-être attendez-vous comment finira cette monstrueuse aventure?... Voici mon épée... vous redevenez mon roi. Pensez-vous que je tremble devant votre vengeance? Tuez-moi comme vous avez tué le plus noble des hommes... Je suis coupable, je le sais... Que m'importe maintenant la vie? je renonce à tout ce qui m'attend dans le monde... Cherchez-vous un fils parmi les étrangers... Ici, sont mes royaumes. (*Il tombe près du corps du marquis et ne prend plus aucune part au reste de la scène. On entend de temps à autre, à distance, un bruit confus de voix et le tumulte d'un grand nombre d'hommes. Autour du roi règne un profond silence; ses yeux parcourent tout le cercle des grands, mais ils ne rencontrent le regard d'aucun d'eux.*)

LE ROI. Eh bien! personne ne veut-il répondre? Chaque regard fixé à terre, chaque visage voilé! Ma sentence est prononcée; je la lis sur ces figures muettes : mes sujets m'ont jugé. (*Même silence. Le tumulte se rapproche et s'accroît. Un murmure circule parmi les grands; ils se font l'un à l'autre des signes embarrassés. Le comte de Lerme pousse doucement le duc d'Albe.*)

LERME. En vérité, c'est le tocsin!

ALBE, *à voix basse.* Je le crains!

LERME. On se presse, on vient.

SCÈNE V.

UN OFFICIER DES GARDES, *les précédents.*

L'OFFICIER, *s'avançant.* Rébellion! Où est le roi? (*Il écarte la foule et pénètre jusqu'au roi.*) Tout Madrid est en armes! Les soldats, le peuple en fureur environnent le palais. On dit que le prince Carlos est en prison, que sa vie est en danger. Le peuple veut le voir vivant, sinon il mettra Madrid en feu.

TOUS LES GRANDS, *dans l'agitation.* Sauvez! sauvez le roi!

ALBE, *au roi qui demeure calme et immobile.* Fuyez, sire; il y a du danger; nous ne savons pas encore qui arme le peuple...

LE ROI *sort de sa stupeur, relève la tête et s'avance avec majesté au milieu d'eux.* Mon trône subsiste-t-il encore? Suis-je encore le roi de ce pays? Non, je ne le suis plus. Ces lâches pleurent; ils ont été attendris par un enfant. On n'attend que le signal pour m'abandonner; je suis trahi par des rebelles.

ALBE. Sire, quelle terrible pensée.

LE ROI. Allez-là, prosternez-vous, prosternez-vous devant ce roi jeune et florissant; je ne suis plus rien qu'un vieillard sans force.

ALBE. Les choses en sont-elles venues-là? Espagnols! (*Tous se pressent autour du roi, tirent leurs épées et s'agenouillent devant lui. Carlos demeure seul et abandonné près du corps de Posa.*)

LE ROI *arrache son manteau et le jette loin de lui.* Couvrez-le des ornements royaux, portez-le sur mon cadavre foulé aux pieds. (*Il tombe, sans mouvement, dans les bras de Lerme et d'Albe.*)

LERME. Du secours! Dieu!

FÉRIA. Dieu! quelle catastrophe?

ACTE V, SCÈNE VI.

LERME. Il revient à lui.

ALBE *laisse le roi entre les mains de Lerme et de Feria.* Portez-le sur son lit; pendant ce temps, moi, je vais rendre la paix à Madrid. (*Il sort, on emporte le roi, et tous les grands le suivent.*)

SCÈNE VI.

CARLOS *reste seul près du corps de Posa. Quelques instants après, paraît* LOUIS MERCADO ; *il regarde avec précaution autour de lui, et reste un instant silencieux derrière le prince qui ne le voit pas.*

MERCADO. Je viens de la part de Sa Majesté la reine. (*Carlos détourne les yeux et ne répond pas.*) Mon nom est Mercado, je suis médecin de Sa Majesté, et voici ma créance. (*Il montre au prince un anneau. Carlos continue à garder le silence.*) La reine désire beaucoup vous parler aujourd'hui même... Des affaires importantes...

CARLOS. Il n'y a plus rien pour moi d'important dans ce monde.

MERCADO. Une commission, dit-elle, que le marquis de Posa lui a léguée...

CARLOS, *avec vivacité.* Ah! sur le champ. (*Il veut aller avec lui.*)

MERCADO. Non pas maintenant, prince ; il faut attendre la nuit, tous les passages sont occupés et les postes doublés ; impossible de pénétrer dans cette aile du palais sans être vu ; ce serait tout risquer.

CARLOS. Mais...

MERCADO. Il y a tout au plus, prince, encore un moyen à tenter ; la reine y a pensé ; elle vous le propose ; mais il est hardi, étrange et aventureux.

CARLOS. C'est?

MERCADO. Depuis longtemps, comme vous savez, une tradition rapporte que vers minuit, sous les voûtes souterraines de ce palais, l'ombre de l'empereur erre revêtue d'un capuchon de moine. Le peuple croit à cette histoire, et les gardes n'occupent ce poste qu'avec effroi. Si vous êtes résolu à vous servir de ce déguisement, vous pourrez passer librement à travers les sentinelles, et arriver jusqu'à l'appartement de la reine, que cette clef vous ouvrira. Ce vêtement religieux vous garantira de tout inconvénient ; mais il faut vous décider à l'instant. Vous trouverez dans votre chambre le masque et l'habillement nécessaires ; je dois, à la hâte, rapporter une réponse à la reine.

CARLOS. Et l'heure ?

MERCADO. L'heure, c'est minuit.

CARLOS. Dites-lui qu'elle m'attende.

(*Mercado sort.*)

SCÈNE VII.

CARLOS ET LE COMTE DE LERME.

LERME. Sauvez-vous, prince ; le roi est en fureur contre vous. Une atteinte à votre liberté, si ce n'est à votre vie... Ne m'en demandez pas davantage. Je me suis échappé un instant pour vous avertir. Fuyez sans délai.

CARLOS. Je suis dans les mains du Tout-Puissant.

LERME. D'après ce que la reine m'a laissé entendre, vous devez quitter aujourd'hui Madrid et partir pour Bruxelles ; n'y mettez pas de retard, la révolte favorise votre fuite : c'est dans cette intention que la reine l'a suscitée. Maintenant on n'oserait employer contre vous la force. Des chevaux de poste vous attendent à la Chartreuse, et dans le cas où vous seriez attaqué, voici des armes. (*Il lui donne un poignard et des pistolets.*)

CARLOS. Merci, merci, comte de Lerme.

LERME. Ce qui vous est arrivé aujourd'hui m'a touché jusqu'au fond de l'âme : jamais plus ami n'aimera de la sorte! Tous les patriotes pleurent sur vous; je n'ose pas en dire plus.

CARLOS. Comte de Lerme, celui qui est mort vous appelait un noble cœur.

LERME. Encore une fois, prince, faites un heureux voyage. Des temps meilleurs viendront; mais moi je ne serai plus? Recevez ici mon hommage. (*Il met un genou en terre.*)

CARLOS, *très-ému, veut le relever.* Non, pas ainsi, comte, pas ainsi... Vous m'attendrissez... Je ne voudrais pas manquer de force...

LERME *baise sa main avec émotion.* Roi de mes enfants!... Oh! mes enfants voudront mourir pour vous!... Moi, je ne le puis... Souvenez-vous de moi dans mes enfants... Revenez en Espagne... sur le trône du roi Philippe; soyez homme... Vous avez aussi appris à connaître la douleur... Ne formez aucune entreprise sanglante contre votre père!... rien de sanglant, prince... Philippe II a forcé votre aïeul à descendre du trône; ce même Philippe tremble aujourd'hui devant son propre fils. Songez à cela, prince, et que le ciel vous accompagne. (*Il s'éloigne à la hâte. Carlos est sur le point de sortir d'un autre côté; mais il se retourne tout à coup, se jette sur le corps du marquis et le presse de nouveau dans ses bras; puis il sort promptement.*)

SCÈNE VIII.

Un salon du roi.

LE DUC D'ALBE *et* **LE DUC DE FÉRIA** *causant ensemble.*

ALBE. La ville est tranquille. Comment avez-vous laissé le roi?

FÉRIA. Dans une disposition d'esprit des plus terribles... Il s'est enfermé... Quoi qu'il arrive, il ne veut recevoir personne. La trahison du marquis a subitement changé toute sa nature, nous ne le reconnaissons plus.

ALBE. Il faut que je le voie. Cette fois, je ne puis user de ménagements. Une découverte importante qui vient à l'instant d'être faite...

FÉRIA. Une nouvelle découverte?

ALBE. Un chartreux, qui s'était glissé mystérieusement dans l'appartement du prince, et qui se faisait raconter avec un empressement suspect la mort du marquis de Posa, a été surpris par mes gardes. On l'arrête, on l'interroge. La crainte de la mort lui arrache l'aveu qu'il porte sur lui des papiers d'une grande importance, que le marquis l'avait chargé de remettre entre les mains du prince, dans le cas où il ne reparaîtrait pas avant le coucher du soleil.

FÉRIA. Eh bien?

ALBE. Ces papiers annoncent que Carlos doit quitter Madrid avant le jour.

FÉRIA. Quoi!

ALBE. Qu'un vaisseau est à Cadix prêt à mettre à la voile pour le conduire à Flessingue; que les provinces des Pays-Bas n'attendent que lui pour secouer le joug de l'Espagne.

FÉRIA. Ah! qu'est-ce que cela?

ALBE. D'autres lettres annoncent que la flotte de Soliman est déjà sortie de Rhodes..... pour attaquer, en vertu d'un traité, le roi d'Espagne dans la Méditerranée.

FÉRIA. Est-il possible?

ALBE. Ces lettres m'ont fait connaître dans quel but ce chevalier de Malte avait entrepris dernièrement ces voyages à travers l'Europe. Il ne s'agissait de rien moins que d'armer toutes les puissances du Nord pour défendre la liberté des Flamands.

FÉRIA. Voilà ce qu'il a fait?

ALBE. Enfin, ces lettres sont accompagnées d'un plan détaillé de la guerre qui doit séparer à jamais les Pays-bas de la monarchie espagnole; rien, rien n'est oublié: calcul de la force et de la résistance, tableau complet des ressources et de la puissance du pays, maximes à suivre, alliances à contracter. C'est un projet diabolique, mais vraiment d'un génie merveilleux.

FÉRIA. Quel impénétrable conspirateur!

ALBE. On parle encore dans ces lettres d'un entretien secret que ce soir, avant sa fuite, le prince devait avoir avec sa mère.

FÉRIA. Comment! ce serait aujourd'hui même?

ALBE. Cette nuit. J'ai donné des ordres en conséquence. Vous voyez que cela presse; il n'y a pas un moment à perdre. Ouvrez la porte du roi.

FÉRIA. Non. Elle est absolument interdite.

ALBE. Eh bien! je l'ouvrirai moi-même. Le danger pressant justifie cette audace. (*Au moment où il s'avance vers la porte, elle s'ouvre et le roi paraît.*)

FÉRIA. Ah! lui-même!

SCÈNE IX.

LE ROI *et les précédents.*

Tous les grands, effrayés à son aspect, s'écartent et le laissent respectueusement passer. Il semble préoccupé par un rêve, comme un somnambule. Ses traits et sa contenance indiquent encore le désordre où l'a jeté son évanouissement. Il s'avance lentement vers les grands et les regarde fixement, mais d'un air distrait. Enfin, il s'arrête pensif, les yeux fixés à terre; son agitation s'accroît toujours.

LE ROI. Rendez-moi ce mort... je veux le ravoir.

DOMINGO, *à voix basse, au duc d'Albe.* Parlez-lui.

LE ROI. Il me dédaignait et il est mort... Je veux le ravoir. Il faut qu'il ait une autre idée de moi.

ALBE *s'approche de lui avec crainte.* Sire...

LE ROI. Qui parle ici? (*Ses yeux parcourent le cercle*

des grands.) A-t-on oublié qui je suis? A genoux! Pourquoi n'es-tu pas à genoux devant moi, créature? Je suis encore roi... Je veux voir l'asservissement... Tout m'abandonnerait-il parce qu'un seul m'a méprisé?

ALBE. Ne parlez plus de lui, sire! Un nouvel ennemi plus important que celui-là s'élève au sein de votre royaume.

PÉRIA. Le prince Carlos...

LE ROI. Il avait un ami qui est mort pour lui, pour lui... Avec moi il eût partagé un royaume... De quelle hauteur il me regardait! Ah! du haut d'un trône on ne regarde pas avec tant de fierté! N'était-il pas clair qu'il savait ce que valait sa conquête? Ce qu'il a perdu, sa douleur le prouve; on ne pleure pas ainsi un bien passager. Pour qu'il vécût encore, ah! je donnerais les Indes. Puissance inconsolable qui ne peut pas même étendre son bras jusqu'au tombeau et réparer la légèreté commise envers la vie d'un homme! Les morts ne ressuscitent pas!... Qui ose me dire que je suis heureux?... Il y a dans la tombe un homme qui m'a refusé son estime.. Que m'importent les vivants?... Un esprit, un homme libre s'est élevé dans tout ce siècle, un seul : il m'a méprisé et il est mort!

ALBE. C'est donc en vain que nous vivons? Espagnols, descendons au tombeau! Jusque dans la mort, cet homme nous dérobe le cœur du roi.

LE ROI *s'assied, la tête appuyée sur sa main.* Ah! fût-il ainsi mort pour moi! Je l'aimais... je l'aimais beaucoup... Il m'était cher comme un fils... Avec ce jeune homme, une nouvelle aurore, une plus belle se levait pour moi. Qui sait ce que je lui réservais? C'était mon premier amour. Que toute l'Europe me maudisse! L'Europe peut me maudire. De lui, j'ai mérité de la reconnaissance.

DOMINGO. Par quel enchantement?...

LE ROI. Et à qui a-t-il fait ce sacrifice? A un enfant,

à mon fils? Non, jamais je ne le croirai. Un Posa ne meurt pas pour un enfant! La pauvre flamme de l'amitié ne remplit pas le cœur d'un Posa. Son cœur battait pour toute l'humanité. Son affection, c'était le monde avec toutes les races futures. Pour la satisfaire, il trouve un trône et il passe outre. Cette haute trahison envers l'humanité, Posa se la serait-il pardonnée? Non, je le connais mieux. Il n'a pas sacrifié Philippe à Carlos, mais le vieillard au jeune homme, son disciple. L'astre couchant du père ne pouvait récompenser son labour; il se réservait pour le lever prochain de l'astre du fils. Oh! cela est clair, on comptait sur ma retraite.

ALBE. Vous en verrez la confirmation dans ces lettres.

LE ROI *se lève*. Il pourrait s'être trompé : j'existe encore. Grâces te soient rendues, nature! je sens dans mes nerfs la force de la jeunesse. Je le livrerai au ridicule. Sa vertu passera pour le rêve d'un songe creux : et il sera mort comme un fou. Que sa chute écrase son ami et son siècle! Voyons comment on se passera de moi. Le monde est encore à moi pour une soirée ; j'emploierai si bien cette soirée qu'après moi personne, pendant dix générations, ne récoltera rien sur ce sol brûlé. Il m'a sacrifié à l'humanité, son idole; que l'humanité paye pour lui! Et maintenant je commence par sa poupée. (*Au duc d'Albe.*) Que disiez-vous de l'infant? Répétez-le-moi. Qu'y a-t-il dans ces lettres?

ALBE. Ces lettres, sire, renferment les dernières recommandations du marquis de Posa au prince Carlos.

LE ROI *parcourt les papiers pendant que tous les regards sont fixés sur lui. Après les avoir lus, il les met de côté et se promène en silence dans la chambre.* Qu'on appelle le cardinal inquisiteur. Je le prie de m'accorder une heure. (*Un des grands sort. Le roi reprend les papiers, continue à lire, puis les met encore de côté.*) Cette nuit donc?

TAXIS. A deux heures sonnant, la poste doit être devant le cloître des Chartreux.

ALBE. Et les gens que j'ai envoyés en observation ont vu porter dans le couvent différents effets de voyage reconnaissables aux armes de la couronne.

FÉRIA. Des sommes considérables auraient été versées au nom de la reine chez des banquiers maures pour être touchées à Bruxelles.

LE ROI. Où a-t-on laissé l'infant?

ALBE. Près du corps du chevalier.

LE ROI. Y a-t-il encore de la lumière dans la chambre de la reine?

ALBE. Tout y est tranquille; elle a congédié ses femmes plus tôt que de coutume. La duchesse d'Arcas, qui est sortie de sa chambre la dernière, l'a quittée dans un profond sommeil. (*Un officier de la garde entre, tire le duc de Féria à l'écart et lui parle à voix basse. Celui-ci se tourne vers le duc d'Albe, d'autres l'entourent successivement, et il s'élève un vague murmure.*)

FÉRIA, TAXIS, DOMINGO, *ensemble*. Étrange!

LE ROI. Qu'y a-t-il?

FÉRIA. Une nouvelle, sire, qui est à peine croyable!

DOMINGO. Deux soldats suisses, qui quittent à l'instant leur poste, disent... mais c'est ridicule de le répéter.

LE ROI. Eh bien?

ALBE. Que, dans l'aile gauche du palais, l'ombre de l'empereur s'est laissé voir et a passé devant eux d'un air ferme et solennel. Toutes les sentinelles placées le long du pavillon confirment cette nouvelle, et ajoutent que l'apparition aurait disparu dans les appartements de la reine.

LE ROI. Et sous quelle forme l'a-t-on vue?

L'OFFICIER. Sous le même vêtement d'hiéronymite qu'il portait à la fin de sa vie dans le cloître Saint-Just.

LE ROI. Ainsi, sous un vêtement de religieux? Les gardes l'ont donc connu pendant sa vie? Autrement, comment sauraient-ils que c'est l'empereur?

L'OFFICIER. Le sceptre qu'il portait à la main prouve que c'était l'empereur.

DOMINGO. La tradition rapporte qu'on l'a vu déjà plusieurs fois sous cette forme.

LE ROI. Personne ne lui a-t-il adressé la parole?...

L'OFFICIER. Personne n'a osé. Les gardes ont dit leurs prières et l'ont respectueusement laissé passer.

LE ROI. Et l'apparition s'est dirigée du côté des appartements de la reine ?

L'OFFICIER. Elle a disparu dans le vestibule de la reine. (*Silence général.*)

LE ROI, *se retournant vivement.*) Que dites-vous?

ALBE. Sire, nous sommes muets.

LE ROI, *après un moment de réflexion, à l'officier.* Faites mettre mes gardes sous les armes, et qu'on ferme toutes les avenues de ce palais. Je suis curieux de dire un mot à cet esprit. (*L'officier sort, un page s'avance.*)

LE PAGE. Sire, le cardinal inquisiteur.

LE ROI, *à sa suite.* Laissez-nous. (*Le grand inquisiteur, vieillard de quatre-vingt-dix ans et aveugle, s'avance appuyé sur un bâton et conduit par deux dominicains. Les grands se jettent à genoux devant lui et touchent le bord de son vêtement. Il leur donne sa bénédiction. Tous s'éloignent.*)

SCÈNE X.

LE ROI *et* LE GRAND INQUISITEUR.

Long silence.

LE GRAND INQUISITEUR. Suis-je devant le roi?

LE ROI. Oui.

LE GRAND INQUISITEUR. Je n'osais plus l'espérer.

LE ROI. Je renouvelle une scène des années passées. L'infant Philippe cherche un conseil auprès de son instituteur.

LE GRAND INQUISITEUR. Charles, mon élève, votre auguste père, n'eut jamais besoin de conseils.

LE ROI. Il n'en était que plus heureux. J'ai commis un meurtre, cardinal, et je n'ai plus de repos...

LE GRAND INQUISITEUR. Pourquoi avez-vous commis ce meurtre?

LE ROI. Une trahison sans exemple...

LE GRAND INQUISITEUR. Je la connais.

LE ROI. Que connaissez-vous? Par qui?

LE GRAND INQUISITEUR. Je sais depuis des années ce que vous savez depuis le coucher du soleil.

LE ROI, *avec surprise*. Vous connaissiez déjà cet homme?

LE GRAND INQUISITEUR. Sa vie, depuis le commencement jusqu'à la fin, est inscrite dans les registres sacrés du saint-office.

LE ROI. Et il allait librement?

LE GRAND INQUISITEUR. La corde au bout de laquelle il voltigeait était longue, mais indestructible.

LE ROI. Il a été hors des limites de mon royaume.

LE GRAND INQUISITEUR. Partout où il pouvait être, j'y étais aussi.

LE ROI, *se promenant avec mécontentement*. On savait dans quelles mains je me trouvais, pourquoi a-t-on négligé de m'en avertir?

LE GRAND INQUISITEUR. Je vous ferai la même question... Pourquoi ne pas vous informer quand vous vous jetiez dans les bras de cet homme? Vous l'avez connu! D'un coup d'œil vous avez vu l'hérétique. Qui a pu vous porter à dérober cette victime au saint-office? Se joue-t-on ainsi de nous? Si la majesté des rois s'abaisse jusqu'à être receleuse, si derrière nous elle s'entend avec nos plus perfides ennemis, qu'arrivera-t-il de nous? Si un seul peut trouver grâce, de quel droit en a-t-on sacrifié cent mille?

LE ROI. Il a été aussi sacrifié.

LE GRAND INQUISITEUR. Non! il a été assassiné... bassement... criminellement!... Le sang qui devait couler glorieusement en notre honneur a été répandu par la main d'un meurtrier : cet homme était à nous. Qui vous autorisait à attenter aux biens sacrés de notre ordre? C'est par nous qu'il devait mourir. Dieu l'envoyait dans la nécessité de ce siècle, pour montrer, à la honte éclatante de son esprit, l'orgueil de la raison. Tel était le plan que j'avais conçu. Maintenant voilà l'œuvre de plusieurs années détruite. Vous nous l'avez enlevé, et il ne vous en reste que du sang aux mains!

LE ROI. La passion m'entraîna : pardonnez-moi.

LE GRAND INQUISITEUR. La passion! Est-ce l'infant Philippe qui me répond? Suis-je le seul qui ait vieilli? La passion? (*Il secoue la tête avec mécontentement.*) Accorde la liberté de conscience à tes royaumes, si tu marches enchaîné!

LE ROI. Je suis encore novice dans ces matières. Ayez de la patience avec moi.

LE GRAND INQUISITEUR. Non, je ne suis pas content de vous. Trahir ainsi tout le cours de votre règne passé? Où était alors ce Philippe dont l'âme ferme et immuable comme une étoile fixe dans le ciel tourne éternellement sur elle-même? Tout un passé s'était-il abîmé derrière vous? Le monde n'était-il plus le même dans le moment où vous lui tendiez la main? Le poison n'était-il plus le poison? N'y avait-il plus de ligne de démarcation entre le bien et le mal? entre le vrai et le faux? Qu'est-ce donc qu'un dessein? Qu'est-ce que la fermeté et la constance de l'homme, si dans une seule minute un principe, suivi pendant soixante ans, disparaît comme un caprice de femme?

LE ROI. Je lisais dans ses yeux... Excusez ce retour à l'humanité. Il y a pour le monde une issue de moins vers votre cœur; vos yeux sont éteints.

LE GRAND INQUISITEUR. Qu'aviez-vous besoin de cet homme? Que pouvait-il vous présenter de nouveau à quoi vous ne fussiez préparé? Connaissez-vous si peu les rêveries enthousiastes et la nouveauté? Votre oreille était-elle si peu habituée au langage pompeux de ces réformateurs du monde? Si l'édifice de vos croyances tombe devant des mots, de quel front, je le demande, avez-vous pu signer l'arrêt de mort de cent mille pauvres âmes qui n'avaient rien fait de pis pour monter sur le bûcher.

LE ROI. Je voulais un homme. Ce Domingo...

LE GRAND INQUISITEUR. Pourquoi un homme? Les hommes sont pour vous des nombres et rien de plus. Faut-il enseigner les éléments de l'art de régner à mon élève en cheveux gris! Que le Dieu de la terre apprenne à se passer de ce qui ne peut lui être accordé! Si vous soupirez après un rapport de sentiment, vous avouez par là que vous avez dans le monde des égaux ; et quel droit auriez-vous de vous élever au-dessus de vos égaux?

LE ROI, *se jetant dans un fauteuil.* Je suis un pauvre homme, je le sens. Tu exiges d'une créature ce que le Créateur seul peut faire.

LE GRAND INQUISITEUR. Non, sire, on ne me trompe pas ainsi. Je lis au dedans de vous : vous vouliez nous échapper. Les lourdes chaines de notre ordre vous pèsent ; vous vouliez être libre et seul (*il s'arrête, le roi se tait*) ; nous sommes vengés. Rendez grâce à l'Église, qui se contente de vous punir comme une mère. Le choix qu'on vous a laissé faire en aveugle a été votre châtiment : vous avez reçu une leçon. Maintenant revenez à nous. Si je ne paraissais maintenant devant vous, par le Dieu vivant! vous auriez paru demain devant moi.

LE ROI. Pas de langage pareil! Modère-toi, prêtre, je ne souffre pas cela. Je ne peux m'entendre parler sur ce ton.

LE GRAND INQUISITEUR. Pourquoi évoquez-vous l'ombre de Samuel? J'ai donné deux rois au trône d'Espagne, et j'espérais laisser une œuvre appuyée sur des bases solides. Je vois le fruit de ma vie perdu ; Philippe lui-même ébranle mon édifice. Et maintenant, sire, pourquoi ai-je été appelé? Qu'ai-je à faire ici? Ma volonté n'est point de réitérer cette visite.

LE ROI. Une œuvre encore, la dernière, et alors tu peux te retirer en paix. Que le passé soit oublié et que la paix soit faite entre nous... Sommes-nous réconciliés?

LE GRAND INQUISITEUR. Si Philippe se courbe humblement.

LE ROI, *après un moment de silence*. Mon fils projette une révolte.

LE GRAND INQUISITEUR. Que décidez-vous?

LE ROI. Rien ou tout.

LE GRAND INQUISITEUR. Et qu'appelez-vous tout?

LE ROI. Je le laisserai fuir, si je ne puis le faire mourir.

LE GRAND INQUISITEUR. Eh bien, sire?

LE ROI. Peux-tu fonder en moi une nouvelle croyance qui autorise le meurtre sanglant d'un fils?

LE GRAND INQUISITEUR. Pour apaiser l'éternelle justice, le fils de Dieu est mort sur la croix.

LE ROI. Veux-tu implanter cette opinion dans toute l'Europe?

LE GRAND INQUISITEUR. Partout où la croix est révérée.

LE ROI. Je commets un attentat envers la nature. Peux-tu imposer le silence à cette puissante voix?

LE GRAND INQUISITEUR. Devant la foi, la voix de la nature est sans force.

LE ROI. Je dépose en tes mains mon office de juge; puis-je m'en dessaisir entièrement?

LE GRAND INQUISITEUR. Remettez-le-moi.

LE ROI. C'est mon fils unique. Pour qui ai-je assemblé tant de choses?

LE GRAND INQUISITEUR. Plutôt pour la mort que pour la liberté.

LE ROI *se lève*. Nous sommes d'accord : viens.

LE GRAND INQUISITEUR. Où?

LE ROI. Recevoir de mes mains la victime. (*Il l'emmène.*)

SCÈNE XI.

Appartement de la reine.

CARLOS, LA REINE, *puis* **LE ROI** *et sa suite.*

CARLOS, *revêtu d'un habit de moine, un masque sur le visage qu'il ôte en entrant, une épée nue sous le bras. Il est nuit. Il s'approche d'une porte qui s'ouvre. La reine s'avance en déshabillé, avec un flambeau à la main. Carlos fléchit le genou devant elle.* Élisabeth!

LA REINE, *le regardant d'un air triste.* Est-ce ainsi que nous nous revoyons!

CARLOS. C'est ainsi que nous nous revoyons! (*Un moment de silence.*)

LA REINE *cherche à se remettre.* Levez-vous : nous ne devons pas, Carlos, nous amollir l'un l'autre. Celui qui n'est plus ne peut pas être honoré par d'impuissantes larmes. Que les larmes coulent pour de plus petites souffrances... Il s'est sacrifié pour vous. Par sa vie précieuse il a racheté la vôtre, et ce sang n'aurait coulé que pour une chimère? J'ai moi-même répondu pour vous; c'est sur ma caution qu'il a quitté la vie avec joie. Voulez-vous m'empêcher de tenir mon engagement?

CARLOS, *avec enthousiasme.* Je lui élèverai un mausolée comme aucun roi n'en a jamais eu... Sur sa cendre fleurira le paradis.

LA REINE. C'est ainsi que je vous voulais : c'était la grande pensée de sa mort. Je vous le dis, il m'a choisie pour exécuter sa dernière volonté : je veillerai à l'accomplissement de ce serment... Au moment de mourir, il a déposé entre mes mains un autre legs, je lui ai donné ma parole... Et pourquoi le tairais-je? il m'a confié son Carlos.. Je brave les apparences... je ne veux plus trembler devant les hommes, je veux une fois avoir la hardiesse d'un ami. Mon cœur parlera ; il appelait vertu notre amour, je le crois, et mon cœur ne veut plus...

CARLOS. N'achevez pas, madame; j'ai fait un rêve long et pénible : j'ai aimé. A présent, je suis éveillé : oublions le passé. Voici vos lettres; anéantissez les miennes, ne craignez plus aucun emportement de ma part. C'en est fait : une flamme pure éclaire mon être ; ma passion est ensevelie dans le tombeau des morts; aucun désir mortel ne partagera plus mon cœur. (*Après un moment de silence, il lui prend la main.*) Je suis venu pour vous dire adieu. Ma mère, je reconnais enfin qu'il y a un bonheur plus grand, plus digne d'envie que celui de vous posséder ; une seule nuit a imprimé l'essor au cours paresseux de mes années, et m'a donné, dans mon printemps, la maturité de l'homme ; je n'ai plus d'autre tâche dans cette vie que de me souvenir de lui ; toutes mes récoltes sont faites. (*Il s'approche de la reine, qui se cache le visage.*) Vous ne me dites rien, ma mère ?

LA REINE. Ne vous inquiétez pas de mes larmes, Carlos... je ne puis m'empêcher de pleurer ; mais, croyez-moi, je vous admire.

CARLOS. Vous fûtes l'unique confidente de notre union; sous ce nom vous resterez ce que j'ai de plus cher au monde : je ne puis vous donner mon amitié, pas plus que je n'aurais pu, hier, donner mon amour à une autre femme ; mais, si la Providence me conduit sur le trône, la veuve du roi sera sacrée pour moi. (*Le roi, accompagné du grand inquisiteur et des grands, paraît dans le fond sans être aperçu.*) Maintenant je vais quitter l'Espagne ; je ne reverrai plus mon père, plus jamais dans cette vie ; je ne l'estime plus : la nature est morte dans mon sein. Redevenez son épouse : il a perdu un fils ; rentrez dans vos devoirs. Je cours délivrer des mains du tyran un peuple opprimé. Madrid ne me reverra que comme roi, ou ne me reverra jamais. Et maintenant, pour ce long adieu, ma mère, embrassez votre fils. (*Il l'embrasse.*)

LA REINE. Oh! Carlos, que faites-vous de moi? Je n'ose point m'élever jusqu'à cette mâle grandeur; mais je puis vous comprendre et vous admirer.

CARLOS. Ne suis-je pas fort, Élisabeth? je vous tiens dans mes bras et je ne fléchis pas. Hier encore les terreurs de la mort n'auraient pu m'arracher de ce lieu. (*Il s'éloigne d'elle.*) C'en est fait : je brave toutes les destinées humaines. Je vous ai tenue dans mes bras et je n'ai pas fléchi!... Silence! n'avez-vous pas entendu quelque chose? (*Une heure sonne.*)

LA REINE. Je n'entends rien que la cloche terrible qui sonne le moment de notre séparation.

CARLOS. Adieu donc, ma mère. Vous recevrez de Gand ma première lettre; elle fera connaître le mystère de nos relations; je vais désormais agir ouvertement avec Philippe. Je veux que dès maintenant il n'y ait plus rien de secret entre nous; vous n'avez plus besoin de craindre les regards du monde : voici mon dernier mensonge. (*Il veut prendre son masque; le roi s'avance entre eux.*)

LE ROI. Oui, ton dernier. (*La reine tombe évanouie.*)

CARLOS *court à elle, et la reçoit dans ses bras.* Est-elle morte? O ciel et terre!

LE ROI, *calme et froid, au grand inquisiteur.* Cardinal, j'ai rempli ma tâche, faites la vôtre.

(*Il sort.*)

FIN DE DON CARLOS.

MARIE STUART.

PERSONNAGES.

ÉLISABETH, reine d'Angleterre.
MARIE STUART, reine d'Ecosse, prisonnière en Angleterre.
ROBERT DUDLEY, comte de Leicester.
GEORGES TALBOT, comte de Shrewsbury.
GUILLAUME CECIL, baron de Burleigh, grand trésorier.
LE COMTE DE KENT.
GUILLAUME DAVISON, secrétaire d'État.
AMIAS PAULET, chevalier, gardien de Marie.
MORTIMER, son neveu.
LE COMTE DE L'AUBESPINE, ambassadeur de France.
LE COMTE DE BELLIÈVRE, envoyé extraordinaire de France.
O'KELLY, ami de Mortimer.
DRUGEON DRURY, second gardien de Marie.
MELVIL, surintendant de sa maison.
ANNA KENNEDY, sa nourrice.
MARGUERITE KURL, sa femme de chambre.
LE SHÉRIF du comte.
UN OFFICIER DES GARDES DU CORPS.
SEIGNEURS FRANÇAIS ET ANGLAIS.
GARDES.
SERVITEURS DE LA REINE D'ANGLETERRE.
HOMMES ET FEMMES au service de la reine d'Écosse.

ACTE PREMIER.

Une salle du château de Fotheringay.

SCÈNE I.

ANNA KENNEDY, *nourrice de la reine d'Ecosse, engagée dans un vif débat avec le chevalier* PAULET, *qui veut ouvrir une armoire ;* DRUGEON DRURY *tient un levier de fer.*

KENNEDY. Que faites-vous, sir Amias ? Quelle nouvelle indignité ? Laissez cette armoire.

PAULET. D'où viennent ces bijoux ? On les a jetés de l'étage supérieur pour séduire le jardinier. Maudites ruses de femmes! Malgré ma vigilance et mes recherches attentives, encore des choses précieuses! encore des trésors cachés! (*Il enfonce l'armoire.*) Il doit y en avoir encore d'autres.

KENNEDY. Retirez-vous, téméraire. Là sont les secrets de ma maîtresse.

PAULET. C'est précisément cela que je cherche. (*Il tire des papiers.*)

KENNEDY. Des papiers insignifiants, des exercices d'écriture, pour abréger les tristes loisirs de sa prison.

PAULET. C'est dans l'oisiveté que le méchant esprit travaille.

KENNEDY. Ce sont des écrits français.

PAULET. Tant pis! C'est la langue des ennemis de l'Angleterre.

KENNEDY. Ceux-là sont des projets de lettres à la reine d'Angleterre.

PAULET. Je les lui remettrai. Mais que vois-je briller ici? (*Il pousse un ressort secret, et prend un joyau dans un tiroir caché.*) Un bandeau royal enrichi de pierreries, orné des fleurs de lis de France. (*Il le donne à son auxiliaire.*) Joins-le aux autres, Drury, et garde-le. (*Drury sort.*)

KENNEDY. Quelle violence outrageante nous devons souffrir!

PAULET. Aussi longtemps qu'elle possédera quelque chose, elle peut nuire; car tout devient une arme entre ses mains.

KENNEDY. Soyez bon, sir Amias; ne lui enlevez pas la dernière parure de son existence. La malheureuse s'égaye parfois à l'aspect du signe de son ancienne puissance, car tout le reste vous nous l'avez enlevé.

PAULET. Il est entre bonnes mains, et on vous le remettra certainement quand il en sera temps.

KENNEDY. Qui pourrait croire, en voyant ces murailles nues, qu'une reine demeure ici? Où est le dais qui s'élevait sur son trône? Et ne faut-il pas que son pied délicat, habitué à de moelleux tapis, se pose sur ce rude sol ? Sur sa table on apporte un étain grossier que la plus petite femme de gentilhomme dédaignerait.

PAULET. C'est ainsi que son époux était traité à Sterlyn, tandis qu'elle buvait dans des coupes d'or avec son galant.

KENNEDY. Nous manquons même d'un miroir.

PAULET. Tant qu'elle pourra regarder sa vaine image, elle ne cessera d'avoir de l'espoir et de l'audace.

KENNEDY. Elle n'a pas de livres pour occuper son esprit.

PAULET. On lui a laissé la Bible pour corriger son cœur.

KENNEDY. On lui a enlevé même son luth.

PAULET. Elle s'en servait pour chanter des chants d'amour.

KENNEDY. Est-ce là un sort pour celle qui fut élevée avec tant de délicatesse, qui dès son berceau était déjà reine, qui grandit au sein des plaisirs à la cour brillante des Médicis ? N'est-ce pas assez qu'on lui enlève sa puissance ? faut-il encore lui envier ses humbles récréations ? Dans une grande infortune, un noble cœur sait se retrouver, mais cela fait souffrir de se voir privé des moindres agréments de la vie.

PAULET. Vous ne savez que tourner du côté des vanités un cœur qui devrait rentrer en lui-même et se repentir. Une vie de volupté et de désordre ne peut s'expier que par les privations et l'abaissement.

KENNEDY. Si sa tendre jeunesse a été fragile, elle n'en doit compte qu'à Dieu et à son cœur. Il n'y a pas de juges pour elle en Angleterre.

PAULET. Elle sera jugée aux lieux où elle a été coupable.

KENNEDY. Coupable ! Elle n'a vécu que dans les fers.

PAULET. Cependant, du milieu de ses fers, elle sait encore étendre sa main dans le monde, secouer dans le royaume les brandons de la guerre civile, et armer contre notre reine, que Dieu protége, des bandes d'assassins. Du milieu de ces murs n'a-t-elle pas poussé le scélérat Parry et Babington à l'exécrable régicide? Cette grille de fer l'a-t-elle empêchée de séduire le noble cœur de Norfolk? Pour elle, la meilleure tête du royaume est tombée sous la hache du bourreau, et cet exemple déplorable n'a pas effrayé les insensés qui se disputaient l'honneur de se précipiter dans l'abîme pour elle. Des échafauds ne sont-ils pas sans cesse occupés par de nouvelles victimes qui se dévouent à elle? Et cela ne finira que lorsqu'elle sera elle-même sacrifiée, elle, la plus coupable de tous. Oh! maudit soit le jour où le rivage hospitalier de notre île a reçu cette Hélène!

KENNEDY. Quelle hospitalité a-t-elle reçue en Angleterre? La malheureuse! depuis le jour où elle est venue dans ce pays en exilée, en suppliante, implorer le secours d'une parente, elle a été arrêtée, contre le droit des gens et la dignité des rois; et c'est dans un cachot qu'elle passe dans les larmes les belles années de sa jeunesse. Maintenant, après avoir subi tout ce que la prison a de plus amer, la voilà, comme un criminel vulgaire, appelée à comparaître devant un tribunal, accusée honteusement d'un crime capital; une reine!

PAULET. Elle est venue dans cette contrée, poursuivie par son peuple comme une meurtrière, chassée du trône qu'elle avait souillé par d'horribles actions; elle est venue après avoir conjuré contre le bonheur de l'Angleterre, songeant à ramener l'époque sanglante de la reine Marie, à nous rendre catholiques, à nous livrer aux Français. Pourquoi a-t-elle refusé de souscrire au traité d'Édimbourg, d'abdiquer toutes ses prétentions sur l'Angleterre, et de s'ouvrir d'un trait de plume les portes de ce cachot? Elle a mieux aimé rester prisonnière, être exposée aux mauvais traitements, que de renoncer au vain éclat d'un titre. Et pourquoi a-t-elle agi ainsi? parce qu'elle avait confiance dans ses ruses, dans ses trames coupables, et que par ses artifices elle espérait conquérir du fond de son cachot toute l'Angleterre.

KENNEDY. Vous vous moquez, sir Paulet : à la dureté vous ajoutez l'amère dérision. Comment pourrait-elle former de tels rêves, elle, ensevelie vivante dans ces murs, elle à qui nul accent de consolation, nulle voix amie ne parvient de sa chère patrie; elle qui depuis longtemps n'a pas aperçu d'autre figure humaine que le sombre visage de son geôlier; qui, depuis le jour où votre farouche parent est devenu son gardien, se voit entourée de nouveaux verroux.

PAULET. Nul verrou ne peut nous garantir de ses ruses. Sais-je si pendant mon sommeil ses barreaux ne sont pas limés? si le sol de cette chambre, si ces murailles solides en apparence, ne sont pas creusés pour donner passage à la trahison? Maudit emploi qu'on m'a confié là, de veiller sur cette âme fourbe, sans cesse en travail de funestes desseins! La crainte m'arrache au sommeil; j'erre la nuit comme une âme inquiète pour m'assurer de la force des verroux et de la fidélité des gardiens; chaque matin, je tremble que mes craintes ne se réalisent. Mais heureusement, heureusement! j'espère que cela finira bientôt. J'aimerais mieux veiller à la porte de l'enfer pour garder la troupe des damnés, que de garder cette reine artificieuse.

KENNEDY. La voici elle-même.

PAULET. Le crucifix à la main, l'orgueil et la volupté dans le cœur.

SCÈNE II.

MARIE, *couverte d'un voile et un crucifix à la main. Les précédents.*

KENNEDY, *allant à sa rencontre.* O reine! on nous foule aux pieds; la tyrannie et la cruauté n'ont plus de limites ; chaque jour amasse de nouvelles souffrances et de nouveaux affronts sur votre tête couronnée.

MARIE. Calme-toi, et me dis ce qui s'est passé de nouveau.

KENNEDY. Voyez : votre armoire a été brisée ; vos papiers, ce dernier trésor que nous avions sauvé avec peine, et le dernier reste de votre parure nuptiale de France, sont entre ses mains. Vous êtes maintenant dépouillée de tout ; il ne vous reste rien de votre royauté.

MARIE. Tranquillise-toi, Anna ; ce ne sont point ces hochets qui font de moi une reine. On peut nous traiter bassement, mais non pas nous abaisser. J'ai appris à souffrir en Angleterre, je puis encore endurer cela. Paulet, vous vous êtes emparé par la violence de ce que je voulais vous remettre aujourd'hui. Il y a parmi ces papiers une lettre destinée à ma sœur la reine d'Angleterre ; donnez-moi votre parole que vous la lui remettrez fidèlement à elle-même, et non pas au perfide Burleigh.

PAULET. Je réfléchirai à ce que je dois faire.

MARIE. Je puis vous en faire connaître le contenu, Paulet. Je demande dans cette lettre une grande faveur — une entrevue avec la reine elle-même, que mes yeux n'ont jamais vue. On m'a traduite devant un tribunal d'hommes que je ne reconnais point pour mes pairs et devant lesquels je ne saurais me résigner à comparaître. Élisabeth est de ma famille, de mon rang, de mon sexe. Comme sœur, comme reine, comme femme, c'est à elle seule que je puis me confier.

PAULET. Madame, vous avez très-souvent confié votre destinée et votre honneur à des hommes qui étaient moins dignes de votre estime.

MARIE. Je demande encore une seconde faveur ; il serait inhumain de me la refuser. Depuis longtemps je suis privée dans cette prison des consolations de l'Église, du bienfait des sacrements. Celle qui m'a ravi la couronne et la liberté, celle qui menace ma vie même ne voudra pas me fermer les portes du ciel.

PAULET. Le chapelain du château se rendra à vos vœux.

MARIE *l'interrompt vivement.* Je ne veux point de ce chapelain. Je demande un prêtre de ma religion. — Je voudrais aussi avoir un greffier, un notaire pour recevoir mes dernières volontés. Le chagrin, la souffrance prolongée de ma captivité, minent ma vie. Mes jours sont comptés, je le crains, et je me regarde déjà comme une mourante.

PAULET. Vous faites bien, ce sont là des idées conformes à votre situation.

MARIE. Sais-je si une main rapide ne viendra pas accélérer l'œuvre trop lente du chagrin? Je veux faire mon testament, je veux disposer de ce qui m'appartient.

PAULET. Vous pouvez le faire; la reine d'Angleterre ne veut pas s'enrichir de vos dépouilles.

MARIE. On m'a séparé de mes femmes et de mes serviteurs... Où sont-ils? quel est leur sort? Je puis me passer de leurs services, mais, pour être tranquille, il faut que je sache que mes fidèles serviteurs ne sont ni dans la souffrance ni dans le dénûment!

PAULET. On a pris soin d'eux. (*Il veut sortir.*)

MARIE. Vous vous retirez, Paulet; vous me quittez de nouveau sans soulager mon cœur, inquiet et craintif, des tourments de l'incertitude. Je suis, grâce à la surveillance de vos espions, séparée du monde entier; aucune nouvelle n'arrive jusqu'à moi à travers les murs de ma prison; mon sort est entre les mains de mes ennemis. Un long et pénible mois s'est écoulé depuis que quarante commissaires sont venus me surprendre dans ce château et y ont érigé, avec une inconvenante précipitation, un tribunal où, sans être préparée, sans le secours d'un avocat, contre toute règle de justice, j'ai été appelée à répondre à de sévères et artificieuses accusations, au milieu de ma surprise et de mon trouble, sans avoir le temps de recueillir mes souvenirs. Ils entrèrent ici comme des fantômes et disparurent de même. Depuis ce jour, tout est muet pour moi ; je cherche en vain à lire dans vos regards si c'est mon innocence et le zèle de mes amis qui ont prévalu, ou les méchants conseils de mes ennemis. Rompez enfin votre silence, apprenez-moi ce que je dois craindre, ce que je puis espérer.

PAULET, *après un moment de silence.* Réglez vos comptes avec le ciel.

MARIE. J'ai foi dans sa miséricorde, et je compte encore sur la rigoureuse justice de mes juges terrestres.

PAULET. Justice vous sera rendue, n'en doutez pas.

MARIE. Mon procès est-il résolu ?

PAULET. Je ne sais.

MARIE. Suis-je condamnée ?

PAULET. Je ne sais rien, Madame.

MARIE. On aime à agir rapidement ici. Serai-je surprise par les bourreaux comme par les juges ?

PAULET. Pensez toujours qu'il en est ainsi, et ils vous trouveront dans une meilleure disposition.

MARIE. Rien ne peut m'étonner ; je sais quelle sentence le tribunal de Westminster, gouverné par la haine de Burleigh et les efforts de Halton, oserait rendre. Je sais aussi ce que la reine d'Angleterre est capable de faire.

PAULET. Les souverains d'Angleterre n'ont égard qu'à leur conscience et à leur parlement. Ce que la justice a prononcé, le pouvoir l'exécutera, sans crainte, à la face du monde.

SCÈNE III.

Les précédents ; MORTIMER, *neveu de Paulet, entre, et, sans faire attention à la reine, s'approche de Paulet.*

MORTIMER. Mon oncle, on vous demande. (*Il s'éloi-*

gne de la même manière; la reine le regarde avec mécontentement, et s'adresse à Paulet qui veut le suivre.)

MARIE. Paulet, encore une prière. Quand vous aurez quelque chose à me dire... de vous, je puis supporter beaucoup, je respecte votre âge ; mais je ne saurais souffrir l'insolence de ce jeune homme : épargnez-moi l'aspect de ses manières brutales.

PAULET. Ce qui vous le rend désagréable me le rend précieux ; ce n'est pas à la vérité un de ces faibles insensés qui s'attendrissent aux larmes menteuses d'une femme. — Il a voyagé ; il arrive de Paris et de Reims, mais il apporte un cœur fidèle à la vieille Angleterre. Tout votre art, Madame, sera perdu près de lui.

(*Il sort.*)

SCÈNE IV.

MARIE, KENNEDY.

KENNEDY. Cet homme grossier ose-t-il bien vous parler ainsi en face ? Oh ! cela est cruel !

MARIE, *plongée dans ses réflexions.* Dans les jours de notre splendeur, nous avons prêté une oreille trop complaisante à la flatterie ; il est juste, ma bonne Kennedy, que nous supportions à présent l'austère accent du blâme.

KENNEDY. Quoi ! Madame, si humble, si résignée ! Vous étiez auparavant si gaie, vous aviez coutume de me consoler, et j'avais à vous reprocher plutôt votre insouciance que votre abattement.

MARIE. Je la reconnais, c'est l'ombre sanglante de Darnley qui sort en colère de sa tombe pour troubler sans cesse mon repos, jusqu'à ce que la mesure de mes douleurs soit comblée.

KENNEDY. Quelles pensées !...

MARIE. Tu l'as oublié, Anna ; mais moi j'ai une mémoire fidèle. C'est aujourd'hui l'anniversaire de cette fatale action ; je la solennise par le jeûne et le repentir.

KENNEDY. Laissez en paix cette ombre funeste. Vous avez expié ce fait par des années de repentir, par les épreuves du malheur. L'Église, qui a pour chaque faute une absolution, et le ciel vous ont pardonné.

MARIE. Cette faute pardonnée depuis longtemps surgit encore de la tombe entr'ouverte avec les taches d'un sang nouvellement versé. Ni le son de la cloche qui retentit à la messe, ni la main puissante du prêtre ne peuvent faire redescendre dans son caveau l'ombre d'un époux qui demande vengeance.

KENNEDY. Ce n'est pas vous qui l'avez tué. D'autres sont coupables de ce meurtre.

MARIE. Mais moi je le savais. Je laissai le crime s'accomplir, je l'attirai par des paroles flatteuses dans les piéges de la mort.

KENNEDY. Votre jeunesse excuse votre faute. Vous étiez encore dans un âge si tendre.

MARIE. Si tendre ! et je chargeai d'un tel crime une vie qui commençait à peine !

KENNEDY. Vous étiez poussée à bout par les offenses sanglantes et l'insolence d'un homme que votre amour avait, comme une main divine, tiré de l'obscurité, que vous aviez, en le faisant passer par votre chambre nuptiale, conduit jusques au trône, à qui vous aviez prodigué les dons de vos charmes et de votre couronne héréditaire. Pouvait-il oublier que son sort brillant était l'œuvre de votre généreux amour? Et pourtant il l'a oublié, l'indigne ! Il vous outragea par d'injurieux soupçons, il blessa votre délicatesse par ses rudes manières, et il devint insupportable à vos yeux. Le charme qui avait trompé vos regards disparut. On vous vit fuir, dans votre colère, les embrassements de cet infâme et le livrer au mépris... Et lui, essaya-t-il de reconquérir votre faveur? Demanda-t-il sa grâce? Se jeta-t-il avec repentir à vos pieds, promettant de se conduire mieux ? Non, le cruel ! Il vous brava. Lui, qui était votre créature, voulut paraître souverain. Il fit tuer sous vos yeux votre favori, le beau chanteur Riccio. Vous n'avez fait que venger par le sang un crime sanglant.

MARIE. Et il sera vengé par une condamnation sanglante. Tu prononces ma sentence, quand tu veux me consoler.

KENNEDY. Quand cet événement arriva, vous n'étiez plus à vous-même, vous ne vous apparteniez plus vous-même. Le délire d'un amour aveugle vous avait saisie, et vous avait assujettie à ce terrible séducteur, à ce malheureux Bothwel. Son arrogante volonté régnait sur vous par la terreur ; il avait égaré votre esprit par des filtres magiques, par des ruses infernales.

MARIE. Il n'y eut pas d'autre magie que sa forte volonté et ma faiblesse.

KENNEDY. Non, vous dis-je, il avait appelé à son aide tous les esprits de perdition, pour enlacer dans leurs liens votre âme innocente. Votre oreille ne reconnaissait plus les avis de l'amitié, vos yeux ne distinguaient plus les convenances. Vous aviez abjuré votre pudique réserve ; sur votre visage, où régnait autrefois une chaste et modeste rougeur, on voyait brûler le feu des passions. Vous rejetâtes loin de vous le mystère ; le vice impudent d'un homme avait triomphé de votre timidité, et d'un front hardi vous donnâtes votre honte en spectacle. Vous laissâtes porter au milieu des rues d'Édimbourg la royale épée d'Écosse par cet homme, par ce meurtrier, que le peuple suivait avec des malédictions. Votre parlement fut cerné par les armes, et là, dans le temple même de la justice, vous forçâtes, par une impudente comédie, les juges à absoudre celui qui était coupable du crime. Vous allâtes encore plus loin. — Dieu !...

MARIE. Achève. Je lui donnai ma main devant l'autel !!!

KENNEDY. Oh! laissez cette action ensevelie dans un éternel silence. Elle est affreuse, révoltante, digne d'une femme perdue; et pourtant vous n'êtes pas une femme perdue. Je vous connais bien, moi qui ai élevé votre enfance. Votre cœur est faible, mais il n'est point fermé à la pudeur. La légèreté seule est votre crime. Je le répète, il y a de méchants esprits qui, trouvant une âme sans défense, s'y établissent un instant, la poussent au crime, puis s'enfuient aux enfers et lui laissent l'horreur de sa souillure. Depuis cette action qui a jeté un voile sombre sur votre vie, vous n'avez rien fait de blâmable; je suis témoin de votre conversion. Ainsi donc, prenez courage, faites la paix avec vous-même. Quelque remords que vous ayez, vous n'êtes point coupable en Angleterre; Elisabeth et son parlement ne sont point vos juges. C'est la violence qui vous opprime. Osez paraître devant ce tribunal illégal avec le courage de l'innocence.

MARIE. Qui vient? (*Mortimer se montre à la porte.*)

KENNEDY. C'est le neveu de notre gardien. Rentrez.

SCÈNE V.

Les précédents. MORTIMER, *s'avançant avec précaution.*

MORTIMER, *à la nourrice.* Eloignez-vous, et veillez à cette porte. J'ai à parler à la reine.

MARIE, *avec fermeté.* Anna, reste.

MORTIMER. N'ayez aucune crainte, Madame; vous apprendrez à me connaître. (*Il lui présente un papier.*)

MARIE *regarde le papier, et recule étonnée.* Ah! qu'est-ce donc?

MORTIMER, *à la nourrice.* Allez, Kennedy; prenez garde que mon oncle ne nous surprenne.

MARIE, *à la nourrice qui hésite et regarde la reine.* Va, va, fais ce qu'il te dit. (*Anna s'éloigne en montrant son étonnement.*)

SCÈNE VI.

MORTIMER, MARIE.

MARIE. Une lettre de France, de mon oncle le cardinal de Lorraine ! (*Elle lit.*) « Fiez-vous à sir Mortimer, qui vous remettra cette lettre, car vous n'avez pas un plus fidèle ami en Angleterre. » (*Elle regarde Mortimer avec surprise.*) Est-il possible? N'est-ce pas une illusion qui me trompe? Je me croyais déjà abandonnée du monde entier, et je trouve un ami si près de moi, un ami dans le neveu de mon gardien, dans celui que je regardais comme mon plus cruel ennemi.

MORTIMER *se jete à ses pieds*. Pardonnez-moi, Madame, d'avoir emprunté ce masque odieux ; pour m'y résoudre, j'ai eu assez de combats à soutenir. Cependant je lui rends grâce, puisque c'est ainsi que j'ai pu m'approcher de vous pour vous apporter le secours et la liberté.

MARIE. Levez-vous. Vous me surprenez, sir Mortimer; je ne puis passer si vite de l'abîme de la douleur à l'espérance. Parlez : faites-moi concevoir ce bonheur, afin que j'y croie.

MORTIMER *se lève*. Le temps fuit; bientôt mon oncle sera ici accompagné d'un homme odieux. Avant qu'ils viennent vous surprendre par leur terrible mission, écoutez comme le ciel a préparé votre délivrance.

MARIE. Je la devrai à un miracle de sa toute-puissance.

MORTIMER. Permettez que je commence par vous parler de moi.

MARIE. Parlez, sir Mortimer.

MORTIMER. J'avais vingt ans, Madame ; j'avais été élevé dans des principes sévères, j'avais sucé la haine de la papauté, lorsqu'un désir invincible m'entraîna sur le continent. Je laissai derrière moi les sombres prédications des puritains, et quittant ma patrie, je traversai rapidement la France, et je courus avec ardeur visiter la célèbre Italie. C'était dans le temps d'une grande fête de l'Eglise ; les routes étaient couvertes de pèlerins, et toutes les saintes images couronnées de fleurs; on eût dit que dans ce pèlerinage l'humanité s'en allait vers le ciel. — Le torrent de cette foule fidèle m'entraîna moi-même, et me conduisit à Rome. Que devins-je, Madame, quand je vis s'élever devant moi les colonnes et les arcs de triomphe pompeux? Quand la splendeur du Colysée s'empara de mon étonnement et que le génie de la sculpture m'entoura de ses merveilles. Je n'avais jamais éprouvé le pouvoir des arts; l'Eglise où j'avais été élevé les hait : elle ne tolère rien de ce qui parle aux sens, aucune image ; elle n'aime que la parole sèche et nue. Quelle fut mon émotion lorsque j'entrai dans l'intérieur de l'église, et que j'entendis cette musique qui semblait descendre du ciel, lorsque je vis sur les murailles et sur les voûtes cette foule d'images qui représentaient le Tout Puissant, le Très-Haut, et qui paraissaient se mouvoir aux regards enchantés ; lorsque moi-même je contemplai ces tableaux divins, la Salutation de l'ange, la Naissance de notre Sauveur, la sainte mère de Dieu, la divine Trinité et l'éclatante Transfiguration; lorsque je vis le pape célébrer le saint office dans toute sa splendeur et bénir le peuple! Ah! qu'est-ce que l'or et les bijoux dont se parent les rois de la terre? Lui seul est entouré d'un éclat divin ; son palais est comme le royaume du ciel, car ce qu'on y voit n'est pas de ce monde.

MARIE. Oh! ménagez-moi, n'en dites pas davantage. Cessez de dérouler devant moi ce riant tableau de la vie. Je suis malheureuse et prisonnière.

MORTIMER. Et moi j'étais captif aussi, Madame, et ma prison s'ouvrit, et mon esprit, affranchi tout d'un coup, rendit hommage aux charmes de la vie. Je jurai une haine profonde à l'étroite et sombre interprétation de l'Ecriture ; je promis de me parer la tête de fleurs et de m'associer gaîment aux hommes joyeux. Quelques nobles Ecossais et une troupe aimable de Français se joignirent à moi ; ils me conduisirent chez votre noble oncle le cardinal de Guise. — Quel homme ! quelle assurance ! quelle force et quel éclat ! comme il semble né pour gouverner les esprits ! Je n'ai jamais vu un pareil modèle d'un prêtre royal, d'un prince de l'Eglise.

MARIE. Vous avez vu la figure de cet homme sublime, de cet homme chéri qui a été le guide de ma tendre jeunesse. Oh ! parlez-moi de lui. Pense-t-il encore à moi ? le bonheur lui est-il fidèle ? sa vie est-elle toujours riante ? est-il toujours dans son éclat un appui de l'Eglise ?

MORTIMER. Cet homme excellent daigna descendre des hauteurs de la doctrine pour dissiper les doutes de mon cœur. Il me montra comment les susceptibilités de la raison conduisent toujours l'homme à l'erreur, comment ses yeux doivent voir ce que son cœur doit croire, comment l'Eglise a besoin d'un chef visible, et comment l'esprit de vérité a présidé aux séances des conciles. Les folles présomptions de mon âme adolescente s'évanouirent devant sa raison victorieuse et sa persuasion. Je rentrai dans le sein de l'Eglise, et j'abjurai mes erreurs entre ses mains.

MARIE. Ainsi vous êtes un de ces milliers d'hommes que la force céleste de ses paroles, pareilles au sermon sublime sur la montagne, a pénétrés et conduits au salut éternel ?

MORTIMER. Bientôt après, quand les devoirs de sa charge le rappelèrent en France, il m'envoya à Reims, où la société de Jésus, dans son zèle pieux, élève des prêtres pour l'Eglise d'Angleterre. Je trouvai là Morgan, le vieil Ecossais, votre fidèle Lessley, le savant évêque de Ross ; tous passent sur le sol de la France les tristes jours de l'exil. Je me liai étroitement avec ces hommes vénérables, et je m'affermis dans la foi.

Un jour que, dans la demeure de l'évêque de Ross, je promenais mes regards autour de moi, je fus tout-à-coup surpris par un portrait de femme d'une expression touchante et d'un charme merveilleux. Ce tableau s'empara puissamment de mon âme, et je le contemplais sans pouvoir maîtriser mon émotion. Alors l'évêque me dit : « Vous pouvez bien être touché à l'aspect de cette image ; la plus belle des femmes est aussi la plus malheureuse. Elle souffre pour notre croyance, et c'est dans votre patrie qu'elle souffre. »

MARIE. Cœur loyal ! Non, je n'ai pas tout perdu ; puisque dans le malheur je conserve un tel ami.

MORTIMER. Alors il commença à me peindre dans un langage touchant votre martyre et la cruauté sanguinaire de vos ennemis ; il me montra votre généalogie, votre origine qui remonte jusqu'à l'illustre maison de Tudor ; il me prouva que vous seule étiez appelée par la naissance à régner en Angleterre, et non pas cette fausse reine enfantée dans un amour adultère, et que son père Henri avait lui-même rejetée comme illégitime. Je ne voulais pas m'en rapporter à son unique témoignage ; je consultai les hommes de loi, j'étudiai les anciennes généalogies, et tous les documents que je recueillis me confirmèrent la justice de vos droits. Je sais aussi que c'est votre bon droit qui fait tout votre crime en Angleterre, et que ce royaume où vous languissez innocemment en prison devrait vous appartenir.

MARIE. Oh ! ce malheureux droit à la couronne, c'est l'unique source de toutes mes souffrances !

MORTIMER. J'appris dans le même temps que vous aviez été transférée du château de Talbot, et confiée à la garde de mon oncle. Je crus reconnaître dans cette occasion le bras libérateur et tout-puissant de la Providence ; il me semblait que la voix éclatante du destin m'appelait à vous délivrer. Mes amis m'encouragent dans mon dessein, le cardinal me donne des conseils, sa bénédiction, et m'apprend l'art difficile de la dissimulation. Mon plan est bientôt fait! je reviens dans ma patrie, où, comme vous le savez, j'arrive depuis dix jours. (*Il s'arrête.*) Je vous vois, ô reine, vous-même et non pas seulement votre image. Oh! quel trésor renferme ce château! ce n'est pas une prison, c'est un temple plus éclatant que la royale cour d'Angleterre. — Oh! heureux celui à qui il est accordé de respirer le même air que vous! Elle a bien raison celle qui vous tient ici profondément cachée : toute la jeunesse d'Angleterre se soulèverait, pas une épée ne resterait oisive dans le fourreau, et la révolte, levant sa tête gigantesque, renverserait la paix de cette île, si les Anglais pouvaient apercevoir leur reine.

MARIE. Vous pensez ainsi ; mais tous les Anglais la verraient-ils avec vos yeux ?

MORTIMER. Oui, s'ils étaient comme moi témoins de vos souffrances, de la douceur et de la noble fermeté avec laquelle vous supportez votre sort indigne. Car n'êtes-vous pas sortie comme une reine de toutes ces épreuves de la souffrance ? la honte du cachot enlève-t-elle rien à l'éclat de votre beauté ? Vous manquez de tout ce qui pare la vie, et cependant la lumière et la vie n'ont pas cessé de vous inonder. Jamais je n'ai posé le pied sur ce seuil sans avoir le cœur déchiré, et sans être en même temps ravi par le plaisir de vous contempler. Le moment décisif et terrible s'approche, le danger presse et s'accroît à chaque instant ; je n'ose différer plus longtemps, je ne puis vous cacher cet affreux...

MARIE. Mon jugement serait-il prononcé? dites-le-moi franchement, je puis vous entendre.

MORTIMER. Il est prononcé : quarante-deux juges vous ont déclarée coupable. La chambre des lords, celle des communes et la cité de Londres pressent vivement l'exécution du jugement. La reine tarde encore, non point par humanité et par clémence, mais par une ruse cruelle, afin d'être contrainte.

MARIE, *avec fermeté.* Sir Mortimer, vous ne me surprenez pas, vous ne m'effrayez pas ; j'étais depuis longtemps affermie contre une telle nouvelle. Je connais mes juges. Après les rigoureux traitements exercés envers moi, je comprends bien qu'on ne puisse me rendre la liberté. Je sais où l'on en veut venir. On veut me tenir perpétuellement enfermée, et ensevelir dans la nuit de la prison mes droits et ma vengeance.

MORTIMER. Non, reine, oh! non, non. Ils ne s'en tiennent pas là ; la tyrannie ne veut pas faire son œuvre à demi. Aussi longtemps que vous vivrez, vivra aussi la crainte dans le cœur de la reine d'Angleterre. Nul cachot ne peut vous tenir assez profondément enfermée ; votre mort seule peut assurer son trône.

MARIE. Elle oserait faire tomber honteusement sous la hache du bourreau une tête couronnée !

MORTIMER. Elle l'osera, n'en doutez pas.

MARIE. Elle pourrait ainsi jeter dans la poussière sa propre majesté et celle de tous les rois ! Ne craint-elle pas la vengeance de la France ?

MORTIMER. Elle conclut avec la France un traité de paix éternelle, elle donne au duc d'Anjou son trône et sa main.

MARIE. Et le roi d'Espagne ne prendra-t-il pas les armes ?

MORTIMER. Tant qu'elle sera en paix avec son propre peuple, elle ne craindra rien du monde entier.

MARIE. Voudrait-elle donner ce spectacle aux Anglais?

MORTIMER. Ce pays a vu, madame, plus d'une fois, dans ces derniers temps, des reines descendre du trône pour monter sur l'échafaud. La propre mère d'Elisabeth a subi elle-même ce sort ; et Catherine Howard et lady Gray étaient des têtes couronnées.

MARIE, *après un moment de silence.* Non, Mortimer, une vaine crainte vous aveugle ; c'est la sollicitude de votre cœur fidèle qui vous inspire ces terreurs superflues. Ce n'est pas l'échafaud que je crains : il y a d'autres moyens plus mystérieux que la reine d'Angleterre peut employer pour ne plus avoir l'inquiétude que lui donnent mes droits. Avant de trouver un bourreau pour moi, elle pourrait bien soudoyer un assassin. Voilà ce qui me fait trembler, et jamais je ne porte une coupe à mes lèvres sans éprouver un frisson de terreur, sans penser que cette boisson peut être le gage de l'affection d'Élisabeth.

MORTIMER. On n'attentera à votre vie ni ouvertement ni en secret. Soyez sans crainte, tout est déjà préparé. Douze jeunes gentilshommes du pays ont conclu avec moi un engagement : ce matin ils ont reçu la sainte communion et promettent de vous arracher courageusement de ce château. Le comte de l'Aubespine, l'ambassadeur de France, connaît notre conjuration et la seconde lui-même. C'est dans son palais que nous nous réunissons.

MARIE. Vous me faites trembler, sir Mortimer, mais ce n'est pas de joie; un pressentiment sinistre traverse mon cœur. Que voulez-vous entreprendre! y songez-vous? N'êtes-vous pas effrayé par les têtes sanglantes de Babington et de Tichburn, exposées sur le pont de Londres comme un avertissement, par la perte de tant d'infortunés qui ont trouvé la mort dans des entreprises semblables, et qui n'ont fait qu'augmenter le poids de mes chaînes? Jeune homme malheureux, égaré, fuyez! fuyez! s'il en est temps encore, si le défiant Burleigh ne connaît déjà pas vos projets, s'il n'a déjà pas jeté un traître parmi vous. Fuyez promptement de ce royaume; aucun de ceux qui ont voulu protéger Marie Stuart n'a été heureux.

MORTIMER. Je ne suis point effrayé par les têtes sanglantes de Babington et de Tichburn, exposées sur le pont de Londres comme un avertissement, ni par la perte de tant de malheureux qui ont trouvé la mort dans de pareilles entreprises. N'ont-ils pas trouvé là aussi une gloire immortelle, et n'est-ce pas un bonheur que de mourir pour vous délivrer?

MARIE. C'est inutile ; ni la force ni la ruse ne me délivreront. Mes ennemis sont vigilants et le pouvoir est entre leurs mains. Ce n'est pas Paulet ni une troupe de geôliers, c'est l'Angleterre entière qui garde la porte de mon cachot. La volonté d'Élisabeth peut seule me l'ouvrir.

MORTIMER. Oh! ne l'espérez jamais.

MARIE. Il n'y a qu'un homme qui puisse l'ouvrir.

MORTIMER. Oh! nommez-moi cet homme!

MARIE. Le comte Leicester.

MORTIMER *recule étonné.* Leicester! le comte Leicester! le plus cruel de vos persécuteurs, le favori d'Élisabeth! C'est de lui...

MARIE. Si je dois être délivrée, ce n'est que par lui... Allez le trouver ; ouvrez-vous franchement à lui, et, pour preuve que vous êtes envoyé par moi, portez-lui cet écrit, il renferme mon portrait. (*Elle tire un papier de son sein ; Mortimer recule et hésite à le prendre.*) Prenez-le, je le porte depuis longtemps sur moi ; la rigoureuse surveillance de votre oncle ne me laissait aucun moyen de communiquer avec lui. Mon bon ange vous a envoyé ici.

MORTIMER. Madame... cette énigme... expliquez-moi...

MARIE. Le comte Leicester vous l'expliquera lui-même ; fiez-vous à lui, il se fiera à vous. Qui vient?

KENNEDY *entre précipitamment.* Sir Paulet s'approche avec un des seigneurs de la cour.

MORTIMER. C'est lord Burleigh. Remettez-vous, madame, et écoutez avec fermeté ce qu'il vient vous annoncer

(*Il sort par une porte de côté, Kennedy le suit.*)

SCÈNE VII.

MARIE, LORD BURLEIGH, *grand trésorier d'Angleterre,* **LE CHEVALIER PAULET.**

PAULET. Vous désiriez aujourd'hui connaître avec certitude votre sort, sa seigneurie lord Burleigh vient vous en instruire; supportez-le avec résignation.

MARIE. Avec la dignité, j'espère, qui convient à l'innocence.

BURLEIGH. Je viens ici comme député du tribunal.

MARIE. Lord Burleigh aura volontiers consenti à être l'organe d'un tribunal qu'il a déjà animé de son esprit.

PAULET. Vous parlez comme si vous connaissiez déjà la sentence.

MARIE. Puisque c'est lord Burleigh qui l'apporte, je la connais... Au fait, sir...

BURLEIGH. Vous vous êtes soumise, madame, au jugement des quarante-deux?

MARIE. Pardonnez, milord, si je vous interromps dès le commencement. Je me serais soumise, dites-vous, à la sentence des quarante-deux? Non, je ne m'y suis aucunement soumise. Comment eussé-je pu en venir là, oublier à ce point mon rang, la dignité de mon peuple, de mon fils et de tous les princes? Les lois anglaises ordonnent que chaque accusé sera jugé par ses pairs. Qui est mon pair dans ce comité? Les rois seuls sont mes pairs.

BURLEIGH. Vous avez entendu l'acte d'accusation, vous y avez répondu devant le tribunal...

MARIE. Oui, je me suis laissé égarer par les ruses de Hatton! Par un sentiment d'honneur, et me confiant dans la force victorieuse de mes preuves, j'ai prêté l'oreille à chaque accusation et démontré sa nullité. J'agissais ainsi par considération pour la noble per-

sonne des lords, et non pas pour leur juridiction que
je récuse.

BURLEIGH. Que vous la reconnaissiez ou non, madame, c'est une vaine formalité qui ne peut arrêter le cours de la justice. Vous respirez l'air de l'Angleterre, vous jouissez de la protection et du bienfait des lois, et vous êtes soumise à leur puissance.

MARIE. Je respire l'air dans une prison d'Angleterre. Cela s'appelle-t-il vivre en Angleterre et jouir du bienfait des lois? Je les connais à peine, jamais je n'ai consenti à les observer. Je ne suis pas de ce royaume ; je suis une libre reine d'un pays étranger.

BURLEIGH. Et pensez-vous qu'un titre royal puisse donner le droit de semer impunément la discorde sanglante dans une terre étrangère? Où serait la sûreté des États, si le glaive équitable de Thémis ne pouvait atteindre la tête coupable d'un hôte royal aussi bien que celle du mendiant?

MARIE. Je ne prétends pas me soustraire à la justice; ce que je récuse seulement, ce sont les juges.

BURLEIGH. Les juges! Comment, madame? Ces juges sont-ils donc par hasard des misérables sortis de la populace, ou d'indignes faussaires qui vendent la justice et la vérité, qui consentent à être les organes de l'oppression. Ne sont-ce pas les premiers hommes du royaume, assez indépendants pour oser être vrais, pour s'élever au-dessus de l'influence des princes et d'une vile corruption? Ne sont-ce pas ces mêmes hommes qui gouvernent un noble peuple avec justice et liberté, et dont il suffit de prononcer le nom pour réduire aussitôt au silence chaque doute et chaque soupçon? À leur tête siègent le pasteur du peuple, le pieux archevêque de Cantorbéry, le sage Talbot, qui garde les sceaux de l'État, et Howard, qui commande les flottes du royaume. Dites, la reine d'Angleterre pouvait-elle faire plus que de choisir pour juges dans ce royal procès les plus nobles hommes de la monarchie? Et si l'on pouvait croire qu'un seul d'entre eux se fût laissé aller à l'esprit de parti, quarante hommes ainsi choisis pourraient-ils porter la même sentence par une même passion?

MARIE, *après un moment de silence.* J'écoute avec surprise le langage éloquent de cette bouche qui me fut toujours si funeste. Comment me mesurer, pauvre femme ignorante, avec un orateur si habile? Oui, si ces lords étaient tels que vous les dépeignez, je devrais garder le silence, et du moment où ils m'auraient déclarée coupable, ma cause serait définitivement perdue. Mais ces hommes que vous nommez avec éloge, et dont l'autorité doit m'écraser, on les a vus, milord, jouer un tout autre rôle dans les événements de cette contrée. Je vois cette haute noblesse d'Angleterre, les membres de ce majestueux sénat du royaume, flatter, comme des esclaves du sérail, les caprices tyranniques de mon grand oncle Henri VIII. Je vois cette noble chambre des lords, aussi vénale que la vénale chambre des communes, formuler, puis abroger les lois, rompre et nouer les mariages suivant l'ordre du maître, déshériter aujourd'hui et flétrir du nom de bâtarde une fille du roi d'Angleterre, puis la couronner demain comme reine. Je vois ces dignes pairs, avec une conviction facile à se modifier, changer sous quatre règnes quatre fois de croyance.

BURLEIGH. Vous vous disiez étrangère aux lois de l'Angleterre; vous connaissez du moins fort bien ses malheurs.

MARIE. Et voilà mes juges! Lord trésorier, je veux être juste envers vous... soyez-le envers moi. On dit que vos intentions sont bonnes, que dans le service de l'État et de la reine vous êtes incorruptible, vigilant, infatigable... — Je veux le croire. Ce n'est pas l'intérêt personnel qui vous gouverne, c'est celui du souverain et de la patrie. Mais en ce cas craignez, noble lord, de prendre le bien de l'État pour la justice. Parmi mes juges, de nobles hommes encore, je n'en doute pas, siégent près de vous; mais ils sont protestants, pleins de zèle pour les intérêts de l'Angleterre; et ils doivent me juger, moi reine d'Écosse et catholique? L'Anglais, dit un vieux proverbe, ne peut être juste envers l'Écossais. Ainsi, d'après une coutume observée par nos ancêtres depuis les temps anciens, un Anglais ne peut témoigner devant le tribunal contre un Écossais, ni un Écossais contre un Anglais. La force des choses a produit cette étrange loi; il y a dans les anciens usages un sens profond, nous devons les respecter, milord. La nature a jeté ces deux nations ardentes au milieu de l'Océan, sur un sol divisé inégalement entre elles, et les a appelées à se le disputer. Le lit étroit de la Twede sépare ces peuples irritables, et le sang des combattants s'est souvent mêlé à ses eaux. Depuis mille ans, la main sur l'épée, ils se regardent et se menacent d'une des rives à l'autre. Aucun ennemi n'a attaqué l'Angleterre sans avoir pour auxiliaire l'Écosse. Aucune guerre civile n'a enflammé les cités de l'Écosse sans que l'Angleterre y portât le brandon, et cette haine ne pourra s'éteindre que lorsqu'un parlement réunira fraternellement ces deux peuples, lorsque l'île entière sera gouvernée par un seul sceptre.

BURLEIGH. Et c'est une Stuart qui devrait assurer ce bonheur au royaume?

MARIE. Pourquoi le nierais-je? Oui, je l'avoue, j'ai nourri l'espérance de réunir librement, heureusement, deux nobles nations sous les rameaux de l'olivier. Je ne croyais pas devenir la victime de leur haine nationale; j'espérais éteindre à jamais ce foyer malheureux de discorde, cette longue rivalité, et de même que mon aïeul Richemond réunit après des combats sanglants les deux Roses, j'espérais réunir paisiblement les couronnes d'Angleterre et d'Écosse.

BURLEIGH. Vous avez pris pour arriver à ce but une mauvaise voie; en embrasant le royaume, vous vouliez monter sur le trône à travers les flammes de la guerre civile.

MARIE. Non, ce n'est pas là ce que je voulais, par le Dieu tout-puissant! Quand donc ai-je eu cette pensée? Où en sont les preuves?

BURLEIGH. Je ne suis pas venu ici pour soutenir cette contestation; votre cause n'est plus soumise à aucun débat. Il a été reconnu, par quarante voix contre deux, que vous aviez violé le bill de l'année passée, et encouru les peines portées par la loi. Il fut décidé, l'année dernière : « Que s'il s'élevait dans le royaume un tumulte au nom et à l'avantage d'une personne qui prétendrait avoir des droits à la couronne, cette personne serait poursuivie judiciairement comme coupable d'un crime capital. » Et comme il est démontré...

MARIE. Milord de Burleigh, je ne doute pas qu'une loi faite exprès pour moi dans le but de me perdre ne puisse être employée contre moi. Malheur à la pauvre victime, quand la même bouche qui formule la loi prononce aussi la sentence! Pouvez-vous nier, milord, que ce bill ait été fait pour me perdre?

BURLEIGH. Il devait vous servir d'avertissement, vous en avez fait vous-même un piége. Vous avez vu l'abîme qui s'ouvrait devant vous, et vous vous y êtes précipitée, quoique loyalement avertie. Vous étiez d'accord avec le traître Babington et les meurtriers, ses complices; vous saviez tout ce qui se passait, et du fond de votre prison vous dirigiez la conjuration.

MARIE. Quand aurais-je fait cela? Qu'on me montre les preuves.

BURLEIGH. On vous les a montrées récemment devant le tribunal.

MARIE. Des copies écrites par une main étrangère. Mais prouvez-moi donc que j'ai moi-même dicté ces lettres, que je les ai dictées telles, absolument telles qu'on les a lues.

BURLEIGH. Babington a reconnu avant de mourir que c'étaient celles qu'il avait reçues.

MARIE. Et pourquoi? pendant qu'il vivait, ne l'a-t-on pas amené devant moi? Pourquoi s'est-on si vite hâté de le faire mourir avant de le confronter avec moi?

BURLEIGH. Vos propres secrétaires Kurl et Nau affirment aussi par serment que ce sont là les lettres dictées par vous-même.

MARIE. Et l'on me condamne sur le témoignage de mes gens! On s'en rapporte avec confiance à eux qui me trahissent, moi leur reine! qui violent, en rendant témoignage contre moi, leur devoir de fidélité!

BURLEIGH. Vous avez vous-même autrefois reconnu l'Écossais Kurl pour un homme honnête et vertueux.

MARIE. Je l'ai connu tel, mais l'heure du péril est la seule épreuve de la vertu de l'homme. Les tortures ont pu l'épouvanter au point de lui faire dire et avouer ce qu'il ne savait pas; il a cru se sauver par un faux témoignage, sans nuire beaucoup à sa reine.

BURLEIGH. Il a attesté le fait par un libre serment.

MARIE. Mais non pas devant moi. Comment, milord, voilà deux témoins qui vivent encore: qu'on les amène en ma présence, qu'on leur fasse répéter leur témoignage devant mes yeux. Pourquoi me refuser une grâce, un droit qu'on ne refuse pas à un assassin? Je tiens de la bouche de Talbot, mon précédent gardien, que, sous le gouvernement actuel, il a été rendu une loi qui ordonne de faire comparaître l'accusateur devant l'accusé. En est-il ainsi? ou ai-je mal entendu? Sir Paulet, je vous ai toujours regardé comme un honnête homme, donnez-m'en une preuve; dites-moi, en conscience, cela n'est-il pas ainsi? n'existe-t-il pas une telle loi en Angleterre?

PAULET. Oui, il en est ainsi, madame. Cela est de droit parmi nous. Je dois dire ce qui est vrai.

MARIE. Eh bien, milord, puisqu'on m'applique si rigoureusement les lois anglaises quand ces lois sont contre moi, pourquoi vouloir me soustraire à ces mêmes lois lorsqu'elles me pourraient être favorables? Répondez. Pourquoi Babington n'a-t-il pas comparu devant moi, comme la loi l'ordonne? Pourquoi ne fait-on pas comparaître mes deux secrétaires qui vivent encore?

BURLEIGH. Ne vous emportez pas, madame; votre intelligence avec Babington n'est pas le seul motif...

MARIE. C'est le seul qui puisse m'exposer au glaive de la loi, le seul dont j'aie à me justifier. Milord, restez dans la question, ne vous en éloignez pas.

BURLEIGH. Il est prouvé que vous avez eu des négociations avec Mendoce, l'ambassadeur d'Espagne.

MARIE, *vivement*. Restez dans la question, milord.

BURLEIGH. Que vous avez formé le projet de renverser la religion du royaume, que vous avez excité tous les rois de l'Europe à déclarer la guerre à l'Angleterre.

MARIE. Et quand je l'aurais fait? Je ne l'ai point fait; mais admettons que cela soit, milord, on me retient ici prisonnière contre le droit des gens. Je ne suis pas venue dans ce royaume les armes à la main; j'y suis venue en suppliante invoquer les droits sacrés de l'hospitalité et me jeter dans les bras de la reine, ma parente, et j'ai été en proie à la violence, et l'on m'a préparé des chaînes aux lieux où j'espérais trouver un appui. — Dites-moi, ma conscience est-elle engagée envers ce royaume? ai-je des devoirs à remplir envers l'Angleterre? J'use du droit sacré de l'opprimé, si j'essaye de rompre mes liens, d'opposer la force à la force, d'émouvoir et de soulever en ma faveur tous les États de l'Europe. Tout ce qui est juste et loyal dans une guerre légitime, je puis l'employer. Seulement, ma conscience et ma fierté m'interdisent l'assassinat, les complots secrets et meurtriers. Un meurtre me flétrirait et me déshonorerait: il me déshonorerait, dis-je, mais il ne pourrait m'assujettir à la sentence de la justice; car entre l'Angleterre et moi il n'est plus question de justice, mais seulement de violence.

BURLEIGH. N'en appelez pas, madame, au droit terrible du plus fort; il n'est pas favorable aux prisonniers.

MARIE. Je suis faible, et elle est puissante. Eh bien! qu'elle emploie la force, qu'elle me tue, qu'elle me sacrifie à sa sécurité; mais qu'elle avoue alors qu'elle a fait un acte de pouvoir et non de justice; qu'elle n'emprunte pas le glaive des lois pour se délivrer de son ennemie; qu'elle ne revête pas d'une sainte apparence la force brutale, la violence sanglante; qu'elle ne trompe point le monde par une telle jonglerie! Elle peut me faire mourir, mais non pas me juger. Qu'elle cesse de vouloir unir les fruits du crime aux dehors sacrés de la vertu, et qu'elle ose paraître ce qu'elle est.

(*Elle sort.*)

SCÈNE VIII.

BURLEIGH, PAULET.

BURLEIGH. Elle nous brave, et elle nous bravera, chevalier Paulet, jusque sur les marches de l'échafaud. On ne saurait abattre la fierté de son cœur. La sentence l'a-t-elle étonnée? L'avez-vous vue répandre une seule larme, ou changer de couleur? Ce n'est pas notre pitié qu'elle invoque; elle connaît bien l'hésitation de la reine d'Angleterre, et c'est notre crainte qui fait son courage.

PAULET. Lord grand trésorier, cette vaine arrogance s'évanouira promptement quand on lui enlèvera tout prétexte. S'il m'est permis de le dire, il s'est passé dans ce procès des choses irrégulières. On aurait dû faire comparaître en personne, devant elle, Babington, Tichburn et ses deux secrétaires.

BURLEIGH, *vivement*. Non, non, chevalier Paulet, on ne pouvait s'y hasarder. Elle exerce trop d'empire sur les esprits, et ses larmes de femme ont trop de puissance. Si son secrétaire Kurl était amené devant elle, oserait-il prononcer le mot d'où dépend la vie de sa reine? Il se rétracterait timidement, il retirerait son témoignage.

PAULET. Ainsi, les ennemis de l'Angleterre rempliront le monde de bruits odieux, et l'éclat solennel de ce procès passera pour un crime impudent?

BURLEIGH. C'est bien là le souci de notre reine. Oh! pourquoi cette femme, auteur de tant de mal, n'est-elle pas morte avant de poser le pied sur le sol de l'Angleterre!

PAULET. A cela je n'ai qu'à répondre : ainsi soit-il!

BURLEIGH. Que n'a-t-elle succombé, en prison, à la maladie!

PAULET. Elle eût épargné de grands malheurs à ce pays.

BURLEIGH. Et pourtant, si elle était enlevée par un accident de la nature, on nous appellerait des meurtriers.

PAULET. C'est bien vrai. On ne peut empêcher les hommes de penser ce qu'ils veulent.

BURLEIGH. Le fait ne pourrait cependant pas être démontré, et il exciterait moins de rumeur.

PAULET. Qu'importe la rumeur? Ce n'est pas l'éclat, c'est la justice du blâme qui peut blesser.

BURLEIGH. Ah! la justice sacrée elle-même n'échappe point au blâme. L'opinion se range du côté des malheureux, et l'envie poursuit sans cesse la prospérité victorieuse. Le glaive de la justice, qui honore un homme, est odieux dans la main d'une femme. Le monde ne croit pas à l'équité d'une femme dès qu'une autre femme devient sa victime. En vain, nous autres juges, avons-nous parlé d'après notre conscience; la reine a le royal privilège de faire grâce, il faut qu'elle l'emploie. On ne supportera pas qu'elle donne un libre cours à la rigueur des lois.

PAULET. Et ainsi...

BURLEIGH, *l'interrompant.* Ainsi elle vivrait. Non, elle ne doit pas vivre... jamais. C'est là précisément ce qui cause l'anxiété de la reine, c'est là ce qui chasse le sommeil de sa couche. Je lis dans ses yeux le combat de son âme : sa bouche n'ose exprimer aucun souhait, mais son regard muet et expressif semble demander : N'est-il aucun de mes serviteurs qui veuille m'épargner l'alternative douloureuse de trembler perpétuellement de crainte sur mon trône, ou de livrer à la hache du bourreau la reine, ma propre parente ?

PAULET. C'est là une nécessité que l'on ne peut changer.

BURLEIGH. Elle pourrait changer, à ce que pense la reine, si elle avait seulement des serviteurs plus attentifs.

PAULET. Attentifs !

BURLEIGH. Qui sussent interpréter un ordre tacite.

PAULET. Un ordre tacite !

BURLEIGH. Qui, lorsqu'on leur donne à garder un serpent venimeux, ne conservassent pas comme un trésor précieux et sacré l'ennemi qui leur a été confié.

PAULET, *d'un air significatif.* La bonne renommée, la réputation sans tache de la reine est un trésor précieux qu'on ne saurait trop bien garder, milord !

BURLEIGH. Lorsqu'on enleva la garde de la reine d'Écosse à Shrewsbury pour la confier au chevalier Paulet, on pensait que...

PAULET. On pensait, j'espère, milord, qu'on ne pouvait remettre une fonction plus difficile entre des mains plus pures. Par le ciel ! je n'aurais point accepté cette charge de geôlier, si je n'avais cru qu'elle dût être confiée au plus honnête homme de l'Angleterre. Laissez-moi penser que je ne la dois qu'à mon intègre réputation.

BURLEIGH. On répand le bruit qu'elle s'affaiblit ; qu'elle devient de plus en plus malade ; — enfin, elle succombe, elle meurt dans la mémoire des hommes, et votre réputation reste intacte.

PAULET. Mais non pas ma conscience.

BURLEIGH. Si vous ne voulez pas prêter votre main, vous n'empêcherez pas une main étrangère...

PAULET, *l'interrompant.* Tant que les Dieux protecteurs de mon toit la préserveront, nul meurtrier n'approchera du seuil de sa porte. Sa vie m'est sacrée, aussi sacrée que la tête de la reine d'Angleterre. Vous êtes les juges, jugez, prononcez l'arrêt de mort, et, quand il en sera temps, faites venir ici l'ouvrier avec la hache et la scie pour dresser l'échafaud. La porte de ce château ne s'ouvrira que pour le shériff et le bourreau. Maintenant elle est confiée à ma garde, et soyez sûr qu'elle sera gardée de telle sorte qu'elle ne pourra ni faire ni éprouver le moindre mal.

(*Ils sortent.*)

ACTE DEUXIÈME.

Le palais de Wesminster.

SCÈNE I.

LE COMTE DE KENT *et* SIR WILLIAM DAVISON
se rencontrent.

DAVISON. Est-ce vous, Milord? déjà de retour du tournoi? La fête est-elle donc finie?

KENT. Comment! n'étiez-vous pas à cette joûte?

DAVISON. Mes fonctions m'ont retenu.

KENT. Vous avez perdu, milord, le plus beau spectacle : il ne pouvait être conçu avec plus de goût, ni conduit avec plus de dignité. On représentait la chaste forteresse de la Beauté assiégée par les Désirs. Le lord maréchal, le grand juge, le sénéchal et dix autres chevaliers de la reine défendaient la forteresse, et les chevaliers français l'attaquaient. D'abord est venu un héraut d'armes qui, dans un madrigal, a sommé le château de se rendre : le chancelier a répondu du haut des remparts, et l'artillerie a commencé à tirer : les canons étaient charmants ; ils lançaient des essences précieuses et embaumées, et des bouquets de fleurs ; mais en vain ; tous les assauts ont été repoussés, et les Désirs forcés de se retirer.

DAVISON. Comte, c'est d'un mauvais augure pour les négociations de mariage entamées par la France.

KENT. Bon ! bon ! c'était une plaisanterie, et je crois, à vous parler sérieusement, que la forteresse finira par se rendre.

DAVISON. Le croyez-vous? Pour moi, je pense que cela, sérieusement, n'arrivera jamais.

KENT. Les articles les plus difficiles ont déjà été accordés par la France : Monsieur se contente d'exercer son culte dans une chapelle particulière, et il s'engage à honorer publiquement et à protéger la religion du royaume. Que n'avez-vous vu la joie du peuple, quand on a appris cette nouvelle ! car la crainte perpétuelle du pays était de voir la reine mourir sans postérité, l'Écossaise monter sur le trône, et le royaume retomber dans les chaînes de la papauté.

DAVISON. On peut abdiquer cette crainte : quand Élisabeth marchera à l'autel, Marie marchera à l'échafaud.

KENT. Voici la reine.

SCÈNE II.

Les précédents; ÉLISABETH, *conduite par* LEICESTER; LE COMTE DE L'AUBESPINE, BELLIÈVRE, LE COMTE DE SHREWSBURY, LORD BURLEIGH *et plusieurs autres seigneurs français et anglais.*

ÉLISABETH, *à l'Aubespine.* Comte, je plains ces nobles seigneurs qui, dans leur zèle galant, ont traversé la mer pour venir ici. Ils ont quitté les magnificences de la cour de Saint-Germain, et je ne puis inventer des fêtes aussi ravissantes que la reine mère. Un peuple honnête et joyeux qui, aussi souvent que je me montre en public, se presse autour de ma litière en me bénissant, c'est là le spectacle que je puis montrer avec quelque orgueil aux yeux des étrangers. L'éclat des nobles demoiselles qui fleurissent au jardin de Beauté de la reine Catherine m'éclipserait, moi, et mon obscur mérite.

L'AUBESPINE. La cour de Wesminster n'offre aux étrangers qu'une femme, mais elle réunit en elle tous les attraits séducteurs de son sexe.

BELLIÈVRE. La reine d'Angleterre daignera-t-elle nous permettre de prendre congé d'elle pour porter à Monsieur, notre royal maître, la nouvelle désirée qui le comblera de joie? L'ardente impatience de son cœur ne lui a pas permis de rester à Paris : il attend à Amiens les messagers de son bonheur, et tout est disposé jusqu'à Calais pour que le consentement prononcé par votre bouche parvienne avec la dernière rapidité à son âme enivrée.

ÉLISABETH. Comte de Bellièvre, ne me pressez pas davantage. Ce n'est pas le temps, je vous le répète, d'allumer les joyeux flambeaux de l'hymen. Un ciel noir pèse sur cette contrée ; et il me siérait mieux de prendre un crêpe que des vêtements de noces, car un coup déplorable menace d'atteindre mon cœur et ma maison.

BELLIÈVRE. Donnez-nous votre promesse, Madame : elle s'accomplira dans des jours plus heureux.

ÉLISABETH. Les rois ne sont que les esclaves de leur condition, ils ne peuvent suivre l'impulsion de leur propre cœur. Mon désir eût toujours été de mourir sans être mariée, et j'aurais mis ma gloire à ce qu'on lût sur mon tombeau : « Ici repose la reine vierge ; » mais mes sujets ne le veulent pas : ils pensent déjà au temps où je ne serai plus. Ce n'est pas assez que la prospérité règne à présent dans ce pays : il faut que je me sacrifie à leur bonheur futur, que je renonce pour mon peuple à ma liberté virginale, à mon bien le plus précieux, qu'on me force à prendre un maître. Le peuple me prouve par là que je ne suis pour lui qu'une femme, et je croyais pourtant avoir régné comme un homme, comme un roi. Je sais bien que de manquer à l'ordre de la nature, ce n'est pas servir Dieu, et ceux qui ont régné avant moi méritent des louanges pour avoir ouvert les cloîtres et rendu aux devoirs de la nature des milliers de personnes victimes d'une piété mal entendue. Mais une reine qui ne dissipe point ses jours dans une oisive et inutile contemplation, qui exerce sans relâche et sans découragement les devoirs les plus difficiles devrait être exempte de cette loi de la nature qui assujettit une moitié de la race humaine à l'autre moitié.

L'AUBESPINE. Vous avez fait briller, madame, toutes les vertus sur le trône; il ne vous reste plus qu'à donner à votre sexe, dont vous êtes la gloire, un exemple éclatant de ses propres devoirs. Il n'y a vraiment sur la terre aucun homme digne d'obtenir le sacrifice de votre liberté; cependant si la naissance, l'élévation, l'héroïque vertu et la mâle beauté peuvent rendre un homme digne de cet honneur...

ÉLISABETH. Sans doute, monsieur l'ambassadeur, une alliance avec un royal fils de France m'honore. Oui, je l'avoue sans détour, si cela doit être, — si je ne puis faire autrement que de céder aux instances de mon peuple, si elles sont, comme je le crains, plus fortes que moi, je ne connais en Europe aucun prince auquel je sacrifie avec moins de regret mon bien le plus précieux, ma liberté. Contentez-vous de cet aveu.

BELLIÈVRE. C'est la plus belle des espérances ; mais ce n'est pourtant qu'une espérance, et mon maître désire davantage.

ÉLISABETH. Que désire-t-il? (*Elle tire un anneau de son doigt, et le regarde en réfléchissant.*) Une reine n'a donc aucune prérogative sur une simple bourgeoise ? Le même signe exprime les mêmes devoirs et la même servitude. L'anneau conclut le mariage, et ce sont les anneaux qui forment les chaînes. — Portez ce don à son altesse. Ce n'est pas encore un lien qui m'enchaîne, mais il peut en résulter un qui m'enchaînerait tout à fait.

BELLIÈVRE *s'agenouille et reçoit l'anneau.* Grande reine, je reçois à genoux en son nom ce présent, et je dépose en signe d'hommage ce baiser sur la main de ma princesse.

ÉLISABETH, *au comte Leicester qu'elle a regardé attentivement en prononçant ces derniers mots.* Permettez, milord. (*Elle prend son cordon bleu et le suspend au cou de Bellièvre.*) Remettez à son altesse cette décoration dont je vous investis selon les devoirs de mon ordre : *Honni soit qui mal y pense!* Que tout soupçon disparaisse entre les deux nations, et que les liens de la confiance unissent désormais les couronnes de France et d'Angleterre.

L'AUBESPINE. Grande reine, ce jour est un jour de joie ; puisse-t-elle s'étendre à tout le monde, puisse aucun malheureux ne gémir dans cette île ! La bonté brille sur votre visage. Oh ! puisse un rayon de cette clarté sereine tomber sur une malheureuse princesse qui appartient également à la France et à l'Angleterre !

ÉLISABETH. N'allez pas plus loin, comte ; ne mêlons point deux affaires complétement différentes. Si la France désire sérieusement mon alliance, elle doit partager mes inquiétudes et ne pas être l'amie de mes ennemis.

L'AUBESPINE. La France commettrait une indignité à vos propres yeux, si, en formant cette alliance, elle oubliait cette infortunée, unie à elle par la religion, et veuve de son roi. — L'honneur et l'humanité exigent...

ÉLISABETH. En ce sens, je sais apprécier comme il convient son intercession. La France remplit un devoir d'amitié, qu'il me soit permis à moi d'agir en reine. (*Elle congédie les seigneurs français, qui se retirent respectueusement avec les lords.*)

SCÈNE III.

ÉLISABETH, LEICESTER, BURLEIGH, TALBOT.

La reine s'asseoit.

BURLEIGH. Glorieuse reine, vous couronnez aujourd'hui les vœux ardents de votre peuple; maintenant, pour la première fois, nous nous réjouissons sans réserve des jours de bénédictions que vous nous donnez, car nos yeux cessent d'envisager un horizon orageux. Une seule inquiétude afflige encore ce pays, il y a une victime que toutes les voix demandent. Cédez encore à ce désir, et ce jour fonde à jamais le bonheur de l'Angleterre.

ÉLISABETH. Que désire encore mon peuple? Parlez, milord.

BURLEIGH. Il demande la tête de Marie Stuart. Si vous voulez assurer à votre peuple le précieux bien de la liberté et la lumière de la vérité si chèrement acquise, il faut que Marie n'existe plus. Si nous ne devons pas sans cesse trembler pour votre vie chérie, il faut que votre ennemie meure. Vous savez que tous les Anglais n'ont pas la même croyance; le culte idolâtre de Rome compte encore dans cette île beaucoup de sectateurs secrets. Tous nourrissent des pensées hostiles; leur cœur se tourne vers cette Stuart, ils ont des intelligences avec les frères de Lorraine, ces irréconciliables ennemis de votre nom. Ce parti furieux vous a juré une guerre d'extermination, et il combat avec les perfides armes de l'enfer. La maison du cardinal archevêque de Reims est l'arsenal où ils forgent leurs traits, l'école où l'on enseigne le régicide ; c'est de là qu'on envoie dans cette île des émissaires enthousiastes, résolus, qui prennent toute sorte de déguisements. Voici déjà le troisième assassin sorti de là, et ce gouffre vomira perpétuellement des ennemis secrets. C'est dans le château de Fotheringay qu'habite celle qui provoque cette guerre éternelle, celle qui embrase ce royaume avec le flambeau de l'amour, celle qui, par les espérances flatteuses qu'elle donne à chacun, entraîne la jeunesse à une mort certaine. La délivrer est le prétexte de ces complots, la placer sur votre trône est leur but. Car cette famille de Lorraine ne reconnaît pas vos droits sacrés ; vous n'êtes pour eux qu'une usurpatrice du trône couronnée par la fortune. Ce sont eux qui ont persuadé à cette insensée de prendre le titre de reine d'Angleterre. Il n'y a point de paix à espérer avec cette femme et avec sa race. Vous devez ou frapper ce coup, ou le subir. Sa vie est votre mort, et sa mort votre vie.

ÉLISABETH. Milord, vous remplissez une pénible fonction. Je connais la pureté de votre zèle, je sais que la sagesse même parle par votre bouche ; mais cette sagesse qui demande du sang, je la déteste au fond du cœur. Pensez à un conseil moins rigoureux. Milord Shrewsbury, dites-nous votre opinion.

TALBOT. Vous donnez de justes éloges au zèle qui anime le cœur fidèle de Burleigh. Quoique je n'aie pas autant d'éloquence, un cœur non moins fidèle bat dans ma poitrine. Puissiez-vous vivre longtemps, reine, être la joie de ce peuple, et prolonger dans ce royaume le bonheur de la paix ! Depuis qu'elle est régie par ses rois, cette île n'a pas encore vu d'aussi beaux jours. Mais qu'elle n'achète pas son bonheur aux dépens de sa gloire, ou puissent les yeux de Talbot se fermer avant qu'elle en vienne là !

ÉLISABETH. Que Dieu nous garde de souiller notre gloire !

TALBOT. Alors, songez à un autre moyen de sauver le royaume, car l'exécution de Marie Stuart est un moyen injuste : car vous ne pouvez prononcer sur le sort de celle qui n'est pas votre sujette.

ÉLISABETH. Ainsi mon conseil d'État et mon parlement sont dans l'erreur, et toutes les cours de justice du royaume sont dans l'erreur, quand elles me reconnaissent ce droit?

TALBOT. La pluralité des voix n'est pas une preuve de justice. L'Angleterre n'est pas le monde, et votre parlement n'est pas l'assemblée des races humaines. L'Angleterre d'aujourd'hui n'est pas l'Angleterre de l'avenir et n'est plus celle des temps passés. Selon que les affections changent, les flots mobiles de l'opinion s'élèvent et s'abaissent. Ne dites pas que vous devez obéir à la nécessité et aux instances de votre peuple. Dès que vous le voudrez, à chaque instant vous pourrez reconnaître que votre volonté est libre. Essayez. Déclarez que vous avez horreur du sang, que vous voulez sauver la vie de votre sœur ; montrez à ceux qui vous ont donné d'autres conseils une véritable indignation: vous verrez bientôt cette nécessité s'évanouir et cette justice devenir une injustice. Vous-même vous devez juger, vous seule. Vous ne pouvez vous appuyer sur ce roseau mobile et incertain. Abandonnez-vous à votre propre bonté. Dieu n'a pas mis la sévérité dans le cœur délicat de la femme, et les fondateurs de ce royaume, en permettant que les rênes du gouvernement fussent remises à une femme, ont prouvé par là que la sévérité ne doit pas être dans ce pays la vertu des rois.

ÉLISABETH. Le comte de Shrewsbury est un ardent avocat de l'ennemie de mon royaume et de moi. Je préfère les conseillers dévoués à mes intérêts.

TALBOT. Ah! qu'on ne lui envie pas un défenseur! personne n'ira parler en sa faveur et s'exposer à votre colère. — Permettez donc à un vieillard qui, sur le bord de la tombe, ne peut se laisser égarer par aucune espérance terrestre, de soutenir celle qui est abandonnée. Qu'on ne dise pas que dans votre conseil d'État la passion et l'intérêt personnel ont seuls élevé la voix et que la commisération s'est tue. Tout s'est conjuré contre elle. Vous-même n'avez jamais vu son visage, et rien dans votre cœur ne parle en faveur de l'étrangère. Je ne prends pas la parole pour la justifier de ses fautes. On dit qu'elle a fait égorger son époux ; ce qu'il y a de certain, c'est qu'elle a épousé le meurtrier. C'est un grand crime ; mais cela se passait dans un temps de bouleversements et de calamité, au milieu des angoisses de la guerre civile. Elle était là, dans sa faiblesse, entourée de vassaux exigeants ; elle s'est jetée dans les bras du plus fort et du plus résolu. Qui sait par quels artifices il a triomphé d'elle ! La femme est un être fragile.

ÉLISABETH. La femme n'est pas faible. Il y a dans notre sexe des âmes fortes ; je ne veux pas qu'en ma présence on parle de la faiblesse des femmes.

TALBOT. Le malheur a été pour vous une école sévère. La vie ne vous apparut pas d'abord sous un aspect riant ; vous n'aviez pas un trône en perspective, vous ne voyiez qu'un tombeau à vos pieds. C'est à Wood-tock, dans les ombres d'une prison, que Dieu, protecteur de ce royaume, vous prépara par la douleur à vos grands devoirs ; là nul flatteur n'allait vous rechercher. Éloignée des vaines rumeurs du monde, votre âme apprit de bonne heure à se recueillir, à rentrer en elle-même, à estimer les véritables biens de cette vie. Dieu n'a pas sauvé ainsi cette infortunée. Encore enfant, elle fut conduite à la cour de France, séjour de la légèreté et des plaisirs frivoles. Là, dans l'ivresse continuelle des fêtes, elle n'entendit jamais la voix austère de la vérité ; elle fut éblouie par des vices brillants et entraînée par le torrent du désordre. Le vain don de la beauté fut son partage ; par ses attraits elle éclipsait toutes les femmes, et ses charmes non moins que sa naissance...

ÉLISABETH. Revenez a vous, milord de Shrewsbury : songez que nous tenons ici un conseil grave. Ce doivent être en effet des charmes sans pareils, ceux qui enflamment ainsi un vieillard. Milord Leicester, vous seul gardez le silence ; ce qui anime l'éloquence de milord Schrewsbury vous fermerait-il la bouche?

LEICESTER. Je reste muet de surprise, madame, en voyant de quelles terreurs on vous entretient, en voyant les fables qui inquiètent dans les rues de Londres le peuple crédule, troubler la sérénité de votre conseil d'Etat et occuper sérieusement des hommes sages. J'admire, je l'avoue, que cette reine déshéritée d'Ecosse, cette femme qui n'a pas su conserver son petit trône, cette femme, jouet de ses propres vassaux, rebut de ses états, puisse tout-à-coup vous effrayer du fond de sa prison. Au nom du ciel! qui peut la rendre redoutable à vos yeux? Est-ce la prétention qu'elle a sur ce royaume? est-ce parce que les Guises refusent de vous reconnaître pour reine? Cette opposition des Guises peut-elle annuler les droits que la naissance vous a donnés et que le parlement a confirmés? N'a-t-elle pas été tacitement exclue par les dernières volontés de Henri, et l'Angleterre qui jouit si heureusement de la nouvelle religion, voudra-t-elle se jeter dans les bras d'une papiste? Vous abandonnera-t-elle, vous, sa reine adorée, pour courir vers la meurtrière de Darnley? Que veulent ces hommes inquiets qui, pendant que vous vivez, vous tourmentent avec ce mot d'héritier, qui ne peuvent vous marier assez vite pour sauver l'Etat et l'Eglise? N'êtes-vous donc pas encore dans la fleur et la force de la jeunesse, tandis qu'elle, chaque jour la flétrit et l'entraine vers le tombeau? Par le ciel! vous passerez encore bien des années sur son tombeau sans que vous ayez eu besoin de l'y précipiter vous-même.

BURLEIGH. Lord Leicester n'a pas toujours pensé ainsi.

LEICESTER. Il est vrai ; j'ai voté pour sa mort au tribunal. Dans le conseil d'État mon langage n'est pas le même. Ici il n'est plus question de ce qui est juste, mais avantageux. Est-ce le moment de la redouter, quand la France, son unique appui, l'abandonne? quand vous allez accorder votre main au fils de ses rois, quand l'espoir d'une nouvelle race réjouit cette contrée? Pourquoi donc lui donner la mort? Elle est morte ; le mépris est la véritable mort. Prenez garde que la compassion ne la fasse revivre. Mon avis est donc qu'on laisse subsister dans toute sa force la sentence prononcée contre elle. Qu'elle vive, mais qu'elle vive sous la hache du bourreau ; et si un seul bras s'arme pour elle, qu'aussitôt sa tête tombe.

ÉLISABETH *se lève.* Milords, j'ai écouté vos avis et je vous remercie de votre zèle. Avec l'aide de Dieu, qui éclaire les rois, j'examinerai vos motifs, et je choisirai le parti qui me semblera le plus sage.

SCÈNE IV.

Les précédents. LE CHEVALIER PAULET *avec* MORTIMER.

ÉLISABETH. Voici Amias Paulet. Sir Paulet, que venez-vous nous annoncer?

PAULET. Glorieuse reine, mon neveu, qui est récemment revenu d'un voyage lointain, se jette à vos pieds et vous présente l'hommage de sa jeunesse. Recevez-le avec bonté, et laissez tomber sur lui un rayon de votre faveur.

MORTIMER, *met un genou en terre.* Puisse ma noble souveraine vivre longtemps et puissent le bonheur et la gloire couronner son front!

ÉLISABETH. Levez-vous, soyez le bienvenu en Angleterre. Sir Mortimer, vous avez fait un grand voyage, vous avez visité la France et Rome, et vous vous êtes arrêté à Reims. Dites-moi donc un peu ce que trament nos ennemis?

MORTIMER. Que Dieu les confonde et tourne contre leurs propres cœurs les traits qu'ils veulent lancer contre ma reine!

ÉLISABETH. Avez-vous vu Morgan et l'évêque de Ross, ce grand intrigant?

MORTIMER. J'ai connu tous les Ecossais exilés qui forgent à Reims des complots contre ce pays. Je me suis insinué dans leur confiance, afin de découvrir quelque chose de leurs trames.

PAULET. On lui a confié des lettres mystérieuses et chiffrées pour la reine d'Ecosse, et d'une main fidèle il nous les a remises.

ÉLISABETH. Dites, quels sont leurs derniers projets!

MORTIMER. Ils ont été frappés comme d'un coup de foudre en voyant la France les abandonner et conclure une étroite alliance avec l'Angleterre; à présent leur espoir se tourne du côté de l'Espagne.

ÉLISABETH. C'est ce que m'écrit Walsingham.

MORTIMER. Au moment où j'allais quitter Reims, on recevait dans cette ville une bulle que le pape Sixte-Quint a lancée du Vatican contre vous. Le premier navire l'apportera dans cette île.

LEICESTER. De pareilles armes n'effrayent guères plus l'Angleterre.

BURLEIGH. Elles deviennent redoutables dans la main d'un enthousiaste.

ÉLISABETH, *regardant Mortimer avec pénétration*. On vous a accusé d'avoir fréquenté les écoles de Reims et abjuré votre croyance.

MORTIMER. J'en ai fait le semblant, je ne le nie pas, tant je désirais vous servir.

ÉLISABETH, à *Paulet, qui tire un papier*. Que tenez-vous-là !

PAULET. C'est un écrit que la reine d'Ecosse vous envoie.

BURLEIGH *le saisit avec empressement*. Donnez-moi cette lettre.

PAULET *donne le papier à la reine*. Pardonnez, lord trésorier ; elle m'a ordonné de remettre cette lettre dans les mains mêmes de la reine. Elle dit toujours que je suis son ennemi : je suis seulement l'ennemi de ses fautes ; tout ce qui s'accorde avec mon devoir, je le fais volontiers pour elle. (*La reine a pris la lettre; pendant qu'elle la lit, Mortimer et Leicester parlent à voix basse entre eux.*)

BURLEIGH, *à Paulet*. Que peut contenir cette lettre ? de vaines plaintes que l'on devrait épargner au cœur sensible de la reine.

PAULET. Elle ne m'a point caché le contenu de cet écrit. Elle sollicite la faveur de voir la reine.

BURLEIGH, *vivement*. Jamais.

TALBOT. Pourquoi pas? elle ne demande rien d'injuste.

BURLEIGH. Elle ne mérite pas de voir l'auguste visage de la reine, celle qui a organisé le meurtre et qui avait soif de son sang. Quiconque a de loyales intentions envers sa souveraine ne doit pas lui donner ce mauvais, ce perfide conseil.

TALBOT. Si la reine veut lui accorder cette faveur, voulez-vous arrêter ce mouvement généreux de clémence ?

BURLEIGH. Elle est jugée, sa tête est sous la hache. Il est indigne de Sa Majesté de voir celle qui est dévouée à la mort. La sentence ne peut plus être exécutée si elle s'approche de la reine, car la présence royale porte grâce.

ÉLISABETH, *essuyant ses larmes après avoir lu la lettre*. Qu'est-ce que l'être humain? qu'est-ce que le bonheur sur cette terre ! Où en est venue cette reine qui commença sa carrière avec de si superbes espérances, cette reine appelée sur le plus ancien trône de la chrétienté et qui croyait déjà réunir trois couronnes sur sa tête? Que son langage aujourd'hui est différent de celui qu'elle tenait quand elle prit l'écusson d'Angleterre, quand elle se laissait appeler par les flatteurs de sa cour reine des Iles-Britanniques ! Pardonnez, milords, la tristesse me gagne et mon âme saigne de douleur quand je vois la mobilité des choses terrestres et la terrible destinée humaine passer si près de ma tête.

TALBOT. O reine ! Dieu a touché votre cœur, obéissez à cette émotion céleste ; elle a expié cruellement ses cruelles fautes. Tendez la main à celle qui est tombée si bas : descendez comme un ange de lumière dans la nuit de sa prison.

BURLEIGH. Soyez ferme, grande reine ; ne vous laissez pas égarer par un louable sentiment d'humanité, ne vous enlevez pas à vous-même la liberté de faire ce qui est nécessaire. Vous ne pouvez ni lui accorder sa grâce ni la sauver ; ne vous exposez point à l'odieux blâme d'avoir, avec une joie railleuse et cruelle, rassasié vos regards de l'aspect de votre victime.

LEICESTER. Demeurons dans nos limites, milords : la reine est sage, elle n'a pas besoin de nos conseils pour choisir le meilleur parti ; l'entretien de deux reines n'a rien de commun avec le cours de la justice ; les lois d'Angleterre et non pas la volonté de notre souveraine ont condamné Marie. Il est digne de la grande âme d'Élisabeth de suivre ses nobles impulsions, tandis que la loi garde son rigoureux empire.

ÉLISABETH. Allez, milords, nous trouverons un moyen de concilier les droits de la clémence et les devoirs que la nécessité nous impose. Maintenant, retirez-vous. (*Les lords sortent ; elle rappelle Mortimer.*) Sir Mortimer, un mot.

SCÈNE V.

ÉLISABETH, MORTIMER.

ÉLISABETH, *après avoir quelques instants fixé sur lui un regard pénétrant.* Vous avez montré une résolution hardie et un empire sur vous-même bien rare à votre âge. Celui qui a su pratiquer si tôt l'art difficile de la dissimulation mérite avant le temps et abrége ses années d'épreuve. Le destin vous appelle à suivre une grande carrière, je vous le prédis ; et je puis, pour votre bonheur, accomplir moi-même ma prédiction.

MORTIMER. Grande reine, ce que je sais, ce que je puis faire, tout est dévoué à votre service.

ÉLISABETH. Vous avez appris à connaître les ennemis de l'Angleterre ; la haine qu'ils ont contre moi est implacable, et leurs projets de sang n'ont point de terme. Jusqu'à ce jour, il est vrai, le Tout-Puissant m'a protégée ; mais la couronne vacillera sur ma tête tant que durera la vie de celle qui sert de prétexte à leur zèle enthousiaste et qui entretient leurs espérances.

MORTIMER. Ordonnez, elle ne vivra plus.

ÉLISABETH. Hélas ! sir, je me croyais déjà parvenue au but, et je ne suis pas plus avancée que le premier jour. Je voulais laisser agir les lois et conserver ma main pure de sang. La sentence est prononcée, qu'ai-je gagné à cela ? Il faut qu'elle s'exécute, Mortimer, et c'est moi qui dois donner l'ordre de cette exécution. C'est sur moi que retombe toujours l'odieux du fait. Je suis contrainte de donner mon consentement; et je ne puis sauver l'apparence. Voilà ce qu'il y a de plus triste.

MORTIMER. Que vous importe une fâcheuse apparence dans une cause juste ?

ÉLISABETH. Vous ne connaissez pas le monde, chevalier ; chacun vous juge sur votre apparence, personne sur votre état réel. Je ne puis convaincre personne de mes droits; ainsi je dois faire en sorte que la part que j'aurai prise à sa mort reste dans un doute éternel. Dans les affaires de cette nature qui se présentent sous une double face, le seul refuge est dans l'obscurité ; ce qu'il y a de pire, c'est d'avouer. Tant qu'on ne cède rien, on n'a pas perdu.

MORTIMER, *avec un regard pénétrant*. Ainsi le mieux serait...

ÉLISABETH, *vivement*. Sans doute, ce serait le mieux. Ah! mon bon ange parle par votre bouche. Poursuivez, achevez, cher Mortimer. Votre esprit est sérieux; vous pénétrez au fond des choses, vous êtes un tout autre homme que votre oncle.

MORTIMER, *surpris*. Avez-vous découvert votre désir au chevalier Paulet?

ÉLISABETH. Je regrette de l'avoir fait.

MORTIMER. Excusez ce vieillard, les années l'ont rendu scrupuleux. Ces coups hasardeux exigent le courage résolu de la jeunesse.

ÉLISABETH. Puis-je compter sur vous?

MORTIMER. Je vous prêterai mon bras. Sauvez le nom comme vous pourrez.

ÉLISABETH. Ah! Mortimer, si un matin vous veniez m'éveiller avec cette nouvelle : Marie Stuart, votre mortelle ennemie, est morte cette nuit...

MORTIMER. Comptez sur moi.

ÉLISABETH. Quand pourrai-je dormir d'un sommeil paisible?

MORTIMER. A la prochaine lune vos craintes cesseront.

ÉLISABETH. Adieu, sir Mortimer. Ne vous inquiétez pas si ma reconnaissance doit emprunter le voile de la nuit. Le silence est le dieu des heureux. Les liens les plus étroits et les plus tendres sont ceux qui sont fondés sur le mystère.

(*Elle sort.*)

SCÈNE VI.

MORTIMER, *seul.* Va, reine fausse et hypocrite; je te trompe comme tu trompes le monde. C'est une chose juste, c'est une bonne action que de te trahir. Ai-je donc l'air d'un assassin? As-tu lu sur mon front l'habileté du crime? Fie-toi à mon bras, et retire le tien; donne-toi aux yeux du monde la pieuse et fausse apparence de la clémence. Tandis que tu comptes en secret sur le secours de mon meurtre, nous gagnons du temps pour la délivrer. Tu veux m'élever; tu me montres de loin une récompense précieuse; et quand tu serais toi-même avec tes faveurs de femme cette récompense? Le désir d'une vaine gloire ne me séduit pas. C'est près d'elle seulement qu'est le charme de la vie. — Autour d'elle planent sans cesse en chœur joyeux les dieux de la grâce et du bonheur de la jeunesse. La félicité du ciel est sur son sein, et toi tu ne peux donner que des plaisirs glacés. Jamais tu n'as connu le plus grand bonheur qui puisse charmer la vie, le bonheur d'une âme qui, entraînée, entraînante, se donne à une autre âme dans un doux oubli. Jamais tu n'as possédé la vraie couronne de la femme, jamais tu n'as rendu un homme heureux de ton amour. — Il faut que j'attende ce lord pour lui donner une lettre. Odieuse commission! Je ne me sens nul penchant pour ce courtisan, moi-même je puis la délivrer, moi seul ; à moi le péril, la gloire et la récompense! (*Au moment où il veut sortir, il rencontre Paulet.*)

SCÈNE VII.

MORTIMER, PAULET.

PAULET. Que t'a dit la reine?
MORTIMER. Rien, sir Paulet, rien d'important.
PAULET *le regarde d'un air sévère.* Écoute, Mortimer, tu poses le pied sur un sol glissant et trompeur. La

faveur des rois est attrayante, et la jeunesse est avide d'honneur. — Ne te laisse pas égarer par l'ambition.

MORTIMER. N'est-ce pas vous-même qui m'avez amené à la cour?

PAULET. Je voudrais ne l'avoir pas fait. Ce n'est pas à la cour que notre maison a gagné son honneur. Sois ferme, mon neveu, n'achète pas la faveur trop cher. Ne blesse pas ta conscience.

MORTIMER. Quelle idée avez-vous? quels soucis?

PAULET. Quelque rang élevé que la reine te promette, ne te fie point à ses paroles flatteuses. Elle te reniera quand tu auras obéi ; elle voudra maintenir sans tache son nom, et vengera le meurtre qu'elle aura elle-même ordonné.

MORTIMER. Le meurtre, dites-vous !

PAULET. Point de dissimulation. Je sais ce que la reine t'a suggéré. Elle espère que ton ambitieuse jeunesse sera plus complaisante que mon vieil âge inflexible. Lui as-tu promis? As-tu...?

MORTIMER. Mon oncle !...

PAULET. Si tu l'as fait, je te maudis et je te rejette...
Entre Leicester.

LEICESTER. Permettez-moi, sir Paulet, de dire un mot à votre neveu. La reine est très-favorablement disposée pour lui. Elle veut qu'on lui abandonne entièrement la garde de Marie Stuart; elle se fie à sa fidélité.

PAULET. Elle se fie?... Bien.

LEICESTER. Que dites-vous, chevalier Paulet?

PAULET. La reine se fie à lui; et moi, milord, je compte sur moi et j'ai les yeux ouverts.

(Il sort.)

SCÈNE VIII.

LEICESTER, MORTIMER.

LEICESTER, *étonné.* Quelle idée occupe le chevalier?

MORTIMER. Je ne sais. La confiance inattendue que la reine m'accorde...

LEICESTER, *le regardant d'un air pénétrant.* Méritez-vous, chevalier, qu'on ait confiance en vous?

MORTIMER. Je vous ferai la même question, milord Leicester.

LEICESTER. Vous avez quelque chose à me dire en secret?

MORTIMER. Assurez-moi que je puis l'oser.

LEICESTER. Qui me donnera cette assurance pour vous? Que ma méfiance ne vous offense pas. Je vous vois montrer à cette cour un double visage. L'un d'eux est nécessairement faux, mais lequel est le vrai?

MORTIMER. Vous m'apparaissez de même, comte Leicester.

LEICESTER. Lequel doit le premier montrer de la confiance?

MORTIMER. Celui qui a le moins à risquer.

LEICESTER. Alors c'est vous.

MORTIMER. C'est vous. Le témoignage d'un lord puissant et considérable peut me perdre, tandis que le mien serait impuissant contre votre rang et votre faveur.

LEICESTER. Vous vous trompez, sir Mortimer; dans toute autre chose j'ai du pouvoir ici, seulement en ce point délicat, que je dois confier à votre bonne foi, je suis à cette cour l'homme le moins fort, et un misérable témoignage pourrait me perdre.

MORTIMER. Puisque le tout-puissant lord Leicester s'abaisse devant moi jusqu'à me faire un tel aveu, il faut bien que j'aie plus de hardiesse et que je lui donne un exemple de grandeur d'âme.

LEICESTER. Montrez-moi de la confiance, et je vous imiterai.

MORTIMER, *présentant la lettre.* Voilà ce que vous envoie la reine d'Écosse.

LEICESTER, *effrayé, saisit la lettre précipitamment.* Parlez bas, sir; que vois-je? Hélas! c'est son portrait. (*Il le baise et le regarde avec une muette admiration.*

MORTIMER, *qui pendant ce temps l'a observé.* Maintenant, milord, je me fie à vous.

LEICESTER, *après avoir lu la lettre.* Sir Mortimer, vous connaissez le contenu de cette lettre?

MORTIMER. Je ne sais rien.

LEICESTER. Elle vous a sans doute confié...

MORTIMER. Elle ne m'a rien confié. Vous devez, a-t-elle dit, m'expliquer cette énigme. C'est une énigme pour moi de voir le comte de Leicester, le favori d'Élisabeth, l'ennemi déclaré et l'un des juges de Marie, être l'homme de qui la reine attend sa délivrance. Cependant il doit en être ainsi, car vos yeux expriment trop clairement ce que vous éprouvez pour elle.

LEICESTER. Expliquez-moi d'abord comment il se fait que vous preniez un intérêt si vif à son destin, et comment vous avez gagné sa confiance?

MORTIMER. Milord, je puis vous l'expliquer en peu de mots. J'ai abjuré ma croyance à Rome, et je suis en rapport avec les Guises. Une lettre de l'archevêque de Reims m'a accrédité auprès de la reine d'Écosse.

LEICESTER. Je sais votre changement de religion; c'est là ce qui a éveillé ma confiance envers vous. Donnez-moi la main, pardonnez-moi mes doutes. Je ne puis employer trop de précaution, car Walsingham et Burleigh me haïssent. Je sais qu'ils m'observent et me tendent des piéges; vous pouviez être leur créature et leur instrument pour m'attirer dans leurs filets.

MORTIMER. Ah! qu'un si grand seigneur marche à petits pas dans cette cour! Comte, je vous plains.

LEICESTER. Je me jette avec joie dans les bras d'un ami fidèle, pour me délivrer enfin d'une longue contrainte. Vous êtes étonné, sir, que mon cœur ait si vite changé à l'égard de Marie; jamais dans le fait je ne l'ai haïe. La nécessité des circonstances m'a rendu son adversaire. Il y a, comme vous le savez, de longues années qu'elle m'était destinée avant qu'elle eût donné sa main à Darnley, lorsque l'éclat de la grandeur l'environnait encore. Je repoussai alors froidement ce bonheur, et maintenant qu'elle est en prison, à la porte du tombeau, je voudrais l'obtenir au péril de ma vie.

MORTIMER. Voilà une conduite généreuse.

LEICESTER. Depuis ce temps, sir, la face des choses a bien changé. C'était mon ambition qui me rendait insensible à la jeunesse et à la beauté. Alors le mariage avec Marie était un bonheur trop petit pour moi : j'espérais posséder la reine d'Angleterre.

MORTIMER. On sait qu'elle vous préférait à tous les autres hommes.

LEICESTER. Cela semblait ainsi, Mortimer, et maintenant, après dix années d'une cour infatigable, d'une contrainte odieuse... O sir Mortimer! mon cœur s'ouvre, il faut que je me soulage d'un long ennui. On me croit heureux!... Si l'on savait ce que sont ces chaînes que l'on m'envie!... Après avoir sacrifié dix années amères et interminables à l'idole de sa vanité, après avoir supporté avec une résignation d'esclave tous ses caprices de sultane, après m'être fait le jouet de toutes ses petites bizarreries, tantôt caressé par sa tendresse, tantôt repoussé avec une orgueilleuse pruderie, également tourmenté par sa faveur ou par sa sévérité, gardé comme un captif par l'œil inquiet de la jalousie, traité comme un enfant, injurié comme un valet... oh! nulle langue ne peut exprimer, ne peut peindre un tel enfer.

MORTIMER. Je vous plains, comte.

LEICESTER. Arrivé au but, la récompense m'échappe. Un autre vient m'enlever les fruits d'une constance qui m'a coûté si cher. Un jeune et brillant époux me fait perdre des droits que je possédais depuis longtemps. Il faut que je descende de ce théâtre où j'ai longtemps brillé au premier rang. Ce n'est pas sa main seule, c'est sa faveur que ce nouveau venu menace de m'enlever. Elle est femme, et il est aimable.

MORTIMER. C'est le fils de Catherine ; il a appris à une bonne école l'art de la flatterie.

LEICESTER. Toutes mes espérances sont donc renversées. Dans ce naufrage de mon bonheur, je cherche une planche de salut, et mes regards se tournent vers mes premières, vers mes belles espérances. L'image de Marie dans tout l'éclat de ses charmes s'est de nouveau offerte à moi. La jeunesse et la beauté ont repris tous leurs droits. Ce n'est plus une froide ambition, c'est le cœur qui compare, et je sens quel trésor j'ai perdu. Je la vois précipitée dans l'abîme du malheur, et précipitée par ma faute. Alors je sens s'éveiller dans mon cœur l'espoir de la délivrer et de la sauver. J'ai pu par une main fidèle lui faire connaître le changement de mon cœur, et cette lettre que vous m'apportez m'assure qu'elle me pardonne, et que si je la délivre elle se donnera à moi pour récompense.

MORTIMER. Mais vous n'avez rien fait pour la délivrer. Vous l'avez laissé condamner, vous avez vous-même voté pour sa mort! Il a fallu un miracle, il a fallu que la lumière de la vérité touchât le neveu de son gardien, que le ciel lui préparât un libérateur inattendu au Vatican ; autrement elle ne trouvait pas de chemin pour arriver à vous.

LEICESTER. Hélas ! sir Mortimer, j'en ai assez souffert. Vers ce temps là, elle fut transportée du château de Talbot à Fotheringay et confiée à la garde sévère de votre oncle. Tout moyen d'arriver à elle me fut interdit ; il me fallut continuer aux yeux du monde à la persécuter. Mais ne pensez pas que j'aurais jamais pu la laisser aller à la mort. Non ; j'espérais et j'espère encore arrêter cette catastrophe jusqu'à ce qu'un moyen se présente de la délivrer.

MORTIMER. Le moyen est trouvé. Leicester, votre noble confiance mérite que j'y réponde : je veux la délivrer, c'est pour cela que je suis ici ; les préparatifs sont déjà faits, votre puissante assistance nous assure un heureux résultat.

LEICESTER. Que dites-vous? Vous m'effrayez! Comment! vous voudriez...

MORTIMER. L'arracher par la force de sa prison. J'ai des auxiliaires; tout est prêt.

LEICESTER. Vous avez des confidents et des complices! Malheur à moi! Dans quel projet hasardeux vous m'entraînez! Et ceux-là savent-ils aussi mon secret?

MORTIMER. Soyez sans inquiétude, le complot a été formé sans vous, et il serait accompli sans vous, si elle ne voulait vous devoir sa délivrance.

LEICESTER. Ainsi vous pouvez me donner l'assurance certaine que mon nom n'a pas été prononcé dans votre conjuration?

MORTIMER. Soyez-en sûr. Mais, quoi! tant d'inquiétude en apprenant une nouvelle favorable à vos desseins? Vous voulez délivrer Marie et la posséder, vous trouvez tout à coup des amis inattendus, il vous tombe du ciel un moyen expéditif, et vous montrez plus d'embarras que de joie!

LEICESTER. Il n'y a rien à faire par la violence; l'entreprise est trop dangereuse.

MORTIMER. Le retard l'est aussi.

LEICESTER. Je vous le dis, chevalier, cela ne peut être tenté.

MORTIMER, *avec amertume*. Non pas par vous qui voulez la posséder; mais nous qui ne pensons qu'à la délivrer, nous n'hésitons pas tant.

LEICESTER. Jeune homme, vous allez bien vite dans une affaire épineuse et pleine de dangers.

MORTIMER. Et vous, vous êtes bien prudent dans une affaire d'honneur.

LEICESTER. Je vois les filets qui de toute part nous environnent.

MORTIMER. Je me sens le courage de les rompre tous.

LEICESTER. Ce courage est de la témérité, de la folie.

MORTIMER. Cette prudence, milord, n'est pas de la bravoure.

LEICESTER. Avez-vous donc tant d'envie de finir comme Babington ?

MORTIMER. Ne voulez-vous point imiter la grandeur d'âme de Norfolk ?

LEICESTER. Norfolk n'a pas conduit Marie à l'autel.

MORTIMER. Il a montré qu'il en était digne.

LEICESTER. En nous perdant, nous ne la sauverons pas.

MORTIMER. En nous ménageant, nous ne la délivrerons pas.

LEICESTER. Vous ne réfléchissez pas, vous n'écoutez pas ; avec votre aveugle impétuosité, vous détruirez tout ce qui était en si bon chemin.

MORTIMER. Est-ce le bon chemin que vous avez frayé ? Qu'avez-vous fait pour la délivrer ? Eh quoi ! si j'étais assez misérable pour l'assassiner comme la reine me l'a ordonné et comme, à l'heure même, elle espère que je le ferai, dites-moi donc quelle précaution aviez-vous prise pour lui sauver la vie ?

LEICESTER, *étonné*. La reine vous a donné cet ordre sanglant ?

MORTIMER. Elle s'est méprise sur moi comme Marie sur vous.

LEICESTER. Et vous avez promis... Vous avez...

MORTIMER. Pour qu'elle ne soudoyât pas un autre bras, j'ai offert le mien.

LEICESTER. Vous avez bien fait ; ceci nous met à l'aise. Elle se repose sur votre service, l'arrêt de mort ne reçoit pas son exécution, et nous gagnons du temps.

MORTIMER, *avec impatience*. Non, nous perdons du temps.

LEICESTER. Puisqu'elle compte sur vous, elle tiendra d'autant plus à se donner aux yeux du monde un air de clémence. Peut-être pourrai-je lui persuader de voir sa rivale, et cette démarche lui lie les mains. Burleigh a raison; l'arrêt ne peut plus être exécuté dès qu'elle l'aura vue. Oui, je veux l'essayer, et je disposerai tout dans ce but.

MORTIMER. Et qu'obtiendrez-vous par là? Si elle voit qu'elle s'est trompée sur moi, si Marie continue à vivre, tout ne redevient-il pas comme auparavant? Jamais elle ne sera libre. Ce qui peut lui arriver de plus doux, c'est une éternelle captivité. Il faudrait en finir par une action hardie; pourquoi ne pas immédiatement commencer par là? Vous avez le pouvoir entre les mains, vous pouvez rassembler une armée; quand vous ne feriez que donner des armes à la noblesse de vos domaines. Marie a encore beaucoup d'amis secrets. Les nobles maisons de Howard et de Percy, quoique leurs chefs soient tombés, sont encore riches en héros. Elles attendent seulement qu'un lord puissant leur donne l'exemple. Plus de dissimulation; marchons ouvertement. Défendez comme un chevalier celle que vous aimez, combattez noblement pour elle. Vous serez maître de la reine d'Angleterre quand vous voudrez. Attirez-la dans un de vos châteaux. Souvent elle vous y a suivi. Là, montrez-vous homme; parlez en maître. Retenez-là jusqu'à ce qu'elle ait rendu la liberté à Marie Stuart.

LEICESTER. Vous m'étonnez et m'effrayez... Où vous emporte le délire? Connaissez-vous ce sol? Savez-vous ce qui se passe à cette cour? dans quels liens étroits cet empire de femme enchaîne les esprits? Cherchez l'ardeur héroïque qui jadis animait cette contrée. Tout courage est abattu sous le joug d'une femme, et tout ressort énergique est comprimé. Suivez ma direction; n'entreprenez rien sans réflexion... J'entends venir. Allez.

MORTIMER. Marie espère, et je retourne vers elle avec de vaines consolations.

LEICESTER. Portez-lui les serments de mon éternel amour.

MORTIMER. Portez-les vous-même. Je me suis offert à être l'instrument de sa délivrance, mais non pas le messager de votre amour.

SCÈNE IX.

ÉLISABETH, LEICESTER.

ÉLISABETH. Qui vient de vous quitter? J'ai entendu parler...

LEICESTER *se retourne rapidement en entendant la reine et paraît troublé.* C'était sir Mortimer.

ÉLISABETH. Qu'avez-vous, milord? Vous êtes bien ému...

LEICESTER. Votre aspect!... Jamais je ne vous ai vue si charmante ; je suis ébloui de votre beauté.. Hélas!...

ÉLISABETH. Pourquoi soupirez-vous?

LEICESTER. N'ai-je pas raison de soupirer? La contemplation de ces charmes renouvelle en moi la douleur inexprimable de la perte qui me menace.

ÉLISABETH. Que perdez-vous?

LEICESTER. Je perds votre cœur; je vous perds, vous. si digne d'être aimée. Bientôt vous vous sentirez heureuse dans les bras d'un jeune et ardent époux, et il possédera votre cœur sans partage. Il est d'un sang royal et moi je n'en suis pas; mais je défie le monde entier de trouver sur la terre un homme qui ait pour vous une plus profonde adoration que moi. Le duc d'Anjou ne vous a jamais vue, il ne peut aimer que votre gloire et votre éclat. Mais moi, c'est toi que j'aime. Quand tu serais la plus pauvre bergère et moi le plus grand prince du monde, je descendrais jusqu'à toi pour déposer mon diadème à tes pieds.

ÉLISABETH. Plains-moi, Dudley, et ne me fais pas de reproches... Je n'ose interroger mon cœur... Hélas ! il aurait autrement choisi. Ah! que j'envie les autres femmes qui peuvent élever celui qu'elles aiment! Moi je ne suis pas assez heureuse pour pouvoir placer la couronne sur la tête de l'homme qui m'est cher par-dessus tout. Il a été accordé à Marie Stuart de donner sa main selon son penchant ; elle s'est tout permis, elle a épuisé la coupe des délices.

LEICESTER. Maintenant elle boit la coupe amère de la douleur.

ÉLISABETH. Elle n'a tenu aucun compte de l'opinion des hommes. La vie lui était légère, jamais elle ne s'est imposé le joug auquel je me suis assujettie. J'aurais pu prétendre aussi à jouir de la vie, à respirer librement ; mais j'ai préféré les devoirs austères de la royauté. Pourtant elle a gagné la faveur de tous les hommes, parce qu'elle n'a pas cherché à être plus qu'une femme, et la jeunesse et les vieillards lui rendent hommage. Ainsi sont les hommes, tous avides de plaisir. Ils courent avec empressement aux amusements joyeux et frivoles, et n'estiment pour rien ce qu'ils doivent respecter. Ce Talbot lui-même ne s'est-il pas rajeuni quand il en est venu à parler des attraits de cette femme ?

LEICESTER. Pardonnez-lui ; il a été son gardien, et l'artificieuse Marie l'a séduit par ses paroles flatteuses.

ÉLISABETH. Est-il donc vrai qu'elle soit si belle ? J'ai entendu si souvent célébrer sa figure, que je voudrais bien savoir ce que j'en dois penser. Les portraits sont flatteurs, les descriptions menteuses. Je ne m'en rapporterai qu'à mes propres yeux. Pourquoi me regardez-vous de cet air singulier ?

LEICESTER. Je vous place dans ma pensée à côté de Marie. Je voudrais avoir la joie, je ne le cache pas, de vous voir, si cela se pouvait faire secrètement, en présence de Marie ; alors, pour la première fois, vous jouiriez de tout votre triomphe. Je voudrais voir son humiliation, lorsque, par ses propres yeux, car l'envie a les yeux pénétrants, elle verrait combien vous l'emportez sur elle par la noblesse de vos traits, aussi bien que par toutes vos autres qualités.

ÉLISABETH. Elle est la plus jeune.

LEICESTER. La plus jeune! A la voir, on ne le dirait pas. Ses douleurs, il est vrai, ont pu la vieillir avant le temps. Et ce qui rendrait son chagrin plus amer, ce serait de vous voir fiancée. Les douces espérances de la vie sont maintenant derrière elle, et elle vous verrait marcher vers le bonheur. Elle vous verrait fiancée avec un royal fils de France, elle qui jadis était si fière de l'alliance française, et qui compte encore maintenant sur l'appui de la France.

ÉLISABETH, *avec une certaine négligence*. On me persécute pour que je la voie.

LEICESTER, *vivement*. Elle demande cela comme une grâce, accordez-le-lui comme un châtiment. Elle souffrirait moins d'être conduite par vous sur l'échafaud que de se voir éclipsée par vos charmes. C'est ainsi que vous lui donnez le coup mortel, comme elle voulait vous le donner. Quand elle verra votre beauté, gardée par l'honneur, illustrée par la vertu, par cette renommée sans tache qu'elle a par ses folles galanteries rejetées loin d'elle, — quand elle la verra rehaussée par l'éclat d'une couronne, et ornée d'une parure de fiancée, alors l'heure de sa ruine sonnera. Oui, maintenant, en jetant les yeux sur vous, il me semble que vous n'avez jamais été plus en état de remporter le prix de la beauté. Moi-même, lorsque vous êtes entrée dans cette chambre, j'ai été fasciné comme par une apparition lumineuse. Eh bien! si maintenant, maintenant même, telle que vous voilà, vous vous montriez à elle, vous ne pouvez trouver un moment plus favorable.

ÉLISABETH. Maintenant. Non, non, pas maintenant, Leicester. Il faut d'abord que je me consulte, et que Burleigh.....

LEICESTER, *vivement*. Burleigh! Il ne pense qu'à l'intérêt de votre royaume. Mais comme femme, vous avez aussi vos droits. Cette question délicate est de votre juridiction, et non pas de celle de l'homme d'État. La politique ne demande-t-elle pas aussi que vous la voyiez, que vous vous conciliiez l'opinion publique par une action généreuse? Vous pourrez ensuite vous défaire de cette odieuse ennemie comme il vous plaira.

ÉLISABETH. Il ne serait pas convenable que je visse ma parente dans le besoin et l'humiliation. On dit qu'il n'y a plus autour d'elle rien de royal; l'aspect de ce dénûment serait un reproche pour moi.

LEICESTER. Il n'est pas nécessaire que vous approchiez de sa demeure. Écoutez mon conseil; le hasard nous sert à souhait. Aujourd'hui il y a une grande chasse qui vous conduira devant Fotheringay; Marie Stuart peut se trouver dans le parc : vous entrez là comme par hasard. Il faut que rien ne semble préparé d'avance; et si vous éprouvez de la répugnance à lui parler, vous ne lui parlerez pas.

ÉLISABETH. Si je fais une folie, c'est votre faute, Leicester et non pas la mienne. Je ne veux repousser aujourd'hui aucun de vos désirs, car vous êtes de mes sujets celui que j'ai le plus affligé aujourd'hui. (*Elle le regarde tendrement.*) Et quand ce ne serait qu'une fantaisie de votre part, c'est une preuve d'affection que d'accorder librement ce qu'on n'approuve pas. (*Leicester se jette à ses pieds. Le rideau tombe.*)

ACTE TROISIÈME.

Un parc sur le devant; des arbres au fond, une perspective lointaine.

SCÈNE I.

MARIE *accourt d'un pas rapide à travers les arbres;* **ANNA KENNEDY** *la suit lentement.*

KENNEDY. Vous allez comme si vous aviez des ailes, je ne puis pas vous suivre ainsi. Attendez donc.

MARIE. Laisse-moi jouir de ma récente liberté, laisse-moi redevenir enfant, et sois-le avec moi. Laisse-moi, sur ce vert gazon de la prairie, essayer l'agilité de mon pied. Suis-je échappée à ma prison obscure? Ce triste tombeau ne me tient-il plus renfermée? Laisse ma poitrine altérée respirer à longs traits le grand air, l'air du ciel.

KENNEDY. O ma chère maîtresse! votre cachot s'est seulement un peu élargi, et si vous ne voyez plus les murs qui nous renferment, c'est que l'épais feuillage des arbres nous les dérobe.

MARIE. Ah! grâces, grâces soient rendues à l'aimable verdure de ces arbres qui me cachent les murs de ma prison! Je veux m'imaginer que je suis libre et heureuse; pourquoi m'arracher à ma douce illusion? La voûte du ciel ne se déploie-t-elle pas autour de moi? Les regards libres et sans entraves s'en vont à travers un immense espace. Là-bas où s'élèvent ces montagnes grises et nuageuses, là commencent les frontières de mon royaume; et ces nuages que le vent chasse vers le sud vont chercher la mer lointaine et la France. Nuages rapides, vaisseaux aériens, ah! qui pourrait voyager et voguer avec vous! Saluez tendrement pour moi la terre de ma jeunesse! Je suis prisonnière, je suis dans les chaînes! hélas! je n'ai pas d'autres messagers; libre est votre course à travers les airs, dans les airs, vous n'êtes pas soumis à cette reine.

kennedy. Hélas! madame, vous êtes hors de vous-même! Cette liberté dont vous avez été si longtemps privée vous égare.

marie. Là un pêcheur conduit sa barque. Cette misérable nacelle pourrait me sauver et me porter rapidement vers un rivage ami. Elle ne procure qu'un modique entretien à ce pauvre homme; moi, je le chargerais de trésors, jamais il n'aurait fait une si bonne journée; la fortune serait dans ses filets s'il voulait m'entraîner dans son esquif sauveur!

kennedy. Vœux inutiles! Ne voyez-vous pas que de loin on épie nos démarches? Un ordre sinistre et cruel éloigne de nous toute créature compatissante.

marie. Non, chère Anna, crois-moi, ce n'est pas en vain que la porte de mon cachot a été ouverte; cette légère faveur m'annonce un bonheur plus grand. Je ne me trompe pas, c'est la main active de l'amour que j'en dois remercier. Je reconnais là le secours puissant de lord Leicester. Peu à peu on élargira ma prison; par un peu de liberté on m'habituera à en trouver une plus grande, jusqu'à ce qu'enfin je contemple celui qui doit rompre mes liens pour jamais!

kennedy. Hélas! je ne puis m'expliquer cette contradiction. Hier on vous annonçait la mort, et aujourd'hui tout à coup on vous donne une telle liberté. J'ai entendu dire qu'on ôtait les chaînes à ceux qui réclamaient l'éternelle délivrance!

marie. Entends-tu le son du cor? entends-tu retentir ces vaillants appels à travers les bois et les champs? Ah! que ne puis-je aussi m'élancer sur un cheval ardent et me joindre à cette troupe joyeuse? Ces sons que je connais me rappellent des souvenirs tristes et doux; souvent ils frappèrent gaiment mon oreille, quand le tumulte de la chasse retentissait sur les bruyères des highlands.

SCÈNE II.

PAULET, *les précédents.*

PAULET. Eh bien! madame, ai-je enfin bien agi? ai-je mérité vos remerciments?

MARIE. Comment, chevalier, c'est vous qui m'avez obtenu cette faveur, c'est vous?

PAULET. Pourquoi pas moi? J'ai été à la cour, et j'ai remis votre lettre.

MARIE. Vous l'avez remise réellement? Vous avez fait cela?... Et cette liberté dont je jouis à présent est un fruit de ma lettre?

PAULET. Et ce n'est pas le seul; préparez-vous à en recevoir un plus grand.

MARIE. Un plus grand, sir Paulet! Que voulez-vous dire?

PAULET. Vous avez entendu les sons du cor...

MARIE *recule avec un pressentiment.* Vous m'effrayez.

PAULET. La reine chasse dans ce parc.

MARIE. Quoi!

PAULET. Dans quelques instants elle paraîtra devant vous.

KENNEDY, *courant vers Marie, qui tremble et paraît prête à s'évanouir.* Qu'avez-vous, ma chère maîtresse? vous pâlissez.

PAULET. Eh bien! ai-je eu tort? N'était-ce point votre prière? Elle se trouve exaucée plus tôt que vous ne pensiez. Vous d'un langage d'ordinaire si prompt, préparez maintenant vos discours: voici le moment de parler.

MARIE. Ah! pourquoi n'ai-je pas su cela d'avance? Maintenant je ne suis pas disposée à avoir cette entrevue, non, pas maintenant. Ce que j'ai demandé comme la plus grande faveur me paraît à présent effrayant et terrible. Viens, Anna, — reconduis-moi dans ma demeure, afin que je me remette et que je me recueille.

PAULET. Restez ; vous devez l'attendre ici. Bien, bien, vous devez être inquiète, je le crois, de paraître devant votre juge.

SCÈNE III.
Les précedents, TALBOT.

MARIE. Ce n'est pas pour cela, grand Dieu ! J'ai une tout autre pensée... Ah ! noble Talbot, vous venez à moi comme un ange envoyé du ciel. — Je ne puis la voir, préservez-moi de son odieux aspect.

TALBOT. Revenez à vous, reine ; rappelez votre courage, voici le moment décisif.

MARIE. Je l'ai attendu longtemps, je m'y suis préparée pendant de longues années ; je me suis dit et j'ai gravé dans ma mémoire toutes les paroles que je voulais employer pour la toucher et l'émouvoir, et en un moment tout est oublié et effacé. Il n'y a plus en moi d'autre sentiment que celui de mes pénibles souffrances. Tout mon cœur se soulève avec ma haine sanglante contre elle, toutes mes bonnes pensées m'échappent, et les furies de l'enfer m'entourent en secouant les vipères qui couvrent leurs têtes.

TALBOT. Réprimez cette farouche agitation, surmontez l'amertume de votre cœur. Si la haine se rencontre avec la haine, il n'en résulte rien de bon. Quelque répugnance que vous éprouviez intérieurement, obéissez à la nécessité des circonstances : Élisabeth a le pouvoir... humiliez-vous.

MARIE. Devant elle ? jamais.

TALBOT. Il le faut pourtant. Parlez avec respect, avec résignation. Appelez-en à sa générosité, ne la bravez pas, qu'il ne soit point question de vos droits, ce n'est pas le moment.

MARIE. Hélas ! c'est ma perte que j'ai sollicitée, et ma prière a été exaucée pour mon malheur. Jamais nous n'aurions dû nous voir, jamais ; il n'en peut résulter rien de bon, rien ! Le feu et l'eau s'accorderaient plutôt ensemble ; l'agneau caresserait plutôt le tigre. Je suis trop cruellement outragée ; j'ai trop souffert par elle... Il n'y a point de réconciliation possible entre nous.

TALBOT. Voyez-la seulement. J'ai bien remarqué comme elle était touchée de vos lettres ; ses yeux se sont mouillés de larmes. Non, elle n'est pas dépourvue de sentiment ; ayez seulement meilleure confiance en elle. Je l'ai précédée pour vous avertir et vous donner de l'assurance.

MARIE, *lui prenant la main.* Hélas ! Talbot, vous avez toujours été mon ami. Que ne suis-je restée sous votre garde bienfaisante ! J'ai été rudement traitée, Talbot.

TALBOT. Oubliez tout à présent, pensez uniquement à la recevoir avec soumission.

MARIE. Burleigh, mon mauvais génie, est-il avec elle?

TALBOT. Il n'y a avec elle que le comte de Leicester.

MARIE. Lord Leicester?

TALBOT. Ne craignez rien de lui ; il ne veut point votre perte ; et si la reine a consenti à cette entrevue, c'est son ouvrage.

MARIE. Ah! je le savais bien.

TALBOT. Que dites-vous ?

PAULET. Voici la reine. (*Tous se retirent ; Marie demeure seule appuyée sur Kennedy.*)

SCÈNE IV.

Les précédents, ÉLISABETH, LE COMTE DE LEICESTER.

ÉLISABETH, *à Leicester.* Comment s'appelle cette habitation ?

LEICESTER. Le château de Fotheringay.

ÉLISABETH, *à Talbot.* Envoyez notre suite à Londres. Le peuple se presse trop vivement sur ma route ; nous voulons chercher le repos dans ce parc paisible. (*Talbot fait partir sa suite. Elle fixe ses yeux sur Marie, e continue à parler à Paulet.*) Mon bon peuple m'aime trop. Les témoignages de sa joie n'ont point de bornes et ressemblent à une idôlatrie. C'est ainsi qu'on honore les dieux, mais non pas les hommes.

MARIE, *qui pendant ce temps est restée appuyée sans force sur sa nourrice, se relève et rencontre le regard fixe d'Élisabeth. Elle tressaille avec effroi et se rejette dans les bras de sa nourrice.* O Dieu! ses traits n'annoncent point de cœur.

ÉLISABETH. Qui est cette femme? (*Silence général.*)

LEICESTER. Reine, vous êtes à Fotheringay.

ÉLISABETH *paraît surprise, et jette sur Leicester un regard sombre.* Qui a fait cela, lord Leicester?

LEICESTER. La chose est faite, reine, et puisque le ciel a conduit ici vos pas, laissez la grandeur d'âme et la pitié triompher.

TALBOT. Laissez-vous fléchir, madame, tournez vos regards sur cette infortunée qui succombe à votre aspect. (*Marie rassemble ses forces et veut s'approcher d'Élisabeth, mais elle s'arrête à moitié chemin; ses traits expriment la plus violente agitation.*)

ÉLISABETH. Quoi, milords! Qui donc m'avait annoncé une femme si soumise? Je trouve une orgueilleuse que le malheur n'a nullement domptée.

MARIE. Soit, je veux encore me soumettre à cette douleur. Loin de moi, impuissant orgueil d'une âme élevée; je veux oublier qui je suis et ce que j'ai souffert, je veux me prosterner devant celle qui m'a jetée dans cet opprobre. (*Elle se tourne vers la reine.*) Le ciel a prononcé en votre faveur, ma sœur; la victoire a couronné votre tête heureuse. J'adore la divinité qui fait votre grandeur. (*Elle s'agenouille devant elle.*) Mais soyez maintenant généreuse, ma sœur; ne me laissez pas plongée dans l'humiliation; tendez-moi votre royale main pour me relever de ma chute profonde.

ÉLISABETH, *reculant.* Vous êtes à votre place, lady Marie; et je rends grâce à la bonté de Dieu, qui n'a pas voulu que je fusse à vos pieds comme vous êtes à présent aux miens.

MARIE, *avec une émotion croissante*. Pensez à la vicissitude des choses humaines. Il y a des dieux qui punissent l'arrogance; honorez, craignez ces divinités terribles qui me jettent à vos pieds, par égard pour ces témoins étrangers! honorez-vous vous-même en moi; n'offensez, ne profanez pas le sang de Tudor, qui coule dans mes veines comme dans les vôtres. — O Dieu du ciel! ne soyez pas rude et inaccessible comme ces rocs escarpés que le naufragé s'efforce en vain de saisir. Tout mon être, ma vie, mon sort dépendent de mes paroles et du pouvoir de mes larmes; déliez mon cœur afin que je touche le vôtre. Si vous me regardez avec ce regard de glace, mon cœur tremblant se referme, le torrent de mes larmes s'arrête... et une froide terreur enchaîne les supplications dans mon sein.

ÉLISABETH, *d'un air froid et sévère*. Qu'avez-vous à me dire, lady Stuart? Vous avez voulu me parler. J'oublie que je suis une reine cruellement offensée, pour remplir un pieux devoir de sœur et vous donner la consolation de me voir. Je cède à une impulsion généreuse, et je m'expose à un juste blâme pour m'être tant abaissée... car vous savez que vous avez voulu me faire périr.

MARIE. Par où dois-je commencer, et comment pourrai-je mettre assez de prudence dans mes paroles pour vous toucher le cœur et ne pas l'offenser? O Dieu! donne de la force à mes paroles et enlève-leur tout aiguillon qui pourrait blesser. Je ne puis parler pour moi sans vous accuser grièvement, et c'est ce que je ne veux pas. — Vous avez agi d'une façon qui n'est pas juste, car je suis reine comme vous, et vous m'avez retenue prisonnière. Je suis venue à vous comme une suppliante, et vous, méprisant en moi les lois sacrées de l'hospitalité et les droits des peuples, vous m'avez enfermée dans les murs d'un cachot. Mes amis, mes serviteurs m'ont été cruellement enlevés, et j'ai été livrée à un indigne dénûment. On m'a traduite devant un tribunal indigne; mais n'en parlons plus. Que toutes ces cruautés que j'ai souffertes soient plongées dans un éternel oubli. Tenez, je veux attribuer tout cela à la destinée; vous n'êtes pas coupable, et moi je ne le suis pas non plus. Un méchant esprit est sorti du fond de l'abîme pour jeter dans nos cœurs cette haine ardente qui nous a divisées dès notre tendre jeunesse. Elle a grandi avec nous. Des hommes mauvais ont attisé et soufflé cette malheureuse flamme. Des zélateurs insensés ont mis le poignard et l'épée dans des mains dont on ne réclamait pas le secours. Tel est le fatal destin des rois. Leurs haines déchirent le monde, et chacune de leurs divisions déchaîne les furies. — Maintenant, il n'y a plus entre nous aucun organe étranger. (*Elle s'approche d'elle avec confiance et parle d'un ton caressant.*) Nous voilà l'une en face de l'autre; maintenant parlez, ma sœur; dites-moi mes fautes, je veux vous donner pleine satisfaction. Hélas! que n'avez-vous consenti à me recevoir quand je demandais si instamment à vous voir? Les choses ne seraient jamais allées si loin, et maintenant nous n'aurions pas cette triste rencontre dans ce lieu sinistre.

ÉLISABETH. Ma bonne étoile m'a préservée alors de réchauffer le serpent dans mon sein. N'accusez pas la destinée, mais la noirceur de votre âme et l'ambition effrénée de votre maison. Nulle inimitié n'avait encore éclaté entre nous, lorsque votre oncle, ce prêtre arrogant et ambitieux qui porte la main sur toutes les couronnes, vous donna des idées de guerre, vous persuada follement de prendre mes armes, de vous approprier mon titre royal et d'engager un combat à mort avec moi. Qui n'a-t-il pas suscité contre moi? la langue des prêtres, l'épée des peuples, les armes redoutables d'une religieuse exaltation; ici même, au milieu de mon royaume paisible, il a soufflé le feu de la discorde : mais Dieu est avec moi, et cet orgueilleux prêtre n'a pas triomphé; le coup fatal menaçait ma tête, et c'est la vôtre qui tombe.

MARIE. Je suis dans la main de Dieu, vous n'abuserez pas aussi cruellement de votre pouvoir.

ÉLISABETH. Qui peut m'en empêcher? Votre oncle a montré, par son exemple, à tous les rois de la terre, comment on fait la paix avec ses ennemis. Que la Saint-Barthélemy me serve de leçon! Que m'importent les liens du sang, les droits des peuples? L'Église rompt tous les liens, elle consacre le parjure et le régicide. Je ne fais que mettre en pratique ce que vos prêtres enseignent. Dites, quel gage me répondrait de vous, si dans ma générosité, je dénouais vos chaînes? Y a-t-il, pour garder votre fidélité, un château que la clef de saint Pierre ne puisse ouvrir? La force seule fait ma sécurité: point d'alliance avec la race des serpents!

MARIE. Oh! quel soupçon triste et cruel! Vous m'avez toujours regardée comme une ennemie et une étrangère. Si vous m'aviez déclarée votre héritière, suivant les droits de ma naissance, la reconnaissance et l'amour vous auraient donné en moi une fidèle amie et une fidèle parente.

ÉLISABETH. Lady Stuart, votre amitié est ailleurs; votre famille, c'est le papisme, et les moines sont vos frères. — Vous déclarer mon héritière! Piége perfide! afin que de mon vivant vous égariez mon peuple, et que, trompeuse Armide, vous enlaciez adroitement dans vos filets séducteurs la jeunesse de mon royaume, afin que tous les regards se tournent vers le soleil levant, et que moi...

MARIE. Régnez en paix; je renonce à toute prétention sur ce royaume. Hélas! l'essor de mon esprit est paralysé, la grandeur ne m'attire plus; vous avez atteint votre but, je ne suis plus que l'ombre de Marie. Les injures de la captivité ont brisé la fierté de mon cœur: vous m'avez réduite à la dernière extrémité; vous m'avez anéantie à la fleur de mon âge! — Maintenant

finissez, ma sœur, prononcez le mot pour lequel vous
êtes venue ici, car je ne puis croire que vous soyez
venue ici pour insulter cruellement à votre victime.
Prononcez ce mot; dites-moi: Vous êtes libre, Marie;
vous avez senti ma puissance, maintenant apprenez à
honorer ma générosité. — Dites-le, et je recevrai la vie,
la liberté comme un présent de votre main. — Un mot
annule tout ce qui s'est passé; j'attends ce mot; ah! ne
me le faites pas attendre trop longtemps. Malheur à
vous si vous ne terminez pas tout par ce mot! car si
vous ne vous séparez pas de moi, ma sœur, comme
une divinité glorieuse et bienfaisante, — non, pour
toute cette grande et riche contrée, pour tous les pays
que la mer environne, je ne voudrais pas apparaître
à vos yeux comme vous apparaissez aux miens.

ÉLISABETH. Vous reconnaissez-vous enfin vaincue?
En est-ce fait de vos complots? N'y a-t-il plus de meurtriers en route? plus d'aventuriers qui veuillent encore
faire pour vous un malheureux acte de chevalerie?
Oui, c'en est fait, lady Marie, vous ne séduirez plus
personne; le monde a d'autres soucis; personne n'a
envie de devenir votre quatrième mari, car vous tuez
vos amants comme vos maris.

MARIE, *éclatant.* Ma sœur! ma sœur! O Dieu! ô Dieu!
donne-moi la modération.

ÉLISABETH *la regarde longtemps avec un orgueilleux
mépris.* Lord Leicester, ce sont donc là les charmes que
nul homme ne regarde impunément, et dont nulle
femme n'ose braver la comparaison? En vérité, cette
renommée a été acquise à bon marché. Pour être belle
aux yeux de tous, il faut seulement appartenir à tous.

MARIE. C'en est trop!

ÉLISABETH, *avec un rire moqueur.* Montrez-nous à
présent votre véritable visage; jusqu'ici nous n'avons
vu que le masque.

MARIE, *enflammée de colère, mais avec une noble dignité.* J'ai fait des fautes: la jeunesse, la fragilité hu-

maine, la puissance m'ont égarée ; mais je ne me suis point cachée dans l'ombre ; j'ai dédaigné, avec une royale franchise, les fausses apparences. Ce que j'ai fait de plus mauvais, le monde le sait, et je puis dire que je vaux mieux que ma renommée. Malheur à vous, si l'on venait à arracher le manteau d'honneur que votre hypocrisie a jeté sur l'ardeur effrénée de vos plaisirs secrets ! Ce n'est pas de votre mère que vous aurez hérité l'honneur. On sait pour quelle vertu Anne de Boleyn est montée sur l'échafaud.

TALBOT *s'avance entre les deux reines.* O Dieu du ciel ! les choses devaient en venir là ? Est-ce là de la soumission, de la modération, lady Marie ?

MARIE. De la modération ! j'ai supporté tout ce qu'un être humain peut supporter. Adieu, cette résignation d'agneau ! remonte vers le ciel, douloureuse patience ! brise enfin tes liens, sors de ta retraite, colère trop contenue, et toi qui donnas au basilic irrité un regard mortel, pose sur mes lèvres le dard empoisonné !

TALBOT. Oh ? elle est hors d'elle-même. Pardonnez à son emportement, à sa cruelle irritation.

(*Élisabeth, muette de colère, jette sur Marie des regards furieux.*)

LEICESTER, *dans la plus vive agitation, cherche à emmener Élisabeth.* N'écoutez pas sa fureur ; éloignez-vous, éloignez-vous de ce lieu fatal.

MARIE. Le trône d'Angleterre est profané par une bâtarde ; le noble peuple de l'Angleterre est trompé par une fourbe comédienne. Si la justice l'eût emporté sur le sort, vous seriez maintenant dans la poussière devant moi, car je suis votre reine.

(*Élisabeth s'éloigne rapidement ; les lords la suivent dans le plus grand trouble.*)

SCÈNE V.

MARIE, KENNEDY.

KENNEDY. Oh ! qu'avez-vous fait ? Elle s'éloigne avec

fureur ; maintenant tout est perdu, toute espérance s'évanouit.

MARIE, *encore hors d'elle-même.* Elle s'éloigne en fureur et porte la mort dans le cœur. (*Se jetant dans les bras de Kennedy.*) Ah! que je me sens bien, Anna ! Enfin après des années d'abaissement et de douleur, un instant de vengeance et de triomphe ! Mon cœur est soulagé d'un poids énorme ; j'ai mis le poignard dans le sein de mon ennemie.

KENNEDY. Malheureuse ! quel délire vous égare ! Vous avez blessé cette femme implacable ; elle tient la foudre, elle est reine. Vous l'avez outragée aux yeux de son amant.

MARIE. Je l'ai humiliée aux yeux de Leicester. Il était là et attestait mon triomphe. Quand je la précipitai de sa hauteur, il était là. Sa présence me donnait de la force.

SCÈNE VI.

Les précédents, MORTIMER.

KENNEDY. Ah! sir Mortimer, quel résultat !...

MORTIMER. J'ai tout entendu. (*Il fait signe à la nourrice de se placer en sentinelle, et il s'approche d'elle. Toute sa contenance exprime un état violent et passionné.*) Vous l'avez vaincue, vous l'avez terrassée dans la poussière ; vous étiez la reine, et elle la coupable. Je suis ravi de votre courage, je vous adore ; vous m'êtes apparue dans ce moment comme une grande et éclatante divinité.

MARIE. Vous avez parlé à Leicester ; vous lui avez remis ma lettre et mon portrait ? Oh ! répondez, sir Mortimer.

MORTIMER, *la regardant d'un œil enflammé.* Ah! quel éclat vous donnait cette noble colère ! comme vos attraits brillaient à mes yeux! Vous êtes la plus belle entre les femmes de ce monde!

MARIE. Je vous en prie, calmez mon impatience. Qu'a répondu milord ? Oh ! dites, que puis-je espérer ?

MORTIMER. Qui, lui ? C'est un lâche, un misérable. N'espérez rien de lui, méprisez-le, oubliez-le.

MARIE. Que dites-vous ?

MORTIMER. Lui, vous délivrer et vous posséder ! lui, qu'il l'ose ! lui ! il faudrait pour cela qu'il combattît avec moi à la vie à la mort.

MARIE. Vous ne lui avez pas remis ma lettre ? Oh ! alors c'en est fait.

MORTIMER. Le lâche tient à la vie. Celui qui veut vous délivrer et vous obtenir, celui-là doit embrasser la mort avec courage.

MARIE. Il ne veut rien faire pour moi ?

MORTIMER. Plus un mot de lui ; que peut-il faire et qu'avons-nous besoin de lui ? Moi, je vous délivrerai, moi seul !

MARIE. Hélas ! que pouvez-vous ?

MORTIMER. Ne vous abusez plus, comme si vous étiez encore dans la même situation que hier. De la manière dont la reine vient de vous quitter, et dont cette entrevue a fini, tout est perdu, tout recours en grâce est inutile. Maintenant il faut de l'action, l'audace doit décider. Il faut tout risquer pour tout sauver, il faut que vous soyez libre avant que le jour paraisse.

MARIE. Que dites-vous ? Cette nuit ? Comment est-ce possible ?

MORTIMER. Écoutez ce qui est résolu : j'ai rassemblé mes compagnons dans une chapelle secrète : un prêtre a entendu notre confession, il nous a donné l'absolution de toutes les fautes que nous avions commises et de toutes celles que nous pouvons encore commettre. Nous avons reçu les derniers sacrements, et nous sommes prêts pour le dernier voyage.

MARIE. Oh ! quels terribles préparatifs !

MORTIMER. Nous montons cette nuit au château, les clefs sont en mon pouvoir : nous égorgeons les gardiens, nous vous arrachons de votre prison, et pour qu'il ne reste après nous personne qui puisse révéler cet événement, il faut que chaque créature vivante meure de notre main.

MARIE. Et Drury et Paulet, mes maîtres geôliers? Ils verseront plutôt la dernière goutte de leur sang.

MORTIMER. Ils tomberont les premiers sous mon poignard.

MARIE. Quoi! votre oncle? votre second père?

MORTIMER. Il mourra de ma main; je l'égorgerai.

MARIE. O crime sanglant!

MORTIMER. Je suis d'avance absous de tous mes crimes: je puis tout faire, et je le veux.

MARIE. Horrible! horrible!

MORTIMER. Et dussé-je poignarder aussi la reine, je l'ai juré sur l'hostie.

MARIE. Non, Mortimer, avant que de voir pour moi tant de sang...

MORTIMER. Et qu'est-ce que la vie de tous les hommes auprès de vous et de mon amour? Que les liens du monde se rompent, qu'un second déluge engloutisse dans ses vagues tout ce qui respire! Je ne respecte plus rien. Que le dernier jour de l'univers arrive avant que je renonce à vous!

MARIE, *se reculant*. Dieu! quel langage, sir Mortimer, et quels regards! ils me troublent, ils m'épouvantent.

MORTIMER, *avec des regards égarés et l'expression d'un délire contenu*. La vie n'est qu'un instant, la mort aussi n'est qu'un instant. Qu'on m'entraîne à Tyburn! qu'on me déchire chaque membre avec des tenailles brûlantes! (*Il s'avance vers elle les bras étendus.*) Si je t'enlace dans mes bras, toi que j'aime avec ardeur...

MARIE, *se retirant*. Arrêtez, insensé...

MORTIMER. Sur ce sein, sur cette bouche qui respire l'amour...

MARIE. Au nom de Dieu, sir Mortimer, laissez-moi m'éloigner.

MORTIMER. Celui-là est un insensé qui ne retient pas dans un embrassement infini le bonheur que Dieu place sous sa main. Je veux te sauver, dût-il m'en coûter mille vies, je te sauverai, je le veux ; mais, aussi vrai que Dieu existe, je le jure, je veux aussi te posséder.

MARIE. Oh! nul Dieu, nul ange ne me protégera-t-il? Affreuse destinée! comme tu me jettes cruellement d'une terreur dans une autre. Ne suis-je née que pour exciter la fureur? La haine et l'amour se conjurent-ils pour m'épouvanter.

MORTIMER. Oui, je t'aime avec passion, comme ils te haïssent. Ils veulent te trancher la tête ; ils veulent couper avec la hache ce cou d'une blancheur éblouissante. Ah! consacre au dieu de la vie et de la joie ce qu'il te faudra sacrifier à la haine sanglante. Avec ces charmes dévoués à la mort, enchante ton heureux amant. Que ces boucles si belles, que cette chevelure soyeuse, qui appartiennent déjà aux sombres régions de la mort, enlacent à jamais ton esclave !

MARIE. Oh! quelles paroles dois-je entendre! Sir Mortimer, si une tête couronnée n'est pas sacrée pour vous, mes malheurs, mes souffrances devraient l'être

MORTIMER. Ta couronne est tombée. Il ne te reste rien de ta majesté terrestre. Essaye de commander, tu verras si un ami, si un libérateur se lève à ton ordre. Tu ne possèdes plus que la physionomie touchante et la divine puissance de la beauté. C'est elle qui me fait tout risquer, qui me rend capable de tout. C'est elle qui me jette au-devant de la hache du bourreau.

MARIE. Oh! qui me délivrera de sa fureur!

MORTIMER. Un service audacieux demande une audacieuse récompense. Pourquoi le brave verse-t-il son sang? La vie est le plus précieux des biens. Insensé celui qui la prodiguerait sans motif! Je veux d'abord me reposer sur son sein ardent... (*Il la presse avec force dans ses bras.*)

MARIE. Ah! faut-il donc que j'implore du secours contre l'homme qui veut être mon libérateur?

MORTIMER. Tu n'es pas insensible ; le monde ne t'accuse point d'une froide rigueur. L'ardente prière de l'amour peut te toucher; tu as rendu heureux le chanteur Riccio, et Bothwell a su t'entraîner.

MARIE. Téméraire!...

MORTIMER. Il n'était que ton tyran ; tu tremblais devant lui lorsque tu l'aimais. Si la terreur seule peut te subjuguer, par les divinités de l'enfer!...

MARIE. Laissez-moi, vous êtes dans le délire.

MORTIMER. Tu trembleras aussi devant moi.

KENNEDY, *accourant*. On approche... on vient. Le jardin est rempli d'hommes armés.

MORTIMER, *tirant son épée.* Je te protégerai.

MARIE. O Anna, délivre-moi de ses mains. Malheureuse! où trouverai-je un refuge? à quel saint dois-je avoir recours? Ici est la violence, là est la mort.

(*Elle fuit, Kennedy la suit.*)

SCÈNE VII.

MORTIMER, PAULET *et* DRURY *hors d'eux-mêmes.*
Leur suite accourt.

PAULET. Fermez les portes; levez le pont.

MORTIMER. Mon oncle, qu'y a-t-il?

PAULET. Où est cette femme criminelle? Qu'on la renferme dans la prison la plus sombre!

MORTIMER. Qu'y a-t-il? qu'est-il arrivé?

PAULET. La reine!... ô mains maudites!... audace diabolique !

MORTIMER. La reine! quelle reine?

PAULET. D'Angleterre. Elle a été assassinée sur la route de Londres.

(*Il rentre précipitamment au château.*)

SCÈNE VIII.

MORTIMER, ensuite OKELLY.

MORTIMER. Suis-je dans le délire? quelqu'un ne vient-il pas de crier : La reine est tuée? Non, non, ce n'est qu'un rêve. Mon ardeur fiévreuse présente à mes sens comme une réalité ce qui occupe mes sombres pensées. Qui vient? C'est Okelly.... si épouvanté!...

OKELLY, *accourant avec précipitation.* Fuyez, Mortimer, fuyez, tout est perdu.

MORTIMER. Qu'y a-t-il de perdu?

OKELLY. N'en demandez pas davantage; pensez à fuir promptement.

MORTIMER. Qu'y a-t-il donc?

OKELLY. Sauvage a fait le coup, le forcené!

MORTIMER. Est-ce vrai?

OKELLY. Vrai, vrai. Oh! sauvez-vous.

MORTIMER. Elle est tuée, et Marie monte sur le trône d'Angleterre.

OKELLY. Tuée! qui a dit cela?

MORTIMER. Vous-même.

OKELLY. Elle vit, et vous et moi nous sommes tous dévoués à la mort.

MORTIMER. Elle vit?

OKELLY. Le coup n'a pas réussi; il n'a percé que le manteau, et Talbot a désarmé le meurtrier.

MORTIMER. Elle vit?

OKELLY. Elle vit pour nous perdre tous. Venez, déjà on cerne le parc.

MORTIMER. Qui a fait ce coup insensé?

OKELLY. C'est ce barnabite de Toulon que vous avez vu assis pensif dans la chapelle quand le prêtre prononçait l'anathème que le pape a lancé avec malédiction contre la reine. Il voulait saisir le moyen le plus prompt et le plus expéditif de délivrer par un coup hardi l'Église de Dieu, et de gagner la couronne du martyre. Il n'a confié son dessein qu'au prêtre, et il l'a exécuté sur la route de Londres.

MORTIMER, *après un moment de silence.* Infortunée! un destin cruel et implacable te poursuit. Maintenant, oui, maintenant, il faut que tu meures. Celui qui devait te sauver hâte lui-même ta perte.

OKELLY. Dites, où dirigez-vous votre fuite? Moi je vais me cacher dans les montagnes du Nord.

MORTIMER. Partez et que Dieu protége votre fuite. Je reste : j'essayerai encore de la délivrer, et si je ne le puis, je mourrai sur son cercueil.

(*Ils sortent de différents côtés.*)

ACTE QUATRIÈME.

Une antichambre.

SCÈNE I.

LE COMTE DE L'AUBESPINE, KENT, LEICESTER.

L'AUBESPINE. Comment se trouve Sa Majesté? Milords, vous me voyez encore tout bouleversé de terreur. Comment cela est-il arrivé? Comment au milieu du plus fidèle peuple...?

LEICESTER. Le meurtrier n'appartient pas à ce peuple; c'est un sujet de votre roi, c'est un Français.

L'AUBESPINE. Un insensé assurément.

KENT. Un papiste, comte de l'Aubespine.

SCÈNE II.

Les précédents ; BURLEIGH *entre en causant avec* DAVISON.

BURLEIGH. Qu'on rédige à l'instant l'ordre de l'exécution et qu'il soit revêtu du sceau : — dès qu'il sera prêt, il sera présenté à la signature de la reine. Allez ; il n'y a pas de temps à perdre

DAVISON. Cela sera fait.

(*Il sort.*)

L'AUBESPINE, *allant au-devant de Burleigh*. Milord, mon cœur sincère partage la légitime joie de cette île. Grâces soient rendues au ciel qui a préservé du coup de l'assassin la tête de la reine !

BURLEIGH. Grâces lui soient rendues pour avoir confondu la scélératesse de nos ennemis !

L'AUBESPINE. Que Dieu punisse l'auteur de ce maudit attentat !

BURLEIGH. Son auteur et son indigne instigateur !

L'AUBESPINE, *à Kent*. Plaît-il à votre seigneurie, milord maréchal, de m'introduire auprès de Sa Majesté, afin que je dépose humblement à ses pieds les félicitations du roi mon maître ?

BURLEIGH. Ne vous donnez pas cette peine, comte de l'Aubespine.

L'AUBESPINE, *avec empressement*. Je connais mon devoir, milord.

BURLEIGH. Vous ferez bien de quitter cette île au plus tôt.

L'AUBESPINE, *recule étonné*. Quoi ! qu'est-ce que cela signifie ?

BURLEIGH. Votre caractère sacré vous protége encore aujourd'hui, mais plus demain.

L'AUBESPINE. Et quel est mon crime ?

BURLEIGH. Si je le signale, il ne peut plus être pardonné.

L'AUBESPINE. J'espère, milord, que le droit des ambassadeurs...

BURLEIGH. Ne protége pas la haute trahison.

LEICESTER *et* KENT. Ah ! qu'est-ce donc ?

L'AUBESPINE. Milord, songez-vous bien ?...

BURLEIGH. Un passe-port signé de votre main a été trouvé dans la poche du meurtrier.

KENT. Est-il possible?

L'AUBESPINE. Je signe beaucoup de passe-ports; je ne puis lire dans le cœur de chacun.

BURLEIGH. Le meurtrier s'est confessé dans votre hôtel.

L'AUBESPINE. Mon hôtel est ouvert...

BURLEIGH. A tous les ennemis de l'Angleterre.

L'AUBESPINE. Je demande une enquête.

BURLEIGH. Redoutez-la.

L'AUBESPINE. Mon souverain est outragé dans ma personne : il rompra l'alliance qui vient d'être contractée.

BURLEIGH. La reine l'a déjà rompue. Jamais l'Angleterre ne s'unira avec la France. Milord de Kent, vous vous chargez de conduire en sûreté le comte jusqu'à la mer. Le peuple en fureur a envahi son hôtel, on y a trouvé tout un arsenal d'armes. Il menace de le mettre en pièces s'il se montre; cachez-le jusqu'à ce que cette colère soit apaisée. — Vous répondez de sa vie.

L'AUBESPINE. Je pars; j'abandonne ce royaume où l'on foule aux pieds les droits des peuples et où l'on se joue des traités. Mais mon maître tirera une vengeance sanglante...

BURLEIGH. Qu'il vienne la chercher!

(*Kent et l'Aubespine sortent.*)

SCÈNE III.

LEICESTER *et* BURLEIGH.

LEICESTER. Ainsi, vous dénouez vous-même les liens que vous aviez formés avec empressement, sans qu'on vous le demandât. L'Angleterre vous en aura peu d'obligation, et vous auriez pu vous épargner cette peine.

BURLEIGH. Mon but était bon ; Dieu en a décidé autrement. Heureux celui qui n'a pas de faute plus grave à se reprocher!

LEICESTER. On reconnaît Cécil à son air ténébreux, quand il est à la poursuite d'un crime d'État. — Voici, milord, un bon moment pour vous. Un grand crime a été commis, et ses auteurs sont encore enveloppés dans le mystère. Un tribunal d'inquisition va être ouvert. Les paroles et les regards seront pesés; les pensées elles-mêmes seront sommées de comparaître. Vous voilà l'homme important par excellence, l'Atlas de l'État. Toute l'Angleterre repose sur vos épaules.

BURLEIGH. Milord, je vous reconnais pour mon maître. Mon éloquence n'a jamais remporté une victoire pareille à celle que vous avez obtenue...

LEICESTER. Que voulez-vous dire, milord?

BURLEIGH. N'est-ce pas vous qui, à mon insu, avez attiré la reine au château de Fotheringay?

LEICESTER. A votre insu? Quand ai-je craint de vous montrer mes actions?

BURLEIGH. Vous avez conduit la reine à Fotheringay. Mais non, vous n'y avez pas conduit la reine; c'est la reine elle-même qui a été assez complaisante pour vous y mener.

LEICESTER. Que voulez-vous dire par là, milord?

BURLEIGH. Le noble personnage que vous avez fait là jouer à la reine! le glorieux triomphe que vous lui avez préparé, à elle qui s'abandonnait à vous sans méfiance! — Bonne princesse! comme on s'est honteusement joué de toi! comme on t'a sacrifiée sans pitié! Voilà donc la grandeur d'âme et la douceur dont vous avez subitement parlé dans le conseil! Voilà pourquoi cette Stuart était une ennemie si faible et si méprisable, que ce n'était pas la peine de se souiller de son sang! Un plan adroit! finement conçu! Par malheur le trait était si aiguisé que la pointe s'est brisée.

LEICESTER. Misérable! Suivez-moi sur-le-champ; venez devant le trône de la reine me rendre raison.

BURLEIGH. Vous m'y trouverez, et prenez garde, milord, que votre éloquence ne soit pas en défaut quand vous serez là.

(Il sort.)

SCÈNE IV.

LEICESTER seul, ensuite MORTIMER.

LEICESTER. Je suis découvert; on m'a pénétré. Comment ce malheureux est-il arrivé sur mes traces? Malheur à moi s'il a des preuves! Si la reine apprend qu'il y a eu des intelligences entre Marie et moi, Dieu! comme je serai coupable à ses yeux! Quelle ruse, quelle trahison ne croira-t-on pas voir dans mes conseils, dans mes malheureux efforts pour la conduire à Fotheringay! Elle va se voir cruellement jouée par moi et trahie par une odieuse ennemie! Oh! jamais, jamais elle ne me le pardonnerait. Tout lui paraîtra concerté d'avance, même la tournure amère de cet entretien, et le triomphe de sa rivale, et son rire moqueur; et même cette main sanglante d'assassin qu'un destin terrible et inattendu a jetée dans tout ceci, c'est moi qui l'aurai armée! Je ne vois plus de salut, plus nulle part. Ah! qui vient?...

MORTIMER *arrive dans un trouble violent et regarde autour de lui.* Comte Leicester, est-ce vous? Sommes-nous sans témoin?

LEICESTER. Malheureux! éloignez-vous. Que cherchez-vous ici!

MORTIMER. On est sur nos traces, sur les vôtres aussi. Prenez garde!

LEICESTER. Retirez-vous, retirez-vous.

MORTIMER. On sait qu'il y a eu chez le comte de l'Aubespine un rassemblement secret.

LEICESTER. Que m'importe?

MORTIMER. Que le meurtrier s'y est trouvé.

LEICESTER. C'est votre affaire. Malheureux! qu'osez-vous me mêler à vos crimes sanglants? Défendez vous-même vos mauvaises actions.

MORTIMER. Veuillez bien seulement m'écouter.

LEICESTER, *dans une violente colère*. Allez au diable! Pourquoi vous attacher à mes pas comme un méchant esprit? Loin de moi! Je ne vous connais pas, je n'ai rien de commun avec des assassins.

MORTIMER. Vous ne voulez pas m'entendre? Je viens pour vous avertir. Vos démarches sont aussi découvertes.

LEICESTER. Ah!

MORTIMER. Le grand trésorier a été à Fotheringay aussitôt après ce malheureux événement. La chambre de la reine a été sévèrement fouillée, et on y a trouvé...

LEICESTER. Quoi?

MORTIMER. Un commencement de lettre de la reine pour vous...

LEICESTER. La malheureuse!

MORTIMER. Où elle vous somme de tenir votre parole, vous renouvelle la promesse de sa main, et vous rappelle le don du portrait...

LEICESTER. Mort et damnation!

MORTIMER. Lord Burleigh a la lettre.

LEICESTER. Je suis perdu! (*Il se promène çà et là avec désespoir pendant que Mortimer lui parle.*)

MORTIMER. Saisissez le moment. Prévenez-la. Sauvez-vous, sauvez-la. Jurez que vous êtes innocent, inventez des excuses, détournez le pire malheur. Moi-même, je ne puis plus rien; mes compagnons sont dispersés, notre conjuration est dissoute. Je cours en Écosse pour y rassembler de nouveaux amis. C'est à vous à présent à essayer ce que peut faire votre crédit et la hardiesse de votre maintien.

LEICESTER *s'arrête, puis, avec une pensée soudaine*. C'est ce que je veux faire. (*Il va vers la porte, l'ouvre et s'écrie.*) Holà, gardes! (*A l'officier qui entre avec des hommes d'armes.*) Emparez-vous de ce criminel d'État et gardez-le bien. Le plus infâme complot vient d'être découvert, et je vais moi-même l'annoncer à la reine.

(*Il sort.*)

MORTIMER, *d'abord stupéfait d'étonnement, se remet et lance à Leicester un regard du plus profond mépris.* Ah! coquin! N'importe, je l'ai bien mérité! Pourquoi me suis-je fié à ce misérable? Il me foule aux pieds; ma chute doit être son moyen de salut. Sauve-toi donc, ma bouche restera fermée; je ne veux pas t'entraîner dans ma perte, je ne veux pas de ton alliance même dans la mort. La vie est l'unique bien des méchants. (*A l'officier qui s'avance pour le saisir.*) Que veux-tu, lâche esclave de la tyrannie? Je me moque de toi, je suis libre. (*Il tire un poignard.*)

L'OFFICIER. Il est armé; arrachez-lui son poignard. (*Les soldats l'entourent, il se défend.*)

MORTIMER. Au dernier moment, mon cœur sera libre, et je parlerai sans contrainte! Anéantissement et malédiction sur vous qui trahissez votre Dieu et votre véritable reine, qui vous éloignez de la Marie de ce monde, comme de celle qui est au ciel, pour vous vendre à une reine bâtarde!

L'OFFICIER. Entendez-vous ces blasphèmes? Allez, saisissez-le.

MORTIMER. Ma bien-aimée, je n'ai pu te délivrer, mais je veux te donner un exemple de courage. Divine Marie, prie pour moi et appelle-moi à toi dans le ciel! (*Il se frappe avec son poignard et tombe dans les bras des gardes.*)

SCÈNE V.

L'appartement de la reine.

ÉLISABETH, *une lettre à la main*, BURLEIGH.

ÉLISABETH. Me conduire là! Se jouer ainsi de moi! Le traître! M'amener en triomphe devant sa maîtresse! Oh! jamais femme, Burleigh, ne fut trompée ainsi.

BURLEIGH. Je ne puis encore concevoir par quelle puissance, par quels moyens il est parvenu à surprendre ainsi la prudence de ma reine.

ÉLISABETH. Oh! j'en meurs de honte! Comme il devait se railler de ma faiblesse! Je croyais qu'elle serait humiliée, et j'ai moi-même été l'objet de ses outrages!

BURLEIGH. Vous voyez maintenant combien mes conseils étaient sincères.

ÉLISABETH. Oh! je suis cruellement punie de m'être écartée de vos sages conseils; mais comment ne l'aurais-je pas cru? Devais-je soupçonner un piège dans les serments les plus tendres de l'amour? A qui puis-je me fier, s'il m'a trahie? Lui que j'avais fait grand parmi les grands! lui qui a toujours été le plus près de mon cœur! lui que j'avais autorisé à agir à cette cour comme un maître, comme un roi!...

BURLEIGH. Et dans le même temps, il vous trahit pour cette fausse reine.

ÉLISABETH. Oh! elle me le payera de son sang! — Dites-moi, la sentence est-elle rédigée?

BURLEIGH. Elle est prête comme vous l'avez ordonné.

ÉLISABETH. Il faut qu'elle meure! Qu'il la voie tomber et qu'il tombe après elle! Je l'ai banni de mon cœur; l'amour a cessé; je ne sens plus que la vengeance. Que sa chute soit aussi profonde et aussi honteuse que son élévation a été grande; qu'il devienne un monument de ma sévérité. Qu'on le conduise à la Tour: je nommerai des pairs pour le juger. Qu'il soit livré à toute la rigueur des lois.

BURLEIGH. Il va pénétrer jusqu'à vous, il va se justifier.

ÉLISABETH. Comment peut-il se justifier? Cette lettre ne le condamne-t-elle pas?... Oh! son crime est clair comme le jour.

BURLEIGH. Mais vous êtes bonne et clémente: son aspect, le pouvoir de sa présence...

ÉLISABETH. Je ne veux pas le voir: non, jamais, plus

jamais. Avez-vous donné l'ordre de le renvoyer, s'il vient !

BURLEIGH. Cet ordre est donné.

UN PAGE *entre*. Milord Leicester !

LA REINE. L'indigne ! Je ne veux pas le voir. Dites-lui que je ne veux pas le voir.

LE PAGE. Je n'ose dire cela à milord : il ne voudrait pas me croire.

LA REINE. Ainsi, je l'ai élevé si haut, que mes serviteurs tremblent devant lui plus que devant moi.

BURLEIGH, *au page*. La reine lui défend d'approcher. (*Le page se retire avec hésitation.*)

LA REINE, *après un moment de silence*. Si cependant il était possible... S'il pouvait se justifier. — Dites-moi, ne serait-ce pas un piége que Marie me tend pour m'éloigner de mon plus fidèle ami ? Oh ! c'est une rusée scélérate. Si elle n'avait écrit cette lettre que pour me jeter dans le cœur un soupçon empoisonné, pour précipiter dans l'infortune celui qu'elle hait.

BURLEIGH. Mais, madame, songez...

SCÈNE VI.

Les précédents, LEICESTER.

LEICESTER *ouvre la porte avec violence, et entre d'un ton de maître*. Je veux voir l'impertinent qui me défend la porte de la reine.

ÉLISABETH. Ah ! téméraire !

LEICESTER. Me repousser ! Quand elle est visible pour un Burleigh ! elle l'est aussi pour moi.

BURLEIGH. Vous êtes bien hardi, milord, d'entrer ici de force, malgré la défense.

LEICESTER. Et vous bien hardi, milord, de prendre ici la parole. La défense !... Quoi ! il n'y a personne à cette cour de qui lord Leicester ait à recevoir une permission ou une défense. (*Il s'approche humblement d'Éli-*

sabeth.) C'est de la bouche même de ma souveraine que je veux...

ÉLISABETH, *sans le regarder*. Retirez-vous de mes yeux, indigne!...

LEICESTER. A ces dures paroles, je ne reconnais point ma grâcieuse souveraine, mais ce lord, mon ennemi... J'en appelle à mon Élisabeth. Vous avez prêté l'oreille à ses paroles, je réclame le même droit.

ÉLISABETH. Parlez, infâme!... augmentez encore votre crime en le niant.

LEICESTER. Ordonnez d'abord à cet importun de s'éloigner... Sortez, milord : ce que j'ai à dire à la reine n'exige point de témoins. Allez.

ÉLISABETH, *à Burleigh*. Restez, je vous l'ordonne.

LEICESTER. Doit-il y avoir un tiers entre vous et moi?... J'ai à parler à ma reine adorée ; — je réclame les droits de ma place : ce sont des droits sacrés, et je les invoque pour que milord s'éloigne.

ÉLISABETH. Cet altier langage en vérité vous sied bien !

LEICESTER. Oui, ce langage me convient, car je suis l'heureux mortel auquel vous avez accordé l'heureux privilége de votre faveur : par là vous m'avez élevé au-dessus de ce lord et au-dessus de tous. Votre cœur m'a donné ce rang glorieux, et ce que l'amour m'a donné, par le ciel ! je saurai le garder au prix de ma vie... Qu'il sorte ! et je n'ai besoin que de deux instants pour être compris de vous.

ÉLISABETH. Vous espérez en vain me tromper par vos paroles adroites.

LEICESTER. Ce rhéteur pourrait vous tromper, mais moi, je veux parler à votre cœur, et ce que j'ai osé faire, me confiant en votre faveur, je ne veux le justifier que devant votre cœur. — Je ne reconnais point d'autre tribunal pour moi que votre bienveillance.

ÉLISABETH. Impudent ! c'est cela même qui vous condamne... Montrez-lui la lettre, milord.

BURLEIGH. La voici.

LEICESTER *parcourt la lettre sans changer de contenance.* C'est la main de lady Stuart.

ÉLISABETH. Lisez, et soyez confondu.

LEICESTER, *tranquillement après avoir lu.* L'apparence est contre moi ; mais j'ose espérer que je ne serai pas jugé d'après l'apparence.

ÉLISABETH. Pouvez-vous nier que vous ayez eu des relations secrètes avec Marie Stuart, que vous ayez reçu son portrait, et que vous lui ayez donné l'espérance de la délivrer ?

LEICESTER. Si je me sentais coupable, il me serait facile de repousser le témoignage d'une ennemie, mais ma conscience est tranquille, et j'avoue qu'elle n'a écrit que la vérité.

ÉLISABETH. Eh bien donc ! malheureux...

BURLEIGH. Sa propre bouche le condamne.

ÉLISABETH. Retirez-vous de mes yeux, traître ! Qu'on le conduise dans la Tour.

LEICESTER. Je ne suis pas un traître. J'ai eu tort de vous faire un secret de cette démarche ; mais mes intentions étaient loyales : je n'ai agi ainsi que pour pénétrer votre ennemie, pour la perdre.

ÉLISABETH. Misérable défaite !

BURLEIGH. Comment, milord ? vous croyez...

LEICESTER. J'ai joué un jeu dangereux, je le sais, et seul à cette cour le comte de Leicester pouvait risquer une telle action. Tout le monde sait combien je hais Marie Stuart. Le rang que j'occupe, la confiance dont la reine m'honore, ne peuvent laisser aucun doute sur la fidélité de mes sentiments. L'homme que, par votre faveur, vous avez anobli entre tous, pouvait bien prendre un chemin périlleux pour s'acquitter de son devoir.

BURLEIGH. Mais si votre dessein était bon, pourquoi gardiez-vous le silence ?

LEICESTER. Milord, vous avez coutume de pérorer

avant d'agir ; vous êtes vous-même la trompette de vos propres actions. C'est là votre méthode, milord ; la mienne est d'agir d'abord, puis de parler.

BURLEIGH. Vous ne parlez ainsi maintenant que parce que vous y êtes forcé.

LEICESTER *le mesure d'un regard orgueilleux et méprisant.* Et vous vantez-vous d'avoir conduit une grande et merveilleuse affaire, d'avoir sauvé votre reine, d'avoir démasqué la trahison ? Vous savez tout, vous croyez que rien ne peut échapper à votre regard pénétrant. — Pauvre fanfaron ! — malgré votre sagacité, Marie Stuart était libre aujourd'hui, si je ne l'eusse empêché.

BURLEIGH. Vous auriez...

LEICESTER. Oui, milord, la reine s'est confiée à Mortimer, et lui a ouvert son cœur ; elle a été jusqu'à lui donner un ordre sanglant contre Marie, lorsque Paulet eut refusé avec horreur une telle mission. Dites, cela n'est-il pas ainsi ? (*La reine et Burleigh se regardent étonnés.*)

BURLEIGH. Comment êtes-vous parvenu à savoir... ?

LEICESTER. Cela n'est-il pas ainsi ? Eh bien ! milord, comment avec vos regards vigilants n'avez-vous pas vu que ce Mortimer vous trompait, que c'était un papiste effréné, un instrument des Guises, une créature de Marie Stuart, un enthousiaste audacieux et résolu, qui était venu ici pour délivrer Marie Stuart et égorger la reine ?

ÉLISABETH, *avec le plus grand étonnement.* Ce Mortimer.

LEICESTER. C'est par lui que Marie entretenait des rapports avec moi, et c'est ainsi que j'ai appris à le connaître. Elle devait être aujourd'hui arrachée à son cachot : c'est ce que Mortimer vient de me révéler à l'instant. Je l'ai fait arrêter, et, dans le désespoir de voir échouer son entreprise et d'être démasqué, il s'est lui même donné la mort.

ÉLISABETH. Oh ! j'ai été horriblement trompée ! Ce Mortimer !...

BURLEIGH. Et cela vient d'arriver maintenant, depuis que je vous ai quitté?

LEICESTER. Pour mon propre compte, je regrette qu'il ait ainsi terminé son sort; s'il vivait encore, son témoignage me disculperait complétement ; voilà pourquoi je voulais le livrer entre les mains de la justice : un jugement rigoureux, formel, aurait attesté et consacré mon innocence aux yeux du monde.

BURLEIGH. Il s'est tué lui-même, dites-vous, lui-même? et ce n'est pas vous?...

LEICESTER. Indigne soupçon! Qu'on interroge les gardes à qui je l'ai livré. (*Il va à la porte et appelle ; l'officier des gardes entre.*) Dites à Sa Majesté ce qui s'est passé avec ce Mortimer.

L'OFFICIER. J'étais de garde dans l'antichambre, lorsque milord a ouvert subitement la porte et m'a ordonné d'arrêter le chevalier Mortimer comme un criminel d'État. Nous l'avons vu là-dessus entrer en fureur, tirer son poignard, vomir des imprécations contre la reine, et, avant que nous puissions l'arrêter, il s'est percé le cœur, et il est tombé par terre.

LEICESTER. C'est bien. Vous pouvez vous retirer : la reine en sait assez.

ÉLISABETH. Oh! quel abîme d'horreur !

LEICESTER. Et maintenant, madame, qui vous a sauvée? Est-ce milord Burleigh? Connaissait-il les dangers qui vous environnaient? Est-ce lui qui les a écartés de vous? Votre fidèle Leicester a été votre bon génie.

BURLEIGH. Comte, ce Mortimer est mort bien à propos pour vous.

ÉLISABETH. Je ne sais ce que je dois dire : je vous crois et je ne vous crois pas ; je pense que vous êtes coupable et que vous ne l'êtes pas. Oh! femme odieuse ! qui me cause tous ces tourments !

LEICESTER. Il faut qu'elle meure ! Moi-même, à présent, je demande sa mort. Je vous ai conseillé de ne pas faire exécuter la sentence jusqu'à ce qu'un nouveau bras s'armât pour sa défense : cela est arrivé, et c'est une raison pour moi de demander que son jugement soit exécuté sans délai.

BURLEIGH. Vous conseillez cela, vous?

LEICESTER. Quoi qu'il m'en coûte d'en venir à de telles extrémités, je reconnais maintenant et je crois que le bien de la reine exige ce sanglant sacrifice. Ainsi je propose que l'ordre d'exécution soit disposé sur-le-champ.

BURLEIGH, *à la reine.* Puisque milord a une opinion si ferme et si sincère, je propose que l'exécution de la sentence lui soit confiée.

LEICESTER. A moi?

BURLEIGH. A vous. Le meilleur moyen de repousser les soupçons qui pèsent encore sur vous, c'est de faire vous-même trancher la tête à celle que vous êtes accusé d'avoir aimée.

ÉLISABETH, *fixant Leicester.* Le conseil de milord est bon. Qu'il en soit ainsi, et restons-en là.

LEICESTER. L'élévation de mon rang devrait m'affranchir de cette triste commission, qui, sous tous les rapports, conviendrait beaucoup mieux à un Burleigh. Celui qui est placé si près de la reine ne devrait pas être un instrument de malheur... Cependant, pour vous montrer mon zèle et satisfaire la reine, j'abdique les priviléges de ma dignité, et j'accepte cet odieux devoir.

ÉLISABETH. Lord Burleigh le partagera avec vous. (*A Burleigh.*) Prenez soin que l'ordre soit préparé sur-le-champ. (*Burleigh sort; on entend du tumulte au dehors.*)

SCÈNE VII.

Les précédents, LE COMTE DE KENT.

ÉLISABETH. Qu'y a-t-il, milord Kent? Quel tumulte soulève la ville? Qu'est-ce donc?

KENT. Reine, c'est le peuple qui assiége le palais et demande instamment à vous voir.

ÉLISABETH. Que me veut mon peuple?

KENT. La terreur est répandue dans Londres; on craint que votre vie ne soit menacée, que des meurtriers envoyés par le pape ne vous entourent, que les catholiques ne soient conjurés pour arracher de vive force Marie Stuart de sa prison et la proclamer reine. Le peuple le croit et il est en fureur. On ne peut le calmer qu'en faisant tomber aujourd'hui même la tête de Marie Stuart.

ÉLISABETH. Comment! on voudrait me contraindre?

KENT. Ils sont décidés à ne pas se retirer que vous n'ayez signé la sentence.

SCÈNE VIII.

BURLEIGH et DAVISON, *avec un écrit à la main;*
les précédents.

ÉLISABETH. Qu'apportez-vous, Davison?

DAVISON *s'approche gravement*. Reine, vous avez ordonné...

ÉLISABETH. Qu'est-ce? (*Elle veut prendre l'écrit, tressaille et recule.*) O ciel!

BURLEIGH. Obéir à la voix du peuple, c'est obéir à la voix de Dieu!

ÉLISABETH, *irrésolue et luttant avec elle-même*. Oh! milord, qui peut m'assurer que ce soit là réellement la voix de tout mon peuple, la voix du monde. Ah! si j'obéis maintenant aux vœux de la foule, combien je crains d'entendre une tout autre voix, et de voir ceux qui me poussent avec violence à cette action, me blâmer vivement quand elle sera accomplie.

SCÈNE IX.

Les précédents, LE COMTE TALBOT.

TALBOT *entre dans une vive agitation*. On veut vous faire prendre une résolution précipitée, reine; ne vous laissez pas ébranler, soyez ferme. (*Il aperçoit Davison avec la sentence.*) Cela est-il déjà fait? réellement fait?

J'aperçois dans cette main un malheureux écrit. Que pour le moment du moins on tarde à le mettre sous les yeux de la reine.

ÉLISABETH. Noble Talbot, on me fait violence.

TALBOT. Qui peut vous faire violence? Vous êtes la maîtresse; il s'agit ici de montrer votre pouvoir. Imposez silence à ces voix grossières qui osent contraindre la volonté royale et gouverner votre jugement. La crainte, l'illusion aveugle agitent le peuple; vous êtes vous-même hors de vous, vous êtes vivement irritée, en proie à la faiblesse humaine, vous ne pouvez maintenant prononcer un jugement.

BURLEIGH. Tout est jugé depuis longtemps. Il ne s'agit plus de prononcer un arrêt, mais de l'exécuter.

KENT *revient*. La rumeur augmente; on ne peut plus contenir le peuple.

ÉLISABETH, *à Talbot*. Vous voyez comme on me presse.

TALBOT. Je ne demande qu'un délai. Ce trait de plume va décider du repos et du bonheur de votre vie. Vous y avez réfléchi pendant de longues années; un moment d'orage doit-il vous entraîner? Seulement un court délai. Recueillez vos esprits, attendez une heure plus calme.

BURLEIGH, *vivement*. Attendez, hésitez, différez, jusqu'à ce que le royaume soit en feu, jusqu'à ce que votre ennemie soit enfin parvenue à accomplir son meurtre. Trois fois Dieu a éloigné de vous le fer. Aujourd'hui il vous a effleurée; espérer encore un miracle, c'est tenter la Providence.

TALBOT. Le Dieu qui vous a quatre fois protégée miraculeusement, qui a donné aujourd'hui au faible bras du vieillard la force de désarmer un furieux, ce Dieu mérite qu'on ait confiance en lui. Je ne veux point faire entendre la voix de la justice, ce n'est pas le moment, dans ce temps d'orage, vous ne l'écouteriez pas. Apprenez seulement une chose : vous tremblez devant Marie tandis qu'elle est vivante. Ce n'est pas lorsqu'elle vit que vous devez la craindre; tremblez devant elle quand elle sera morte, décapitée. Elle surgira de son tombeau comme une déesse de discorde, comme un esprit vengeur, pour parcourir votre royaume et détourner de vous le cœur du peuple. Maintenant l'Anglais hait cette femme qu'il craint, il la vengera quand elle ne sera plus; il ne verra plus en elle l'ennemie de sa croyance, mais la petite-fille de ses rois, la victime de la haine et de la jalousie. Bientôt vous connaîtrez ce changement. Traversez Londres après cette sanglante exécution, montrez-vous au peuple qui se pressait jadis autour de vous avec allégresse, vous verrez une autre Angleterre, un autre peuple; vous ne serez plus entourée de cette sublime justice qui vous avait gagné tous les cœurs; la crainte, cette affreuse compagne de la tyrannie, qui marchera devant vous et rendra déserte chaque rue où vous passerez; vous aurez commis l'irréparable action; quelle tête sera sauvée quand cette tête sacrée sera tombée?

ÉLISABETH. Hélas! Talbot, vous m'avez aujourd'hui sauvé la vie, vous avez détourné de mon sein le poignard du meurtrier. — Pourquoi l'avez-vous arrêté? Toute lutte serait finie, et libre de tous mes doutes, pure de toute faute, je reposerais paisiblement dans mon tombeau. En vérité je suis lasse de la vie et de la royauté; s'il faut qu'une des deux reines succombe pour que l'autre vive, et je vois bien qu'il ne peut en être autrement, pourquoi ne serait-ce pas moi qui céderais la place? Mon peuple peut choisir, je lui rends sa puissance. Dieu m'est témoin que je n'ai pas vécu pour moi, mais pour le bien de mon peuple. S'il espère que cette séduisante Marie Stuart, cette jeune reine, lui donnera des jours plus heureux, je descends volontiers de ce trône, et je retourne dans ma paisible solitude de Woodstock, où j'ai passé ma modeste jeunesse, où, loin de la frivolité des grandeurs de la terre, je trouvais en moi-même toute ma grandeur. Non, je ne suis pas née pour être souveraine! Le souverain doit avoir un cœur ferme, et le mien est faible. J'ai gouverné longtemps cette île avec bonheur, parce que je n'avais que des bienfaits à répandre. Pour la première fois, il se présente un devoir de rigueur, et je sens mon impuissance.

BURLEIGH. Par le ciel! quand j'entends sortir de la bouche même de ma reine des paroles si peu royales, je trahirais mon devoir, je trahirais ma patrie si je gardais plus longtemps le silence. — Vous dites que vous aimez votre peuple plus que vous-même ; prouvez-le donc, ne cherchez pas le repos pour vous en livrant le royaume aux orages. Pensez à l'Église ; les vieilles superstitions reviendront-elles avec cette Stuart? Les moines régneront-ils ici de nouveau, et le légat de Rome viendra-t-il fermer nos temples et détrôner nos rois? — Je vous rends responsable du salut de vos sujets. Selon le parti que vous prendrez à présent, ils sont sauvés ou perdus. Ce n'est pas le moment de montrer une pitié de femme ; le bien-être du peuple est votre premier devoir. Si Talbot vous a sauvé la vie, moi je veux faire plus, je veux sauver l'Angleterre.

ÉLISABETH. Qu'on me laisse à moi-même! En aussi grande affaire on ne saurait demander aux hommes ni conseil ni consolation : je la soumets au juge suprême ; ce qu'il m'inspirera, je le ferai. Éloignez-vous, milords. (*A Darison.*) Vous, restez près d'ici. (*Les lords se retirent. Talbot reste encore quelques instants devant la reine, la regarde d'un air expressif, puis s'éloigne lentement en montrant une profonde affliction.*)

SCÈNE X.

ÉLISABETH, *seule*. Oh! tyrannique volonté du peuple! honteuse servitude! Que je suis lasse de flatter cette idole, que dans mon cœur je méprise! Quand serai-je libre sur ce trône? Il me faut respecter l'opinion, rechercher les louanges de la foule, agir au gré de cette populace qui n'aime que les jongleries. Ah! celui-là n'est point roi qui recherche les suffrages du monde. Celui-là seul est roi qui n'a pas besoin de conformer ses actes à l'assentiment des hommes! Parce que j'ai toute ma vie exercé la justice et détesté l'arbitraire, je me suis moi-même lié les mains; je ne puis accomplir une première, une inévitable violence. L'exemple que j'ai moi-même donné me condamne. Si j'avais agi tyranniquement comme l'Espagnole Marie, qui m'a précédée sur le trône, je pourrais maintenant verser le sang royal sans m'exposer à aucun blâme. Cependant, est-ce de mon propre choix que j'ai été juste? La nécessité toute puissante qui gouverne la libre volonté des rois m'a prescrit cette vertu. — Entourée de toutes parts d'ennemis, je ne me maintiens sur ce trône contesté que par la faveur du peuple. Toutes les puissances du continent s'efforcent de me perdre. Le pape, irréconciliable, lance l'anathème sur ma tête; la France me trahit par de fausses démonstrations de fraternité, et l'Espagnol me prépare sur les mers une guerre ouverte, une guerre d'extermination. Ainsi, moi, faible femme, me voilà en lutte avec le monde entier. Il faut que je cache par de hautes vertus la faiblesse de mes droits, la tache dont mon père a lui-même flétri ma naissance. — Mais mes efforts sont inutiles; la haine de mes adversaires les déjoue, et me présente cette Stuart comme un fantôme éternellement menaçant. Non, il faut que cette crainte cesse, que cette tête tombe; je veux avoir la paix. Elle est la furie de mon existence, l'esprit de malheur lancé par le sort contre moi. Partout où je fonde une espérance, où j'attends une joie, je rencontre sur mon passage cette infernale vipère: elle m'enlève mon amant, elle me prive de mon époux; chaque douleur qui m'a atteinte porte le nom de Marie Stuart. Qu'elle soit rayée du nombre des vivants, et je suis libre comme l'air sur la montagne.

(*Elle se tait un moment.*) Avec quelle raillerie elle m'a regardée! comme si son regard eût dû me terrasser! Impuissante! j'ai de meilleures armes, elles portent la mort, et tu n'existes plus. (*Elle marche d'un pas rapide vers la table et saisit la plume.*) Je suis une bâtarde! Malheureuse! je ne le suis que parce que tu vis, parce que tu respires : tout soupçon sur ma royale naissance sera anéanti dès que je t'aurai anéantie; dès que l'Anglais ne pourra plus faire un autre choix, je suis le fruit d'un légitime mariage. (*Elle signe avec un mouvement ferme et rapide, puis laisse tomber la plume et recule avec une expression d'effroi. Après un moment de silence. Elle sonne.*)

SCÈNE XI.

ELISABETH, DAVISON.

ÉLISABETH. Où sont les autres lords?

DAVISON. Ils sont allés calmer le peuple révolté. Le tumulte s'est apaisé à l'instant même où le comte de Talbot s'est montré. « C'est lui! c'est lui! se sont écriées cent voix; c'est lui qui a sauvé la reine; écoutez-le, c'est le plus digne homme de l'Angleterre. » Alors le noble Talbot a commencé à reprocher au peuple, avec de douces paroles, ses tentatives de violence. Il parlait avec tant de force et de persuasion, que la foule s'est calmée, et a quitté tranquillement la place.

ÉLISABETH. Ah! peuple mobile qui cède au moindre vent! Malheur à celui qui s'appuie sur ce roseau! C'est bien, sir Davison, vous pouvez vous retirer. (*Il se retire vers la porte.*) Et cet écrit? reprenez-le, je le dépose entre vos mains.

DAVISON *jette avec effroi un regard sur le papier.* Reine! votre nom! vous avez décidé?

ÉLISABETH. Je devais signer, je l'ai fait. Une feuille de papier ne décide encore rien, un nom ne donne pas la mort.

DAVISON. Votre nom, madame, au bas de cet écrit, décide de tout ; il tue : c'est un trait rapide, c'est la foudre ailée. Cet écrit ordonne aux commissaires, aux shérifs, de se rendre sur-le-champ au château de Fotheringay auprès de la reine d'Écosse, de lui annoncer sa mort, et de la conduire au supplice demain au point du jour. Ici il n'y a plus de délai, et, dès que cet écrit sera sorti de mes mains, elle aura vécu.

ÉLISABETH. Oui, sir Davison, Dieu remet entre vos faibles mains une grande et importante affaire ; priez-le de vous éclairer de sa sagesse. Je vous quitte, et je vous abandonne à votre devoir. (*Elle veut sortir.*)

DAVISON *se place devant elle*. Non, madame, ne me quittez pas avant de m'avoir manifesté votre volonté. Est-il besoin ici d'une autre sagesse que celle qui exécute littéralement vos ordres ? Vous remettez cet ordre entre mes mains ; est-ce pour que je le fasse promptement exécuter ?

ÉLISABETH. Vous agirez selon votre prudence.

DAVISON, *effrayé*. Non pas selon ma prudence, que Dieu m'en garde ! Obéir est toute ma prudence, votre serviteur n'a rien de plus à décider ici ; la plus petite erreur serait un régicide, un malheur terrible, irréparable. Permettez-moi de n'être dans cette grande affaire qu'un instrument aveugle et sans volonté. Expliquez-moi clairement votre pensée ; que dois-je faire de cet ordre sanglant ?

ÉLISABETH. Son nom seul l'indique.

DAVISON. Vous voulez donc qu'il soit exécuté sur-le-champ ?

ÉLISABETH, *hésitant*. Je ne dis pas cela, et je tremble de le penser.

DAVISON. Voulez-vous donc que je le garde encore ?

ÉLISABETH, *vivement*. A vos risques et périls. Vous répondez des suites.

DAVISON. Moi ! grand Dieu ! Parlez, reine, que voulez-vous ?

ÉLISABETH, *avec impatience.* Je veux ne plus penser à cette malheureuse affaire, je veux qu'elle me laisse désormais et toujours en repos.

DAVISON. Il ne vous en coûtera qu'un seul mot. Oh! parlez, décidez ce que je dois faire de cet écrit.

ÉLISABETH. Je vous l'ai dit. Ne me persécutez pas davantage.

DAVISON. Vous me l'auriez dit? Non, vous ne m'avez rien dit. Oh! daignez vous rappeler...

ÉLISABETH, *frappant du pied.* C'est insupportable.

DAVISON. Ayez de l'indulgence pour moi. Il y a seulement quelques mois que j'occupe cette charge; je ne connais pas le langage de la cour et des rois; j'ai été élevé dans les habitudes simples et franches. Soyez patiente avec votre serviteur; ne lui refusez pas le mot qui l'instruirait; daignez m'éclairer sur mon devoir. (*Il s'approche d'elle d'un air suppliant, elle lui tourne le dos, il laisse voir son désespoir, puis lui dit d'un ton résolu.*) Reprenez ce papier, reprenez-le; il est comme un feu dévorant entre mes mains. Ne me choisissez pas pour vous servir dans cette terrible circonstance.

ÉLISABETH. Faites votre devoir.

(*Elle sort.*)

SCÈNE XII.

DAVISON *seul,* puis BURLEIGH.

DAVISON. Elle s'éloigne; elle me laisse sans conseil et plein de doute armé de ce papier terrible? Que faire? dois-je le garder? dois-je le remettre! (*A Burleigh qui entre.*) Ah! heureusement, heureusement vous voilà, milord; c'est vous qui m'avez fait arriver au poste que j'occupe, délivrez-m'en. Je l'ai accepté sans en connaître les obligations. Laissez-moi retourner dans l'obscurité où vous m'avez pris : je ne conviens pas à cette place.

BURLEIGH. Qu'est-ce donc, sir Davison? remettez-vous. Où est le jugement? la reine vous a fait appeler?

DAVISON. Elle m'a quitté dans une violente colère. Oh! donnez-moi un conseil, aidez-moi, arrachez-moi à l'angoisse infernale du doute... Voici le jugement; il est signé.

BURLEIGH, *vivement.* Est-il signé? Oh! donnez, donnez...

DAVISON. Je n'ose pas.

BURLEIGH. Quoi?

DAVISON. Elle ne m'a pas encore clairement expliqué sa volonté.

BURLEIGH. Clairement? Elle a signé... donnez...

DAVISON. Dois-je le faire exécuter ou ne le dois-je pas! Dieu! sais-je ce qu'il faut faire?

BURLEIGH, *le pressant.* Vous devez à l'instant même le faire exécuter. Donnez; vous êtes perdu, si vous différez.

DAVISON. Je suis perdu, si je me hâte...

BURLEIGH. Vous êtes fou... vous êtes hors de vous-même... Donnez. (*Il lui arrache l'écrit et s'éloigne précipitamment.*)

DAVISON, *courant après lui.* Que faites-vous? Restez... vous me perdez.

ACTE CINQUIÈME.

Le théâtre représente le même appartement qu'au premier acte.

SCÈNE I.

ANNA KENNEDY, *vêtue en grand deuil, les yeux humides de larmes et dans une profonde douleur, est occupée à sceller des papiers et des lettres. Souvent sa douleur la force à interrompre cette occupation, et elle se met à prier.* PAULET *et* DRURY, *vêtus aussi en noir, s'avancent, suivis d'un grand nombre de domestiques qui portent des vases d'or et d'argent, des glaces, des tableaux et d'autres objets précieux dont ils remplissent le fond du théâtre. Paulet remet à la nourrice un écrin avec un papier, et lui fait signe que c'est la note de toutes les choses que l'on a apportées. La vue de ces richesses renouvelle la douleur de la nourrice. Tous les autres s'éloignent en silence.* MELVIL *entre.*

KENNEDY *s'écrie en l'apercevant.* Melvil, c'est vous! je vous revois.

MELVIL. Oui, chère Kennedy, nous nous revoyons.

KENNEDY. Après une longue et bien douloureuse séparation.

MELVIL. Quelle triste et déplorable réunion!

KENNEDY. O Dieu!... vous venez...

MELVIL. Prendre un dernier, un éternel adieu de ma reine.

KENNEDY. Enfin, aujourd'hui, le jour de sa mort, on lui accorde le bonheur de revoir ses serviteurs. O cher Melvil! je ne vous demande point ce qui vous est arrivé, je ne veux point vous dire ce que nous avons souffert depuis qu'on vous sépara de nous; hélas! le jour viendra où nous en parlerons... O Melvil!... Melvil!... fallait-il vivre pour voir se lever l'aurore de ce jour?

MELVIL. Ne nous attendrissons pas l'un l'autre... Je pleurerai tant que durera ma vie; jamais un sourire n'animera mon visage, jamais je ne quitterai ce vêtement de deuil. Ma douleur sera éternelle, mais aujourd'hui je veux avoir de la fermeté. — Promettez-moi de modérer aussi votre chagrin, et quand tous les autres s'abandonneront sans consolation à leur désespoir, nous la précéderons avec une contenance noble et mâle, et nous lui servirons d'appui sur le chemin de la mort.

KENNEDY. Melvil, vous vous trompez, si vous pensez que la reine a besoin de notre secours pour marcher à la mort avec fermeté. C'est elle-même qui nous donnera l'exemple d'une noble assurance; soyez sans crainte, Marie Stuart mourra en reine et en héroïne.

MELVIL. A-t-elle appris la nouvelle de sa mort avec fermeté? On dit qu'elle n'y était pas préparée.

KENNEDY. Non, elle ne l'était pas. Une tout autre frayeur agitait ma maîtresse; Marie ne tremblait pas devant la mort, mais devant son libérateur. — La liberté nous était promise. Mortimer avait dit que cette nuit même il viendrait nous arracher d'ici; et, flottant entre la crainte et l'espérance, incertaine si elle confierait à cet audacieux jeune homme son honneur et sa royale personne, la reine a attendu jusqu'au matin. Alors le tumulte a éclaté dans le château, et le bruit de plusieurs coups de marteau a effrayé notre oreille. Nous croyons que ce sont nos libérateurs; l'espérance nous sourit, l'amour irrésistible de la vie s'empare involontairement de nous... La porte s'ouvre... sir Paulet nous annonce que les ouvriers construisent à nos pieds l'échafaud. (*Elle se détourne en proie à une violente douleur.*)

MELVIL. Juste Dieu! Oh! dites-moi, comment Marie a-t-elle supporté cette terrible déception?

KENNEDY, *après un moment de silence où elle a tâché de se remettre.* On ne se détache pas peu à peu de la vie;

c'est d'une seule fois, en un instant, que l'on passe des choses temporaires aux choses éternelles, et Dieu a accordé dans cet instant à ma maîtresse la force de repousser d'une âme résolue les espérances de la terre et de s'élancer avec une foi ardente vers le ciel. Aucun signe de frayeur, aucune plainte n'a abaissé notre reine. Seulement, quand elle a appris la honteuse trahison de lord Leicester et le malheureux sort de ce digne jeune homme qui s'est sacrifié pour elle, lorsqu'elle a vu la profonde douleur de ce vieux chevalier qu'elle prive de sa dernière espérance, ses larmes ont coulé. Ce n'était pas sur sa propre destinée qu'elle pleurait, mais sur la douleur d'autrui.

MELVIL. Où est-elle maintenant? pouvez-vous me conduire près d'elle?

KENNEDY. Elle a passé le reste de la nuit en prières; elle a dit adieu par écrit à ses plus chers amis; elle a fait son testament de sa propre main. Maintenant elle prend un instant de repos, le dernier sommeil la ranime.

MELVIL. Qui est auprès d'elle?

KENNEDY. Son médecin Burgoyn et ses femmes.

SCÈNE II.

Les précédents, MARGUERITE KURL.

KENNEDY. Que venez-vous nous annoncer, madame? La reine est-elle éveillée?

MARGUERITE, *essuyant ses larmes*. Elle est déjà habillée.... elle vous demande.

KENNEDY. J'y vais. (*A Melvil qui veut l'accompagner.*) Ne me suivez pas, je veux préparer ma maîtresse à vous voir. (*Elle sort.*)

MARGUERITE. Melvil! l'ancien gouverneur de la maison!

MELVIL. Oui, c'est moi.

MARGUERITE. Oh! cette maison n'a plus besoin de

gouverneur... Melvil, vous arrivez de Londres; pouvez-vous me donner des nouvelles de mon mari?

MELVIL. Il sera mis en liberté, dit-on, aussitôt.

MARGUERITE. Aussitôt que la reine ne sera plus! Oh! l'indigne! l'infâme traître! c'est le meurtrier de notre chère maîtresse; c'est sur son témoignage, dit-on, qu'elle a été condamnée.

MELVIL. C'est vrai.

MARGUERITE. Oh! que son âme soit maudite jusque dans l'enfer! Il a rendu un faux témoignage.

MELVIL. Milady Kurl, pensez à ce que vous dites.

MARGUERITE. Oui, je veux le jurer devant le tribunal, je veux le lui répéter en face, je veux le dire au monde entier : elle meurt innocente!

MELVIL. Oh! que Dieu le veuille!

SCÈNE III.

Les précédents, BURGOYN, *ensuite* ANNA KENNEDY.

BURGOYN, *apercevant Melvil.* Oh! Melvil!

MELVIL, *l'embrassant.* Burgoyn!

BURGOYN, *à Marguerite.* Préparez un verre de vin pour la reine. Hâtez-vous.   (*Marguerite sort.*)

MELVIL. Quoi! la reine n'est-elle pas bien?

BURGOYN. Elle se sent forte; son courage héroïque la trompe, elle ne croit pas avoir besoin de nourriture. Cependant un rude combat l'attend encore, et il ne faut pas que ses ennemis se glorifient en attribuant à la crainte de la mort la pâleur que la faiblesse de la nature répandrait sur son visage.

MELVIL, *à Kennedy qui rentre.* Veut-elle me voir?

KENNEDY. Elle sera bientôt elle-même ici. — Vous semblez regarder autour de vous avec étonnement, et vos regards me demandent pourquoi cet appareil pompeux dans le séjour de la mort? Oh! sir Melvil, nous avons souffert le besoin pendant que nous vivions, et le superflu nous revient avec la mort.

SCÈNE IV.

Les précédents, deux autres femmes de Marie également en deuil; elles éclatent en sanglots à vue de Melvil.

MELVIL. Quel aspect! quelle réunion! Gertrude, Rosamonde!

LA SECONDE FEMME. Elle nous a éloignées; elle veut pour la dernière fois s'entretenir seule avec Dieu. *(Deux autres femmes arrivent encore, en habit de deuil comme les précédentes; elles expriment leur douleur par des gestes muets.)*

SCÈNE V.

Les précédents, MARGUERITE KURL; *elle porte une coupe d'or pleine de vin, la pose sur une table, et, pâle et tremblante, s'appuie sur un fauteuil.*

MELVIL. Qu'avez-vous, madame? d'où vient cette terreur?

MARGUERITE. O Dieu!

BURGOYN. Qu'avez-vous?

MARGUERITE. Ah! que m'a-t-il fallu voir!.

MELVIL. Revenez à vous; dites-nous ce que c'est.

MARGUERITE. Lorsque je montais avec cette coupe de vin le grand escalier qui conduit à la salle d'en bas, la porte s'est ouverte, et j'ai vu... j'ai vu, ô Dieu!

MELVIL. Qu'avez-vous vu? Remettez-vous.

MARGUERITE. Toutes les murailles tendues de noir; un grand échafaud debout sur le parquet, et revêtu d'un drap noir; un bloc noir, un coussin, et près de là une hache récemment aiguisée. — La salle est pleine de gens qui se pressent autour de ces instruments de mort, et qui, les yeux avides de sang, attendent la victime.

LES FEMMES. Que Dieu ait pitié de notre chère maîtresse!

MELVIL. Remettez-vous; elle vient.

SCÈNE VI.

Les précédents, MARIE ; *elle est vêtue de blanc et parée : elle porte au cou un Agnus Dei ; un rosaire est suspendu à sa ceinture ; elle a un crucifix à la main ; un diadème orne sa chevelure, et son grand voile noir est rejeté derrière elle. Quand elle entre, les assistants se rangent des deux côtés et expriment la plus violente douleur. Melvil est tombé à genoux par un mouvement involontaire.*

MARIE, *avec une dignité calme, promène ses regards autour d'elle.* Pourquoi ces plaintes? pourquoi ces pleurs? Vous devriez vous réjouir avec moi de me voir arrivée au terme de mes souffrances, de voir mes chaînes tomber, ma prison s'ouvrir, et mon âme joyeuse s'élancer sur les ailes des anges vers l'éternelle liberté. Quand j'étais au pouvoir d'une orgueilleuse ennemie, quand j'endurais les outrages indignes d'une reine, alors c'était le temps de pleurer sur moi. La mort bienfaisante, salutaire, s'approche de moi comme un ami sérieux. Avec ses ailes noires elle couvre ma honte. Le dernier moment relève l'homme de sa chute et l'ennoblit. Je sens de nouveau la couronne sur ma tête et la noble fierté dans mon âme. (*Elle fait quelques pas.*) Comment! Melvil ici? Ne restez pas ainsi, noble chevalier, levez-vous; vous êtes venu pour assister au triomphe de votre reine et non pas à son trépas. C'est pour moi un bonheur encore inespéré que ma mémoire ne soit pas entièrement livrée aux mains de nos ennemis, que j'aie pour témoin, à l'heure de ma mort, un ami qui professe ma croyance. — Dites-moi, noble chevalier, que vous est-il arrivé sur cette terre ennemie et inhospitalière, depuis qu'on vous a arraché d'auprès de moi? L'inquiétude sur votre sort a souvent affligé mon cœur.

MELVIL. Je n'ai point éprouvé d'autre douleur que

celle qui s'attachait à vous et mon impuissance à vous servir.

MARIE. Qu'est devenu Didier, mon vieux serviteur. Il dort sans doute depuis longtemps du dernier sommeil, car il était très-âgé.

MELVIL. Dieu ne lui a pas fait cette grâce; il vit pour ensevelir votre jeunesse.

MARIE. Ah! que ne puis-je avoir, avant de mourir, le bonheur de presser dans mes bras un des êtres chéris auquel je tiens par les liens du sang! Mais il faut que je meure parmi des étrangers et que je voie seulement couler vos larmes. — Melvil, je dépose dans votre cœur fidèle mes derniers vœux pour les miens. — Je bénis le roi très-chrétien, mon beau-frère, et toute la royale maison de France; — je bénis mon oncle le cardinal, et Henri de Guise, mon noble cousin; je bénis aussi le pape, le vicaire sacré de Jésus-Christ, qui me bénit à son tour, et le roi catholique, qui s'est généreusement offert à être mon libérateur et mon vengeur. — Ils sont tous inscrits dans mon testament; ils recevront des présents de mon amour, et si modiques que soient ces présents, ils ne les mépriseront pas. (*Elle se tourne vers ses serviteurs.*) Je vous ai recommandés à mon royal frère de France; il aura soin de vous et vous donnera une nouvelle patrie. Si mon dernier vœu vous est cher, ne restez pas en Angleterre, afin que l'Anglais ne puisse repaître son cœur orgueilleux de votre infortune, et qu'il ne voie pas tomber dans la poussière ceux qui m'ont servie. Par cette image de Jésus crucifié, promettez-moi de quitter cette malheureuse terre dès que je ne serai plus.

MELVIL *touche le crucifix*. Je vous le jure, au nom de tous ceux qui sont ici.

MARIE. Tout ce que je possède encore, moi qui suis pauvre et dépouillée, tout ce dont je puis librement disposer, je l'ai partagé entre vous, et l'on respectera, je l'espère, ma dernière volonté. Ce que je porte en allant à la mort vous appartient aussi. Permettez-moi de porter encore une fois les parures de la terre, en prenant le chemin du ciel. (*A ses femmes.*) Alix, Gertrude, Rosamonde, je vous destine mes perles, car la parure plaît encore à votre jeunesse. Toi, Marguerite, tu as les plus grands droits à ma générosité, car c'est toi que je laisse la plus malheureuse. Mon testament fera voir que je ne veux pas venger sur toi le crime de ton époux. Pour toi, ma fidèle Anna, ce n'est pas la valeur de l'or ni l'éclat des pierreries qui peuvent te séduire, mon souvenir sera ton trésor le plus précieux : prends ce mouchoir; je l'ai moi-même brodé pour toi dans les heures de ma douleur, et il a été trempé de mes larmes brûlantes. Tu me banderas les yeux avec ce mouchoir quand le moment sera venu ; — je veux recevoir de mon Anna ce dernier service.

KENNEDY. Oh! Melvil, je ne puis supporter cela!

MARIE. Venez tous, venez et recevez mon dernier adieu. (*Elle leur tend la main; chacun tombe à ses pieds et lui baise la main en sanglotant.*) Adieu, Marguerite ; adieu, Alix. Je vous remercie, Burgoyn, de vos fidèles services. — Ta bouche est brûlante, Gertrude ; j'ai été bien haïe, mais aussi bien aimée. Puisse un noble époux rendre heureuse ma Gertrude, car ce cœur ardent a besoin d'amour. — Berthe, tu as choisi la meilleure part, tu seras la chaste épouse du ciel ! hâte-toi d'accomplir ton vœu : les biens de ce monde sont trompeurs, vous le voyez par votre reine. C'est assez ; adieu, adieu, un éternel adieu ! (*Elle se détourne rapidement ; tous se retirent, à l'exception de Melvil.*)

SCÈNE VII.

MARIE, MELVIL.

MARIE. Maintenant j'ai réglé toutes les choses terrestres, et j'espère quitter ce monde, libre de toute dette envers les hommes. Il n'y a plus qu'une chose, Melvil, qui empêche mon âme oppressée de s'élever avec joie et liberté.

MELVIL. Dites-la-moi ; soulagez votre cœur, confiez vos inquiétudes à votre ami fidèle.

MARIE. Me voilà au bord de l'éternité, bientôt je paraîtrai devant le juge suprême, et je ne me suis pas encore réconciliée avec le saint des saints. On me refuse un prêtre de mon Église ; je ne veux pas recevoir des mains d'un faux prêtre la nourriture du saint-sacrement. Je veux mourir dans la croyance de mon Église, car c'est la seule qui donne le salut.

MELVIL. Calmez votre cœur ; le ciel tient compte des désirs sincères et pieux, quoiqu'ils ne soient pas accomplis. La puissance des tyrans ne lie que les mains, mais la dévotion du cœur s'élance librement vers Dieu, la lettre est morte et la foi vivifie.

MARIE. Hélas ! Melvil, le cœur ne se suffit pas à lui-même ; la foi a besoin d'un gage terrestre pour s'approprier les biens du ciel. Voilà pourquoi Dieu s'est fait homme et a mystérieusement renfermé les dons invisibles du ciel sous une forme visible. — C'est l'Église, la sainte et sublime Église, qui établit une échelle entre le ciel et nous : on la nomme universelle, catholique, parce que la croyance de tous fortifie la croyance de chacun. Lorsque des milliers de fidèles adorent et prient, la flamme s'élève du brasier, et l'âme, déployant ses ailes, s'élance vers le ciel. — Oh ! heureux ceux qu'une prière commune rassemble dans la maison du Seigneur ! L'autel est paré, les cierges brillent, la cloche sonne, l'encens est répandu, le prélat, revêtu de sa robe sans tache, prend le calice, le bénit, proclame le miracle sublime du changement de substance, et le peuple, dans sa foi et sa persuasion, se prosterne devant un Dieu présent. — Hélas ! je suis seule exclue de cette communauté, et la bénédiction du ciel ne pénètre pas dans ma prison.

MELVIL. Elle pénètre jusqu'à vous, elle est proche de vous. Confiez-vous au Tout-Puissant. La verge desséchée peut pousser des rameaux entre les mains de celui qui a la foi, et le Dieu qui a fait jaillir la source du rocher peut préparer l'autel dans votre prison et soudain changer le breuvage terrestre de cette coupe en une boisson céleste. (*Il prend la coupe qui est sur la table.*)

MARIE. Melvil, vous ai-je compris? Oui, je vous entends. Il n'y a point ici de prêtre, point d'Église, point de sainte table ; mais le Sauveur a dit : « Quand deux » personnes seront assemblées en mon nom, je serai » au milieu d'elles. » Qu'est-ce qui fait du prêtre l'organe du Seigneur? c'est un cœur pur, une conduite sans tache. — Ainsi, quoique vous n'ayez pas reçu la consécration, vous êtes pour moi un prêtre, un messager de Dieu qui m'apporte la paix. — Je veux vous faire ma dernière confession et recevoir de vous l'assurance de mon salut.

MELVIL. Puisque votre cœur éprouve une telle ferveur, sachez, reine, que Dieu peut bien faire un miracle pour votre consolation. Il n'y a ici point de prêtre, dites-vous, point d'église, point d'hostie : vous vous trompez, il y a ici un prêtre et le corps de Jésus-Christ. (*A ces mots, il se découvre la tête et montre une hostie dans une boîte d'or.*) Je suis prêtre pour entendre votre dernière confession, pour vous annoncer la paix sur le chemin de la mort. J'ai reçu les saintes onctions, et je vous apporte cette hostie consacrée par notre saint-père lui-même.

MARIE. Ainsi, sur le seuil même de la mort, un bonheur céleste m'était réservé. Comme un immortel descendu d'un nuage d'or, comme l'ange qui, pénétrant à travers les portes fermées, délivra jadis l'apôtre de ses chaînes et de sa prison, sans qu'aucun verrou, aucune épée pût l'arrêter ; ainsi me surprend dans ma prison le messager du ciel, alors que tous mes libérateurs terrestres m'ont trompée. Et vous qui étiez mon serviteur, soyez à présent le serviteur du Très-Haut et son saint organe. Vous courbiez autrefois le genou devant moi, aujourd'hui c'est moi qui m'incline dans la poussière devant vous. (*Elle tombe à genoux devant lui.*)

MELVIL, *après avoir fait sur elle le signe de la croix*. Au nom du Père, du Fils, et du Saint-Esprit. Reine Marie, avez-vous interrogé votre cœur ; jurez-vous et promettez-vous de confesser la vérité devant le Dieu de vérité ?

MARIE. Mon cœur est ouvert devant vous et devant lui.

MELVIL. Parlez, quels péchés vous reproche votre conscience depuis la dernière fois que vous vous êtes réconciliée avec Dieu ?

MARIE. Mon cœur a été plein de haine et d'envie, et des pensées de vengeance se sont agitées dans mon sein. Moi, pauvre pécheresse, j'espérais le pardon de Dieu, et je ne pouvais pardonner à ma rivale.

MELVIL. Vous repentez-vous de votre faute, et êtes-vous sérieusement résolue à quitter ce monde sans ressentiment ?

MARIE. Oui, aussi vrai que j'espère le pardon de Dieu.

MELVIL. Quel autre péché vous reproche votre cœur ?

MARIE. Hélas ! ce n'est pas par la haine seulement, c'est par un amour coupable que j'ai offensé la divine bonté. Mon cœur vaniteux a été entraîné vers un homme qui m'a trahie et abandonnée.

MELVIL. Vous repentez-vous de cette faute, et votre cœur a-t-il quitté cette vaine idole pour retourner à Dieu ?

MARIE. Il m'en a coûté une lutte cruelle, mais le dernier lien terrestre est rompu.

MELVIL. Quelle autre faute vous reproche encore votre conscience ?

MARIE. Hélas ! un crime sanglant, confessé depuis longtemps, revient me frapper avec une nouvelle force et une nouvelle terreur au moment de ces derniers aveux, et se place comme une ombre sinistre entre le ciel et moi. J'ai laissé égorger le roi mon époux, j'ai accordé ma main et mon cœur à son meurtrier. J'ai expié ce crime par les plus rigoureuses punitions de l'Église, mais le serpent qui est dans mon âme ne veut pas s'assoupir.

MELVIL. Votre cœur ne vous accuse-t-il d'aucune autre faute que vous n'ayez encore ni confessée ni expiée?

MARIE. Vous savez maintenant tout ce qui pèse sur mon cœur.

MELVIL. Pensez au Dieu tout-puissant qui est près de vous, pensez à la punition dont la sainte Église menace une confession incomplète. C'est une faute qui mérite la mort éternelle, car c'est pécher contre le Saint-Esprit.

MARIE. Que Dieu me refuse la victoire dans ce dernier combat, si je vous ai sciemment caché quelque chose!

MELVIL. Comment! voulez-vous dérober à votre Dieu le crime pour lequel les hommes vous punissent? Vous ne me dites rien de votre participation sanglante à la haute trahison de Babington et de Parry? Vous subissez pour cette action la mort terrestre, voulez-vous aussi être condamnée à la mort éternelle?

MARIE. Je suis prête à entrer dans l'éternité : encore un instant, et je paraîtrai devant le trône de mon juge ; pourtant, je vous le répète, ma confession est complète.

MELVIL. Pensez-y bien! le cœur est un trompeur; peut-être, tout en voulant le crime, avez-vous évité, par un artificieux double sens, de prononcer le mot qui, à vos yeux, vous rendrait coupable? mais sachez qu'aucun artifice ne peut échapper au regard de feu qui lit dans votre âme.

MARIE. J'ai prié tous les princes de m'affranchir de mes liens indignes ; mais jamais, ni de fait, ni par la pensée, je n'ai attenté à la vie de mon ennemie.

MELVIL. Ainsi le témoignage de vos secrétaires serait faux.

MARIE. Je vous ai dit la vérité... Que Dieu juge leur témoignage.

MELVIL. Ainsi vous montez sur l'échafaud persuadée de votre innocence?

MARIE. Dieu me fait la grâce d'expier par cette mort imméritée les sanglantes fautes que j'ai commises.

MELVIL *la bénit*. Allez, et expiez-les en mourant. Victime résignée, tombez sur l'autel. La punition du sang peut racheter le crime du sang. Vous n'avez été coupable que par une fragilité de femme, et les esprits bienheureux se dépouillent, en se transfigurant, des faiblesses de l'humanité. Je vous donne donc, en vertu du pouvoir qui m'a été accordé de lier et de délier, la rémission de tous vos péchés. Qu'il vous soit fait ainsi que vous avez cru! (*Il prend le calice qui est sur la table, le consacre en silence, puis le lui présente. Elle hésite à le prendre et le repousse.*) Prenez ce sang qui a été répandu pour vous, prenez-le, le pape vous accorde cette faveur. Vous pouvez encore, au moment de mourir, jouir de ce sublime privilège des rois. (*Elle prend le calice.*) Et de même que dans vos souffrances terrestres vous avez été mystérieusement unie à votre Dieu, de même dans son royaume de joie, où il ne peut plus y avoir ni larmes ni péchés, vous serez un ange de lumière réuni pour toujours à la Divinité. (*Il pose le calice. On entend du bruit; il se couvre la tête et va près de la porte. Marie reste à genoux dans un profond recueillement.*)

MELVIL, *revenant*. Il vous reste encore un rude combat à soutenir. Vous sentez-vous assez forte pour surmonter toute émotion de haine et de colère?

MARIE. Je ne crains aucune rechute. J'ai sacrifié à Dieu mon amour et ma haine.

MELVIL. Préparez-vous donc à recevoir les lords Burleigh et Leicester. Ils sont là.

SCÈNE VIII.

Les précédents, BURLEIGH, LEICESTER, PAULET.
Leicester reste dans l'éloignement sans lever les yeux. Burleigh, qui observe sa contenance, s'avance entre la reine et lui.

BURLEIGH. Lady Stuart, je viens pour recevoir vos derniers ordres.

MARIE. Je vous remercie, milord.

BURLEIGH. La volonté de la reine est qu'on ne vous refuse rien de ce qui est juste.

MARIE. Mon testament renferme mes derniers vœux. Je l'ai déposé entre les mains du chevalier Paulet, et je demande qu'il soit fidèlement exécuté.

PAULET. Soyez tranquille à cet égard.

MARIE. Je demande qu'on laisse mes serviteurs, sans les inquiéter, se retirer en Écosse ou en France, là où ils désireront eux-mêmes d'aller.

BURLEIGH. Cela sera fait ainsi que vous le souhaitez.

MARIE. Et puisque mon corps ne doit pas reposer en terre sainte, permettez que ce fidèle serviteur porte mon cœur à mes parents en France. Hélas! il fut toujours là.

BURLEIGH. Cela sera fait. Avez-vous encore quelque chose?

MARIE. Portez à la reine d'Angleterre mon salut fraternel; dites-lui que je lui pardonne ma mort de tout mon cœur, que je déplore mon emportement d'hier. Que Dieu la garde et lui accorde un règne heureux!

BURLEIGH. Dites, êtes-vous revenue à de meilleures pensées? Dédaignez-vous encore l'assistance du doyen?

MARIE. Je suis réconciliée avec mon Dieu. Sir Paulet, je vous ai fait, sans le vouloir, beaucoup de mal, je vous ai enlevé l'appui de votre vieillesse; ah! laissez-moi espérer que vous n'aurez pas de moi un souvenir de haine.

PAULET *lui donne la main.* Que Dieu soit avec vous! Allez en paix.

SCÈNE IX.

Les précédents ; ANNA KENNEDY *et les autres femmes de la reine entrent avec les signes de la terreur ; le shérif les suit une baguette blanche à la main ; derrière lui on voit, par la porte qui reste ouverte, des hommes armés.*

MARIE. Qu'as-tu, Anna ?... Oui, voici le moment, le shérif vient pour nous mener à la mort, il faut nous séparer; adieu, adieu. (*Ses femmes s'attachent à elle avec une violente douleur. A Melvil.*) Vous, mon digne ami, et ma fidèle Anna, vous m'accompagnerez dans ce dernier moment. Milord, ne me refusez pas cette satisfaction.

BURLEIGH. Cela n'est pas en mon pouvoir.

MARIE. Comment, pourriez-vous me refuser une si petite grâce? Ayez égard à mon sexe. Qui pourrait me rendre ce dernier service? Jamais la volonté de ma sœur n'a pu être que mon sexe fût offensé en moi, et que la main grossière des hommes me touchât.

BURLEIGH. Nulle femme ne doit monter avec vous les degrés de l'échafaud... Ses cris, ses gémissements...

MARIE. Elle ne fera point entendre de gémissements : je réponds de la fermeté d'âme de mon Anna. —Soyez bon, milord ; oh ! ne me séparez pas, quand je vais mourir, de ma fidèle nourrice, de celle qui a pris soin de moi; elle m'a portée dans ses bras lorsque je vins à la vie, et sa douce main me conduira à la mort.

PAULET, *à Burleigh.* Permettez-le-lui.

BURLEIGH. Soit.

MARIE. Maintenant, je n'ai plus rien à demander en ce monde. (*Elle prend son crucifix et le baise.*) Mon sauveur, mon rédempteur, comme vous avez étendu les bras sur la croix, étendez-les aujourd'hui pour me recevoir. (*Elle se détourne pour sortir ; dans ce moment elle rencontre les regards de Leicester, qui, troublé par ses paroles, a jeté les yeux sur elle. A cet aspect, Marie tremble, ses genoux fléchissent, elle est sur le point de tomber ; le comte Leicester la soutient et la reçoit dans ses bras ; elle le regarde un instant gravement, en silence ; il ne peut soutenir ce regard ; enfin elle lui dit :*) Vous me tenez parole, comte de Leicester; vous m'aviez promis l'appui de votre bras pour me conduire hors de ce cachot, et maintenant vous me le prêtez. (*Il reste comme anéanti. Elle, d'une voix plus douce :*) Oui, Leicester; et ce n'était pas seulement la liberté que votre main devait me donner, vous deviez me rendre cette liberté plus chère. Soutenue par votre main, heureuse de votre amour, j'aurais recommencé avec joie une autre vie. Maintenant que je vais bientôt quitter ce monde et devenir un esprit céleste que nul terrestre désir ne séduira plus, maintenant, Leicester, je puis vous avouer sans honte et sans rougir ma faiblesse que j'ai surmontée.—Adieu, et, si vous le pouvez, vivez heureux. Vous avez osé prétendre à la main de deux reines, vous avez dédaigné un cœur tendre et aimant, vous l'avez trahi pour gagner un cœur orgueilleux; tombez aux genoux d'Elisabeth, et puisse votre récompense ne pas vous devenir un châtiment! Adieu, je n'ai plus aucun intérêt sur cette terre. (*Elle marche, précédée du shérif, accompagnée de Melvil et de sa nourrice. Burleigh et Paulet marchent après elle. Les autres personnages la suivent des yeux jusqu'à ce qu'elle ait disparu, puis ils s'éloignent par les autres portes.*)

SCÈNE X.

LEICESTER, *seul*. Je vis encore, je supporte encore la la vie! Ces voûtes pesantes ne se sont pas encore écroulées sur moi! Un abîme ne s'ouvre pas pour engloutir le plus misérable des hommes! Quelle perte j'ai faite!

quelle perle j'ai rejetée! De quel bonheur céleste je me suis privé! Elle s'éloigne, pareille déjà à un esprit de lumière, et me laisse en proie au désespoir des damnés. — Où est la fermeté que j'apportais ici, la fermeté avec laquelle je voulais étouffer la voix de mon cœur et voir tomber sa tête sans sourciller? Son aspect réveille-t-il en moi la honte que je croyais éteinte? Doit-elle en mourant m'enlacer dans les liens de l'amour? — Ah! réprouvé! il ne te convient plus de t'abandonner à une pitié de femme, le bonheur de l'amour n'est plus sur ton chemin : que ta poitrine soit revêtue d'une armure de fer, et que ton front soit comme le rocher. Si tu ne veux pas perdre le prix de la honte, persiste hardiment, va jusqu'au bout; que la pitié soit muette, que tes yeux soient de pierre; je veux la voir tomber, je veux être témoin.... (*Il marche d'un pas ferme vers la porte par laquelle Marie est sortie, puis s'arrête au milieu du chemin.*) C'est en vain, c'est en vain... Une horreur infernale me saisit... Je ne puis contempler cet affreux spectacle, je ne puis la voir mourir. Écoutons... Qu'est-ce?... Ils sont déjà en bas!... Sous mes pieds l'horrible exécution se prépare! J'entends des voix... Éloignons-nous, éloignons-nous de ce séjour de la terreur et de la mort. (*Il veut fuir par une autre porte, mais il la trouve fermée et revient.*) Quoi! un Dieu m'enchaîne-t-il sur ce sol? Faut-il que j'entende ce que j'ai horreur de voir?... C'est la voix du doyen... Il l'exhorte... Elle l'interrompt... Écoutons... Elle prie à haute voix et d'un ton assuré... Tout se tait, tout; je n'entends que des sanglots et des femmes qui pleurent..... On écarte son vêtement..... On retire son siége.... Elle s'agenouille sur le coussin..... Elle pose sa tête..... (*Il prononce ces derniers mots avec une angoisse toujours croissante, puis il s'arrête, et on le voit tout à coup, en proie à une violente émotion, tomber sans mouvement. Au même instant, on entend de l'étage inférieur un bruit confus de voix qui dure longtemps.*)

SCÈNE XI.

Le théâtre représente le second appartement du quatrième acte.

ÉLISABETH *s'avance par une porte latérale; sa démarche et ses gestes indiquent un trouble violent.* Encore personne ici. Nulle nouvelle encore. Le soir ne viendra-t-il pas? le soleil est-il arrêté dans son cours? Je ne puis supporter plus longtemps la torture de l'attente; l'œuvre est-elle consommée, ou ne l'est-elle pas? Ces deux idées me font peur et je n'ose interroger personne. Le comte Leicester et Burleigh, que j'ai désignés pour exécuter la sentence, ne se montrent ni l'un ni l'autre. Sont-ils partis de Londres? S'il en est ainsi, la flèche est lancée, elle vole, elle touche au but, elle frappe, elle a frappé, et, quand il s'agirait de tout mon royaume, je ne pourrais la retenir. Qui est là?

SCÈNE XII.

ÉLISABETH, UN PAGE.

ÉLISABETH. Tu reviens seul? Où sont les lords?
LE PAGE. Milord Leicester et le grand trésorier...
ÉLISABETH, *avec la plus vive impatience.* Où sont-ils?
LE PAGE. Ils ne sont pas à Londres.
ÉLISABETH. Ils n'y sont pas... Où sont-ils donc?
LE PAGE. Personne n'a pu me le dire. Vers la pointe du jour, les deux lords ont quitté secrètement, et en toute hâte, la ville.
ÉLISABETH, *avec un vif mouvement.* Je suis reine d'Angleterre!... (*Elle se promène çà et là très-agitée.*) Va!... appelle!... Non... reste... Elle est morte... Maintenant enfin je suis à l'aise sur la terre... Pourquoi trembler? d'où me vient cette angoisse? le tombeau renferme mes craintes. Qui oserait dire que c'est moi qui ai ordonné cette exécution? Les larmes ne me manqueront pas pour pleurer celle qui a succombé. (*Au*

page.) Tu es encore ici? Que mon secrétaire, Davison, vienne me trouver à l'instant... Qu'on envoie chercher le comte Talbot... Le voici lui-même.

(Le page sort.)

SCÈNE XIII.

ÉLISABETH, TALBOT.

ÉLISABETH. Soyez le bienvenu, noble lord. Quelle nouvelle nous apportez-vous? C'est sans doute une chose grave qui vous amène ici à une heure si tardive.

TALBOT. Grande reine, mon cœur soucieux et inquiet pour votre gloire m'a entraîné aujourd'hui à la Tour, où Kurl et Nau, les secrétaires de Marie, sont enfermés : je voulais sonder encore une fois la vérité de leur témoignage. Embarrassé, interdit, le lieutenant de la Tour refuse de me montrer les prisonniers; je n'ai obtenu l'entrée qu'à l'aide de mes menaces... Dieu! quel tableau s'est offert à mes yeux! Les cheveux en désordre, l'œil égaré, l'Écossais Kurl était sur son lit comme un homme tourmenté par les furies... A peine le malheureux m'a-t-il reconnu, qu'il se précipite à mes pieds, il embrasse mes genoux en poussant des cris de douleur, il se roule avec désespoir devant moi, il me prie et me conjure de lui apprendre le sort de la reine, car le bruit qu'elle a été condamnée à mort est parvenu jusque dans les cachots de la Tour. Quand je lui ai dit la vérité, ajoutant que c'était son témoignage qui la faisait mourir, il s'est élancé avec fureur sur son compagnon, l'a terrassé avec la force d'un frénétique, s'efforçant de l'étrangler. A peine avons-nous pu arracher ce malheureux à ses mains furieuses. Puis il a tourné sa rage contre lui : il se frappait la poitrine à grands coups, se maudissait, lui et son compagnon, et invoquait les esprits de l'enfer. Il a porté un faux témoignage : les malheureuses lettres écrites à Babington, dont il avait attesté par serment l'authenticité, sont fausses. Il a écrit d'autres paroles que celles qui lui étaient dictées par la reine. C'est le misérable Nau qui l'a poussé à cette action. Là-dessus il a couru à la fenêtre, il l'a arrachée avec une violence furieuse, et, poussant des clameurs qui ont assemblé le peuple dans la rue, il s'est écrié qu'il était le secrétaire de Marie, le scélérat qui l'avait faussement accusée, qu'il était un imposteur et un réprouvé !

ÉLISABETH. Vous dites vous-même qu'il était hors de lui : les paroles d'un insensé, d'un furieux, ne prouvent rien.

TALBOT. Mais son égarement même est une preuve. O reine, je vous en conjure, ne précipitez rien; ordonnez qu'on fasse une nouvelle enquête.

ÉLISABETH. Oui, je le veux bien, comte, parce que vous le désirez, et non parce que je puis croire que mes pairs aient jugé légèrement dans cette affaire. Pour votre tranquillité, qu'on recommence donc l'instruction. Par bonheur, il en est temps encore. Il ne doit pas y avoir sur notre honneur royal l'ombre d'un doute.

SCÈNE XIV.

Les précédents, DAVISON.

ÉLISABETH. Le jugement, Davison, que j'ai remis hier entre vos mains, où est-il ?

DAVISON, *dans la plus grande surprise.* Le jugement !...

ÉLISABETH. Que je vous ai donné à garder...

DAVISON. A garder !...

ÉLISABETH. Le peuple en tumulte me pressait de signer. Il me fallait obéir à sa volonté : j'ai signé, mais par contrainte. J'ai remis cet arrêt entre vos mains pour gagner du temps. Vous savez ce que je vous ai dit... Maintenant donnez-le-moi.

TALBOT. Donnez-le, sir Davison ; les choses ont changé de face : on va faire une nouvelle instruction.

ÉLISABETH. Ne réfléchissez pas si longtemps. Où est la sentence?

DAVISON, *avec désespoir*. Je suis perdu... je suis mort...

ÉLISABETH, *vivement*. J'espère que vous n'aurez pas...

DAVISON. Je suis perdu : je n'ai plus cet arrêt.

ÉLISABETH. Comment? quoi?

TALBOT. Dieu du ciel !

DAVISON. Il est dans les mains de Burleigh... depuis hier.

ÉLISABETH. Malheureux! Est-ce ainsi que vous m'avez obéi? Ne vous avais-je pas sévèrement commandé de le garder?

DAVISON. Vous ne m'avez pas donné cet ordre, reine...

ÉLISABETH. Oses-tu bien me démentir, misérable? Quand t'ai-je dit de donner la sentence à Burleigh?

DAVISON. Non pas en termes clairs, déterminés, reine... mais...

ÉLISABETH. Scélérat! tu as osé interpréter mes paroles, y mêler ta pensée sanglante? Malheur à toi, s'il résulte quelque catastrophe de l'action que tu as faite toi-même! tu me le payeras de ta vie. — Comte Talbot, vous voyez comme on abuse de mon nom!...

TALBOT. Je vois... Oh! mon Dieu!...

ÉLISABETH. Que dites-vous?

TALBOT. Si Davison a osé lui-même prendre ce parti, s'il a agi à votre insu, il doit être traduit devant le tribunal des pairs pour avoir livré votre nom à l'horreur des siècles.

SCÈNE XV.

Les précédents, BURLEIGH, *puis* KENT.

BURLEIGH, *fléchissant le genou devant la reine*. Vive longtemps ma souveraine, et puissent tous les ennemis

ACTE V, SCÈNE XV.

de cette île finir comme Marie! (*Talbot se voile le visage; Davison se tord les mains avec désespoir.*)

ÉLISABETH. Parlez, milord : est-ce de moi que vous avez reçu l'ordre d'exécution?

BURLEIGH. Non, reine; je l'ai reçu de Davison.

ÉLISABETH. Davison vous l'a-t-il remis en mon nom?

BURLEIGH. Non, pas en votre nom.

ÉLISABETH. Et vous l'avez accompli sans connaître ma volonté? La sentence était juste : le monde ne peut nous blâmer; mais il ne vous convenait pas de prévenir la clémence de notre cœur. Vous êtes, pour ce fait, banni de ma présence. (*A Davison.*) Une justice sévère vous attend, vous qui avez si criminellement outrepassé votre pouvoir, qui avez abusé du dépôt sacré qui vous était confié. Qu'on le mène à la Tour; ma volonté est qu'il soit poursuivi pour crime capital. — Mon noble Talbot, vous êtes, parmi mes conseillers, le seul que j'aie trouvé juste; soyez désormais mon guide, mon ami.

TALBOT. Ne bannissez point vos plus fidèles amis: ne jetez point en prison ceux qui ont agi pour vous, et qui maintenant se taisent pour vous. — Quant à moi, grande reine, permettez que je dépose entre vos mains le sceau qui m'a été confié pendant douze ans.

ÉLISABETH, *surprise*. Non, Talbot, vous ne m'abandonnerez pas maintenant, maintenant...

TALBOT. Pardonnez. Je suis trop vieux, et cette main loyale est trop roide pour sceller vos nouveaux actes.

ÉLISABETH. Quoi! l'homme qui m'a sauvé la vie voudrait m'abandonner?...

TALBOT. J'ai fait peu de chose. Je n'ai pu sauver la plus noble partie de vous-même... Vivez, régnez heureuse. Votre rivale est morte; vous n'avez désormais plus rien à craindre; vous n'avez plus besoin de rien respecter.   (*Il sort.*)

ÉLISABETH, *au comte de Kent, qui entre*. Que le comte de Leicester vienne ici.

KENT. Le lord prie la reine de l'excuser. Il vient de s'embarquer pour la France. (*Elle se contient et montre une contenance ferme. La toile tombe.*)

FIN DE MARIE STUART.

LA PUCELLE D'ORLÉANS,
TRAGÉDIE ROMANTIQUE.

PERSONNAGES.

CHARLES VII, roi de France.
LA REINE ISABEAU, sa mère.
AGNÈS SOREL, sa favorite.
PHILIPPE LE BON, duc de Bourgogne.
LE COMTE DUNOIS, bâtard d'Orléans.
LA HIRE,
DUCHATEL, } officiers au camp du roi.
L'ARCHEVÊQUE DE REIMS.
CHATILLON, chevalier bourguignon.
RAOUL, chevalier lorrain.
TALBOT, général des Anglais.
LIONEL,
FALSTOLF, } chefs Anglais.
MONTGOMERY.
CONSEILLERS de la ville d'Orléans.
UN HÉRAUT, du camp des Anglais.
THIBAUT D'ARC, riche agriculteur.
MARGOT,
LOUISON, } ses filles.
JEANNE,
ÉTIENNE,
CLAUDE-MARIE, } leurs amoureux.
RAYMOND,
BERTRAND, autre paysan.
LE SPECTRE DU CHEVALIER NOIR.
UN CHARBONNIER ET SA FEMME.
SOLDATS ET PEUPLE, OFFICIERS de la couronne, ÉVÊQUES, MOINES, MARÉCHAUX, MAGISTRATS, COURTISANS et autres personnages muets formant le cortège du couronnement.

PROLOGUE.

UN SITE CHAMPÊTRE.

Sur le devant, à droite, une statue de saint dans une chapelle; à gauche, un grand chêne.

SCÈNE I.

THIBAUT D'ARC, ses TROIS FILLES, trois JEUNES PATRES, leurs fiancés, THIBAUT.

Oui, mes chers voisins, aujourd'hui encore nous sommes Français, aujourd'hui encore nous sommes les libres habitants et les maîtres de cet antique sol que nos pères ont labouré. Qui sait à qui demain nous n'appartiendrons pas ! De tous côtés l'Anglais fait flotter sa bannière victorieuse; ses chevaux piétinent les riches campagnes de la France ! Déjà Paris l'a reçu triomphant dans ses murs, couronnant le rejeton d'une souche étrangère, du vieux diadème de Dagobert. Le petit-fils de nos rois, déshérité, erre aujourd'hui en fugitif par son propre royaume, et dans les rangs ennemis que dirige une mère dénaturée combat son plus proche cousin, le premier de ses pairs ! Villages et cités, l'incendie dévore tout, et de ces vallons encore paisibles à cette heure, la fumée de la dévastation se rapproche de plus en plus. C'est pourquoi, mes chers voisins, j'ai résolu, avec l'aide de Dieu, et tandis que je le puis encore, de pourvoir honnêtement mes filles. — Car la femme, en des temps comme les nôtres, a surtout besoin d'un protecteur, et j'estime qu'un amour fidèle aide à supporter bien des fardeaux.

(*S'adressant au premier pâtre.*)

Venez, Etienne; vous recherchez la main de ma Margot, nos terres se touchent, vos cœurs s'entendent, c'en est assez pour fonder une heureuse union. (*Au second.*) Et vous, Claude-Marie, vous vous taisez et ma Louison baisse les yeux ! Irai-je séparer deux cœurs qui se sont rencontrés, parce que vous n'avez pas à m'offrir des trésors ? Des trésors, et qui désormais en possède ? La maison aussi bien que la grange sont aujourd'hui la proie de l'ennemi et de la flamme, et je doute qu'il y ait quelque part, au temps où nous vivons, un plus ferme abri que la poitrine d'un bon garçon.

LOUISON. Mon père !

CLAUDE-MARIE. Ma Louison !

LOUISON, *embrassant Jeanne.* Chère sœur !

THIBAUT. Je donne à chacune trente acres de terre,

l'étable, la basse-cour et le foyer. — Dieu m'a béni, puisse-t-il vous bénir de même !

MARGOT, *embrassant Jeanne.* Rends-toi aux vœux de ton père, prends exemple sur nous, et que ce jour voie ainsi se former trois heureux couples.

THIBAUT. Allez, préparez-vous ; demain les noces seront célébrées, et j'entends que tout le village y prenne part.

(*Les deux couples s'éloignent bras dessus, bras dessous.*)

SCÈNE II.

THIBAUT, RAYMOND, JEANNE.

THIBAUT. Jeannette, tes sœurs se marient toutes deux ; les voilà heureuses, et la vue de ce bonheur réjouit ma vieillesse, tandis que toi, la plus jeune de mes enfants, il semble que tu ne veuilles me donner que chagrin et tristesse !

RAYMOND. Eh bien, n'allez-vous pas encore la quereller ?

THIBAUT. Un brave et digne garçon s'offre à toi, auquel nul dans le pays n'oserait se comparer ; il t'a voué son cœur et te recherche voilà tantôt trois ans avec tendresse et discrétion, et tu ne sais répondre à ses désirs, à ses avances, que par des refus et des froideurs. Pas un de nos jeunes pâtres n'amena jamais sur tes lèvres un sourire de bienveillance. Je te vois aujourd'hui dans tout l'éclat de ta jeunesse, ton printemps touche à sa plénitude, c'est le moment de l'espérance, la fleur de ta beauté se développe. Mais hélas ! en vain je me flatte de voir la tendre fleur de l'amour sortir de ses boutons et s'épanouir joyeusement en un fruit d'or. Oh ! je ne le cache pas, un tel état m'afflige et me semble une fatale erreur de la nature. Je n'aime point un cœur austère et glacé qui se ferme en ces belles années où les sentiments ne demandent qu'à se répandre.

RAYMOND. Laissez-la, père, laissez-la faire comme il

lui plait. L'amour de ma noble Jeanne est une auguste et chaste fleur du ciel, et c'est dans le silence et peu à peu que de pareils trésors doivent mûrir. Il faut à la jeunesse l'air libre et pur des montagnes, et des hauteurs où elle habite encore, elle hésite à descendre dans nos étroites demeures où logent les mesquins soucis. Souvent du fond de nos vallées je la contemple avec une muette admiration lorsque, belle et majestueuse, elle vient à m'apparaître sur la cime de quelque pic, entourée de ses troupeaux, et son regard sérieux incliné vers les basses régions de la terre. On croirait voir en elle par moment quelque chose de surhumain, et souvent je me suis demandé si cette enfant ne serait point la fille d'autres siècles !

THIBAUT. Et voilà justement ce que moi je ne puis souffrir. Elle fuit le doux commerce de ses sœurs, ne se plait qu'à vaguer sur les cimes désertes, et jamais le chant du coq ne l'a surprise dans sa course. A ces heures d'épouvante où l'homme si volontiers cherche à se rassurer par le contact des autres hommes, elle s'en va, pareille à l'oiseau dont les ténèbres sont la patrie, se plonger dans les sombres royaumes de la nuit, parcourant le carrefour, entretenant de mystérieux dialogues avec le vent de la montagne. Pourquoi choisit-elle toujours ce lieu pour y conduire ses troupeaux ? Je la vois des heures entières assise là, pensive, sous l'arbre druidique, sous ce chêne dont tous les gens heureux craignent de s'approcher. Car cet asile est réputé funeste, et dès les temps anciens, dès le temps du paganisme, un mauvais esprit passe pour y avoir fait son siége. Les vieillards du pays racontent sur cet arbre d'effrayantes légendes, et souvent de ses sombres feuillages s'échappent les sons de voix étranges. Moi-même, un soir, m'étant attardé, je passais mon chemin dans son voisinage : n'ai-je point vu le fantôme d'une femme assis à son ombre, un spectre enveloppé d'un linceul et dont la main desséchée s'étendait vers moi comme pour me faire signe de venir, tant est que je me mis à fuir en recommandant mon âme à Dieu.

RAYMOND, *indiquant la sainte statue placée dans la chapelle.* L'influence sacrée de cette image qui répand autour d'elle la paix du ciel, voilà, croyez-moi, ce qui vers ces lieux attire votre fille, et non point l'œuvre du démon.

THIBAUT. Oh! non, non! ce n'est point en vain qu'elle se montre à moi dans mes songes et mille inquiétantes visions. Par trois fois je l'ai vue à Reims, assise sur le trône de nos rois, ses tempes ornées d'un diadème où sept étoiles flamboyaient, et tenant dans sa main le sceptre d'où trois lys blancs sortaient épanouis comme d'une tige, tandis que moi, son père et ses deux sœurs, et tous les princes, comtes, archevêques, tous, jusqu'au roi lui-même, nous nous inclinions devant elle. Que peut signifier un tel éclat dans ma chaumière? Que peut-il m'annoncer, sinon quelque profonde catastrophe? Ce rêve n'est-il point le symbole des vaines aspirations de son cœur? Elle rougit de son obscurité. — Cette beauté du corps que Dieu lui a donnée, ces glorieux trésors que sa bénédiction a répandus sur elle entre toutes les filles de ce vallon, entretiennent dans son cœur un orgueil coupable, et c'est l'orgueil qui fut cause de la chute des anges, c'est par l'orgueil que l'enfer se rend maître des hommes.

RAYMOND. L'orgueil? Mais qui donc plus que votre pieuse enfant possède les vertus modestes? N'est-ce point elle qui de gaîté de cœur se fait l'humble servante de ses sœurs. Elle, la plus douée entre toutes les femmes, se montre en même temps la plus soumise, et vous la voyez, le front serein, se plier aux plus rudes travaux. Par ses soins prospèrent vos troupeaux, vos semailles, et sur tout ce qu'elle fait un bonheur ineffable, inouï, se répand.

THIBAUT. En effet, un bonheur inouï! et c'est là ce qui m'épouvante. — Assez sur ce sujet, je me tais; je veux me taire. Dois-je donc accuser mon propre enfant? Non, mais l'exhorter, prier pour elle, l'exhorter surtout. — Fuis loin de cet arbre, — renonce à cet amour de la solitude, et cesse de creuser le sol à minuit pour y chercher des plantes, cesse de composer des breuvages, de tracer sur le sable des signes mystérieux; les esprits ont leur royaume à fleur de terre, toujours aux aguets et l'oreille collée au sol qui les recouvre; pour peu qu'on gratte, ils vous ont bientôt entendu. Consens à ne plus rester seule, car c'est dans la solitude que Satan aborda le Dieu du ciel lui-même.

SCÈNE III.

BERTRAND *s'avance, tenant un casque à la main;* **THIBAUT, RAYMOND, JEANNE.**

RAYMOND. Chut! j'aperçois Bertrand qui revient de la ville. Quelles nouvelles en rapporte-t-il?

BERTRAND. Vous vous étonnez tous de me voir dans les mains cet étrange ornement.

THIBAUT. En effet; dites-nous, comment avez-vous ce casque et pourquoi ce signe de discorde que vous apportez dans nos vallons paisibles? (*Jeanne qui, pendant les deux scènes précédentes, est demeurée à l'écart, silencieuse et sans prendre part à l'action, se rapproche et commence à devenir attentive.*)

BERTRAND. A peine si je sais moi-même comment cela m'est advenu. J'étais à Vaucouleurs pour m'acheter un équipement de guerre; une grande foule se pressait sur la place du marché, car des légions de fuyards venaient justement d'arriver d'Orléans avec les plus mauvaises nouvelles des événements. La ville entière s'agitait éperdue, et comme je cherchais à me frayer un passage, soudain une brune bohémienne m'accoste avec ce casque, et fixant sur moi son regard aigu : «Compagnon, dit-elle, vous cherchez un casque, je le sais, il vous en faut un, prenez celui-ci, je vous le donne à bon marché. » Adressez-vous aux lansquenets, lui répondis-je ; quant à moi, je suis un laboureur et n'ai que faire de ce casque. Mais elle, insistant toujours : « Nul homme ne peut dire à cette heure : « Je n'ai que faire d'un casque. » Un abri de fer pour la tête vaut mieux de nos jours qu'une maison de pierre. » Ainsi elle me pourchassait de rue en rue, me forçant à prendre son casque, dont je ne voulais pas, et cependant je le trouvais si beau, si reluisant, ce casque, digne d'orner la tête d'un chevalier! et tandis qu'indécis, je le pesais dans ma main, songeant à l'étrangeté de l'aventure, la bohémienne avait disparu, entraînée par le torrent du peuple, et le casque m'était resté.

JEANNE, *avec vivacité, et cherchant à saisir le casque.* Donnez-le moi, ce casque.

BERTRAND. Qu'en ferez-vous? Ce n'est point là un ornement de jeune fille.

JEANNE, *le lui arrachant.* Je vous dis que ce casque est à moi, il m'appartient.

THIBAUT. Quel nouveau vertige la prend?

RAYMOND. Laissez-la, père ! Cet appareil guerrier sied à votre fille, car sa poitrine enferme un cœur viril. Avez-vous oublié comment elle dompta ce loup furieux, fléau de nos bergeries, terreur de tous nos jeunes pâtres ? Elle seule, la pucelle au cœur de lion, osa se mesurer avec la bête féroce, et de sa gueule sanglante arracha la brebis qu'elle emportait déjà. Si vaillante que soit la tête que recouvre ce casque, il n'en saurait orner une plus digne.

THIBAUT, *à Bertrand.* Parlez, quels nouveaux désastres avez-vous à nous annoncer? que vous ont appris les bandes fugitives ?

BERTRAND. Dieu sauve le roi et vienne en aide à ce malheureux pays ! Sorti vainqueur de deux batailles décisives, l'ennemi est au cœur de la France, et toutes nos provinces sont perdues jusqu'aux limites de la

Loire. Désormais c'est devant Orléans que se concentrent toutes ses forces rassemblées.

THIBAUT. Dieu protége le roi!

BERTRAND. De toutes parts d'immenses préparatifs sont mis en œuvre, et de même qu'aux jours d'été, on voit les abeilles en épais essaims envelopper la ruche, de même que ces légions de sauterelles dont l'air est obscurci s'abattent sur la campagne qu'ils couvrent au loin par myriades innombrables, ainsi s'est abattue sur les plaines d'Orléans une nuée de peuples divers et confus dont le camp offre un mélange inintelligible de toutes les langues. Là le Bourguignon puissant a réuni ses hommes à ceux du pays de Liége et de Namur, à ceux du Luxembourg et du Brabant. Là sont les Gantois voluptueux qui se pavanent dans la soie et le velours; là sont les hommes de Zélande, dont les villes s'élèvent blanches et propres hors du sein de la mer; le Hollandais habile à traire les vaches; les hommes d'Utrecht, jusqu'à ceux de la Frise, tournée vers le pôle nord, tous attachés à la bannière du victorieux Bourguignon, tous résolus à soumettre Orléans.

THIBAUT. O discorde à jamais lamentable, qui tourne contre la France les propres armes de la France!

BERTRAND. Elle aussi, la vieille reine, la superbe Isabeau, princesse de Bavière, elle aussi on la voit vêtue d'acier, chevaucher par le camp, animant, par ses discours empoisonnés, la haine de tous ces peuples contre le fils qu'elle a porté dans ses entrailles!

THIBAUT. Malédiction sur elle! et puisse Dieu lui réserver le sort de Jézabel!

BERTRAND. Le redoutable Salisbury, pourfendeur de murailles, conduit l'assaut. A ses côtés combattent Lionel, frère du lion, et Talbot, dont l'épée meurtrière moissonne les peuples dans les batailles. Ils ont juré, ces hommes arrogants, de vouer au déshonneur toutes les jeunes filles, et de faire mourir par l'épée tout ce qui aurait porté l'épée. Quatre forts élevés par eux menacent la ville ; du haut d'un de ces points d'observation, plane l'œil sanguinaire de Salisbury, comptant les rapides passants qui s'aventurent par les rues. Déjà sous les mille boulets qui foudroient la ville, les églises s'effondrent, et l'auguste clocher de Notre-Dame incline son front royal. Ils ont aussi creusé des mines, véritables volcans de l'enfer sur lesquels s'agite avec désespoir la malheureuse cité, menacée à chaque instant de se voir réduite en cendres au milieu de l'explosion du tonnerre. (*Jeanne écoute avec une attention de plus en plus avide et se coiffe du casque.*)

THIBAUT. Mais où sont-elles, ces vaillantes épées de la France qu'on nommait Xaintrailles et La Hire? Où donc est-il, ce rempart du pays, l'héroïque bâtard, pour que l'ennemi triomphant ait pu s'avancer de la sorte? Que fait le roi? assiste-t-il donc d'un œil indifférent aux calamités de son peuple, à la ruine de ses provinces?

BERTRAND. A Chinon le roi tient sa cour. Faute de monde, impossible de tenir la campagne; à quoi sert la bravoure des chefs, le bras du héros, lorsque la pâle peur paralyse l'armée? Une terreur qu'on prendrait pour un fléau de Dieu s'est emparée des plus vaillants. Vainement les chefs ordonnent qu'on se lève. Telles on voit les brebis inquiètes resserrer leurs rangs quand le hurlement du loup se fait entendre, tel le Franc, oublieux de son antique gloire, s'empresse à se confiner dans les forteresses. Un seul, à ce qu'on raconte, est parvenu à rassembler une faible troupe et se porte au-devant du roi à la tête de seize compagnies.

JEANNE, *avec chaleur.* Le nom de ce chevalier?

BERTRAND. Baudricourt. Mais, hélas! on doute qu'il réussisse à tromper l'ennemi acharné sur sa trace avec deux armées.

JEANNE. Où le trouver, savez-vous? Si vous le savez, dites-le-moi.

BERTRAND. Il campe à une demi-journée de Vaucouleurs.

THIBAUT, *à Jeanne.* Que t'importe cela ? et pourquoi t'enquérir, jeune fille, de choses qui ne te regardent point?

BERTRAND. En présence d'un ennemi tout-puissant, et désespérant de recevoir du roi aucun secours, ils ont tous résolu à Vaucouleurs de se rendre au Bourguignon. C'est l'unique moyen aujourd'hui d'échapper au joug de l'étranger et de conserver l'antique souche royale ; peut-être même y aurait-il quelque chance de retomber en partage à l'ancienne couronne, au cas où France et Bourgogne parviendraient enfin à s'entendre.

JEANNE, *avec inspiration.* Jamais ! Point de traité, point de transaction arrachée à la faiblesse ! Le sauveur est proche et déjà s'arme pour le combat. Devant Orléans va pâlir l'étoile de l'ennemi. La mesure est comblée, je vous le dis, les blés sont mûrs pour la moisson. Voici venir la pucelle qui fauchera les semailles de leur orgueil, et du firmament où ils l'ont attachée, précipitera leur gloire dans l'abîme. N'hésitez pas, ne fuyez pas ! car devant que l'épi jaunisse, devant que la lune ait accompli sa période, les coursiers d'Angleterre auront cessé de s'abreuver dans les flots limpides de la Loire.

BERTRAND. Hélas ! le temps des miracles est passé.

JEANNE. Dieu permettra qu'il se renouvelle. Une blanche colombe prendra son vol et fondra, pareille à l'aigle audacieux, sur ces vautours qui ravagent la patrie. Elle aura raison du Bourguignon superbe aux trahisons fatales, terrassant Talbot aux cent bras, et Salisbury le sacrilège, chassant devant elle comme un troupeau tous ces féroces insulaires. Avec elle sera le Seigneur, le Dieu des combats, qui choisira pour se manifester la plus craintive entre ses créatures, et se glorifiera dans une faible fille, car il est le tout-puissant.

THIBAUT. Quel démon inspire cette enfant ?

SCÈNE III.

RAYMOND. C'est le casque, dont l'influence guerrière la pénètre. Tenez, son regard étincelle, sa joue flamboie d'une lueur de pourpre.

JEANNE. Quoi! ce royaume croulerait? Quoi! ce pays de la gloire, le plus beau que l'éternel soleil contemple dans sa course, le paradis terrestre aimé de Dieu subirait les chaînes de l'étranger! Non, ici s'est brisée la puissance des payens, ici la première croix éleva dans l'air son signe de rédemption, ici repose la cendre de Saint-Louis, et d'ici sont partis les conquérants de Jérusalem.

BERTRAND, *stupéfait*. Écoutez, d'où puise-t-elle cette inspiration? Arc, Dieu vous a rendu père d'une fille prédestinée.

JEANNE. Ainsi nous n'aurions plus nos rois, plus de souverain national! Le roi disparaîtrait de la surface de la terre, lui qui ne peut mourir, lui le protecteur de la charrue féconde, lui qui seul affranchit les serfs, qui groupe joyeusement les villes autour de son trône, lui Providence des faibles et terreur des méchants, lui qui ne connaît pas l'envie, car il est le plus grand entre tous, lui qui n'est pas un homme seulement, mais un ange de miséricorde sur cette terre en proie aux mauvaises passions. Car le trône des rois qui brille d'or, est l'abri tutélaire des pauvres délaissés; là sont assises côte à côte la puissance et la charité. Le coupable en tremblant s'en approche, l'innocent avec confiance, et sa main se joue dans la crinière du lion étendu sur ses marches. Un roi étranger, un maître venu de dehors! Mais comment aimeraient-ils ce sol qui ne renferme point les ossements sacrés de leurs ancêtres? Celui-là qui n'a pas grandi avec nos jeunes gens, celui-là dont les entrailles n'ont point vibré à l'appel de nos voix peut-il jamais se dire notre père?

THIBAUT. Dieu protége la France et le roi! Quant à nous, paisibles laboureurs, nous ignorons l'art de manier l'épée et de dompter un palefroi; tâchons alors de nous résigner en silence et de nous soumettre au lot que la victoire nous donnera. Le sort des batailles est le jugement de Dieu, et notre maître est celui-là qui reçoit l'onction sainte et se couronne à Reims du diadème. Au travail, mes enfants, au travail, et ne songeons qu'à ce qui nous touche. Laissons les grands de la terre et les princes se disputer la possession du sol. Permis à nous d'assister sans trouble aux catastrophes, car le sol que nous labourons résiste à tous les chocs. La flamme peut incendier nos villages, le sabot de leurs coursiers piétiner nos moissons; des moissons, le printemps en amène de nouvelles, et nos frêles chaumières sont faciles à reconstruire. (*Tous s'éloignent, excepté Jeanne.*)

SCÈNE IV.

JEANNE, *seule*. Adieu, montagnes, chers pâturages, et vous, calmes vallons, adieu! Jeanne désormais ne foulera plus vos sentiers, Jeanne vous dit un éternel adieu. Prairies que j'arrosai, arbres que j'ai plantés, continuez à reverdir; adieu, grottes et sources fraîches! Echo, douce voix de ce val qui tant de fois répondis à mes chants, Jeanne s'éloigne et plus jamais ne reviendra!

Lieux témoins de mes joies innocentes, je vous délaisse et pour toujours! Dispersez-vous, mes brebis, par les plaines; dispersez-vous, troupeaux abandonnés; d'autres troupeaux désormais me réclament qu'il faut que je dirige à travers les sanglants pâturages des dangers. Telle est la voix de l'esprit qui m'appelle; nulle vanité, nul sentiment terrestre dans l'attraction à laquelle j'obéis.

Car ce Dieu qui sur les cimes d'Horeb apparut à Moïse au sein du buisson flamboyant pour lui commander de tenir tête à Pharaon; ce Dieu qui sut armer pour sa défense un enfant, le pâtre Esaïe, et toujours se montra propice aux bergers; ce Dieu, à moi aussi m'a parlé du fond des rameaux de cet arbre, disant : Va et me rends témoignage sur la terre !

« D'un rude airain tu couvriras tes membres, d'acier tu couvriras ta gorge délicate. Jamais l'amour humain de ses flammes coupables n'éveillera chez toi de ténébreux désirs. Jamais la couronne des fiançailles ne doit orner tes tempes, nul enfant bien-aimé ne doit s'épanouir sur ton sein ; mais en revanche je te rendrai illustre par la guerre entre toutes les femmes.

« Car j'ai choisi le moment où les plus vaillants voient fléchir leur courage, où les destins de la France vont se consommer, pour te mettre en main mon oriflamme. Comme le faucheur abat la gerbe, ainsi tu moissonneras ces superbes vainqueurs, ta main arrêtera le cours de leur fortune, car je t'ai suscitée pour sauver de la ruine les héroïques enfants de la France, pour délivrer Reims et couronner ton roi. »

Le ciel me devait un gage, il m'envoie ce casque dont le fer me communique une céleste force, et fait courir dans mes veines le feu sacré des chérubins. Je sens qu'il m'entraîne au combat et m'y pousse avec l'impétuosité du tourbillon. Aux armes ! le coursier se cabre et la trompette a retenti.

ACTE PREMIER.

La cour du roi Charles à Chinon.

SCÈNE I.

DUNOIS et DUCHATEL.

DUNOIS. Non, je n'en supporterai pas davantage, je me sépare de ce roi, qui lâchement s'abandonne lui-même. — Mon cœur de soldat saigne, et je me sens prêt à verser des larmes de sang à voir des bandits se se partager la France avec l'épée, et ces antiques cités qui ont vieilli avec la monarchie livrer à l'ennemi leurs clés rouillées; tandis que nous ici nous perdons en de vains loisirs un temps précieux pour la défense. — Sur le bruit qu'Orléans est menacé, j'accours du fond de la Normandie, pensant trouver le roi à la tête de son armée, et je le trouve ici, entouré de baladins et de troubadours, s'occupant à deviner des rébus et à donner des fêtes à Sorel ; ni plus ni moins que si le royaume était en pleine paix ! — Le connétable se retire, tant de misères l'ont dégoûté, et moi aussi je m'éloigne et le livre à son mauvais destin !

DUCHATEL. Voici le roi.

SCÈNE II.

LE ROI CHARLES, *les précédents.*

CHARLES. Le connétable me renvoie son épée et quitte mon service! — Dieu soit loué! Ceci nous débarrasse d'un mécontent hargneux dont l'esprit dominateur fatiguait tout le monde.

DUNOIS. Un homme a toujours sa valeur en des circonstances comme celles où nous sommes, et je ne m'accommoderais point si facilement de le perdre.

CHARLES. C'est donc le pur besoin de contredire qui te fait ainsi parler. Tant qu'il fut là, jamais il ne t'eut pour ami.

DUNOIS. C'était un fou, j'en conviens, orgueilleux, fatigant, insupportable, et qui jamais ne savait en finir. — Cette fois du moins il agit à propos, puisqu'il abandonne la place au bon moment, alors qu'il n'y a plus d'honneur à y rester.

CHARLES. Je m'aperçois que tu es dans tes belles humeurs, et n'ai garde de t'y vouloir troubler! — Duchâtel, il y a là des envoyés du vieux roi René, on les dit passés maîtres en l'art du chant et fort célèbres; veille à ce qu'ils soient traités comme ils le méritent, et qu'on leur donne à chacun une chaîne d'or! (*Au bâtard.*) Qu'as-tu maintenant à sourire?

ACTE I, SCÈNE II.

DUNOIS. J'aime à voir ainsi ta bouche prodiguer les chaînes d'or !

DUCHATEL. Sire, il n'y a plus d'argent dans ton trésor.

CHARLES. A toi d'en trouver. — Je n'entends point que de nobles chanteurs quittent ma cour sans récompense. C'est par eux que fleurit le sceptre; autour de la couronne inféconde, eux seuls savent l'art d'enlacer le verdoyant rameau ; ils marchent les égaux des souverains, d'un simple souhait vont se construire un trône, et leur royaume, tout paisible qu'il soit, ne flotte point seulement dans l'espace. C'est pourquoi chanteurs et monarques vont de pair, car tous deux habitent les plus hautes cimes !

DUCHATEL. Mon royal maître ! j'ai dû ménager ton oreille aussi longtemps que les dernières ressources ne furent point taries. Aujourd'hui la nécessité délie mes lèvres ! — Apprends-le donc, tu n'as plus rien à donner, hélas ! demain toi-même n'auras plus de quoi fournir à tes propres besoins. Le flot de nos richesses s'est épuisé, ton trésor est à sec. Les troupes ne reçoivent point de solde et menacent en murmurant de déserter; à peine si je sais comment subvenir aux frais de ta maison royale, et te faire vivre non en prince, mais selon les lois du plus strict nécessaire !

CHARLES. Engage nos droits de souverain, emprunte aux Lombards !

DUCHATEL. Sire, les revenus de ta couronne, tes droits de souverain sont déjà pour trois ans engagés.

DUNOIS. Et d'ici là, le pays ni le gage n'existeront plus.

CHARLES. Il nous reste encore nombre de bons États.

DUNOIS. Aussi longtemps qu'il plaît à Dieu et à l'épée de Talbot. Car Orléans une fois pris, tu peux t'en aller garder les moutons avec ton roi René !

CHARLES. Tu ne sais qu'exercer ton esprit sur ce prince, qui cependant, aujourd'hui même, vient de me traiter royalement.

DUNOIS. Serait-ce par hasard qu'il t'aurait donné sa couronne de Naples ! car elle est à vendre, à ce qu'on m'assure, depuis qu'il garde les moutons.

CHARLES. Pur badinage ! aimables jeux ! et fêtes qu'il se donne de vouloir fonder au sein de réalités barbares où nous vivons, un monde innocent et naïf ! Mais sous ces plans se cache une intention royale et magnanime. — Restaurer les beaux jours d'autrefois où régnait la douce poésie, où l'amour faisait des héros, où de nobles femmes, au sens épuré, au goût délicat, s'érigeaient en tribunal du Tendre. C'est ce doux âge d'or qu'a choisi pour s'y établir le gai vieillard, occupé à bâtir sur la terre cette cité céleste qui fleurit dans les chants du passé. Sous ses auspices, une cour d'amour s'est rassemblée où les chevaliers se doivent rendre, où trônent de pudiques femmes, où la poésie va renaître ; et le prince d'amour qu'il a nommé : c'est moi !

DUNOIS. Je ne suis point trempé de telle sorte que je veuille battre en brèche la puissance de l'amour. Je lui dois mon nom, je suis son fils, et tout mon patrimoine est en son royaume. Mon père fut le duc d'Orléans, et si peu de cœurs féminins lui résistèrent, le nombre n'est pas grand des châteaux-forts qu'il ne sut point soumettre. Prince d'amour ! si tu tiens à porter dignement ce titre, montre-toi le plus vaillant entre tous les vaillants ! Si je m'en fie à ce que j'ai lu dans ces vieux livres dont tu parles, l'amour en ces temps n'allait guère sans les vertus chevaleresques, et c'étaient des héros, j'imagine, et non pas des bergers qui siégeaient autour de la table ronde. Qui ne sait défendre la beauté ne mérite pas un regard d'elle. Nous foulons le champ du combat, tire l'épée pour ta couronne héréditaire, défends en chevalier ton patrimoine et l'honneur des plus nobles dames, et lorsque des flots du sang ennemi tu auras retiré le diadème de tes pères, alors il sera temps de te couronner des myrtes de l'amour, alors de tels honneurs siéront à ta dignité de prince.

CHARLES, *à un page qui entre.* Qu'est-ce?

LE PAGE. Les conseillers d'Orléans sollicitent une audience.

CHARLES. Qu'ils soient introduits. (*Le page sort.*) Encore des secours qu'on me réclame, et cela, quand j'aurais tant besoin qu'on me vînt en aide à moi-même!

SCÈNE III.

TROIS CONSEILLERS, *les précédents.*

CHARLES. Soyez les bienvenus, mes fidèles sujets: comment se comporte notre bonne ville d'Orléans? Continue-t-elle à résister avec son intrépidité accoutumée à l'ennemi qui l'assiége?

LE PREMIER CONSEILLER. Ah! Sire! Le péril s'accroît d'heure en heure et la ville est au moment de succomber. Les ouvrages extérieurs sont entièrement détruits, à chaque assaut qu'il tente, l'ennemi gagne du terrain. Nos murailles sont dépourvues de combattants, car à tout moment nos hommes sont forcés d'effectuer des sorties désespérées, et bien peu, une fois dehors, revoient les portes de la cité natale; à tant de fléaux qui nous accablent est venue se joindre la famine. Aussi le noble comte de Rochepierre, qui commande la défense, est-il, en ces conjectures suprêmes, convenu avec l'ennemi de se rendre d'ici à douze jours, si dans cet intervalle il ne paraît pas dans la plaine une armée assez nombreuse pour sauver la ville. (*Dunois fait un mouvement de colère.*)

CHARLES. Le délai me semble bien court.

LE CONSEILLER. Et maintenant, sire, nous accourons auprès de toi, sous l'escorte de l'ennemi, pour supplier ton cœur de prince afin qu'il ait en compassion sa bonne ville, car si tu ne viens à son aide, le délai expiré, au douzième jour elle se rend.

DUNOIS. Quoi! Xaintrailles aurait le front de consentir à ce traité de honte.

LE CONSEILLER. Non pas lui, monseigneur, aussi longtemps qu'a vécu ce brave, il ne fut question de paix ni de soumission.

DUNOIS. Ainsi Xaintrailles est mort ?

LE CONSEILLER. Il est tombé sur nos murs, ce héros, en défendant la cause de son roi.

CHARLES. Xaintrailles mort ! En lui je perds toute une armée. (*Un chevalier survient et dit quelques mots à l'oreille du bâtard qui reste confondu.*)

DUNOIS. Ce dernier coup nous manquait.

CHARLES. Allons, qu'est-ce encore ?

DUNOIS. Un message du comte Douglas. Les Ecossais se révoltent et menacent de quitter leur poste s'ils ne reçoivent aujourd'hui même leur arriéré.

CHARLES. Duchâtel !

DUCHATEL, *en haussant les épaules*. Sire, je ne sais en vérité plus que dire.

CHARLES. Promets, engage tout ce que tu as, la moitié de mon royaume.

DUCHATEL. Vaines ressources trop souvent employées !

CHARLES. Les meilleures troupes de mon armée ! Il ne faut pas que les Ecossais me quittent maintenant, non, il ne le faut pas !

LE CONSEILLER, *fléchissant le genou*. O roi, viens-nous en aide ! Songe à notre détresse.

CHARLES, *avec désespoir*. Et puis-je en frappant du pied faire sortir des armées de la terre ? Puis-je faire que le creux de ma main devienne un champ de blé ? Coupez-moi en morceaux, arrachez-moi le cœur et le monnoyez en place d'or. J'ai du sang à vous donner, mais non de l'argent, non des soldats. (*Il aperçoit Agnès Sorel qui s'avance, et va au-devant d'elle les bras ouverts.*)

SCÈNE IV.

AGNÈS SOREL, *une cassette dans les mains; les précédents.*

CHARLES. O mon Agnès, ô ma vie bien-aimée, viens pour m'arracher à mon désespoir. Que je te voie, que je me réfugie sur ton sein, et rien n'est perdu tant que je te possède encore !

SOREL. Cher roi ! (*Promenant autour d'elle un regard inquiet.*) Serait-il vrai, Dunois ? Duchâtel ?

DUCHATEL. Hélas !

SOREL. En serait-on à cette extrémité, que les troupes ne reçoivent plus de solde et veuillent déserter ?

DUCHATEL. Hélas ! rien de plus vrai.

SOREL, *le forçant à prendre sa cassette.* De l'or, des bijoux, en voilà ! Fondez ma riche vaisselle, vendez, engagez mes châteaux. Empruntez sur mes domaines de Provence. Faites argent de tout et contentez les troupes. Vite, allez, ne perdons pas de temps. (*Elle le presse de sortir.*)

CHARLES. Eh bien ! Duchâtel ; eh bien ! Dunois ; dites-vous encore qu'il est pauvre, celui qui la possède, cette perle des femmes ! Noble autant que je le suis, le sang des Valois n'est pas plus pur que le sien. Elle serait l'honneur du premier trône de la terre, mais les trônes, elle les dédaigne, et de moi ne veut que mes amours. Une fleur en hiver, un fruit rare, m'a-t-elle jamais permis d'autres cadeaux. Et cette femme, qui ne veut d'aucun sacrifice, s'empresse à me les faire tous. Cœur magnanime qui joue sur mon étoile à son déclin ses richesses et ses trésors !

DUNOIS. Parle plutôt de sa démence au moins égale à la tienne. Ce qu'elle fait là, c'est jeter une proie de plus à l'incendie, c'est puiser au tonneau des Danaïdes. Elle ne te sauvera point, et va seulement se perdre avec toi.

sorel. N'en crois rien. Vingt fois il a pour toi risqué sa vie, et m'en veut aujourd'hui de te donner mon or. Quoi! je t'aurais tout livré sans hésiter, je t'aurais sacrifié des biens autrement précieux que les perles et l'or, et maintenant je garderais mon bonheur pour moi seule! Viens, rejetons loin de nous toute pompe inutile de l'existence, et souffre ici que je donne un noble exemple d'abnégation! Fais de ta cour un camp, de ton or du fer, jette résolument après ta couronne tout ce que tu possèdes! Viens! viens! nous partagerons les périls et les privations. Armons en guerre nos coursiers; que les ardentes flèches du soleil dardent sur nos poitrines; les nuages au-dessus de nos têtes, et la pierre pour oreiller! Laisse faire, à supporter ses propres tribulations, le soldat aguerri prendra patience lorsqu'il verra son roi réclamer sa part de fatigues et de travaux.

charles, *souriant*. Oui, et maintenant s'accomplit la prophétie de cette nonne extatique de Clermont qui jadis me prédit qu'une femme me rendrait un jour vainqueur de mes ennemis, et reconquerrait pour moi la couronne de mes pères. Cette femme, je la cherchais dans le camp de mes adversaires, et m'efforçais en cette idée de regagner le cœur de ma mère. Erreur! la voilà, l'héroïne qui me doit conduire à Reims; il était dit que je vaincrais par l'amour de mon Agnès!

sorel. Tu vaincras par la vaillante épée de tes amis.

charles. Compte que j'attends beaucoup aussi de la discorde de nos ennemis. Car si j'en crois certaines nouvelles, les choses ne se passent plus comme autrefois entre ces superbes lords d'Angleterre et mon cousin de Bourgogne. C'est pourquoi je lui ai dépêché La Hire avec mission de voir s'il n'y aurait pas moyen de ramener à son devoir et à la foi notre irascible pair! J'attends d'une heure à l'autre son retour.

duchatel, *à la fenêtre*. Le chevalier saute à bas de cheval dans la cour du château.

CHARLES. Qu'il soit le bienvenu ! Nous allons donc savoir à quoi nous en tenir !

SCÈNE V.

LA HIRE, *les précédents.*

CHARLES, *allant à sa rencontre.* La Hire, nous apportes-tu oui ou non l'espérance ? Explique-toi, que dois-je attendre ?

LA HIRE. Rien désormais que de ton épée.

CHARLES. Ainsi l'orgueilleux duc se refuse à tout accommodement ? Parle, comment a-t-il accueilli ton message ?

LA HIRE. Avant tout et devant qu'il ouvre l'oreille à tes propositions, il exige que Duchâtel lui soit livré, Duchâtel qu'il appelle le meurtrier de son père.

CHARLES. Et si nous consentons à ce pacte d'infamie ?

LA HIRE. L'alliance aussitôt serait rompue avant même d'avoir produit ses premiers effets !

CHARLES. L'as-tu, selon que je t'en avais donné l'ordre, l'as-tu de ma part provoqué au combat sur ce même pont de Montereau où son père rendit l'âme ?

LA HIRE. Je lui jetai ton gant en lui disant que tu voulais bien oublier le rang suprême et combattre en preux chevalier pour ta couronne. Mais lui : « Je n'ai que faire, me répondit-il, de me battre pour ce que je possède déjà, et si ton maître a si grande fureur de s'escrimer, il me trouvera devant Orléans où je serai demain. » Et à ces mots, il me tourna le dos en ricanant.

CHARLES. Eh quoi ! du sein de mon parlement la sainte voix de la justice ne s'est pas élevée ?

LA HIRE. La haine des partis la tient étouffée. Un décret du parlement te déclare déchu du trône, toi et ta race.

DUNOIS. Lâche arrogance du bourgeois devenu maître !

CHARLES. N'as-tu rien tenté auprès de ma mère?
LA HIRE. De ta mère?
CHARLES. Oui. T'a-t-elle donné à entendre?
LA HIRE, *après quelques instants de réflexion.* Au moment où j'arrivais à Saint-Denis, on y célébrait le couronnement du nouveau roi. Il fallait voir tous les Parisiens vêtus comme pour une fête; dans chaque rue se dressaient des arcs de triomphe sous lesquels passaient le monarque anglais et son cortége. Les fleurs jonchaient le sol, et le peuple, ivre de joie, s'empressait autour du carosse ni plus ni moins que si la France eût remporté la veille sa plus belle victoire!
SOREL. Ivres de joie! Ivres sans doute de fouler sous leurs pieds le cœur du meilleur, du plus clément des rois?
LA HIRE. J'ai vu le jeune Harry Lancastre, un enfant assis sur le trône auguste de Saint-Louis! Près de lui se tenaient ses oncles, les superbes Bedfort et Glocester; et le duc Philippe fléchissait le genou devant ce trône auquel il jurait féal hommage au nom de ses Etats!
CHARLES. Pair félon! indigne cousin!
LA HIRE. L'enfant paraissait troublé, et comme il franchissait les derniers degrés du trône, son pied trébucha. Mauvais présage! murmura le peuple, et du sein de la multitude un rire moqueur s'éleva. En ce moment on voit s'avancer la vieille reine, ta propre mère, qui... non, c'est horrible à dire...
CHARLES. Poursuis....
LA HIRE. Qui prend entre ses bras ce faible enfant et le place elle-même sur le trône de ton père.
CHARLES. O ma mère! ma mère!
LA HIRE. Eux-mêmes, les farouches Bourguignons, aux bandes meurtrières, ont tressailli de honte à ce spectacle! Elle s'en est aperçue, et se tournant vers le peuple : « Français! s'écrie-t-elle à voix haute, Français! remerciez-moi tous d'enter ainsi que je le fais les rameaux verts sur une souche dégénérée, et vous

garde le ciel d'avoir pour roi le fils abâtardi d'un insensé ! (*Le roi se cache le visage dans ses mains. Agnès s'élance vers lui et l'embrasse ; tous les assistants témoignent leur dégoût et leur indignation.*)

DUNOIS. O la louve ! l'enragée mégère !

CHARLES, *aux conseillers, après un moment de silence*. Vous avez entendu, messieurs ; ne tardez pas davantage, retournez dans Orléans, et dites à ma bonne ville que je la dégage de tout serment envers moi, et qu'elle peut, dans l'intérêt de sa sûreté, se rendre à la merci du Bourguignon ; il a surnom le Débonnaire, espérons qu'il sera humain !

DUNOIS. Quoi, sire ! abandonner Orléans !

LE CONSEILLER, *s'agenouillant*. O mon royal maître ! ne retire pas ainsi ta main de nous, ne laisse pas ta fidèle cité tomber au joug de l'Angleterre ! Crois-moi, c'est là un des plus beaux joyaux de ta couronne, et jamais aux rois, tes ancêtres, nulle ne se montra plus sincèrement affidée !

DUNOIS. Sommes-nous donc battus ? Est-il permis sans coup férir de déserter la place ? prétendrais-tu d'un mot, avant même que le sang n'ait coulé, arracher du cœur de la France sa meilleure ville ?

CHARLES. Le sang n'a déjà que trop coulé, et cela vainement. La main du ciel est contre moi, sur tous les champs de bataille où mon armée se montre, elle est défaite ; mon parlement me répudie ; mon parlement, mon peuple accueille avec ivresse mon adversaire ; ceux qui de plus près me touchent par le sang m'abandonnent et me trahissent. Ma propre mère allaite de son sein l'étranger et son hostile engeance. Il ne nous reste plus qu'à nous retirer de l'autre côté de la Loire, et nous soustraire à la puissante main de Dieu qui combat avec l'Anglais.

SOREL. Que nous désespérions de nous-mêmes, que nous tournions le dos à ce royaume, non, Dieu ne le veut pas ; non, de poitrine de brave ne saurait s'échapper un tel dessein ! La conduite infâme d'une mère dénaturée a brisé le cœur de mon roi ! Mais tu te retrouveras, Charles, tu sauras prendre un mâle conseil, et tenir tête vaillamment à cette destinée qui t'accable de ses coups.

CHARLES, *perdu dans ses sombres pensées.* Le nierez-vous encore? une sombre et terrible fatalité pèse sur la race des Valois. Cette race est maudite de Dieu ; les vices d'une mère criminelle ont dans cette maison amené les furies ! Vingt ans mon père vécut en proie à la démence; mes trois frères aînés, la mort les a moissonnés avant l'âge. La maison de Charles sixième doit périr : ainsi l'ordonnent les décrets d'en haut.

SOREL. Dis plutôt qu'elle est destinée à voir par toi se raviver sa sève. Oh! reprends donc confiance en toi-même. Va, ce n'est pas en vain qu'entre tous tes frères un destin propice t'épargna pour t'appeler, toi le plus jeune, aux honneurs inespérés du trône ! Dans la douceur de ton âme le ciel a créé le remède qui guérira tôt ou tard les blessures de ce pays déchiré par la rage des passions. Tu éteindras les flammes de la guerre civile, mon cœur me le dit; tu restaureras la paix et fonderas un nouveau royaume de France.

CHARLES. Tu t'égares. Ce temps en proie aux discordes, aux tempêtes, réclame un plus énergique pilote. J'eusse fait peut-être le bonheur d'une nation paisible; je ne puis rien contre tant de fureurs déchaînées, et renonce à m'ouvrir avec l'épée les cœurs que la haine me ferme.

SOREL. Ce peuple est aveuglé, une erreur le possède, mais bientôt se dissipera ce vertige! Le jour n'est pas loin où se réveillera son amour pour l'antique dynastie, cet amour, si profondément enraciné au cœur de tout Français; le jour n'est pas loin où se réveilleront ses vieilles haines et ses éternelles jalousies qui séparent irrévocablement les deux pays. L'instant viendra où sa propre fortune renversera cet arrogant vainqueur. Cesse donc de vouloir à la hâte déserter le champ de bataille ; combats au contraire pour chaque pouce de terrain, et lutte pour Orléans comme pour ta propre vie. Périssent plutôt tous les ponts qui pourraient te conduire au-delà de ce Styx de la Loire, limite suprême de ton royaume.

CHARLES. Ce que je pouvais, je l'ai fait. J'ai voulu, en chevalier, reconquérir ma couronne, le combat singulier que j'offre, on me le refuse. Irai-je maintenant prodiguer la vie de mon peuple et voir tomber mes villes en poussière ? Irai-je pareil à cette mère dénaturée, déchiqueter à coups d'épée l'enfant de mes entrailles ? Non ! qu'il vive ! j'aime mieux renoncer à lui.

DUNOIS. Quoi, sire, est-ce là le langage d'un roi ? Fait-on si bon marché de sa couronne ? La patrie est tout lorsqu'une fois la guerre civile a déployé son étendard, et le dernier d'entre les sujets n'hésite pas à lui sacrifier ses biens et son sang, sa haine et son amour. Le laboureur plante là sa charrue, la femme son rouet, enfants et vieillards courent aux armes, le bourgeois met le feu aux murailles de sa ville, le paysan incendie de sa main ses récoltes, pour te nuire ou pour te servir : pour obéir à l'enchaînement qui les pousse, rien ne leur coûte, ils ne ménagent et n'épargnent rien, et en revanche n'attendent pas qu'on les épargne, car l'honneur a parlé, car ils combattent pour leurs dieux ou pour leurs idoles. Arrière donc cette sensibilité féminine qui ne sied pas à l'âme d'un roi ! Laisse la guerre poursuivre le cours de ses ravages ; tu n'as point à te reprocher de l'avoir allumée à la légère. Un peuple doit savoir mourir pour son roi : c'est le destin et la loi du monde ; et ce n'est pas, j'imagine, le Franc qui voudrait y rien changer. Honte sur la nation qui marchande à l'honneur un sacrifice !

CHARLES, *aux conseillers.* N'attendez pas d'autre résolution. Dieu vous garde, messieurs. Quant à moi, cela n'est plus en ma puissance.

DUNOIS. Puisqu'il en est ainsi, que le Dieu de la victoire te tourne à jamais le dos, comme tu fais au royaume de tes pères. Tu t'es abandonné; à mon tour, moi, je t'abandonne. Ce n'est point la force coalisée de l'Anglais et du Bourguignon, mais ta propre pusillanimité qui te précipite du trône. Les rois de France naissaient jadis des héros, mais toi tu n'as pas une goutte de sang valeureux dans les veines. (*Aux conseillers.*) Le roi vous congédie; moi je vais avec vous me jeter dans Orléans; c'est la patrie de mon père, et j'entends m'ensevelir sous ses ruines. (*Il va pour sortir. Agnès Sorel le retient.*)

SOREL, *au roi.* Oh! ne le laisse pas ainsi s'éloigner en courroux. Sa bouche a de rudes paroles, mais son cœur est pur comme l'or; ce cœur est le même qui te chérit et tant de fois t'a donné son sang. Approchez, Dunois, convenez que l'ardeur d'une noble colère vous entraîna trop loin; et toi, pardonne à ce fidèle ami sa harangue un peu vive. Oh! venez, venez, laissez que je m'empresse de rapprocher vos cœurs avant que la colère ne les envahisse de son feu mortel, inextinguible. (*Dunois fixe ses regards sur le roi et semble attendre une réponse.*)

CHARLES, *à Duchâtel.* Nous franchissons la Loire. Que les ordres à l'instant soient donnés d'embarquer mon équipage.

DUNOIS, *à Sorel, d'un ton bref.* Adieu ! (*Il se retourne et sort ; les conseillers le suivent.*)

SOREL, *joignant ses mains avec désespoir.* Hélas! s'il s'éloigne, c'est fait de nous. La Hire, attachez-vous à ses pas, et tâchez de calmer ses esprits. (*La Hire sort.*)

SCÈNE VI.

CHARLES, SOREL, DUCHATEL.

CHARLES. La couronne est-elle donc l'unique bien sur la terre? Est-il donc si difficile de s'en séparer? Je connais une chose plus difficile, c'est de se voir régenter par ces esprits arrogants et dominateurs, de vivre par la grâce de ces altiers vassaux : voilà le vrai supplice pour un noble cœur, supplice plus cruel que les épreuves du destin. (*A Duchâtel, qui paraît hésiter encore.*) Va, et fais selon mes ordres.

DUCHATEL *se jette à ses pieds.* O mon roi !

CHARLES. Le dessein en est pris, pas un mot de plus.

DUCHATEL. Conclus la paix avec le duc de Bourgogne, c'est ta suprême chance de salut.

CHARLES. Cette paix, tu me la conseilles, toi qui dois la payer de ton sang ?

DUCHATEL. Prends ma tête, je l'ai souvent jouée pour toi dans les combats, et volontiers pour toi je suis prêt encore à la porter sur l'échafaud. Apaise le duc, ne crains pas de me livrer à sa colère, et puissent les flots de mon sang éteindre cette haine acharnée.

CHARLES *le contemple un instant avec émotion et sans rien dire.* Est-il donc vrai, en suis-je donc réduit à ce point d'abaissement que mes amis qui lisent dans mon cœur m'indiquent, pour me sauver, le chemin de la honte ? Oui, je mesure à présent toute la profondeur de ma chute. Nul n'a plus foi dans mon honneur !

DUCHATEL. Songe...

CHARLES. Pas un mot, n'irrite point ma colère. Jamais, quand je devrais tourner le dos à dix royaumes, jamais je ne consentirai à me sauver au prix du sang d'un ami. Agis selon mes ordres, et fais embarquer mon attirail de guerre.

DUCHATEL. J'obéis. (*Il sort. Agnès Sorel fond en sanglots.*)

SCÈNE VII.

CHARLES, AGNÈS SOREL.

CHARLES, *prenant la main d'Agnès.* Sèche tes larmes, mon Agnès. Au delà de la Loire est encore une France, et nous voguons vers un plus fortuné pays. Là sourit un ciel doux et sans nuages, là de tièdes brises s'exhalent; là des mœurs plus aimables vont nous accueillir; là règnent les chansons et fleurissent la vie et les amours!

sorel. O jour de détresse et de calamités, pourquoi t'ai-je vu? Le roi poussé vers la terre d'exil, le fils abandonnant la maison de ses pères et tournant le dos à son berceau. Doux pays que nous quittons, jamais plus nos pieds joyeux ne fouleront ton sol.

SCÈNE VIII.

LA HIRE, *revenant*, CHARLES, SOREL.

sorel. Eh quoi! seul de retour? Vous ne le ramenez pas? (*L'examinant davantage.*) La Hire, qu'y a-t-il? Que me disent vos yeux? Encore quelque nouveau désastre?

la hire. La somme des malheurs est épuisée, un rayon de soleil reparait.

sorel. Comment? Expliquez-vous?

la hire, *au roi*. Ordonne que les envoyés de la ville d'Orléans soient rappelés.

charles. Pourquoi? qu'est-ce donc?

la hire. Qu'ils soient rappelés. Ta fortune a changé de face. Un engagement a eu lieu dont tu viens de sortir vainqueur.

sorel. Vainqueur! O musique céleste que ce mot fait retentir à mes oreilles!

charles. La Hire, une fausse nouvelle t'égare. Vainqueur! Je ne crois plus à la victoire.

la hire. Patience, c'est à d'autres miracles que tu seras bientôt forcé de croire. J'aperçois l'archevêque, il ramène le bâtard dans tes bras!

sorel. O douce fleur de la victoire qui porte à l'instant ses divins fruits : la paix et la concorde.

SCÈNE IX.

L'ARCHEVÊQUE DE REIMS, DUNOIS, DUCHATEL, *le chevalier* RAOUL, *armé en guerre; les précédents.*

L'ARCHEVÊQUE *amène au roi le bâtard, et leur impose à tous deux les mains.* Embrassez-vous, princes, et que désormais tous vos ressentiments se taisent, car le ciel se déclare pour nous. (*Dunois embrasse le roi.*)

CHARLES. Dissipez au plus tôt mes doutes et mon étonnement. Que signifie ce solennel émoi? Quel prodige a donc pu amener un si rapide changement?

L'ARCHEVÊQUE *prend la main du chevalier et la présente au roi.* Parlez.

RAOUL. Nous avions, peuple de Lorraine, levé seize compagnies pour venir au secours de ton armée, et choisi pour chef le chevalier de Baudricourt de Vaucouleurs. Nous venions d'atteindre les hauteurs de Vermanton et descendions déjà vers les vallées que traverse l'Yonne, lorsque tout-à-coup, dans l'étendue de la plaine, l'ennemi devant nous se montre; nous retournons la tête, derrière nous les armes étincellent. Deux armées nous environnent, et ne nous laissent aucun espoir ou de vaincre ou de fuir. Les plus vaillants sentent fléchir leur courage, et nos hommes éperdus sont au moment de mettre bas les armes. Les chefs délibéraient entre eux sans résultat. Soudain, ô miracle inouï, des profondeurs du bois s'élance une jeune fille la tête coiffée du casque et semblable à la déesse de la guerre; belle à la fois et terrible à voir. Sur ses épaules, sa chevelure se répand en tresses sombres, et sitôt que sa voix s'élève, une lueur, qu'on dirait venue du ciel, illumine la hauteur: « Français, dit-elle, braves Français, pourquoi trembler! sus à l'ennemi! Et fût-il plus nombreux que les sables de la mer, en avant! Dieu et la Sainte-Vierge vous dirigent. » A ces mots, elle arrache l'étendard des mains de celui qui le porte, et vaillante, marche d'un pas hardi à la tête des bataillons. Quant à nous, muets d'étonnement, il semble qu'un charme involontaire nous entraîne sur la trace du drapeau et de celle qui le balance à nos regards, et sans hésiter davantage, nous nous précipitons sur l'ennemi. Frappés de stupeur, immobiles, nos adversaires demeurent un instant l'œil ébloui d'un tel prodige. Puis, tout-à-coup, comme saisis d'une terreur divine, ils se mettent à fuir, jetant leurs armes derrière eux, et l'armée toute entière se débande dans la plaine. La voix du commandant, l'appel des chefs, rien n'y fait. Perdus d'épouvante, sans même retourner la tête, hommes et chevaux se culbutent dans le fleuve et se laissent égorger sans résistance, et le combat dégénère en une véritable boucherie. Dix mille ennemis restent morts sur la place, je me tais sur ceux que le fleuve engloutit, et pas un des nôtres ne reçoit une égratignure.

CHARLES. Voilà, par le ciel, une chose étrange et qui tient du miracle.

SOREL. Et ce prodige, c'est une jeune fille qui l'a, dites-vous, accompli ? D'où venait-elle ? Quelle est-elle ?

RAOUL. Qui elle est, au roi seul elle veut le révéler. Elle se donne pour une illuminée, pour une prophétesse envoyée de Dieu, et parle de délivrer Orléans devant que la lune ait terminé son cours. Le peuple, plein de foi en elle, se montre avide de combats. Elle suit l'armée et va être ici dans un instant. (*Bruit des cloches au dehors et cliquetis d'armes qu'on entrechoque.*) Entendez-vous cette multitude, entendez-vous ces cloches ? C'est elle : le peuple salue l'envoyée de Dieu.

CHARLES, *à Duchâtel.* Qu'on me l'amène. (*A l'archevêque.*) Que penser d'un tel événement ? Une jeune fille m'apporte la victoire, et cela quand le bras de Dieu seul était capable de me sauver ! Dites, monseigneur, dites, n'est-ce point le cas de croire aux miracles ?

voix *derrière la scène.* Vive la Pucelle! Vive celle qui nous a sauvés!

CHARLES. La voici, Dunois, prenez ma place, nous voulons tenter une épreuve sur la jeune fille douée du don des miracles. Si vraiment elle est inspirée, si vraiment c'est Dieu qui nous l'envoie, elle saura reconnaître le roi. (*Dunois change de place avec le roi qui se met à sa droite, à sa gauche se range Agnès Sorel. L'archevêque et les autres se groupent en face, laissant libre le milieu de la scène.*)

SCÈNE X.

Les précédents. JEANNE, *accompagnée des conseillers et de nombreux chevaliers qui remplissent le fond de la scène. Elle s'avance avec dignité et promène ses regards sur les assistants.*

DUNOIS, *après un moment de silence solennel.* Est-ce toi, jeune fille prédestinée?...

JEANNE *l'interrompt et le regarde d'un œil limpide et fier.* Bâtard d'Orléans, tu veux tenter Dieu. Lève-toi et quitte cette place qui ne t'appartient pas, car c'est vers celui-là, plus grand que toi, que je suis envoyée. (*Elle s'avance résolument vers le roi, incline un genou en terre et se relève aussitôt en faisant un pas en arrière. Marques d'étonnement général. Dunois se lève, les rangs s'élargissent autour du roi.*)

CHARLES. Tu me vois aujourd'hui pour la première fois. De qui donc te vient cette science?

JEANNE. Je t'ai vu là où nul, sinon Dieu, ne te voyait. (*S'approchant du roi et avec mystère.*) Dans une de ces dernières nuits, — rappelle bien tes souvenirs, — lorsque tout dormait autour de toi d'un sommeil profond, tu te levas de ta couche pour adresser à Dieu une prière fervente. — Éloigne un moment tout ce monde, et je te dirai quelle était cette prière.

CHARLES. Ce que je confiais au ciel à cette heure suprême, je n'ai nul motif de le cacher aux hommes : révèle donc cette prière, et je cesse à l'instant de douter de ta vocation divine.

JEANNE. Tu demandais au ciel trois choses. Ici sois attentif et vois si ma bouche est exacte. D'abord tu l'invoquais afin que, dans le cas où quelque bien mal acquis pèserait sur cette couronne, où quelque crime commis au jour de tes aïeux, et n'ayant point encore reçu son châtiment, aurait amené cette guerre lamentable, il te prît, au lieu de ton peuple, pour seule victime expiatoire, et répandît sur ton unique tête tous les trésors de sa colère.

CHARLES *recule épouranté*. Qui donc es-tu, puissante créature? d'où viens-tu? (*Etonnement général.*)

JEANNE. Ecoute maintenant la seconde prière que tu fis durant cette nuit. Si c'est ton décret et ta volonté, ô ciel, que le sceptre échappe à ma race. Si c'est ton décret et la volonté de me ravir tout ce que les rois mes pères possédèrent en ce royaume, je te demande seulement de me laisser trois biens : une conscience calme, le cœur de mes amis, l'amour de mon Agnès! (*Le roi se cache le visage et fond en larmes; mouvement de stupeur parmi les assistants. Pause.*) Te dirai-je à présent quel fut ton troisième vœu?

CHARLES. Assez, je crois en toi. Ton pouvoir est surhumain, et c'est Dieu le Très-Haut qui t'envoie!

L'ARCHEVÊQUE. Qui donc es-tu, sainte fille du miracle? Quel pays fortuné te vit naître? Parle : quels sont les parents élus de Dieu qui t'ont donné le jour?

JEANNE. Jeanne est mon nom, vénérable seigneur : née sur le territoire de mon roi, à Domremy, dans le diocèse de Toul, je suis l'humble fille d'un humble pasteur, et mon enfance s'est passée à garder les troupeaux de mon père. Cependant j'entendais incessamment parler d'un peuple d'insulaires, venu à travers les flots de l'Océan pour nous réduire en servitude et nous imposer par la force un maître étranger.

un maître que le peuple n'aime pas. J'entendais dire que déjà Paris, la grande ville, était au pouvoir de ce peuple, et qu'il allait s'emparer du royaume. Alors je suppliai Marie, mère de Dieu, d'éloigner de nous la honte du joug de l'étranger et de nous conserver notre roi national. A l'entrée du village où je suis née, est une image de la sainte Vierge, vers laquelle les pèlerins pieux viennent en foule, et près de cette image s'élève un chêne antique fort renommé pour ses miracles; et volontiers, à l'ombre de ce chêne, je paissais mes troupeaux, car mon cœur m'y attirait. Et lorsqu'un de mes agneaux se perdait dans la montagne, jamais je ne manquais dans mes rêves de découvrir où il était, pourvu que je me fusse endormie à l'ombre de ce chêne. — Et comme une nuit, assise sous cet arbre en un pieux recueillement, je m'efforçais de résister au sommeil, soudain la sainte Vierge m'apparut, tenant une épée et un drapeau, et du reste vêtue comme moi en bergère. « C'est moi, dit-elle, Jeanne; lève-toi, laisse-là tes moutons, Dieu t'appelle à d'autres devoirs. Prends cet étendard, ceins ce glaive, extermine les ennemis de mon peuple, et conduis à Reims le fils de ton maître, et pose sur son front la couronne royale. » Et moi : « Comment ferai-je pour entreprendre un tel dessein, faible fille que je suis, ignorante dans l'art meurtrier des combats. » Mais Elle : « Rien n'est impossible à la chaste vierge qui sait ne pas succomber au terrestre amour; prends exemple sur moi : simple vierge comme tu l'es, j'ai mis au jour le Seigneur-Dieu, et suis moi-même devenue divine. » A ces mots, Elle toucha ma paupière, et je vis le firmament tout rempli d'anges qui tenaient dans leurs mains de beaux lys blancs, et de mélodieux accords se répandirent par les airs. Et durant trois nuits successives, la bienheureuse, m'apparut ainsi, disant : « Jeanne, lève-toi ! le Seigneur t'appelle à d'autres destins. » Et la troisième nuit, lorsqu'elle se montra, son regard était

presque sévère, et sa voix me dit d'un ton de reproche:
« Le devoir de la femme, sur la terre, est d'obéir, la
résignation est sa loi, c'est en servant qu'elle se purifie; quiconque aura servi sur la terre, sera grande là-haut. » Et en parlant ainsi, Elle se dépouilla de ses vêtements de bergère, et j'eus devant mes yeux la Reine du Ciel dans toute la splendeur de sa gloire, et lentement des nuages d'or la ravirent au pays des célestes extases où elle disparut. (*Emotion générale ; Agnès tout en larmes cache son visage dans le sein du roi.*)

L'ARCHEVÊQUE, *après un moment de silence.* En présence d'un pareil témoignage de la grâce divine, tous les doutes de l'humaine raison se doivent taire, ses actions attestent la vérité de sa parole; Dieu seul peut accomplir de tels miracles.

DUNOIS. Ce ne sont point ces miracles qui me persuadent, mais son regard, mais la suave candeur de son visage.

CHARLES. Ai-je donc, coupable que je suis, mérité tant de grâce? O toi, dont l'œil infaillible sait pénétrer au sein des consciences, tu lis au plus profond de mon être et vois mon humilité.

JEANNE. L'humilité des grands est bien vue d'en haut. Tu t'es abaissé, et Dieu t'a relevé.

CHARLES. Ainsi je pourrais encore tenir tête à mes ennemis!

JEANNE. Je promets d'amener à tes pieds la France soumise.

CHARLES. Et tu dis qu'Orléans ne se rendra point?

JEANNE. Attends-toi plutôt à voir la Loire remonter son cours.

CHARLES. Irai-je triomphant à Reims?

JEANNE. Je t'y conduirai, fût-ce à travers des milliers d'ennemis! (*Tous les chevaliers, dont l'humeur belliqueuse s'est ranimée, agitent à grand bruit leurs lances et leurs boucliers.*)

DUNOIS. Qu'elle marche à la tête de notre armée, et

partout où la divine enfant nous conduira, nous la suivrons aveuglément. Que son œil prophétique nous dirige, cette vaillante épée se charge de la protéger.

LA HIRE. Quand le monde entier se lèverait, nous ne craignons plus rien dès qu'elle nous conduit. Le Dieu de la victoire marche à ses côtés. Au combat! que sa puissante main nous guide! (*Les chevaliers entrechoquent leurs armes brusquement et marchent en avant.*)

CHARLES. Oui, sainte jeune fille, commande à mon armée, et que tous ses chefs t'obéissent. Cette épée souveraine que notre connétable en courroux nous renvoya, cette épée a trouvé une main plus digne : prends-la, sainte prophétesse, et marchons...

JEANNE. Arrête, noble dauphin. Ce n'est pas cette arme terrestre qui rendra la victoire à mon maître. Non, je sais une autre épée par laquelle je vaincrai. Je veux la désigner à toi selon les instructions que l'Esprit m'a données : envoie quelqu'un me la quérir?

CHARLES. Parle, Jeanne, que faut-il faire?

JEANNE. Envoie à la vieille cité de Fierbois; là, dans le cimetière de Sainte-Catherine, est un souterrain où des faisceaux d'armes sont amoncelés, butins de nos anciennes victoires. Là se trouve l'épée qui me doit servir, reconnaissable aux trois fleurs de lys d'or gravées sur sa lame. Ordonne qu'on me cherche cette épée, c'est par elle que tu vaincras.

CHARLES. Qu'on parte donc, et qu'il soit fait selon ce qu'elle dit.

JEANNE. Qu'on m'apporte aussi un étendard blanc, que borde une frange de pourpre. Car c'est avec ce drapeau que la sainte mère de Dieu s'est révélée à moi. Sur ses plis, la céleste reine est représentée tenant l'enfant Jésus, et planant au-dessus du globe terrestre.

CHARLES. Qu'il soit fait selon que tu dis.

JEANNE, *à l'archevêque.* Vénérable prélat, imposez-moi votre main sacrée, et bénissez votre humble fille. (*Elle s'agenouille.*)

L'ARCHEVÊQUE. Tu viens ici pour répandre la bénédiction et non pour la recevoir. Va, la force divine t'anime, Jeanne; et nous ne sommes, nous, que d'indignes pécheurs! (*Jeanne se relève.*)

UN ÉCUYER. Un héraut se présente de la part du chef de l'armée anglaise.

JEANNE. Qu'il entre, c'est Dieu qui l'envoie. (*Le roi fait signe à l'écuyer qui sort.*)

SCÈNE XI.

Les précédents, LE HÉRAUT.

CHARLES. Que nous annonces-tu, héraut? dis ton message?

LE HÉRAUT. Qui d'entre vous parle au nom de Charles de Valois, comte de Ponthieu?

DUNOIS. Vil misérable! infâme drôle! Oses-tu bien jusque sur son propre terrain venir renier le roi de France? Rends grâce au ciel que ta cotte de mailles te protége, sans quoi...

LE HÉRAUT. La France ne reconnaît qu'un roi, et ce roi réside au camp Anglais.

CHARLES. Du calme, mon cousin. Et toi, héraut, ton message!

LE HÉRAUT. Mon noble chef, déplorant à la fois le sang déjà versé et celui qui doit se répandre encore, avant de tirer l'épée irrévocablement, avant qu'Orléans tombe en poussière, m'envoie t'offrir un accommodement.

CHARLES. Ecoutons!

JEANNE, *s'avançant.* Sire, permets-moi de parler à ta place avec ce héraut.

CHARLES. A ton gré, jeune fille, à toi de décider de la paix ou de la guerre.

JEANNE, *au héraut.* Qui t'envoie et parle par ta bouche?

LE HÉRAUT. Le chef de l'armée anglaise, le comte de Salisbury !

JEANNE. Héraut, tu mens par ta bouche, Salisbury ne parle point. Car les vivants seuls parlent, non les morts !

LE HÉRAUT. J'atteste que mon chef est plein de vie, de force et de santé, qu'il vit pour votre perte à tous !

JEANNE. Il vivait encore à ton départ. Mais ce matin, comme il se penchait en observation, du haut du donjon des Tournelles, un coup de feu tiré d'Orléans l'a étendu mort. Tu souris, car je t'annonce là des événements accomplis loin d'ici ; c'est pourquoi n'en crois pas mes paroles, mais tes yeux, et compte que tu vas, en t'en retournant, rencontrer son convoi funèbre. Maintenant, héraut, ton message ?

LE HÉRAUT. Puisqu'aussi bien rien n'est caché pour toi, sans doute tu le connais avant que je le dise.

JEANNE. Peu m'importe de le connaître, mais toi, sache à ton tour le mien et le rapporte aux princes qui t'ont envoyé. — Roi d'Angleterre et vous duc de Bedford et de Glocester qui tenez ce royaume, rendez compte au roi des cieux de tant de sang versé. Hâtez-vous de livrer les clés de toutes les villes qu'en dépit du droit divin vous avez occupées par la force. Voici venir la Pucelle envoyée de Dieu, elle vous offre la paix ou la guerre sanglante. choisissez, car je vous le dis afin que vous le sachiez, le fils de Marie ne l'a point faite pour vous la belle France, mais pour Charles, mon seigneur Dauphin, à qui Dieu l'a donnée et qui royalement rentrera dans Paris accompagné de tous les grands. Maintenant, héraut, pars et fais diligence, car devant que tu n'ais atteint tes camps avec ce message, la Pucelle y sera arborant sur les murs d'Orléans sa bannière triomphante. (*Elle sort. Tout s'ébranle autour d'elle. Le rideau tombe.*)

ACTE DEUXIÈME.

Un site entouré de rochers.

SCÈNE I.

TALBOT *et* LIONEL, *chefs anglais.* PHILIPPE *de Bourgogne.* LE CHEVALIER FALSTOLF *et* CHATILLON, *ayant avec eux des soldats et des drapeaux.*

TALBOT. Ici, parmi ces rochers, nous pouvons un instant faire halte et camper, pourvu que nous réussissions à rallier tous ces peuples fuyards qu'une terreur subite a dispersés. Vous, occupez ces hauteurs et faites bonne garde. La nuit, du moins, nous garantit de leur poursuite, et comme je ne soupçonne pas que nos ennemis aient des ailes, nous n'avons point à craindre de surprise. Cependant qu'on redouble ici de prudence, car nous avons à faire à des gens qui ne s'endorment pas, et de plus nous sommes battus! (*Le chevalier Falstolf se retire, les soldats le suivent.*)

LIONEL. Battus! général; ah! ne répétez pas ce mot. J'en suis encore à me demander si c'est bien possible que le Franc ait vu aujourd'hui les Anglais tourner les talons devant lui. Orléans! Orléans! tombeau de notre gloire! dans tes campagnes l'honneur de l'Angleterre s'est enseveli! Honteuse et ridicule défaite! Qui jamais dans l'avenir y voudra croire? Les vainqueurs de Poitiers, de Crécy, d'Azincourt, chassés par une femme!

LE DUC DE BOURGOGNE. Consolons-nous en pensant que ce ne sont point des hommes qui nous ont vaincus, mais le diable.

TALBOT. Par le diable de notre sottise. Eh quoi, duc! les princes vont-ils se laisser effrayer par cet épouvantail de la populace? Mauvais manteau que la superstition pour cacher votre lâcheté. Car, si je ne me trompe, vos peuples ont les premiers donné le signal de la débandade.

LE DUC DE BOURGOGNE. Personne ne tenait. La fuite était partout.

TALBOT. Non, monseigneur; c'est par votre aile que la fuite a commencé. Vous êtes venu vous ruer sur nous en criant : « L'enfer est déchaîné, Satan combat pour la France! » et vous avez ainsi amené le désordre dans nos rangs.

LIONEL. Quant à cela, vous ne le nierez point. Votre corps a été le premier à prendre la fuite.

LE DUC DE BOURGOGNE. Parce qu'il a été le premier à soutenir le choc.

TALBOT. La Pucelle connaissait le faible de notre camp, et savait où trouver la peur.

LE DUC DE BOURGOGNE. Quoi! vous voudriez rendre la Bourgogne responsable des malheurs de cette journée?

LIONEL. Si nous eussions été seuls, seuls Anglais, par le ciel, nous n'aurions pas perdu Orléans.

LE DUC DE BOURGOGNE. Non, certes, car jamais vous ne l'auriez eu. Qui vous a frayé le chemin au cœur de ce royaume? qui vous tendit une main fidèle, lorsqu'il vous advint d'aborder ces côtes ennemies? Et votre Henri, qui le couronna dans Paris, et lui soumit les cœurs des Français? Par Dieu! si ce bras ne se fût chargé de vous y conduire, vous auriez fort risqué de ne jamais apercevoir la fumée des cheminées françaises.

LIONEL. Si les grands mots suffisaient pour vaincre, duc, nous n'en doutons pas, vous auriez à vous tout seul conquis la France.

LE DUC DE BOURGOGNE. Vous êtes mécontents de voir Orléans vous échapper, et prétendez déverser sur moi, votre allié, le fiel de vos colères. Peut-être feriez-vous mieux de réfléchir aux causes qui vous l'ont fait perdre. Orléans allait se rendre à moi, votre jalousie a tout empêché.

TALBOT. Pensiez-vous donc que c'était par amour pour

vous que nous étions venus mettre le siége devant la ville?

LE DUC DE BOURGOGNE. Et si je retirais mes troupes, que deviendriez-vous?

LIONEL. Rien de pis, j'imagine, qu'à Azincourt, où nous vous avions vis-à-vis de nous, vous et la France entière.

LE DUC DE BOURGOGNE. Ce qui n'empêche pas que vous n'ayez compris l'utilité de notre alliance, et que le lieutenant du royaume l'ait achetée assez cher.

TALBOT. Vous dites vrai, monseigneur; cher, très-cher, car nous l'avons aujourd'hui, devant Orléans, payée de notre honneur, cette alliance.

LE DUC DE BOURGOGNE. Brisons là, milord, vous pourriez vous en repentir. Croyez-vous, par hasard, que j'aie déserté les drapeaux légitimes de mes souverains, que j'aie attiré sur moi le nom de traître, pour supporter d'un étranger de tels outrages? Qu'ai-je à faire à combattre ici contre la France? Pour servir des ingrats, mieux vaut encore servir mon roi.

TALBOT. Vous êtes en négociation avec le dauphin, nous le savons, mais nous trouverons bien moyen de nous garder de la trahison.

LE DUC DE BOURGOGNE. Mort et enfer! Est-ce ainsi qu'on me traite? Châtillon, qu'on se prépare à partir; nous retournons chez nous. (*Châtillon sort.*)

LIONEL. Bon voyage! Jamais la gloire de l'Anglais ne brilla d'un plus noble éclat que lorsque, se fiant à son seul courage, à sa seule épée, il combattit sans alliances. Que chacun donc fasse pour soi; car il demeure éternellement vrai : que sang anglais et sang français ne sauraient jamais sincèrement se mêler ensemble.

SCÈNE II.

LA REINE ISABEAU, *accompagnée d'un page.*
Les précédents.

ISABEAU. Qu'ai-je entendu, seigneurs? arrêtez. Quel

astre malfaisant égare vos esprits ? Eh quoi ? c'est au moment où la concorde peut seule nous sauver, que vous voudriez vous diviser et précipiter votre perte par vos propres querelles ? Par grâce, noble duc, révoquez cet ordre impétueux ; et vous, glorieux Talbot, calmez l'emportement de votre ami. Venez, Lionel, que nous ramenions par la persuasion ces esprits superbes ; venez, et m'aidez dans mon œuvre de réconciliation.

LIONEL. Ne comptez pas sur moi, madame, car tout ceci m'importe peu, et j'avise que lorsqu'on ne peut aller ensemble, ce qu'on a de mieux à faire, c'est de rompre.

ISABEAU. Comment ! les sortiléges de l'enfer, après nous avoir été si funestes sur le champ de bataille, continueraient-ils par hasard à troubler nos raisons ? Lequel d'entre vous a commencé ? Parlez. (*A Talbot.*) Est-ce vous, noble lord, qui avez pu oublier votre intérêt à ce point d'offenser votre digne allié ? Sans le secours de ce bras, que seriez-vous ? C'est lui qui a mis votre roi sur le trône ; lui qui l'y maintient encore, et qui, s'il le veut, l'en précipitera. Son armée fait votre force, et plus que son armée, son nom ! Car songez-y bien, l'Angleterre aurait beau verser sur nos côtes ses populations tout entières, si ce royaume était uni, tous vos efforts se briseraient contre lui. La France seule pourrait avoir raison de la France.

TALBOT. Nous savons honorer l'ami fidèle. Se méfier du faux, est le devoir que dicte la prudence.

LE DUC DE BOURGOGNE. Au félon qui entend se dispenser de la reconnaissance, l'audace du menteur ne fit jamais défaut.

ISABEAU. Et vous, duc, vous auriez assez peu de pudeur, de dignité princière, pour aller porter votre main dans celle du meurtrier de votre père ? Vous seriez assez fou pour croire à la sincérité d'une alliance avec ce dauphin que vous-même avez poussé à deux doigts de sa perte ? Sur le bord de l'abîme où vous l'avez conduit, vous voudriez maintenant le retenir, et comme un insensé détruire votre ouvrage? Ici, croyez-moi, sont vos amis, et vous n'avez de salut que dans une ferme union avec l'Angleterre.

LE DUC DE BOURGOGNE. Loin de moi la pensée de faire ma paix avec le dauphin. Mais je ne consentirai jamais à supporter les dédains et l'orgueil de la présomptueuse Angleterre !

ISABEAU. Allons, prenez votre parti d'une parole irritante. Vous savez combien, au cœur du guerrier, certains mécomptes sont cruels, et l'adversité rend injuste. Venez, venez, embrassez-vous, et laissez-moi vite effacer tout vestige de ce dissentiment avant qu'il devienne éternel.

TALBOT. Que vous semble, duc? Un noble cœur se rend volontiers aux arguments de la raison. La reine a parlé là en femme sensée ; tenez, que cette étreinte guérisse la blessure que ma langue vous a faite.

ISABEAU. Très-bien. Qu'un baiser fraternel scelle à nouveau votre alliance, et que les vents emportent un vain discours. (*Le duc et Talbot s'embrassent.*)

LIONEL, *à part, en contemplant le groupe.* Age d'or de la paix que fonde une furie !

ISABEAU. Nous avons perdu une bataille, messieurs, le sort fut contre nous, mais que vos nobles courages ne se laissent point abattre. Le dauphin, désespérant d'obtenir l'aide du ciel, invoque Satan et ses maléfices. N'importe, qu'il encoure la damnation et que même l'enfer soit impuissant à le sauver. Une victorieuse jeune fille guide l'armée ennemie ; eh bien ! j'entends, moi, diriger la vôtre et vous tenir lieu de Pucelle et de prophétesse.

LIONEL. Retournez à Paris, madame ; c'est avec de bonnes armes et non avec des femmes que nous prétendons vaincre.

TALBOT. Allez, allez ; depuis que vous êtes dans ce camp, tout marche de travers et la malédiction plane au-dessus de nos armes.

LE DUC DE BOURGOGNE. Allez, votre présence ne produit ici rien de bon, et votre vue indigne le soldat.

ISABEAU, *les regarde l'un après l'autre avec étonnement.* Vous aussi, duc. Vous partagez contre moi l'ingratitude de ces messieurs.

LE DUC DE BOURGOGNE. Allez, le soldat perd son courage, alors qu'il croit combattre pour votre cause.

ISABEAU. Ainsi, j'ai à peine réussi à ramener entre vous la paix; et vous voilà soudain tous coalisés contre moi.

TALBOT. Allez, allez, madame, et que Dieu vous assiste. Quant à nous, dès que vous aurez tourné les talons, nous n'avons plus rien à craindre du diable.

ISABEAU. Ne suis-je plus votre alliée fidèle? Votre cause a-t-elle cessé d'être la mienne?

TALBOT. Je ne sais, mais ce que je puis dire, c'est que votre cause n'est point la nôtre, à nous, honorablement engagés dans un loyal combat.

LE DUC DE BOURGOGNE. Je venge la mort sanglante de mon père, et la piété filiale sanctifie mes armes.

TALBOT. Mais à vous parler franc, votre conduite à l'égard du dauphin est également faite pour offenser Dieu et les hommes.

ISABEAU. Et puisse la malédiction du ciel l'atteindre jusqu'en ses entrailles, car il fut criminel envers sa mère.

LE DUC DE BOURGOGNE. Il vengeait un père, un époux.

ISABEAU. S'ériger en juge de mes mœurs!

LIONEL. Crime impardonnable d'un fils.

ISABEAU. Avoir osé m'envoyer en exil!

TALBOT. Pour obéir à la voix de son peuple qui le lui commandait.

ISABEAU. Si je lui pardonne jamais, que la foudre m'écrase, et plutôt que de le voir régner dans le royaume de ses pères...

TALBOT. Vous vous sentiriez prête à sacrifier l'honneur de sa mère?

ISABEAU. Vous ne savez pas, faibles âmes, ce que peut le cœur d'une mère ulcérée. J'aime, moi, qui me fait du bien ; je hais qui m'outrage ; et par cela, mon propre fils, l'enfant que j'ai porté dans mon sein, n'en est que plus digne de ma haine. Cette existence que je lui donnai, je veux la lui ravir, s'il ose, le téméraire, venir d'une main impie déchirer les entrailles qui l'ont porté. Vous qui faites la guerre contre mon fils, quel motif, quel droit avez-vous de le dépouiller? Aucun. Quel crime reprochez-vous au dauphin? Quels devoirs a-t-il enfreints à votre égard? C'est l'ambition qui vous pousse, la basse jalousie. Moi seule ai droit de le haïr, car je l'ai enfanté.

TALBOT. Très-bien. A la vengeance il reconnaît sa mère.

ISABEAU. Combien je vous méprise, misérables hypocrites, qui, non contents de duper le monde, êtes les dupes de vous-mêmes! Combien, j'aime à vous voir, vous, Anglais, étendre votre main de brigand sur cette France où pas un pouce de terre n'est à vous, où la justice ne vous permettrait pas de revendiquer même l'étroit espace que couvre un sabot de cheval. Et ce duc qui se fait appeler le *Bon*, et qui vend sa patrie, l'héritage de ses ancêtres, à l'ennemi du royaume, à l'étranger! Avouez donc une fois pour toutes que la justice vous est de peu. Je hais l'hypocrisie, moi, et telle que je suis, je me montre aux regards du monde!

LE DUC DE BOURGOGNE. C'est vrai, et vous avez en esprit fort soutenu cette gloire.

ISABEAU. J'ai des passions, un sang chaud comme une autre, et suis venue en ce pays pour vivre en reine et non pour me contenter de l'apparence. Me fallait-il renoncer à toutes les joies de la vie, parce qu'il avait plu au destin d'unir à un époux insensé ma saine et vaillante jeunesse? Plus que ma vie, j'aime ma liberté, et qui me blesse en elle... Mais pourquoi me disputer ici touchant mes droits? Un sang épais et lourd coule dans

vos veines ; vous ignorez la jouissance et n'avez que
de la bile. Et ce duc, qui a passé sa vie à flotter incertain
entre le bien et le mal, est aussi incapable d'aimer que
de haïr avec passion. Je me rends à Melun, donnez-
moi pour compagnon et passe-temps ce chevalier qui
me plaît (*elle désigne Lionel*), et faites ensuite à votre
fantaisie ; volontiers je consens à ne plus ouïr parler
des Bourguignons ni des Anglais. (*Elle fait un signe à
ses pages et va pour sortir.*)

LIONEL. Comptez là-dessus, madame. Nous aurons
soin de vous envoyer à Melun les plus beaux d'entre les
jeunes gens Français que le sort de la guerre nous
livrera.

ISABEAU, *revenant*. Vous n'êtes bons, vous autres, que
l'épée à la main ; il n'y a que les Français pour savoir
dire un mot agréable. (*Elle sort.*)

SCÈNE III.

TALBOT, LE DUC DE BOURGOGNE, LIONEL.

TALBOT. Quelle femme !

LIONEL. Maintenant, votre opinion, seigneurs ? Al-
lons-nous continuer à fuir, ou ne nous retournerons-
nous pas pour venger, par un coup de main hardi, la
honte de cette journée ?

LE DUC DE BOURGOGNE. Nous sommes trop faibles, nos
peuples sont dispersés, et trop récente encore est la terreur qui s'est emparée de l'armée.

TALBOT. Une terreur aveugle, la subite impression du
moment, voilà tout le secret de notre défaite. Vu de près,
ce fantôme de l'imagination épouvantée va s'évanouir.
C'est pourquoi mon opinion est, qu'au lever de l'aurore,
nous repassions le fleuve pour marcher à l'ennemi.

LE DUC DE BOURGOGNE. Songez...

LIONEL. Avec votre permission, il n'y a ici point à
songer. Nous n'avons qu'à regagner à la hâte le terrain perdu ; suivez-nous, sinon nous sommes à jamais
déshonorés !

TALBOT. C'est résolu. Nous nous battrons demain, pour en finir avec ce fantôme d'épouvante qui égare nos peuples et paralyse leur courage. Qu'une fois nous engagions le fer face à face avec ce démon au corps de pucelle, pour peu que notre vaillante épée la rencontre, vous pouvez compter que nous lui ôterons toute envie de nous nuire ; et dans le cas contraire, qui me paraît beaucoup plus probable, — car j'avise que la donzelle évite volontiers les engagements sérieux, — dans le cas contraire, le charme qui ensorcelle notre armée est rompu.

LIONEL. Ainsi soit-il ! Et quant à moi, général, veuillez me confier le soin de ce carrousel où le sang ne coulera pas ; car j'espère bien prendre vivant ce spectre de pucelle et devant les yeux du bâtard, son amant, l'apporter dans mes bras au camp anglais pour l'ébattement de notre armée.

LE DUC DE BOURGOGNE. N'en promettez pas trop.

TALBOT. Que je mette une fois la main dessus, et je vous réponds de ne pas l'embrasser si doucement. Mais venez, qu'un léger sommeil répare nos forces épuisées, et sitôt le point du jour, aux armes !

(*Ils sortent.*)

SCÈNE IV.

JEANNE, *l'étendard à la main, portant le casque et la cuirasse sur ses vêtements de femme.* DUNOIS, LA HIRE. *Chevaliers et soldats.* (*Ils apparaissent d'abord sur les cimes des rochers, défilent en silence et tout-à-coup envahissent la scène.*)

JEANNE, *aux chevaliers qui l'entourent, et tandis que le le défilé continue.* Le rempart est franchi, nous sommes dans le camp! Maintenant, loin de vous cet appareil nocturne fait pour masquer nos mouvements, et faites connaître à l'ennemi terrifié votre présence au cri : de Dieu et la Pucelle!

TOUS, *criant au bruit des armes.* Dieu et la Pucelle!
(*Tambours et fanfares.*)

SENTINELLES, *derrière la scène.* L'ennemi! l'ennemi! l'ennemi!

JEANNE. Maintenant, les torches; mettez le feu aux tentes! Que la fureur des flammes accroisse l'épouvante, et que la mort les enlace d'un réseau menaçant. (*Les soldats s'élancent pour exécuter ses ordres; elle s'apprête à les suivre.*)

DUNOIS, *la retenant.* Ton devoir est accompli, Jeanne! Tu nous as conduits au milieu du camp; tu mets l'ennemi dans nos mains. A toi maintenant de rester hors du champ de bataille; à nous de décider la sanglante affaire.

LA HIRE. Indique à l'armée le chemin de la victoire, que ta chaste main agite l'étendard devant nous; mais toi-même, renonce à saisir l'épée meurtrière et ne tente pas le dieu des combats, car il est aveugle et ne sait épargner personne.

JEANNE. Qui oserait arrêter ma course, dicter des lois à l'esprit qui me mène? Il faut que le trait vole où la main de l'archer le dirige. Où le péril est, Jeanne doit être. Rassurez-vous, ce n'est point aujourd'hui, ce n'est point ici que je dois succomber. J'ai à voir la couronne replacée sur la tête de mon roi. Et nul adversaire ne m'ôtera la vie jusqu'à ce que le décret de Dieu soit consommé. (*Elle sort.*)

LA HIRE. Venez, Dunois. Courons sur les pas de l'héroïne, et lui faisons un rempart de nos corps.
(*Ils sortent.*)

SCÈNE V.

SOLDATS ANGLAIS *fuyant à travers la scène.*
Puis TALBOT.

PREMIER SOLDAT. La Pucelle au milieu de notre camp!

DEUXIÈME SOLDAT. Impossible! jamais! Comment y serait-elle venue?

TROISIÈME SOLDAT. Par le chemin de l'air! Elle a le diable pour auxiliaire.

QUATRIÈME *et* CINQUIÈME SOLDATS. Fuyez! fuyez! Nous sommes tous perdus!   (*Ils sortent.*)

TALBOT, *survenant.* Ils ne m'entendent pas! Impossible de les arrêter. Tous les liens de l'obéissance sont rompus. Comme si l'enfer eût vomi ses légions maudites, le brave et le poltron lâchent pied, pêle-mêle, entraînés par le même vertige! Pas une compagnie à opposer à ce torrent d'ennemis qui nous déborde! Suis-je donc seul à garder mon sang-froid au milieu de tout ce camp, que la fièvre chaude galope? Fuir devant ces renards de Français, que nous avons battus en vingt rencontres! Qui donc est-elle, cette invincible, cette déesse d'épouvante, qui retourne en un coup de main la fortune des combats et change en lions une timide armée de lâches daims? Une histrionne, déguisée en héroïne, effrayera-t-elle de vrais héros? Une femme m'arrachera-t-elle ma renommée de chef victorieux!

UN SOLDAT, *avec précipitation.* La Pucelle! fuyez, fuyez, général!

TALBOT, *le terrassant.* Fuis toi-même en enfer, misérable! et que sous cette épée tombe quiconque osera me parler de fuite et de lâche terreur!

(*Il sort.*)

SCÈNE VI.

La perspective s'ouvre. On aperçoit le camp anglais tout en flammes. Clairons. Fuite et désarroi. Entre MONTGOMERY.

MONTGOMERY, *seul.* Où fuir? Partout des ennemis, partout la mort! Ici le chef furieux qui de son épée menaçante nous ferme les chemins de la fuite et nous livre à la mort. Là-bas, la formidable guerrière portant, pareille à l'incendie, le ravage autour d'elle. Et pas un bois pour me cacher, pas une caverne pour m'offrir un abri tutélaire. Oh! n'eussé-je jamais traversé la mer, infortuné que je suis! O vaine illusion qui m'entraîna dans cette guerre contre la France, pour y chercher un facile renom! Et maintenant un destin fatal me pousse à travers cette sanglante boucherie! Fussé-je loin d'ici! Fussé-je encore sur les bords fleuris de la Saverne, sous le toit paisible de mes pères! en ces lieux, où j'ai laissé ma mère dans l'affliction, où j'ai laissé ma douce fiancée. (*Jeanne se montre dans l'éloignement.*) Malheur à moi! Que vois-je? C'est-elle, l'effrayante guerrière! Du sein de l'embrasement général, sa figure s'élève flamboyante d'un sombre éclat; on dirait un spectre de la nuit sortant des gueules de l'enfer! Où m'échapper? Déjà son œil de feu m'enveloppe, déjà ses regards m'enlacent de leur irrésistible influence. Déjà de plus en plus paralysés par ses entraves magiques, mes pieds me refusent la fuite. (*Jeanne fait quelques pas vers lui et s'arrête.*) Elle approche. Je n'attendrai pas son attaque; je veux embrasser ses genoux en suppliant; je veux lui demander la vie! Elle est femme, et peut-être l'attendrirai-je par mes larmes. (*Au moment où il va pour s'avancer vers elle, Jeanne s'élance sur lui.*)

SCÈNE VII.

JEANNE, MONTGOMERY.

JEANNE. La mort sur toi, fils d'une mère anglaise!

MONTGOMERY. Arrête, guerrière formidable! ne frappe pas un homme sans défense. J'ai jeté loin de moi épée et bouclier; à tes pieds je me prosterne sans armes, en suppliant. Laisse-moi la lumière de la vie, accepte une rançon! Riche est mon père au beau pays de Galles où la Saverne serpentine roule ses flots d'argent à travers de vertes campagnes, et cinquante villages reconnaissent son autorité! Compte qu'il prodiguera l'or pour racheter son fils bien-aimé, quand il apprendra que je suis encore en vie au camp des Français!

JEANNE. Insensé! plus d'illusion! c'est fait de toi. Te voilà tombé aux mains de la Pucelle, mains terribles qui ne te permettront plus d'espérer salut ni rédemption. Si ton malheur t'eût livré au pouvoir du crocodile, aux griffes du tigre moucheté, si tu eusses enlevé ses petits à la lionne, tu pourrais peut-être encore implorer d'eux pitié, miséricorde; mais rencontrer la Pucelle, c'est la mort! Car au royaume implacable des Esprits un pacte effrayant, inviolable, me lie, et ce pacte m'ordonne de faire mourir par l'épée tout être vivant que le Dieu fatal des combats envoie à ma rencontre!

MONTGOMERY. Menaçante est ta parole, mais ton regard est doux! et ta vue, alors qu'on s'approche, ne saurait inspirer l'épouvante. Mon cœur se sent attiré vers ta grâcieuse personne. Oh! par la douceur naturelle à ton sexe, de grâce, épargne ma jeunesse!

JEANNE. N'invoque pas mon sexe! ne m'appelle point femme! Semblable aux esprits incorporels que nul hyménée ne rattache à ce monde terrestre, je n'appartiens à aucun sexe humain, et sous cette armure il n'y a point de cœur!

MONTGOMERY. Oh! par la loi sacrée de l'amour à laquelle rendent hommage tous les cœurs, je t'invoque! Là-bas j'ai laissé une douce fiancée, belle comme tu l'es, dans toute la fleur de ses charmes et de sa jeunesse! Elle attend en pleurant le retour de son bien-aimé! Oh, si toi-même tu espères jamais aimer, si tu espères être heureuse par l'amour, ne sépare pas cruellement deux cœurs unis ensemble par le sacré lien de l'amour!

JEANNE. Cesse d'appeler à ton aide des dieux terrestres, des dieux étrangers qui n'ont droit ni à mon culte, ni à mon hommage. J'ignore ces chaînes de l'amour que tu invoques, et jamais je ne reconnaîtrai leurs vaines lois. Défends donc ta vie, car la mort te réclame!

MONTGOMERY. Prends alors pitié de mes infortunés

parents que j'ai laissés au toit natal. Sans doute, toi aussi tu as laissé des parents, à cette heure inquiets de ton sort!

JEANNE. Malheureux! Oses-tu me rappeler ainsi combien de mères de ces contrées ont été, par vous, privées de leurs enfants? Combien d'enfants au berceau sont par vous devenus orphelins, et de fiancées veuves! Au tour de vos mères à connaître aujourd'hui le désespoir, à savoir ce que coûtent les larmes que les gémissantes épouses du pays de France ont pleurées!

MONTGOMERY. Oh! c'est qu'il est si dur de mourir sur la terre étrangère, sans qu'une larme vous soit donnée!

JEANNE. Et qui vous y appela, sur cette terre étrangère, pour y ravager les travaux fleuris de nos champs, pour nous chasser, nous autres, du foyer paternel, et porter l'incendie de la guerre dans le paisible sanctuaire de nos cités? Vous rêviez déjà, dans le vain délire de vos cœurs, de mettre sous le joug notre libre France, d'enchaîner comme un esquif ce noble pays à votre superbe navire! Insensés! l'écusson royal de la France est accroché au trône de Dieu, et vous arracheriez plutôt une étoile au char céleste, qu'un simple village à ce royaume indivisible, éternellement un! Le jour de la vengeance est arrivé, et vous ne franchirez plus vivants cette mer sacrée que Dieu mit entre vous et nous pour marquer nos limites, et que follement vous avez outrepassées.

MONTGOMERY, *abandonnant la main de Jeanne qu'il avait saisie.* Oh! je vois qu'il faut mourir; l'horrible mort s'empare de moi!

JEANNE. Meurs, ami! Pourquoi tant hésiter devant la mort, devant l'inévitable destinée? Regarde-moi, regarde! Je n'étais qu'une simple fille, une bergère; cette main, habituée à l'innocente houlette, ignorait l'usage de l'épée; et pourtant, enlevée au champ natal, arrachée au sein de mon père, aux tendres embrassements de mes sœurs, je dois ici, — je dois, — car c'est la voix du Seigneur et non mon propre cœur,— pour votre malheur, non pour ma joie, — aller, spectre d'épouvante et de dévastation, promenant partout la mort et finir par tomber sans victoire! car le jour du joyeux retour, je ne le verrai pas. A beaucoup d'entre vous ma présence encore sera mortelle, je ferai bien des veuves encore, mais l'heure enfin viendra où je succomberai moi-même pour que ma destinée s'accomplisse. Que la tienne aussi se consomme! Saisis donc vaillamment ton épée et combattons pour la douce proie de l'existence!

MONTGOMERY, *se redressant.* Eh bien! si comme moi tu es mortelle, et comme moi vulnérable, peut-être est-il réservé à mon bras de t'envoyer aux enfers et de clore les désastres de l'Angleterre. Je remets en Dieu ma destinée; toi, maudite, appelle à ton aide les esprits infernaux, et défends ta vie! (*Il saisit son épée et son bouclier, et fond sur elle. Fanfares dans l'éloignement. Après un bref combat, Montgomery succombe.*)

SCÈNE VIII.

JEANNE, *seule.* Ton pied te conduit vers la mort! C'en est fait! (*Elle s'éloigne de lui et demeure un instant pensive.*) Sainte Vierge, ta puissance se manifeste en moi, tu armes de force ce bras inhabile à la guerre, ce cœur d'inflexibilité; mon âme se sent prête à se fondre en pitié, et ma main tressaille comme s'il s'agissait de frapper le sacrilège au sein du temple. L'éclat étincelant du fer commence par m'effrayer, et pourtant, dès qu'il le faut, la force habite en moi, et dans ma main tremblante le glaive jamais ne s'égare, car il se dirige de lui-même comme s'il était un esprit vivant.

SCÈNE IX.

UN CHEVALIER, *la visière baissée*, JEANNE.

LE CHEVALIER. Maudite! ton heure a sonné. Je t'ai

cherchée partout sur le champ de bataille, pernicieuse illusion! et je te rencontre enfin pour te renvoyer aux enfers d'où tu sors.

JEANNE. Quel es-tu, toi, dont le mauvais ange guide en ces lieux les pas? Ton aspect est d'un prince, et tu n'appartiens pas au camp anglais; je le reconnais à ces couleurs de Bourgogne que tu portes, et devant lesquelles s'abaisse la pointe de mon épée!

LE CHEVALIER. Misérable, tu n'étais point digne de tomber sous la main d'un noble prince, et c'était à la hache du bourreau de séparer du tronc ta tête proscrite, non à la vaillante épée du royal duc de Bourgogne!

JEANNE. Serais-tu donc le noble duc?

LE CHEVALIER, *relevant sa visière.* Lui-même! Tremble, malheureuse, et désespère! les artifices de Satan ne te préservent plus. Tu n'as su jusqu'ici dompter que des lâches; un homme est devant toi.

SCÈNE X.

DUNOIS, LA HIRE; *les précédents.*

DUNOIS. Retourne-toi, Bourguignon! et combats avec des hommes et non avec des jeunes filles!

LA HIRE. Nous défendons la tête sacrée de la prophétesse, et ton épée devra d'abord percer nos seins.

LE DUC DE BOURGOGNE. Je ne crains pas cette Circé galante, ni vous tous qu'elle a si indignement transformés. Rougis, bâtard; honte sur toi, La Hire, pour avoir ravalé l'antique vaillantise au niveau des arts du démon, et t'être fait l'infâme valet d'armes d'une prostituée d'enfer! Venez, car je vous défie tous; que ceux-là qui désespèrent de Dieu cherchent leur salut près du diable! (*Ils se préparent à combattre, Jeanne s'élance au milieu d'eux.*)

JEANNE. Arrêtez!

LE DUC DE BOURGOGNE. Tremblerais-tu pour les jours

de ton amant? Eh bien! qu'à tes yeux il... (*Il s'élance sur Dunois.*)

JEANNE. Arrêtez! séparez-les, La Hire! Le sang français ne doit point couler ici. Ce n'est point aux épées de trancher ce conflit, d'autres desseins sont résolus là-haut! Arrière! vous dis-je. Entendez et révérez l'esprit qui de moi s'empare et parle par ma voix.

DUNOIS. Pourquoi retenir mon bras prêt à frapper? Pourquoi t'opposer à la sanglante décision du glaive? Le fer est tiré, le coup va tomber qui doit venger la France et la réconcilier avec elle-même!

JEANNE, *se place au milieu d'eux et tient à distance les deux partis.* (*A Dunois.*) Passe de ce côté! (*A La Hire.*) Toi, reste immobile. J'ai à parler au duc. (*Après avoir rétabli le calme.*) Que prétends-tu, Bourguignon? Quel ennemi cherchent parmi nous tes regards avides de meurtre? Le noble prince n'est-il pas, comme toi, fils de France? Ce brave n'est-il pas ton compagnon d'armes, ton compatriote? Moi-même, ne suis-je pas l'enfant de ton pays? Nous tous que tu voudrais anéantir, ne sommes-nous pas des tiens? Nos bras s'ouvrent pour te recevoir, nos genoux sont prêts à fléchir pour te rendre hommage. Nos épées n'ont point de tranchant pour toi, et même sous le casque d'un ennemi, nous savons respecter le visage qui porte les traits chéris de notre roi.

LE DUC DE BOURGOGNE. Te voilà bien, sirène, essayant de charmer tes victimes par l'enchantement d'une douce parole; mais ta fourberie avec moi perd sa peine. Sur mon oreille, la magie de tes discours ne peut rien, et les traits de feu de ton regard s'émoussent sur le harnais de ma poitrine! Aux armes, Dunois! et que le combat s'engage à bons coups d'épée et non à coups de mots.

DUNOIS. Des mots d'abord, les coups viendront après! Aurais-tu peur des mots? Songes-y bien, c'est là aussi une lâcheté et le signe d'une mauvaise cause!

ACTE II, SCÈNE X.

JEANNE. Ce n'est point la loi suprême de la nécessité qui nous amène à tes pieds, nous ne t'abordons pas en suppliants! Regarde autour de toi, le camp des Anglais n'est que cendres, et vos morts partout couvrent la plaine! Entends les clairons français retentir. Dieu l'a voulu, la victoire est à nous! Ce rameau de laurier, fraîchement cueilli, nous ne demandons qu'à le partager avec notre ami! Oh! viens, noble transfuge, viens du côté du droit et de la victoire! Moi-même, l'envoyée de Dieu, je te tends cette main de sœur! Je veux t'amener pour ton salut à notre sainte cause. Le ciel est pour la France. Ne vois-tu pas ses anges combattre pour le roi, ses beaux anges parés de lys! Blanche comme cet étendard est notre cause, et pour symbole de pureté, elle a la Vierge immaculée!

LE DUC DE BOURGOGNE. La parole du mensonge a de captieux sortiléges. Et pourtant il me semble ouïr la voix d'un enfant! Si de malins esprits lui soufflent son discours, il faut avouer qu'ils imitent l'innocence à s'y méprendre! Je n'en veux pas entendre davantage. Aux armes! mon oreille, je le sens, est plus faible que mon bras.

JEANNE. Tu m'accuses de sorcellerie, tu me dis complice de l'enfer. Instituer la paix, concilier les haines, est-ce donc là une œuvre du démon? Voit-on la concorde sortir de l'éternel abîme? Qu'y a-t-il au monde d'innocent, de sacré, d'humainement bon, si ce n'est de combattre pour sa patrie? Depuis quand la nature est-elle à ce point tombée en contradiction avec soi-même, que le ciel délaisse la cause juste et que l'enfer la prenne sous son patronage? Et si ce que je te dis est bon, d'où, si ce n'est d'en haut, l'inspiration m'en viendrait-elle? Qui, dans les pâturages où mes pas s'égaraient, se serait associé à moi pour initier l'adolescente bergère aux conseils des rois? Jamais je n'abordai les princes, l'art de la parole est étranger à mes lèvres; et cependant à cette heure, qu'il s'agit de t'émouvoir, la pénétration me vient, la science des choses supérieures ; devant mon regard d'enfant, rayonnent flamboyants les destins des pays et des rois, et je porte en moi comme un tonnerre.

LE DUC DE BOURGOGNE, *profondément touché, lève les yeux sur elle et la contemple avec un étonnement mêlé d'émotion.* Qu'ai-je donc, que se passe-t-il en moi ? Est-ce Dieu qui retourne ainsi mon cœur au plus profond de ma poitrine ? Non, elle ne saurait mentir, cette émouvante créature ! Non, non ! et si je cède à quelque charme, ce charme vient du ciel ! Mon cœur me le dit, elle est envoyée de Dieu !

JEANNE. Il s'attendrit ! Victoire ! Je n'ai point vainement supplié ! Le nuage fulminant de colère qui tantôt siégeait sur son front, se va fondre en rosée de larmes, et dans ses yeux d'où s'exhale la paix, rayonne le soleil de l'émotion. Arrière les armes ! pressez vos cœurs contre vos cœurs ! Il pleure, il est vaincu, il est à nous.

(*Le glaive et l'étendard s'échappent de ses mains ; elle se précipite sur lui les bras ouverts et l'étreint avec une ardeur passionnée. La Hire et Dunois laissent choir leurs épées et s'élancent vers le duc de Bourgogne pour l'embrasser.*)

ACTE TROISIÈME.

Le camp royal à Châlons-sur-Marne.

SCÈNE I.

DUNOIS, LA HIRE.

DUNOIS. Nous fûmes amis de cœur, frères d'armes, nos bras se sont levés pour la même cause ; à travers le péril et la mort nous avons su rester amis ; que notre amour pour une femme ne vienne point, à cette heure, rompre un lien sur lequel n'ont rien pu les vicissitudes du sort.

LA HIRE. Prince, écoutez-moi.

DUNOIS. Vous aimez la vierge prédestinée, et je connais les desseins que vous avez sur elle. Votre intention est d'aller au roi de ce pas et de lui demander la main de la princesse en récompense ; le roi sans doute ne refusera point un tel prix à votre bravoure ; mais, sachez-le bien, plutôt que de la voir aux bras d'un autre...

LA HIRE. Écoutez-moi, prince !

DUNOIS. Ce n'est point un attrait fugitif qui me pousse vers elle. Jamais femme n'avait subjugué ce cœur inasservi jusqu'au jour où j'aperçus la divine missionnaire, destinée par le ciel à sauver ce royaume, à devenir ma femme, et de ce jour je fis le serment inviolable de la prendre pour fiancée. Car la femme forte peut seule être la compagne du fort, et ce cœur ardent aspire à se reposer sur un cœur de même trempe, capable à la fois de comprendre sa force et de la supporter.

LA HIRE. Avez-vous pu penser que j'oserais, prince, égaler mes faibles mérites à l'héroïque gloire de votre nom ? Il suffit que le comte Dunois se mette sur les rangs pour qu'à l'instant tout autre rival se désiste. Mais serait-il possible qu'une humble bergère se crût digne de prétendre à recevoir de vous le titre et les droits d'une épouse ? Non, le sang royal qui coule dans vos veines répugne à cet accouplement.

DUNOIS. N'est-elle point, ainsi que moi, l'enfant de la sainte nature, n'est-elle point égale à moi ? Indigne de la main d'un prince, elle, la fiancée des anges de Dieu, elle dont le front se couronne d'une auréole plus rayonnante que tous les diadèmes de la terre ! Elle qui voit s'humilier à ses pieds tout ce que le monde a de grand, d'élevé, car tous les trônes souverains superposés l'un sur l'autre, échelonnés jusqu'aux étoiles, n'atteindraient point la cime où elle plane dans son angélique majesté.

LA HIRE. Le roi décidera.

DUNOIS. Non, qu'elle seule décide. Elle a rendu le prince libre et doit librement disposer de son cœur.

LA HIRE. Mais j'aperçois le roi.

SCÈNE II.

CHARLES, AGNÈS SOREL, DUCHATEL, CHATILLON ;
les précédents.

CHARLES, *à Châtillon.* Il vient ! Il consent, dites-vous, à me reconnaître pour son roi, à me rendre hommage.

CHATILLON. Ici même, sire, dans sa royale ville de Châlons, le duc, mon maître, veut se prosterner à tes pieds ! C'est par son ordre exprès que je viens à cette heure te saluer mon roi ; du reste, il me suit et va lui-même être en ces lieux dans un instant.

SOREL. O doux soleil de ce jour qui nous rend la paix, la joie et la concorde !

CHATILLON. Mon maître s'avance avec deux cents chevaliers, et son genou va fléchir devant toi ; mais il attend que tu lui épargnes cette humiliation et le serres contre ton sein en ami, en cousin.

CHARLES. Qu'il vienne, mon cœur brûle de sentir battre le sien !

CHATILLON. Le duc demande aussi qu'en cette première rencontre il ne soit pas dit un seul mot des anciennes querelles.

CHARLES. Qu'à tout jamais le passé s'engloutisse dans les gouffres du Lethé, et n'attachons plus nos yeux que sur les beaux jours promis à nous dans l'avenir !

CHATILLON. Tous ceux-là qui ont combattu sous l'étendard de Bourgogne sont compris dans l'acte de réconciliation.

CHARLES. Faisant ainsi, je double mon royaume !

CHATILLON. Les conditions de paix concernent la reine Isabeau, si elle les accueille.

CHARLES. C'est elle qui marche contre moi et non moi qui marche contre elle ! Et nos différends sont terminés dès qu'il lui plaît d'y mettre fin.

CHATILLON. Douze chevaliers se porteront garants de la parole.

CHARLES. Ma parole est sacrée.

CHATILLON. Et l'archevêque rompra l'hostie qu'il partagera entre toi et lui en signe et symbole de loyal raccommodement.

CHARLES. Fussé-je aussi sûr de mon salut éternel qu'il est vrai que mon cœur et ma main sont d'accord ! Quel autre gage le duc réclame-t-il encore ?

CHATILLON, *arrêtant son regard sur Duchâtel.* Je vois quelqu'un ici dont la présence pourrait empoisonner cette première entrevue. (*Duchâtel s'éloigne en silence.*)

CHARLES. Va, Duchâtel, et demeure à l'écart jusqu'au jour où le duc pourra supporter ton aspect. (*Il le suit un moment des yeux, puis s'élance vers lui et l'embrasse.*) Noble ami ! tu voulais faire pour mon repos bien davantage. (*Duchâtel s'éloigne.*)

CHATILLON. Les autres points sont contenus dans cet acte.

CHARLES, *à l'archevêque.* Veuillez vous charger de son exécution. Nous concédons tout, et ne saurions payer trop cher le retour d'un ami ; allez, Dunois, prenez avec vous cent nobles chevaliers et nous ramenez le duc. Que pour recevoir leurs frères toutes les troupes se parent de rameaux verts, que la ville entière soit en fête et que toutes les cloches annoncent que France et Bourgogne ont conclu nouvelle alliance. (*Entre un écuyer. On entend les clairons.*)

L'ÉCUYER. Le duc de Bourgogne arrête son escorte.
(*Il sort.*)

DUNOIS. (*Il sort avec La Hire et Châtillon.*) Courons à sa rencontre !

CHARLES, à *Sorel*. Agnès, tu pleures? Moi aussi je sens à ce moment solennel que ma force m'abandonne presque. Combien de victimes devaient tomber avant qu'il nous fût donné de nous retrouver en amis. Tout orage à la fin se modère, point de nuit si ténébreuse à laquelle ne succède le jour. Vienne le temps, et les fruits même tardifs mûrissent à leur tour !

L'ARCHEVÊQUE, *au balcon*. Le duc a peine à s'arracher aux empressements de la foule. Ils l'enlèvent de son cheval, baisent son manteau, ses éperons.

CHARLES. Bon peuple, ardent en son amour comme en sa colère ! Qu'il lui a fallu peu d'instants pour oublier que ce même duc moissonnait naguères ses pères et ses enfants ! L'instant suffit pour dévorer toute une vie. Contiens-toi, Sorel, l'excès même de ta joie pourrait piquer son âme. Que rien ici ne l'offusque et ne lui porte ombrage.

SCÈNE III.

LE DUC DE BOURGOGNE, DUNOIS, LA HIRE, CHATILLON, *et deux autres chevaliers de la suite du duc. Le duc de Bourgogne s'arrête sur le seuil. Le roi fait un mouvement vers lui. Aussitôt le duc se rapproche, et au moment où il va pour fléchir le genou, le roi le prend entre ses bras.*

CHARLES. Vous nous prenez à l'improviste. Nous songions à vous aller chercher ; mais vous avez de rapides coursiers.

LE DUC DE BOURGOGNE. Ils m'ont conduit à mon devoir. (*Il serre entre ses bras Agnès et la baise au front.*) Avec votre permission, ma cousine. C'est dans Arras notre droit de seigneur, et toute beauté se doit à l'usage.

CHARLES. Votre cour, nous dit-on, est un pays d'amour, et le rendez-vous de la beauté.

LE DUC. Nous sommes un peuple de marchands, monseigneur, tout ce qu'il y a de précieux sous le ciel afflue pour le plaisir des yeux et des sens sur notre marché de Bruges ; et le suprême bien entre tous est la beauté des femmes.

SOREL. Leur fidélité me semble être d'un plus haut prix ; il est vrai que ce n'est point de la marchandise à courir les encans.

CHARLES. Vous voilà, mon cousin, en mauvais renom. Eh quoi ! dédaigner la plus belle vertu des femmes !

LE DUC DE BOURGOGNE. L'hérésie porte en elle-même sa plus rude peine. Heureux, mon roi, à qui le cœur enseigna de bonne heure ce qu'une existence orageuse ne m'apprit à moi que plus tard. (*Il aperçoit l'archevêque, et lui tend la main.*) Vénérable homme de Dieu, votre bénédiction. Vous, du moins, on vous trouve toujours au droit chemin, et qui veut être sûr de vous rencontrer n'a qu'à marcher dans le bien.

L'ARCHEVÊQUE. Mon divin maître peut maintenant m'appeler à lui quand il voudra. Ce cœur est ivre de félicité, et je puis mourir content, ayant vu de mes yeux ce beau jour.

LE DUC DE BOURGOGNE, *à Sorel.* Est-il vrai que vous vous soyez dépouillée de vos joyaux pour en faire des armes contre moi ? Comment si belliqueuse, vous, et si acharnée à ma perte ? Grâce à Dieu, les débats sont loin de nous, et tout se retrouve aujourd'hui qui s'était égaré. Tout, m'entendez-vous bien, y compris même votre écrin. Contre moi, vous en disposâtes en temps de guerre ; reprenez-le de ma main en signe de paix. (*Il prend d'un des hommes de sa suite la cassette et la remet ouverte à Sorel. Agnès, confuse, regarde le roi.*)

CHARLES. Accepte ce présent ; double gage à mes yeux de noble amour et de conciliation.

LE DUC DE BOURGOGNE, *posant dans les cheveux d'Agnès une rose en brillants.* Plût à Dieu que ce fût la couronne royale de France. D'un cœur non moins sincère, je voudrais l'attacher sur ce beau front. (*Avec une loyale étreinte.*) Et maintenant, comptez sur moi.

si jamais vous avez besoin d'un ami. (*Agnès Sorel se retire de côté en fondant en larmes. Le roi cherche en vain à lutter contre son émotion. Tous contemplent les deux princes avec attendrissement.*)

LE DUC DE BOURGOGNE, *après avoir promené ses regards à la ronde, se jette dans les bras du roi.* O mon roi ! (*En ce moment les trois chevaliers bourguignons s'élancent vers Dunois, La Hire et l'archevêque. Embrassement général. Les deux princes restent quelque temps sans rien dire dans les bras l'un de l'autre.*) Et j'ai pu vous haïr. J'ai pu vous renier.

CHARLES. Chut ! Chut ! plus un mot de cela.

LE DUC DE BOURGOGNE. J'ai pu couronner cet Anglais ; à cet étranger, jurer foi et hommage. J'ai pu de vous, mon roi, conspirer la ruine.

CHARLES. Qu'il n'en soit plus question, tout est pardonné. L'heure présente efface tout. C'était la destinée, une étoile contraire.

LE DUC DE BOURGOGNE, *saisissant la main du roi*. J'expierai mes torts, croyez-moi, je le veux. Tous les maux que vous avez soufferts seront réparés. Vous recouvrerez votre royaume tout entier, sans qu'il y manque un seul village.

CHARLES. Nous sommes unis. Nul ennemi ne m'est désormais redoutable.

LE DUC DE BOURGOGNE. Croyez-moi, c'était d'un cœur marri que je portais les armes contre vous. Oh ! vous le saviez, pourquoi ne me l'avoir point envoyée, elle ? (*Indiquant Agnès Sorel.*) Je n'aurais pas résisté à ses larmes. Maintenant l'enfer perdrait sa peine à vouloir encore nous désunir, car mon cœur a senti battre le vôtre. Maintenant j'ai trouvé la vraie place qui me convient, et ce cœur était la limite marquée à mes égarements.

L'ARCHEVÊQUE, *s'interposant entre eux*. Vous êtes unis, princes ! La France, comme un phénix, renaît de ses propres cendres ; un brillant avenir nous sourit. Les blessures du pays se guériront, les villages ravagés, les villes sortiront de leurs décombres, les champs se couvriront de moissons nouvelles; mais ceux-là qui sont tombés victimes de vos querelles, les morts ne ressusciteront pas, les larmes versées pour vos conflits sont et demeurent bien versées ! La génération naissante fleurira, sans doute ; mais la génération passée n'en aura pas moins été la proie des calamités, et le bonheur des neveux ne réveille pas les pères dans leur tombe. Voilà quels sont les fruits de vos discordes fratricides ! Que l'enseignement vous profite ! Craignez la divinité du glaive avant de le tirer hors du fourreau ! Le fort peut déchaîner la guerre, mais bien différent du docile faucon qui du sein des airs va revenir sur la main du chasseur, le dieu féroce des combats n'obéit point à l'appel des hommes ! et ce n'est pas deux fois que la main du Sauveur sort des nuages au moment opportun, ainsi qu'il nous est donné de le voir aujourd'hui.

LE DUC DE BOURGOGNE. Oh ! sire, un ange chemine à vos côtés ! Où donc est-elle, et pourquoi ne la vois-je point ici ?

CHARLES. Où Jeanne est-elle? Et pourquoi manque-t-elle à cet instant solennel et si beau qui nous fut ménagé par elle?

L'ARCHEVÊQUE. Sire, la sainte jeune fille n'aime point l'oisiveté des cours, et lorsque les décrets de Dieu ne l'appellent plus à la lumière, sa joie est de se dérober pudiquement aux yeux du monde. Sans doute qu'elle parle avec l'esprit de Dieu si le salut de la France ne la tient point occupée à cette heure ; car à chacun de ses pas s'attache la bénédiction !

SCÈNE IV.

JEANNE, *les précédents.* (*Elle est vêtue de son armure, mais sans casque, et porte une guirlande dans ses cheveux.*)

CHARLES. Viens ici, vierge parée des ornements d'une prêtresse; viens, Jeanne, consacrer ton œuvre d'alliance!

LE DUC DE BOURGOGNE. Voyez comme à cette heure la paix l'illumine de grâce, elle si terrible naguères dans le combat. Dis, Jeanne, ai-je manqué à ma parole? Es-tu contente, et me suis-je montré digne de ton suffrage?

JEANNE. Tu t'es à toi-même donné la plus belle faveur; toi qui brilles désormais d'une clarté rayonnante et bénie en ces lieux où tantôt ton astre d'épouvante ne jetait qu'une lueur de sang! (*Regardant autour d'elle.*) Je vois ici bien d'illustres chevaliers rassemblés, l'ivresse inonde tous les yeux et je n'ai sur mon chemin rencontré qu'un malheureux, forcé de cacher sa tristesse alors que la joie est partout.

LE DUC DE BOURGOGNE. Et quel est-il, celui-là dont la conscience a si lourd fardeau, qu'il doive désespérer de notre clémence?

JEANNE. Peut-il s'approcher? Oh! dis-moi qu'il le peut! Consomme ton mérite! la réconciliation est incomplète qui ne procure pas au cœur une entière délivrance! Une goutte de haine restée au fond du vase de la joie suffit pour empoisonner le divin breuvage. Qu'il ne soit forfait si sanglant qu'en ce beau jour Bourgogne n'amnistie!

LE DUC DE BOURGOGNE. Ah! je t'ai comprise!

JEANNE. Et tu consens à pardonner? tu consens, duc! Viens ici, Duchâtel! (*Elle ouvre la porte et introduit Duchâtel qui reste dans l'éloignement.*) Le duc a fait sa paix avec tous ses ennemis, et aussi avec toi! (*Du-*

châtel se hasarde de quelques pas et cherche à lire dans les yeux du duc.)

LE DUC DE BOURGOGNE. Que sais-tu de moi, Jeanne? Sais-tu bien ce que tu exiges là?

JEANNE. Un bon maître ouvre sa porte à tous les hôtes et n'en exclut aucun ! Comme le libre firmament enveloppe le monde, ainsi le pardon englobe tout, amis et ennemis. Le soleil répand ses rayons sur tous les points de l'infini, le ciel dispense ses rosées à tous les êtres qui ont soif. Ce qui est bon et vient d'en haut est commun à tous et sans réserve ; dans les replis seulement les ténèbres séjournent !

LE DUC DE BOURGOGNE. Elle dispose à son gré de moi, et mon cœur est dans ses mains comme une cire molle !... Embrassez-moi, Duchâtel, je vous pardonne ! O mon père, que ton ombre ne s'irrite pas de me voir prendre amicalement la main qui t'a frappé ! Dieu de la mort, ne m'imputez point à crime de rompre mes vœux d'implacable vengeance. Chez vous, plongés dans l'éternelle nuit, le cœur a cessé de battre, au sein de votre éternité l'immobilité règne seule ; mais ici, à la lumière du soleil, il en est autrement, et l'homme, entraîné par ses vivantes sensations, devient la proie facile du moment tout puissant...

CHARLES, *à Jeanne.* Ne te dois-je pas tout, auguste jeune fille ? Pouvais-tu plus noblement tenir ta parole ? En un clin-d'œil, par toi mon destin a changé ! Mes amis, tu me les réconcilies ; mes ennemis, tu les mets en poussière ; tu arraches mes villes au joug étranger ! toi seule as tout fait, parle ! comment te récompenserai-je ?...

JEANNE. Sois toujours humain, monseigneur, dans la prospérité, comme tu le fus dans l'infortune ; et sur les sommets de la grandeur n'oublie point ce que vaut un ami aux jours d'abaissement. Tu l'as assez éprouvé dans ta misère ! Point ne dénie justice et clémence au dernier de ton peuple ; songe que c'est du sein du troupeau que Dieu suscita le bras sauveur ! Tu grouperas ainsi la France entière sous ton sceptre, tu seras le chef et le fondateur d'une souche d'illustres princes ! et ceux qui viendront après toi brilleront d'un éclat plus radieux encore que ceux qui t'ont précédé ! Ta race fleurira aussi longtemps qu'elle aura su se conserver l'amour de son peuple. L'orgueil seul peut la conduire à sa perte, et c'est au fond de ses humbles chaumières d'où sort aujourd'hui ton salut que se prépare sourdement l'orage qui dans l'avenir enchaînera tes coupables arrière-neveux !

LE DUC DE BOURGOGNE. Vierge inspirée dont l'esprit illumine, puisque tes yeux percent ainsi à travers les ténèbres de l'horizon, parle-moi de ma race; dis, continuera-t-elle à se développer avec magnificence, comme elle a commencé ?

JEANNE. Bourguignon, jusque sur les hauteurs du trône tu as placé ton siége, et plus haut encore aspire ton cœur altier, jaloux de bâtir jusque dans les nuages son édifice téméraire ! Mais une main d'en haut marquera soudain le terme de cet agrandissement. Ne crains pas néanmoins que ta maison s'écroule ; brillante, elle revivra dans une jeune fille. Et des monarques portant le sceptre, des rois pasteurs des peuples sortiront de son sein, ils s'assoieront sur deux trônes puissants, étendant leurs lois sur le monde connu et sur un autre aussi que la main de Dieu cache encore au-delà d'océans ignorés.

CHARLES. Oh ! réponds, si l'esprit là-dessus t'éclaire, et nous dis si cette alliance que nous venons de renouveler à cette heure doit se perpétuer chez nos derniers descendants ?

JEANNE, *après un moment de silence.* O vous, rois et grands de la terre, craignez la dissension, n'éveillez pas la discorde dans les antres où elle sommeille, car une fois debout, des siècles s'écoulent avant qu'on la puisse dompter ! Elle-même s'engendre des progéni-

ACTE III, SCÈNE IV.

tures, race de feu, et l'incendie s'alimente de l'incendie! Ne cherchez pas à en savoir davantage, réjouissez-vous dans le présent, et laissez-moi jeter un voile sur l'avenir.

SOREL. Sainte jeune fille, tu lis dans mon cœur et sais si je rêve une grandeur vaine! A moi aussi ne donneras-tu pas quelque oracle propice?

JEANNE. L'esprit ne me dévoile que les destins du monde; ta destinée particulière, elle est en toi.

DUNOIS. Mais la tienne, quelle sera-t-elle, noble vierge aimée du ciel? Certes, la plus douce félicité de la terre t'est réservée à toi si pieuse, si sainte!

JEANNE. La félicité, elle est là-haut, dans le sein de l'Éternel!

CHARLES. Qu'en attendant, ton bonheur soit le souci de ton roi; car je veux rendre ton nom glorieux en France : je veux que les générations les plus reculées t'honorent comme une bienheureuse, et dès cet instant j'y pourvoirai! Fléchis le genou! (*Il tire son épée, et lui donne l'accolade.*) Noble, relève-toi. Je te sors, moi, ton roi, de la poussière de ton obscure extraction. Dans leur tombeau j'anoblis tes ancêtres. Tu porteras le lys dans ton écu, et seras en tout l'égale des meilleurs! Que le sang des Valois seul soit plus noble que le tien, que le premier d'entre mes grands se sente honoré par ta main; et remets-t'en à moi du soin de te donner un noble époux!

DUNOIS, *s'avançant*. Mon cœur l'avait choisie en son obscurité, et les nouveaux honneurs dont sa tête rayonne, ne sauraient accroître son mérite ni mon amour. Ici, à la face de mon roi, à la face de ce saint évêque, je lui offre ma main comme à ma princière compagne, si cette main, elle m'estime assez digne pour l'accepter.

CHARLES. Irrésistible jeune fille, tu fais miracle sur miracle! Oui, et de ce moment je commence à croire que rien ne t'est impossible. Tu as dompté ce cœur superbe qui jusqu'à ce jour avait osé braver la suprême puissance de l'amour !

LA HIRE, *s'avançant*. Le plus bel ornement de Jeanne, si je la connais bien, est la modestie de son cœur! Elle est digne de l'hommage du plus illustre, mais jamais n'élèvera si haut sa vue! Elle ne tend pas vers la vaine grandeur, le fidèle attachement d'une âme droite lui suffit, ainsi que le paisible sort qu'avec cette main je lui offre !

CHARLES. Et toi aussi, La Hire? Deux brillants prétendants, égaux en vertus chevaleresques, égaux en renommée! Voudrais-tu, après m'avoir réconcilié mes ennemis, après avoir pacifié mon royaume, voudrais-tu mettre la brouille entre mes amis les plus chers? Un seul peut la posséder, et j'estime chacun digne d'un si beau prix. Parle donc, et que ton cœur prononce !

SOREL, *se rapprochant*. Je vois la noble jeune fille émue, une tendre pudeur colore sa joue. Qu'on lui donne le temps d'interroger son cœur, de se confier à une amie et de rompre le sceau du secret que garde enfermé sa poitrine ! Le moment est venu où je puis m'approcher en sœur de l'austère Pucelle, et lui offrir mon sein fidèle et discret. Qu'on nous laisse donc méditer en femmes un sujet tout féminin, et qu'on attende le résultat de notre délibération.

CHARLES, *se disposant à s'éloigner*. Qu'il en soit ainsi.

JEANNE. Arrêtez ! sire. Ce n'est point l'émotion d'une pudeur timide qui colorait mes joues, et je n'ai rien à confier à cette noble dame, que je puisse rougir de déclarer devant des hommes. Certes, le choix de ces vaillants chevaliers m'honore hautement; mais je n'ai pas quitté mes pâturages à cette fin toute mondaine de chercher une vaine grandeur, et ce n'est pas non plus pour tresser dans mes cheveux la couronne des fiançailles que j'ai revêtu l'armure de fer. Non, ma vocation est tout autre, et pour l'accomplir il faut une vierge sans tache. Je suis la guerrière du Très-Haut, et ne puis m'avouer l'épouse d'aucun homme !

L'ARCHEVÊQUE. La femme est née pour être l'aimable compagne de l'homme; obéir à la nature est la plus digne façon pour elle de servir le ciel ! Et le décret de Dieu qui t'appelait sur le champ du combat, une fois accompli, loin de toi tu jetteras les armes et reviendras à ton sexe plus doux que tu as dû renier, à ton sexe dont la vocation n'est pas l'œuvre sanglante des armes !

JEANNE. Vénérable seigneur, je ne saurais dire encore ce que l'Esprit m'ordonnera de faire. Mais le moment venu, sa voix ne laissera point de se manifester, et à cette voix j'obéirai. Quant à présent, il m'exhorte à consommer mon œuvre. Le front de mon souverain n'a pas ceint encore le diadème, l'huile sacrée n'a pas baigné sa chevelure. Mon maître n'a pas reçu encore le nom de roi.

CHARLES. Nous sommes sur le chemin de Reims.

JEANNE. Ne nous arrêtons pas, car l'ennemi veille autour de nous pour te fermer la route. Mais à travers leurs bataillons, fussent-ils tous rassemblés, je me charge de t'y conduire.

DUNOIS. Mais alors que tout sera consommé; alors que nous serons entrés victorieux dans Reims, dis, me permettras-tu, sainte jeune fille...

JEANNE. Si le ciel permet que, victorieuse, je sorte de ce combat de mort, mon œuvre alors est accomplie, et la bergère n'a plus que faire dans le palais du roi.

CHARLES, *lui prenant la main.* La voix de l'Esprit en ce moment t'anime, et dans ton sein, tout rempli de Dieu, se tait l'amour ! Mais il ne se taira pas toujours, crois-moi ! Les armes cesseront de s'agiter; la victoire par ta main renouera la paix. Alors la joie renaîtra partout et de plus doux sentiments s'éveilleront dans les cœurs. Dans ton cœur aussi ces sentiments parleront. Tu verseras des larmes de tendresse, des larmes comme tu n'en as jamais encore pleurées ! Ce cœur, que maintenant le ciel remplit tout entier, cherchera sur la terre un ami, et après avoir fait, en les sauvant, des milliers d'heureux, tu finiras par en vouloir faire un !

JEANNE. Dauphin ! es-tu déjà si las de la manifestation divine, que tu veuilles briser le vase qui la contient, que tu veuilles rabaisser jusque dans l'humaine poussière la vierge pure, envoyée de Dieu ? Cœurs aveugles ! Hommes de peu de foi ! Le ciel vous inonde de ses splendeurs, il révèle à vos yeux ses prodiges, et vous voudriez ne voir en moi qu'une femme ! Une femme revêt-t-elle une armure d'airain ? une femme se mêle-t-elle aux combats des hommes ? Malheur à moi ! si portant dans mes mains l'épée du Dieu vengeur, je pouvais me sentir entraînée vers un homme terrestre ! Mieux me vaudrait cent fois n'être point née ! Plus un mot de la sorte, si vous ne voulez déchaîner la colère de l'Esprit qui m'anime. Le seul regard de l'homme qui me désire est un objet d'horreur pour moi et de profanation !

CHARLES. Brisez-là. Inutile de chercher à l'émouvoir.

JEANNE. Ordonne aux clairons de sonner. Cette trêve d'armes me devient une angoisse, un supplice. Mon élan intérieur m'entraîne hors de cet oisif repos et me pousse à l'accomplissement de mon œuvre : ma destinée impérieuse parle, et j'obéis.

SCÈNE V.

UN CHEVALIER, *accourant*.

CHARLES. Qu'est-ce ?

LE CHEVALIER. L'ennemi a passé la Marne et dispose son armée pour l'attaque.

JEANNE, *avec inspiration*. Combat et bataille ! Mon âme brise ses liens ! Armez-vous ! Pendant ce temps je cours ranger les bataillons. (*Elle sort à la hâte.*)

CHARLES. Suivez ses pas, La Hire. Ils veulent aux portes de Reims nous forcer à leur disputer encore une fois la couronne de France.

DUNOIS. Ce n'est point le vrai courage qui les pousse. C'est le suprême effort d'un désespoir enragé qui sent son impuissance.

CHARLES. Bourguignon, je n'ai que faire de vous piquer au jeu. Voici l'heure de réparer bien des mauvais jours.

LE DUC DE BOURGOGNE. Vous pouvez là-dessus vous en remettre à moi.

CHARLES. Je marcherai devant vous sur le sentier de la gloire, et c'est sous les yeux de la ville de mon couronnement que j'entends conquérir ma couronne ! Mon Agnès, ton chevalier te dit adieu !

AGNÈS, *l'embrassant*. Je ne pleure pas ; je ne tremble pas pour toi. Ma foi monte sereine et calme jusqu'aux nuages. Tant de gages de sa faveur, le ciel ne nous a pas donné pour nous réduire enfin à l'affliction ! Et mon cœur me dit que dans les murs de Reims, emporté d'assaut, j'embrasserai mon maître et seigneur couronné par la victoire.

(*Les clairons entonnent vaillamment leur fanfare, qui bientôt dégénère en un vacarme guerrier. La scène change. Musique de l'orchestre, accompagnée par les instruments guerriers derrière le théâtre.*)

SCÈNE VI.

La scène représente une campagne ouverte bornée par des arbres. On voit pendant la symphonie des soldats s'enfuyant dans le fond.

TALBOT *s'appuyant sur* **FALSTOLF** *et accompagné par des soldats. Puis* **LIONEL.**

TALBOT. Ici, sous ces arbres, déposez-moi et retournez sur le champ au combat. Je n'ai pas besoin d'assistance pour mourir.

FALSTOLF. O jour de misère et de deuil ! (*Entre Lionel.*) A quel moment venez-vous, Lionel ? Le général est étendu là, blessé à mort !

LIONEL. Dieu ne le voudra pas ! Général, levez-vous. Ne cédez point à la mort, commandez à la nature, et par votre volonté puissante imposez-lui la vie.

TALBOT. Efforts superflus ! Le jour marqué par le destin est arrivé, le jour qui doit voir s'écrouler le trône élevé par nous sur le sol français. Vainement dans une lutte désespérée j'ai tenté de détourner le coup. Atteint là-bas de la foudre, me voilà gisant ici pour ne me plus relever ! Reims est perdu ; venez-vous pour sauver Paris ?

LIONEL. Paris a traité avec le dauphin. Un courrier vient de nous en apporter la nouvelle.

TALBOT, *arrachant l'appareil de sa blessure.* Coulez donc, ruisseaux de mon sang ! je suis rassasié de ce soleil.

LIONEL. Je ne puis demeurer ! Falstolf, transportez le général en un lieu sûr. Nous ne saurions tenir ce poste plus longtemps ! les nôtres fuyant déjà de tous côtés. La Pucelle pousse vers nous sa meute irrésistible.

TALBOT. Tu triomphes, démence ! et moi, je meurs ! A lutter avec la folie, les dieux eux-mêmes perdent leur peine. Auguste raison, fille lumineuse du cerveau divin, sage fondatrice de l'univers, régulatrice des étoiles, qui donc es-tu, si tu dois, attachée à la queue du coursier de la superstition, entraînée en dépit de tes cris de détresse, rouler dans l'abîme avec les insensés ! Malédiction sur celui qui dévoue sa vie à poursuivre une œuvre grande et digne, qui poursuit des plans mûrement combinés. Au roi des fous appartient le monde !

LIONEL. Milord, vous n'avez que peu d'instants à vivre ; pensez à votre Créateur !

TALBOT. Encore si nous avions été vaincus, braves

que nous sommes, par d'autres braves, nous nous consolerions par le destin commun à tous et ses vicissitudes, mais succomber à pareille jonglerie ! Franchement, notre carrière grave et laborieuse méritait plus sérieuse fin.

LIONEL, *lui tendant la main.* Milord, adieu ! Comptez sur moi pour vous payer après le combat le légitime tribut de mes larmes, si toutefois je suis encore debout. En ce moment la Destinée m'appelle sur le champ de bataille où elle siége en arbitre suprême, dont la sentence reste encore suspendue. A revoir dans un monde meilleur ! Le temps paraît court aux amitiés longues !

(*Il sort.*)

TALBOT. Bientôt tout sera fini, bientôt j'aurai rendu à la terre, à l'éternel soleil, ces atomes qui pour la joie et la douleur s'accouplèrent en moi. Et du puissant Talbot qui remplit l'univers de son renom guerrier, il ne restera rien qu'une poignée de vaine poussière. Ainsi l'homme arrive à sa fin. Et la seule chose que nous emportions de notre lutte avec l'existence, c'est un regard plongé dans le néant et le dédain profondément senti de tout ce qui nous paraît grand et digne d'envie !

SCÈNE VII.

CHARLES, LE DUC DE BOURGOGNE, DUNOIS, DUCHATEL, SOLDATS.

LE DUC DE BOURGOGNE. Les retranchements sont emportés.

DUNOIS. La journée est à nous !

CHARLES, *apercevant Talbot.* Voyez, quel est cet homme qui malgré lui et douloureusement dit adieu à la lumière du soleil ? A l'armure qu'il porte je reconnais un chevalier. Hâtez-vous, et s'il en est temps encore, lui prodiguez vos soins. (*Les soldats de la suite du roi s'approchent de Talbot.*)

FALSTOLF. Arrière! N'avancez pas! Respectez la dépouille de celui dont vivant vous n'avez jamais souhaité de vous approcher.

LE DUC DE BOURGOGNE. Que vois-je! Talbot noyé dans son sang! (*Il s'élance vers lui; Talbot le regarde fixement et meurt.*)

FALSTOLF. Arrière, Bourguignon! Épargne la vue d'un traître au dernier regard du héros!

DUNOIS. Formidable Talbot, invincible! Quoi, cet étroit espace te suffit à toi qui ne trouvais point la France assez vaste pour l'immensité de ton ambition! A dater de ce moment, sire, je puis vous saluer roi, car la couronne chancela sur votre tête aussi longtemps qu'une âme habita dans ce corps!

CHARLES, *après avoir contemplé en silence le cadavre de Talbot.* Un plus puissant que nous l'a vaincu, et le voilà gisant sur la terre de France comme le héros sur son bouclier qu'il n'abandonna point. Qu'on l'emporte! (*Des soldats relèvent le cadavre et l'emportent.*) La paix soit avec sa cendre! Un monument lui sera élevé en signe d'honneur, et c'est au cœur de cette France, où il termina sa vie en héros, que reposeront ses ossements. Jamais épée ennemie n'avait encore si avant pénétré. Que le lieu où sa tombe s'élèvera lui serve d'épitaphe.

FALSTOLF, *présentant son épée.* Seigneur, je suis ton prisonnier.

CHARLES, *en la lui rendant.* Arrêtez! La guerre, tout implacable qu'elle soit, honore les pieux devoirs! et libre, vous devez accompagner votre chef au tombeau. Maintenant, allez, Duchâtel! Mon Agnès tremble, rassurez à notre égard son inquiétude, annoncez-lui que nous vivons, que nous avons vaincu, et l'amenez triomphante dans Reims.

(*Duchâtel sort.*)

SCÈNE VIII.

LA HIRE, *les précédents.*

DUNOIS. La Hire, où est la Pucelle?

LA HIRE. Eh quoi! vous me le demandez, lorsque je l'ai laissée combattant à vos côtés?

DUNOIS. Je croyais l'avoir remise à la protection de votre bras lorsque je me précipitai au secours du roi.

LE DUC DE BOURGOGNE. Au plus épais de la mêlée ennemie, j'ai vu encore, il n'y a que peu d'instants, flotter sa blanche bannière!

DUNOIS. Malheur! Où est-elle? Je crains quelque malheur! Venez, hâtons-nous pour la dégager. Je tremble que son audace ne l'ait entraînée trop loin! Entourée d'ennemis, seule elle leur tient tête et va succomber sans aide sous leur nombre!

CHARLES. Allez, sauvez-la!

LA HIRE. Je vous suis, venez.

LE DUC DE BOURGOGNE. Courons tous!

(Ils sortent à la hâte.)

SCÈNE IX.

Une place déserte du champ de bataille. On aperçoit à l'horizon les tours de Reims éclairées par le soleil.

UN CHEVALIER, *couvert d'une armure noire, la visière baissée.* JEANNE *le poursuit jusque sur l'avant-scène, où il s'arrête et l'attend.*

JEANNE. Fourbe! Je reconnais à présent ta ruse! Tu m'as, par une fuite simulée, entraînée loin du champ de bataille, détournant des fils d'Albion la mort et le destin qui menaçait leur tête. Mais tremble, car c'est ta propre perte qui t'atteint maintenant.

LE CHEVALIER NOIR. Pourquoi me poursuivre et t'attacher à mes talons avec cette rage implacable? Il n'est point dans ma destinée à moi de tomber sous tes coups!

JEANNE. Je te hais dans le fond de mon âme, je te hais comme la nuit dont tu portes la couleur! A te ravir pour jamais la lumière du jour, un insurmontable désir me pousse! Qui es-tu? lève ta visière. Si je n'avais vu l'audacieux Talbot tomber mort dans le combat, je dirais que tu es Talbot.

LE CHEVALIER NOIR. La voix de l'esprit prophétique aurait-elle donc cessé de te parler?

JEANNE. Elle parle, au contraire, au fond de ma conscience, et me dit que le malheur marche avec toi.

LE CHEVALIER NOIR. Jeanne d'Arc, jusqu'aux portes de Reims te voilà parvenue sur les ailes de la victoire! Que cette gloire te suffise! Rends sa liberté à la Fortune qui t'a servie en esclave, et n'attends pas qu'elle s'affranchisse elle-même de force. Elle abhorre la fidélité, tu le sais, et ne sert aucun maître jusqu'à la fin.

JEANNE. Que me proposes-tu? Au milieu de ma carrière, m'arrêter! Abandonner mon œuvre! Non, je l'accomplirai, je m'acquitterai de mon vœu!

LE CHEVALIER NOIR. Jusqu'alors rien ne t'a résisté, puissante guerrière, et partout ton bras a vaincu! Mais à dater de cette heure, n'affronte plus les chances du combat! crois-en mon avertissement!

JEANNE. Cette épée ne quittera ma main qu'après avoir exterminé la superbe Angleterre!

LE CHEVALIER NOIR. Vois! Là-bas s'élève Reims avec ses tours! Reims, le but et le terme de ta course! Tu vois briller la coupole de la sublime cathédrale, là tu vas entrer en triomphe, couronner ton roi, accomplir ta mission. Pas un pas de plus de ce côté; retourne en arrière. Entends mon avertissement!

JEANNE. Qui donc es-tu, être fallacieux, pour venir ainsi chercher à m'épouvanter, à jeter le trouble dans mes sens? D'où te vient cette audace, de vouloir m'importuner par de menteurs oracles? (*Le Chevalier Noir va s'éloigner; Jeanne lui ferme le passage.*)

ACTE III, SCÈNE X.

JEANNE. Non, tu me répondras, ou tu mourras de ma main. (*Elle essaye de le frapper.*)

LE CHEVALIER NOIR *la touche de sa main. Jeanne s'arrête immobile.* Frappe ce qui est mortel ! (*Nuit, éclairs et tonnerre. Le Chevalier disparaît.*)

JEANNE, *étonnée d'abord, puis se rassurant aussitôt.* Ce n'était rien de vivant, mais une image dévorante de l'enfer, un spectre échappé des abîmes de feu pour déconcerter mon courage ! Qui donc pourrais-je craindre, quand je tiens l'épée de mon Dieu dans ma main ? Je veux victorieusement accomplir ma carrière, et dût l'enfer lui-même se mettre de la partie, loin de moi toute faiblesse, toute hésitation ! (*Elle va pour sortir.*)

SCÈNE X.

LIONEL, JEANNE.

LIONEL. Maudite ! défends-toi ! L'un de nous deux ne sortira pas vivant de cette place ! Tu as frappé le meilleur d'entre mon peuple ; le noble Talbot a rendu sa grande âme dans mon sein. Je vengerai le brave, ou je partagerai son sort ! Et pour que tu saches, mort ou vainqueur, qui t'accorda cet honneur, je suis Lionel, le dernier survivant d'entre les chefs de notre armée, et ce bras n'a jamais encore été vaincu ! (*Il fond sur elle. Après un bref combat, Jeanne le désarme.*) Sort fatal ! (*Ils luttent un moment.*)

JEANNE *le saisit par les plumes de son casque et le lui arrache violemment. Le visage de Lionel reste découvert. Jeanne brandit son épée.*) Reçois donc ce que tu cherches ! La sainte Vierge t'immole par ma main ! (*Au moment de le frapper, Jeanne aperçoit son visage. Le regard de Lionel la saisit. Soudain elle s'arrête immobile et laisse lentement son épée lui tomber des mains.*)

LIONEL. Pourquoi cette hésitation ? Qui t'empêche de me donner le coup de la mort ? Prends-moi la vie, puisque tu m'as pris l'honneur ! Je suis entre tes mains, point de merci! (*Jeanne lui fait signe de s'éloigner.*) Moi fuir? Moi te devoir l'existence? Plutôt mourir!

JEANNE, *détournant son visage.* S'il est vrai que ta vie fut dans mes mains, laisse-moi l'ignorer, je n'en veux rien savoir.

LIONEL. Je te hais, toi et ton présent! Point de merci, te dis-je! Frappe ton ennemi, ton ennemi qui te méprise, qui voudrait pouvoir te frapper!

JEANNE. Tue-moi et t'enfuis!

LIONEL. Ah! qu'est-ce donc?

JEANNE, *se cachant le visage.* Malheur à moi!

LIONEL, *s'approchant d'elle.* Tu mets à mort, dit-on, tous les Anglais que la victoire te livre! Pourquoi seul vouloir m'épargner?

JEANNE *ressaisit son épée avec un brusque mouvement et s'apprête à le frapper, mais en rencontrant son visage, elle laisse de nouveau l'arme lui échapper.* Sainte Vierge du ciel!

LIONEL. Pourquoi invoquer la Vierge? La Vierge ne sait rien de toi. Le ciel n'est pour rien dans tes actes.

JEANNE, *en proie à la plus vive angoisse.* Qu'ai-je fait? J'ai rompu mon vœu! (*Elle joint ses mains avec désespoir.*)

LIONEL, *la contemplant avec émotion et se rapprochant d'elle.* Infortunée jeune fille, je te plains! Tu me touches, moi sur qui seul ta magnanimité s'est exercée. Je sens s'évanouir ma haine, je dois m'intéresser à toi! Parle, qui es-tu? d'où viens-tu?

JEANNE. Va-t-en, te dis-je, fuis!

LIONEL. Je compatis à ta jeunesse, à ta beauté; ton regard me pénètre au fond du cœur! Je voudrais te sauver! Dis-moi, que faut-il faire? Viens, viens! renonce à cette horrible alliance! Jette tes armes loin de toi!

JEANNE. Je ne suis plus digne de les porter!

LIONEL. Jette-les loin de toi, vite, et me suis!

JEANNE, *avec horreur.* Te suivre?

LIONEL. Tu peux être sauvée, suis-moi! Je veux te sauver, mais ne perdons pas une minute! Je ne puis dire quelle douleur étrange tu m'inspires, et je sens un désir profond de te sauver. (*Il lui saisit le bras.*)

JEANNE. Le Bâtard! Ce sont eux! ils me cherchent! Si par malheur ils te trouvent ici!

LIONEL. Ne crains rien, je te protégerai!

JEANNE. Je meurs, si tu viens à tomber dans leurs mains!

LIONEL. Eh quoi! te serais-je donc cher?

JEANNE. Saints du Paradis!

LIONEL. Te reverrai-je? saurai-je quel est ton sort?

JEANNE. Jamais! jamais!

LIONEL. Oui, je te reverrai; que cette épée m'en soit le gage! (*Il lui prend son épée.*)

JEANNE. Insensé, oses-tu?

LIONEL. On me force à quitter la place! mais je te reverrai. (*Il s'éloigne.*)

SCÈNE XI.

DUNOIS, LA HIRE, JEANNE.

LA HIRE. Elle vit, la voilà!

DUNOIS. Jeanne! ne crains rien, tes amis sont autour de toi!

LA HIRE. Ne fuyez donc pas, Lionel!

DUNOIS. Laisse-le! Jeanne, la cause du bon droit triomphe. Reims nous ouvre ses portes; tout un peuple en délire se précipite au-devant de son roi.

LA HIRE. Mais qu'a donc la Pucelle? je la vois pâlir et chanceler. (*Jeanne fléchit et semble au moment de s'évanouir.*)

DUNOIS. Elle est blessée! arrache son armure; son bras est atteint, mais grâce à Dieu, légèrement.

LA HIRE. Son sang coule!

JEANNE. Laissez-le s'épancher avec ma vie.

(*Elle tombe inanimée aux bras de La Hire.*)

ACTE QUATRIÈME.

Une salle ornée en fête. Les colonnes sont enguirlandées de festons. Derrière la scène on entend les flûtes et les hautbois.

SCÈNE I.

JEANNE. Les armes se reposent, les foudres de la guerre ont cessé de gronder. Aux sanglants combats succèdent le chant et la danse. Par toutes les rues, la gaîté mène son branle, l'autel et l'église brillent décorés des ornements de fête. Des arcs-de-triomphe se dressent verdoyants, et tout autour de leurs colonnes s'enroulent les guirlandes. Le vaste Reims est trop étroit pour contenir la foule des hôtes qui l'inondent pour assister à la fête populaire.

Un sentiment d'ivresse unanime brûle au fond de tous les cœurs, une même pensée bat dans chaque poitrine. Tout ce que naguère encore divisait une haine sanglante, partage désormais la commune joie. Quiconque appartient aujourd'hui à la race des Francs se sent plus fier du nom qu'il porte. L'éclat s'est ravivé de l'antique couronne, et la France rend hommage au fils de son roi.

Mais à moi, l'auteur de toute cette gloire, le bonheur universel me demeure étranger. Mon cœur transformé s'enfuit loin de ces pompes et se tourne du côté du camp des Anglais; là-bas, vers l'ennemi, erre mon regard, et je me vois réduite à fuir leur ivresse pour cacher la faute dont le poids m'accable. Qui? moi? moi, porter l'image d'un homme dans mon cœur virginal? Ce cœur illuminé d'un rayon du ciel, battre d'un terrestre amour? Moi, de mon pays l'ange sauveur; moi, la guerrière du Très-Haut, brûler pour l'ennemi de mon pays! Et j'ose l'avouer à la pure clarté du soleil, et la honte ne me confond pas. (*La musique derrière la scène de-*

vient plus tendre et plus suave.) Malheur! Malheur à moi! Quels accents! Combien ils charment mon oreille. Chaque son me rappelle sa voix, évoque à mes yeux son image.

Ah! Puisse la tourmente des combats me ressaisir, puisse le cliquetis des lances résonner à mes oreilles, dans l'ardeur furieuse de la bataille! alors je retrouverai mon courage.

Mais ces voix, ces accents, comme ils enlacent mon cœur. Toutes les forces de mon âme s'en vont en désirs languissants, se fondent en pleurs de tendresse. (*Après une pause. Avec vivacité.*) Devais-je le frapper? Le pouvais-je, après avoir vu dans ses yeux? Le frapper? Ah! plutôt retourner le fer meurtrier contre mon propre sein. Suis-je donc si coupable de m'être montrée humaine? Est-ce un crime d'avoir pitié? Pitié! Les voix de la pitié, de l'humanité, les as-tu donc entendues chez les autres qu'immola ton épée? Pourquoi se taisaient-elles, quand ce pauvre Gallois, ce doux jeune homme, t'implorait pour sa vie? Cœur hypocrite, tu mens à la face de l'éternelle clarté. Non, tu n'as point obéi à la sainte voix de la pitié.

Pourquoi mes yeux se sont-ils arrêtés sur les siens? Pourquoi ai-je contemplé les traits de son noble visage? Avec ce regard a commencé ton crime, malheureuse! Dieu veut des instruments aveugles, c'était les yeux fermés que tu devais consommer ton œuvre. Tu as vu, et le bouclier de Dieu t'a abandonnée; tu as vu, et de ce moment les trames de l'enfer t'ont enlacée. (*Les flûtes reprennent. Elle tombe dans une muette rêverie.*) Sainte houlette! oh! ne t'eussé-je échangée jamais contre une épée! Plût à Dieu, chêne sacré, que jamais elle ne m'eût parlé, la voix qui bruit dans tes ramures! Plût à Dieu que jamais tu ne me fusses apparue, sainte Reine du ciel! Prends-la, car je ne la mérite point, la couronne, oh! reprends-la.

Hélas! j'ai vu les firmaments ouverts, et j'ai contemplé la face des bienheureux, mais sur la terre est mon espérance, et dans le ciel elle n'est pas. Pourquoi donc m'en avoir chargée, de cette vocation terrible ? Pouvais-je endurcir ce cœur, que le ciel a créé sensible ?

Si tu veux manifester ta puissance, choisis ceux qui, exempts de péchés, habitent dans ton éternelle demeure ; envoie tes immortels, tes purs esprits inaccessibles aux passions comme aux larmes, mais ne prends pas la timide jeune fille, l'âme faible de la bergère !

Que m'importe le sort des combats, la discorde des rois ? Innocente, je paissais mes troupeaux sur les calmes hauteurs de la montagne, et c'est de là que tu m'as arrachée pour me jeter en plein dans l'existence, pour me jeter dans l'orgueilleux palais des rois et m'y livrer au mal. Ah! ce n'était pourtant point là ma vocation.

SCÈNE II.

AGNÈS SOREL, JEANNE.

SOREL *s'avance dans la plus vive émotion ; dès qu'elle aperçoit Jeanne, elle se précipite vers elle et lui saute au cou, puis, soudain se ravisant, tombe à ses pieds.* Non ! pas ainsi, mais dans la poussière, à tes genoux.

JEANNE, *s'efforçant de la relever.* Lève-toi. Qu'as-tu donc ? Tu oublies qui je suis, qui tu es.

SOREL. Laisse-moi. C'est l'élan de ma joie qui m'entraîne à tes pieds. Mon cœur déborde, il a besoin de se prosterner devant Dieu, et c'est lui, l'invisible que j'adore en toi. N'es-tu pas l'ange qui a conduit à Reims mon maître et seigneur, qui lui posa sur le front sa couronne ? Ce que jamais je n'eusse osé rêver de voir, est accompli ! Tout s'apprête déjà pour le couronnement. Le roi a revêtu les ornements du sacre. Les pairs et les grands du royaume sont rassemblés pour porter les insignes. Le peuple afflue à torrents vers la cathédrale. La joie retentit partout, les cloches ébran-

… tent l'air. Oh! je ne supporterai jamais tant de bonheur! (*Jeanne la relève avec douceur. Agnès Sorel s'arrête un moment à contempler la jeune fille.*) Cependant toujours austère et grave, tu veux donner aux autres le bonheur; mais non le partager. Ton cœur demeure froid, tu ne ressens rien de nos ivresses; le ciel t'a révélé ses splendeurs, et nulle félicité terrestre n'a le secret d'émouvoir ton chaste sein. (*Jeanne saisit avec vivacité la main d'Agnès, puis la laisse retomber presque aussitôt.*) Oh! que n'es-tu femme, que n'es-tu femme et sensible? Consens à dépouiller cette armure, la guerre s'éloigne de nous, consens à professer un plus doux sexe. Mon cœur aimant s'effarouche en ta présence et n'ose aller à toi, aussi longtemps que tu ressembleras à l'austère Pallas.

JEANNE. Qu'exiges-tu de moi?

SOREL. Que tu désarmes, que tu dépouilles cette armure. L'amour craint de s'approcher de cette poitrine cuirassée de fer. Oh! sois femme, et tu ressentiras l'amour.

JEANNE. A cette heure, me désarmer! A cette heure! j'exposerais… dis-moi, d'offrir en plein combat ma poitrine découverte aux coups de la mort! Mais, désarmer maintenant! Ah! plût à Dieu qu'un triple airain me protégeât contre vos fêtes, contre moi-même!

SOREL. Le comte Dunois t'aime. Son noble cœur ouvert jusqu'alors à la seule gloire, à la seule vertu des camps, brûle pour toi d'un sentiment sacré. Il est beau, va, d'être aimée d'un héros, il est plus beau encore de l'aimer! (*Jeanne se détourne avec horreur.*) Tu le hais. Non! non! tout au plus peux-tu ne l'aimer point. Mais comment voudrais-tu le haïr? On ne hait que celui qui nous arrache aux êtres que nous aimons. Mais toi tu n'aimes personne. Ton cœur est calme. S'il pouvait ressentir…

JEANNE. Plains-moi. Déplore mon destin.

SOREL. Qu'est-ce donc qui manque à ton bonheur?

Tu as tenu ta parole, la France est libre. Jusques aux lieux de son couronnement tu conduisis ton roi victorieux, ta gloire est sans égale. Un peuple ivre de joie te salue et t'acclame, de toutes les bouches ta louange se répand à longs flots ; tu es la divinité de cette fête. Le roi lui-même, ceint de sa couronne, ne resplendit pas d'un éclat plus glorieux que toi.

JEANNE. Oh ! pussé-je m'ensevelir dans les entrailles de la terre !

SOREL. Qu'as-tu donc ? Quelle étrange émotion ! Qui donc aura le droit de regarder librement le ciel en ce jour, s'il faut que tu baisses les yeux ? A moi la rougeur, à moi près de toi si petite, à moi incapable de m'élever à la hauteur de tes sentiments héroïques. Car, pour te confesser toute ma faiblesse, ce n'est ni la gloire de ma patrie, ni l'éclat restauré du trône, ni le sublime enthousiasme des peuples, ni le délire de la victoire qui tient occupé ce faible cœur ! Un seul le charme et le remplit. Il n'a de place que pour ce sentiment unique : l'être adoré, celui que le peuple acclame, qu'il bénit, qu'il couvre de fleurs, l'être qui m'appartient, le bien-aimé !

JEANNE. Oh! tu es heureuse, toi, bien-heureuse ! Tu aimes où chacun aime ; tu peux ouvrir ton cœur au grand jour, et donner libre cours aux yeux de tous à ton ravissement. Cette fête du royaume est la fête de tes amours ! Tous ces peuples dont les flots se pressent dans ces murs partagent ton émotion et la consacrent. C'est toi qu'ils saluent, pour toi qu'ils tressent leurs couronnes. La félicité publique et toi ne faites qu'un. Tu aimes le soleil, source de toute ivresse, et ce que tu vois n'est que le reflet de ton amour.

SOREL, *lui sautant au cou*. Oh ! tu me ravis de joie, tu me comprends ; oui, je t'avais méconnue, tu connais l'amour ; et ce que je ressens, tu l'exprimes avec puissance. Plus de timidité, plus de crainte, mon cœur s'élance au devant de toi en pleine confiance.

JEANNE, *s'arrachant à ses embrassements.* Laisse-moi, fuis mon aspect, ne te souille point de ma présence empoisonnée. Sois heureuse, va! et me laisse dans ma nuit profonde cacher mon infortune, ma honte, mon désespoir.

SOREL. Tu m'épouvantes, je ne te comprends pas; t'ai-je jamais comprise, et n'as-tu point toujours été pour moi un mystère? Comment en effet comprendre ce qui peut être une cause d'ombrage pour ton cœur saint, pour ton âme si pure à la fois et si tendre.

JEANNE. La sainteté ici, la pureté, c'est toi; et si tu pouvais lire dans mon sein, tu repousserais avec horreur, loin de toi, l'ennemie, la traîtresse!

SCÈNE III.

DUNOIS, DUCHATEL, LA HIRE, *apportant la bannière de Jeanne.*

DUNOIS. Nous te cherchons, Jeanne, tout est prêt, le roi nous envoie; il entend que tu portes devant lui la sainte bannière. Tu vas te mêler aux rangs des princes, et marcher la première devant lui, car il reconnaît, chacun t'en rendra témoignage, qu'à toi seule revient l'honneur de cette journée.

LA HIRE. Voici la bannière; prends-la, noble Pucelle, les princes et le peuple attendent.

JEANNE. Moi, marcher devant lui? moi, porter la bannière?

DUNOIS. Et quel autre en serait digne? Où trouver une main assez pure pour porter le symbole sacré? Tu l'agitas dans la mêlée, porte-le maintenant comme un ornement sur ces joyeux chemins. (*La Hire lui présente la bannière. Jeanne recule en tressaillant.*)

JEANNE. Arrière! arrière!

LA HIRE. Qu'as-tu donc? Tu frémis devant ta propre bannière! Regarde! (*Il déploie l'étendard.*) C'est le même drapeau que tu faisais flotter dans la victoire.

Sur ces plis la reine des cieux est représentée planant au-dessus du globe terrestre. Car c'est ainsi que la sainte Mère te l'avait prescrit.

JEANNE, *regardant avec épouvante.* C'est elle! elle-même! C'est ainsi qu'elle m'apparut. Voyez comme elle fronce le sourcil, comme sous sa sombre paupière flamboie son regard irrité!

SOREL. Le délire s'empare de ses sens. Reviens à toi! illusions que tout cela. Tu n'as devant les yeux qu'une vaine image. Elle-même plane au sein de l'infini.

JEANNE. Vision terrible! Viens-tu pour châtier ta créature? Ecrase-moi, punis-moi, rassemble tes foudres et les dirige sur mon front coupable. J'ai rompu mes vœux, j'ai profané, j'ai blasphémé ton divin nom!

DUNOIS. Malheur à nous! Que veut dire ceci? Quels funestes discours!

LA HIRE, *à Duchâtel avec stupeur.* Comprenez-vous rien à cette incroyable convulsion?

DUCHATEL. Je vois ce que je vois; et ce n'est pas d'aujourd'hui que la crainte m'en est venue.

DUNOIS. Comment? Que voulez-vous dire?

DUCHATEL. Ce que je pense, je ne puis le dire. Plût à Dieu que tout ceci fût passé, et que le roi fût déjà couronné.

LA HIRE. Eh quoi! l'épouvante qui jaillissait de cette bannière s'est-elle contre toi-même retournée? Laisse l'Anglais trembler devant ce signe; aux ennemis de la France il est terrible, mais pour ses fidèles enfants il est propice.

JEANNE. Oui, tu dis vrai! Aux amis il est propice, et jette l'épouvante au cœur des ennemis! (*On entend la marche du couronnement.*)

DUNOIS. Prends donc cet étendard! prends-le, le cortége commence, hâtons-nous! (*Il lui met la bannière aux mains; Jeanne le saisit avec une vive répugnance et sort; tous les autres la suivent.*)

SCÈNE IV.

La scène change et représente une place publique devant la cathédrale.

La multitude remplit le fond. Des groupes de curieux se détachent. BERTRAND, CLAUDE-MARIE *et* ETIENNE, *puis* MARGOT *et* LOUISON. *On entend au loin la marche du couronnement.*

BERTRAND. Entendez la musique! Les voici, ils s'approchent. Que ferons-nous? Monterons-nous là-haut sur la plate-forme, ou tâcherons-nous de pénétrer à travers la foule pour ne rien perdre du cortége?

ÉTIENNE. Impossible de se frayer un passage. Toutes les rues sont encombrées de monde tant à cheval qu'en voiture.

CLAUDE-MARIE. On dirait en vérité que la moitié de la France est rassemblée ici. Le courant emporte tout devant lui, et nous-mêmes ne nous a-t-il pas enlevés de notre lointaine Lorraine pour nous déposer céans?

BERTRAND. Qui pourrait demeurer tranquille dans son coin, lorsque tant de grandes choses se passent dans la patrie? Il en a coûté assez de sueur et de sang pour rétablir la couronne sur la tête légitime. Et il ne faut pas que notre roi, qui est le véritable, à qui nous rendons aujourd'hui sa couronne, soit moins bien escorté que le roi des Parisiens, qu'ils ont couronné à Saint-Denis. Celui-là n'est pas un bon Français qui se tient loin de cette fête, et ne crie pas avec nous: Vive le roi!

SCÈNE V.

MARGOT *et* LOUISON, *s'approchant d'eux.*

LOUISON. Nous allons voir notre sœur, Margot! le cœur me bat.

MARGOT. Nous allons la voir dans l'éclat et la grandeur, et nous dire : c'est Jeanne! c'est notre sœur!

LOUISON. Il me faudra la voir de mes yeux pour croire que cette guerrière qu'on nomme la Pucelle d'Orléans soit notre sœur Jeanne, qui nous a quittés pour ne plus revenir.

MARGOT. Tu doutes encore? Eh bien! tu verras de tes yeux.

BERTRAND. Attendez, les voici!

SCÈNE VI.

Des joueurs de flûte et de hautbois ouvrent la marche, suivis d'enfants vêtus de blanc et portant des branches vertes dans leurs mains. Derrière eux s'avancent deux hérauts, puis une troupe de hallebardiers précédant des magistrats en simarre. Viennent ensuite deux maréchaux, leur bâton à la main; le duc de Bourgogne portant l'épée, Dunois le sceptre, et d'autres grands du royaume portant la couronne, la main de justice et le globe impérial; les enfants de chœur agitant l'encensoir, deux évêques tenant la sainte ampoule, l'archevêque avec le crucifix. Derrière lui s'avance Jeanne avec sa bannière. Elle monte la tête baissée et d'un pas incertain. A sa vue, ses sœurs témoignent leur étonnement et leur joie. Immédiatement après Jeanne, vient le roi sous un dais soutenu par quatre barons. Des courtisans et des soldats ferment la marche. Aussitôt que le cortége est entré dans l'église, la musique se tait.

SCÈNE VII.

LOUISON, MARGOT, CLAUDE-MARIE, ÉTIENNE, BERTRAND.

MARGOT. As-tu vu la sœur?

CLAUDE-MARIE. Dans son armure d'or, précédant le roi avec sa bannière?

MARGOT. C'était elle! c'était Jeanne, notre sœur!

LOUISON. Et elle ne nous a pas reconnues! Comment se serait-elle doutée que le cœur de ses sœurs battait tout près d'elle. Ses yeux cherchaient la terre; elle m'a paru si pâle, et cheminait sous son drapeau d'un pas si chancelant, que je n'ai pu me réjouir en la voyant.

MARGOT. Quant à moi, je n'ai vu que son éclat et sa gloire. Qui jamais se fût imaginé, même en songe, alors qu'elle menait paître les troupeaux sur nos montagnes, que nous la verrions environnée d'une telle pompe!

LOUISON. C'est l'accomplissement de ce rêve de notre père, d'après lequel nous devions, dans Reims, nous incliner devant notre sœur. Voici bien l'église que notre père a vue en songe, et tout maintenant s'est accompli! Mais le père a vu aussi de sombres apparitions. Ah! je tremble de la voir si grande!

BERTRAND. Pourquoi restons-nous ici à ne rien faire? Venez dans l'église assister à la sainte cérémonie.

MARGOT. Oui, venez; peut-être que nous y rencontrerons la sœur.

LOUISON. Nous l'avons vue, retournons-nous-en au pays.

MARGOT. Quoi! sans l'avoir saluée, sans lui avoir parlé.

LOUISON. Elle n'est plus des nôtres! Sa place est parmi les princes et les rois! Qui sommes-nous, pour oser prétendre nous mêler à sa gloire? Ne nous était-elle pas étrangère, alors qu'elle vivait encore parmi nous?

MARGOT. Va-t-elle rougir de nous, nous mépriser?

BERTRAND. Le roi lui-même ne nous méprise pas. Il saluait, en passant, les plus humbles avec bienveillance. Si haut qu'elle soit montée, le roi est cependant plus qu'elle! (*Bruit de fanfares et de timbales venant de l'église.*)

CLAUDE-MARIE. Entrons dans l'église! (*Ils se dirigent vers le fond et se perdent parmi le peuple.*)

SCÈNE VIII.

THIBAUT *entre vêtu de noir ;* **RAYMOND,** *le suivant et s'efforçant de le retenir.*

RAYMOND. Arrêtez, père Thibaut, restez à l'écart de cette foule ! Ici vous ne rencontrerez que de joyeux visages, et cette fête offense votre chagrin ! Venez, hâtons-nous de quitter la ville.

THIBAUT. As-tu vu ma malheureuse enfant ? l'as-tu bien examinée ?

RAYMOND. Oh ! je vous en supplie, fuyez !

THIBAUT. As-tu remarqué comme ses pas chancelaient, quelle pâleur sur ses traits et quel trouble ? L'infortunée comprend sa situation ; le moment est venu de sauver mon enfant, ne le laissons pas échapper ! (*Il veut s'éloigner.*)

RAYMOND. Demeurez. Que voulez-vous faire ?

THIBAUT. La surprendre, la précipiter du faîte de ses vaines prospérités, et la ramener, fût-ce de force, à son Dieu qu'elle a renié.

RAYMOND. Ah ! songez-y bien. Vous-même pousser votre enfant dans l'abîme !

THIBAUT. Périsse son corps pourvu que l'âme soit sauvée ! (*Jeanne, sans son drapeau, s'élance hors de l'église. La multitude s'empresse autour d'elle, l'adorant et baisant les plis de ses vêtements, de telle sorte qu'elle reste un moment au fond du théâtre, sans pouvoir percer les flots du peuple qui l'assiégent.*) Elle vient ! c'est elle ! pâle, elle se précipite hors du temple, l'angoisse qui l'obsède la chasse du sanctuaire. C'est le jugement du ciel qui se manifeste !

RAYMOND. Adieu ! n'attendez pas que je persiste davantage. Je suis venu plein d'espérance et m'éloigne plein d'affliction ! J'ai revu votre fille et sens que je l'ai de nouveau perdue. (*Il sort. Thibaut s'éloigne par le côté opposé.*)

SCÈNE IX.

JEANNE, PEUPLE; *puis ses* SOEURS.

JEANNE *s'est débarrassée de la foule et s'avance.* Je ne puis demeurer! des esprits me relancent! Doux accents de l'orgue, j'entends comme le tonnerre qui gronde, les voûtes du saint lieu m'écrasent, j'ai besoin d'air, de liberté, d'espace! J'ai laissé mon drapeau dans le sanctuaire; jamais, non plus jamais, cette main n'y touchera. Il me semblait avoir vu mes tendres sœurs, Margot et Louison, glisser devant moi comme un rêve. Hélas! vision décevante! Loin, elles sont, bien loin de moi comme les jours heureux de mon enfance et de ma pureté!

MARGOT, *paraissant.* C'est elle, c'est Jeanne!

LOUISON, *courant au-devant d'elle.* O ma sœur!

JEANNE. Ce n'était donc point un songe? C'est bien vous, vous que j'embrasse! Toi, ma Louison! toi, Margot! ici dans ces lieux étrangers, dans ce vide peuplé, vous dont j'étreins la poitrine fidèle!

MARGOT. Elle nous reconnaît, elle est toujours la bonne sœur.

JEANNE. Et c'est votre amour qui vous conduisit vers moi, si loin, si loin! Et vous, n'en voulez-vous pas à votre sœur de vous avoir ainsi quittées sans un adieu?

LOUISON. C'étaient les impénétrables desseins de Dieu qui t'entraînaient.

MARGOT. Ta réputation dont s'émeut tout le monde, et qui met ton nom dans chaque bouche, nous est venue saisir jusqu'au fond de notre paisible village, et nous a conduites ici pour assister à la solennité de cette fête. Nous sommes venues pour voir ta gloire, et nous ne sommes pas seules.

JEANNE, *avec vivacité.* Le père est avec vous? Où donc est-il? Pourquoi se cache-t-il?

MARGOT. Le père n'est point avec nous.

JEANNE. Point avec vous! Ne veut-il pas voir son enfant? ne m'apportez-vous pas sa bénédiction?

LOUISON. Il ignore que nous sommes ici.

JEANNE. Il l'ignore, dites-vous? Pourquoi cela? Vous vous troublez, vous gardez le silence, vos yeux s'abaissent vers la terre! Parlez! Le père, où est-il?

MARGOT. Depuis que tu nous as quittés...

LOUISON, *lui faisant un signe d'intelligence.* Margot!

MARGOT. Notre père est tombé dans l'accablement.

JEANNE. L'accablement!

LOUISON. Console-toi, tu connais l'âme de notre père toujours remplie de pressentiments; il recouvrera sa bonne humeur, son contentement, lorsque nous lui annoncerons que tu es heureuse.

MARGOT. Tu es pourtant heureuse, n'est-ce pas? Oh! certes, oui, tu dois l'être, entourée de tant de grandeurs, de tant d'hommages!

JEANNE. Je le suis, puisque je vous revois, puisque je vous entends, et me rappelle les accents chéris des champs paternels! et, lorsque je menais paître les troupeaux sur nos hauteurs, alors j'étais heureuse comme en paradis. Ne le serai-je plus ; ce bonheur, jamais ne le retrouverai-je? (*Elle cache son visage dans le sein de Louison. Claude-Marie, Étienne et Bertrand paraissent et s'arrêtent discrètement dans l'éloignement.*)

MARGOT. Venez, Étienne, Bertrand, Claude-Marie, la sœur n'est point fière! Elle est aussi douce et vous parle d'aussi bonne amitié que si elle n'avait rien fait et fût toujours demeurée avec nous au village. (*Ils s'avancent et veulent lui tendre la main; Jeanne attache sur eux un regard fixe et tombe absorbée en une stupeur profonde.*)

JEANNE. Où donc étais-je? Dites-moi! tout cela, n'est-ce pas, n'était qu'un long rêve? et maintenant je m'éveille. Ai-je quitté jamais Domremy? Non, je m'étais seulement endormie sous l'arbre enchanté, et je me réveille, et je vous retrouve autour de moi, êtres famitiers et chéris ! Ces rois, ces batailles, ces guerres, songes que tout cela, visions qui devant mes yeux ont passé ; car sous cet arbre, on rêve des songes vivants ! Comment êtes-vous venus dans Reims ? Comment m'y trouvai-je moi-même ? Jamais, jamais, je n'ai quitté Domremy, avouez-le franchement, et rendez la joie à mon cœur !

LOUISON. Nous sommes à Reims ! Tes actions, tu ne les a point rêvées, mais bien réellement accomplies : reconnais-toi, regarde autour de toi, touche de ta main ta brillante armure d'or. (*Jeanne porte sa main à la poitrine, réfléchit et tressaille.*)

BERTRAND. Ce casque, vous l'avez reçu de ma main !

CLAUDE-MARIE. Je ne m'étonne pas que vous croyiez rêver, car les rêves ne sauraient offrir rien de plus merveilleux que ce que vous avez fait et accompli.

JEANNE, *vivement*. Venez, fuyons ! je pars avec vous ; je retourne au village, je retourne près de mon père !

LOUISON. Oh ! viens ! viens avec nous !

JEANNE. Tous ces gens-là m'exaltent trop au-dessus de mon mérite. Vous m'avez vue, vous autres, enfant, petite et faible ; vous m'aimez, mais ne m'adorez pas.

MARGOT. Quoi ! tu dirais adieu à tout cet éclat ?

JEANNE. Loin de moi cette pompe odieuse qui sépare votre cœur du mien. Je veux redevenir bergère, je veux humblement vous servir et faire pénitence du péché de vanité que j'ai commis en m'élevant au-dessus de vous. (*On entend les fanfares.*)

SCÈNE X.

LE ROI, *sortant de l'église, revêtu des ornements du sacre*; AGNÈS SOREL, L'ARCHEVÊQUE, LE DUC DE BOURGOGNE, DUNOIS, LA HIRE, DUCHATEL, CHEVALIERS, COURTISANS ET PEUPLE.

TOUS, *à cris répétés, tandis que s'avance le roi*. Vive le

roi! vive Charles VII! (*Les clairons retentissent. Sur un signe du roi, les hérauts élèvent leurs bâtons et commandent le silence.*)

LE ROI. Mon bon peuple! merci de votre amour! La couronne que Dieu replace sur notre tête, fut reconquise par la gloire et teinte du noble sang de la nation; que désormais l'olivier de paix enlace autour d'elle ses verdoyants rameaux; même à tous ceux qui ont combattu contre nous, à tous ceux qui nous ont résisté, amnistie pleine et entière; car la grâce de Dieu s'est étendue sur nous, et notre première parole royale sera.... Grâce!...

LE PEUPLE. Vive le roi! Vive Charles-le-Bon!

LE ROI. De Dieu seul, le maître tout puissant, les rois de France ont tenu leur couronne; mais nous, d'une façon plus visible encore, nous avons reçu la nôtre de sa main. (*Se retournant vers la Pucelle.*) La voilà, l'envoyée de Dieu qui vous rendit le roi de vos ancêtres, et brisa le joug de la tyrannie étrangère! Que son nom soit sacré pour vous à l'égal du nom de saint Denis, patron de cette terre, et qu'un autel s'élève à sa gloire!

LE PEUPLE. Vive la Pucelle! Vive celle qui nous a sauvés! (*Fanfares.*)

LE ROI, *s'adressant à Jeanne*. Maintenant, si comme nous tu appartiens à l'humaine nature, dis, quel bonheur pourrait te charmer? Mais si dans ton sein virginal se dérobent à nos yeux les purs rayons des corps célestes, par grâce, enlève à nos sens le bandeau qui les couvre et te révèle devant nous dans ta splendeur lumineuse, telle que le ciel te contemple, afin que nous t'adorions, prosternés dans la poussière! (*Silence général. Tous les regards sont attachés sur la Pucelle.*)

JEANNE, *laissant échapper un cri soudain*. Dieu! mon père!

SCÈNE XI.

THIBAUT *sort de la foule, et s'arrêtant devant Jeanne, la regarde face à face.*

VOIX NOMBREUSES. Son père !

THIBAUT. Oui, son malheureux père, celui qui donna le jour à l'infortunée, et que le jugement de Dieu amène ici pour accuser sa propre fille.

LE DUC DE BOURGOGNE. Ah ! qu'est-ce ?

DUCHATEL. Je sens qu'un affreux jour se lève.

THIBAUT, *au roi*. Tu crois devoir ton salut à la puissance de Dieu ? prince abusé, peuple de France qu'on égare ! Et c'est aux manœuvres du démon que tu dois tout ! (*Tous se reculent avec horreur.*)

DUNOIS. Cet homme est fou !

THIBAUT. Dis plutôt que c'est toi qui as perdu la raison, toi et ce saint évêque, et tous ceux qui sont là et qui croient que le Dieu du ciel se va manifester par l'entremise d'une pauvre fille. Voyons si, à la face de son père, elle osera soutenir cette jonglerie effrontée à l'aide de laquelle elle dupe le peuple et le roi. Au nom de la Trinité ! réponds, es-tu digne d'être mise au rang des saintes, au rang des pures ? (*Silence général. Tous les yeux sont tendus vers Jeanne, qui demeure immobile.*)

SOREL. Dieu ! elle se tait !

THIBAUT. Comment ferait-elle autrement en présence de ce nom terrible, redouté même au fond des enfers ? Elle une sainte, elle envoyée de Dieu ! Imposture inventée en un lieu maudit, sous cet arbre enchanté où dès les temps antiques les esprits du mal mènent leur sabbat ! C'est là qu'à l'ennemi du genre humain elle vendit la partie immortelle d'elle-même, à la condition qu'il lui procurerait un peu de renommée. Dites-lui de vous montrer ses bras, et vous y verrez les signes dont l'enfer l'a marquée !

LE DUC DE BOURGOGNE. Horreur ! Et pourtant comment

ne point croire au père qui témoigne contre son propre enfant!

DUNOIS. Non, gardez-vous de croire à cet insensé qui se déshonore dans son propre enfant!

SOREL, *à Jeanne.* Oh! parle! romps ce fatal silence! Nous te croirons! Nous avons foi en toi : un mot de ta bouche, un seul mot nous suffit; mais parle! réduis à néant cette horrible accusation. Dis-nous que tu es innocente, et nous te croirons! (*Jeanne reste immobile. Agnès Sorel s'éloigne d'elle avec horreur.*)

LA HIRE. Elle est sous le coup de l'effroi. L'étonnement et l'épouvante lui ferment la bouche. En face d'une si horrible accusation, comment l'innocence elle-même ne tremblerait-elle pas? Reviens à toi, Jeanne, explique-toi; l'innocence a son langage à elle, son coup-d'œil souverain qui essuie la calomnie. Cède à l'emportement d'une noble colère; lève les yeux et foudroye le doute criminel qui ose profaner ta vertu. (*Jeanne demeure immobile. La Hire s'éloigne avec horreur. L'agitation redouble.*)

DUNOIS. Le peuple frémit, les princes tremblent, que veut dire tout ceci? Elle est innocente, je m'en porte garant, et j'engage dans sa cause mon honneur de prince! Voilà mon gantelet; que celui-là le ramasse, qui ose la nommer coupable. (*Le tonnerre gronde. Tous restent épouvantés.*)

THIBAUT. Réponds, au nom de Dieu dont la foudre gronde, dis-nous que tu es innocente. Soutiens que l'ennemi n'habite pas dans ton cœur, et me punis de mon mensonge. (*La foudre gronde de nouveau, le peuple s'enfuit de tous côtés.*)

LE DUC DE BOURGOGNE. Dieu nous vienne en aide. Quels signes! Tremblez!

DUCHATEL, *au roi.* Venez, venez, mon roi! Fuyez ces lieux!

L'ARCHEVÊQUE. Au nom de Dieu, je t'interroge. Est-ce ton innocence ou le sentiment de ton crime qui te force à te taire? Si c'est en ta faveur que témoigne la voix de la foudre, prends cette croix et donne un signe. (*Jeanne demeure immobile. De nouveaux coups de tonnerre se font entendre. Le roi, Agnès Sorel, l'archevêque, le duc de Bourgogne, La Hire et Duchâtel s'éloignent.*)

SCÈNE XII.
DUNOIS, JEANNE.

DUNOIS. Tu es ma femme. J'ai cru en toi dès le premier regard, et tel est encore mon sentiment. Je crois plus en toi qu'à tous ces signes, et même qu'à ce tonnerre qui gronde là-haut. Tu te tais dans ta noble colère, tu dédaignes, enveloppée de ta sainte innocence, de réfuter un si honteux soupçon ; pas un seul mot, tends-moi la main, c'est tout ce que je te demande. Ta main, en gage que tu te fies à mon bras et à ta bonne cause. (*Il lui tend la main. Jeanne se détourne avec un tressaillement convulsif. Dunois reste confondu.*)

SCÈNE XIII.
JEANNE, DUCHATEL, DUNOIS ; puis RAYMOND.

DUCHATEL, *revenant.* Jeanne d'Arc! Le roi veut bien permettre que vous quittiez la ville sans être inquiétée. Les portes vous sont ouvertes. Ne redoutez aucune injure. La parole du roi vous sauvegarde. Suivez-moi, comte Dunois, il ne vous convient pas de demeurer ici davantage. Quel dénoûment! (*Il s'éloigne. Dunois sort de sa stupeur, jette un dernier regard sur Jeanne et quitte la place. Jeanne reste un moment toute seule. Enfin paraît Raymond ; un instant, il se tient dans l'éloignement et la contemple en silence avec une douloureuse expression. Puis se rapproche et lui saisit la main.*)

RAYMOND. Profitez du moment. Les rues sont désertes. Donnez-moi la main, je veux vous conduire. (*Jeanne, en l'apercevant, semble pour la première fois revenir à elle, et le considère d'un œil fixe, regarde le ciel, ensuite lui saisit vivement la main et sort.*)

ACTE CINQUIÈME.

Un site sauvage et boisé. Dans le fond, une hutte de charbonniers. Nuit sombre, éclairs, pluie et tonnerre.

SCÈNE I.

UN CHARBONNIER *et* SA FEMME.

LE CHARBONNIER. Voilà un épouvantable orage. Le ciel menace de se fondre en eau, et en plein jour il fait une nuit à compter les étoiles. On croirait que l'enfer est déchaîné; la terre tremble et les vieux frênes séculaires courbent leur tête avec d'horribles craquements. Et cette effroyable guerre des éléments qui dompte les bêtes fauves elles-mêmes et les force à se tapir timidement dans leurs tanières, est impuissante à ramener la paix parmi les hommes. A travers les hurlements du vent et de la tempête, on entend d'ici le bruit des balles. Les deux armées sont tellement rapprochées l'une de l'autre que cette forêt seule les sépare, et chaque instant peut amener une sanglante collision.

LA FEMME DU CHARBONNIER. Dieu nous assiste! Les ennemis étaient battus, dispersés. Comment se fait-il qu'ils nous tracassent de nouveau?

LE CHARBONNIER. Cela vient de ce qu'ils ne craignent plus le roi. Depuis que la Pucelle a été reconnue à Reims pour une sorcière, le diable ne nous vient plus en aide, et tout va de travers.

LA FEMME DU CHARBONNIER. Ecoute, qui vient là?

SCÈNE II.

RAYMOND, JEANNE; *les précédents.*

RAYMOND. J'aperçois une cabane. Venez, nous trouverons ici un abri contre l'orage. Vos forces sont à bout depuis tantôt trois jours que nous errons, fuyant les regards des hommes, et que vous n'avez eu pour nourriture que des racines sauvages. (*L'orage s'apaise. Le ciel redevient calme et clair.*) Ce sont de braves charbonniers. Avancez.

LE CHARBONNIER. Vous me paraissez avoir besoin de vous reposer ; entrez. Tout ce que notre pauvre toit peut vous offrir, est à vous.

LA FEMME. Une armure ! Quel singulier accoutrement pour une jeune fille. Mais, en effet, je me rappelle : nous vivons en de rudes temps, où la femme est bien obligée, elle aussi, d'endosser la cuirasse. La reine elle-même, madame Isabeau, à ce qu'on raconte, se montre armée de pied en cap dans le camp des ennemis, et une jeune fille, une bergère, s'est bravement battue pour notre roi.

LE CHARBONNIER. Assez causé. Rentre dans la cabane et donne à boire à cette damoiselle. (*La femme du charbonnier rentre dans la hutte.*)

RAYMOND, *à Jeanne*. Vous le voyez, tous les hommes ne sont point barbares, et dans les lieux sauvages habitent parfois des cœurs charitables. Rassurez-vous un peu. L'orage a cessé, et les rayons du soleil brillent d'un paisible éclat.

LE CHARBONNIER. J'imagine que vous cherchez à gagner l'armée du roi, puisque vous voyagez ainsi en armes. Soyez prudents ! Les Anglais campent près d'ici, et leurs bandes parcourent le bois.

RAYMOND. Malheur à nous ! Comment leur échapper !

LE CHARBONNIER. Demeurez, jusqu'à ce que mon garçon soit de retour de la ville. Il vous conduira par de secrets sentiers où vous pourrez passer sans rien craindre. Nous connaissons les défilés.

RAYMOND, *à Jeanne*. Quittez ce casque et cette armure qui vous font reconnaître sans vous protéger. (*Jeanne secoue tristement la tête.*)

LE CHARBONNIER. La damoiselle est bien chagrine. Chut ! Qui vient là ?

SCÈNE III.

LA CHARBONNIÈRE *sort de la cabane, apportant un verre;* LE PETIT CHARBONNIER.

LA CHARBONNIÈRE. C'est le garçon que nous attendions. (*A Jeanne.*) Buvez, noble damoiselle, et que Dieu vous bénisse!

LE CHARBONNIER, *à son fils.* Te voici de retour. Anet? Quelles nouvelles?

L'ENFANT DU CHARBONNIER *aperçoit Jeanne, la reconnaît, et s'élançant sur elle au moment où elle s'apprête à boire, lui arrache le verre de la bouche.*) Mère! mère! que faites-vous? A qui donnez-vous l'hospitalité? C'est la sorcière d'Orléans.

LE CHARBONNIER ET SA FEMME. Le ciel nous vienne en aide! (*Ils se signent et se sauvent.*)

SCÈNE IV.

RAYMOND, JEANNE.

JEANNE, *avec calme et douceur.* Tu le vois, la malédiction me poursuit, c'est à qui fuira ma présence. Songe à ton propre sort, et laisse-moi.

RAYMOND. Vous quitter, à présent! Et qui vous accompagnera?

JEANNE. Je ne suis point si dépourvue de guide. N'as-tu pas entendu la foudre qui grondait au-dessus de ma tête? Ma destinée me mène. Sois tranquille, j'arriverai au but sans le chercher.

RAYMOND. Où voulez-vous aller? Ici sont les Anglais acharnés à votre perte qu'ils ont jurée; là, les nôtres qui vous ont répudiée, bannie....

JEANNE. Rien ne m'atteindra que ce qui doit être.

RAYMOND. Qui pourvoira à votre nourriture? Qui vous défendra contre les bêtes sauvages, contre les hommes plus cruels encore? Qui vous soignera dans vos souffrances, dans vos misères?

JEANNE. Je connais les plantes, les racines. J'appris autrefois de mes brebis à distinguer du poison, l'herbe salutaire. Je sais interpréter le cours des étoiles et des nuées, et j'entends bruire les sources cachées. La créature a besoin de peu, et la nature renferme des trésors de vie.

RAYMOND, *lui prenant la main.* Ne sentirez-vous pas le besoin de descendre en vous-même? de vous réconcilier avec Dieu? de rentrer en pénitente dans la grâce de la sainte Église?

JEANNE. Et toi aussi, tu me crois coupable du crime dont on m'accuse!

RAYMOND. Comment ferais-je autrement, lorsque votre silence avoue...

JEANNE. Toi qui m'as suivie dans ma misère, toi le seul être qui me soit resté fidèle, et qui s'attache à moi quand le monde entier me repousse, toi aussi tu me crois une réprouvée... une infâme, coupable d'avoir pu renier son Dieu! (*Raymond garde le silence.*) Oh! c'est cruel, cela!

RAYMOND, *étonné.* Quoi! vous ne seriez point une magicienne?

JEANNE. Une magicienne, moi!

RAYMOND. Et ces miracles, vous les auriez accomplis par la force de Dieu et de ses saints?

JEANNE. Par quelle autre force crois-tu donc?

RAYMOND. Et vous ne savez répondre que par le silence à une si odieuse accusation? Vous parlez maintenant, et devant le roi, alors que tant il importait de parler, vous restiez muette?

JEANNE. Je subissais en silence le destin que Dieu mon maître m'imposait!

RAYMOND. A votre père vous n'avez rien pu répondre.

JEANNE. Ce qui venait d'un père venait de Dieu, et l'épreuve aussi me sera comptée.

RAYMOND. Le ciel lui-même a porté témoignage de votre crime.

JEANNE. Le ciel parlait, c'est pourquoi je me suis tue.

RAYMOND. Quoi! vous pourriez d'un mot vous disculper? et vous avez laissé le monde en cette erreur fatale.

JEANNE. Ce n'était point une erreur, mais un décret d'en haut.

RAYMOND. Innocente, vous avez souffert cette infamie, et pas une plainte ne s'échappa de votre bouche. Tout ceci me confond, et je reste ébranlé. Mon cœur se retourne au fond de ma poitrine. Oh! volontiers je prendrais votre parole pour vérité ; car il m'en coûtait de croire à votre faute. Mais comment imaginer qu'une créature humaine puisse ainsi n'opposer que le silence à tout ce qu'il y a d'affreux?

JEANNE. Eussé-je été digne de ma mission, si je n'avais su respecter aveuglément les volontés du maître? Oh! va, je ne suis point si misérable que tu crois. Je souffre des privations, est-ce donc là un bien grand mal pour ceux de mon état? Je suis bannie et fugitive ; mais n'ai-je point appris à me reconnaître dans la solitude? Naguères, lorsque l'éclat de la gloire m'environnait, un combat se livrait dans mes sens, et j'étais la plus infortunée des créatures, quand je semblais la plus digne d'envie aux yeux du monde! Maintenant je suis guérie, et cet orage qui semblait annoncer la fin de la nature m'a fait du bien! En pacifiant le monde il m'a pacifiée ; je sens la paix redescendre en moi. Advienne maintenant que pourra, je n'ai plus de faiblesse à me reprocher.

RAYMOND. Oh! venez, venez! courons proclamer votre innocence à la face du monde entier.

JEANNE. Celui qui déchaîna la confusion la dissipera. Alors seulement qu'il est mûr tombe le fruit de la destinée. Un jour viendra pour m'absoudre. Et ceux-là qui m'ont rejetée et condamnée, reconnaîtront alors leur délire et verseront des larmes sur mon sort.

RAYMOND. Et j'attendrais en silence qu'un hasard....

JEANNE, *lui prenant doucement la main.* Tu ne vois que le côté naturel des choses, car un bandeau terrestre couvre tes yeux. J'ai contemplé, moi, l'immortalité de l'être. Sans l'agrément des dieux, pas un cheveu ne saurait tomber de la tête de l'homme. Vois-tu là-haut le soleil qui décline, eh bien ! aussi vrai qu'il se lèvera demain dans sa splendeur, aussi infailliblement vrai, luira le jour de la vérité !

SCÈNE V.

LA REINE ISABEAU *paraît dans le fond, guidant une escorte de soldats.*

ISABEAU, *derrière la scène.* Où est le chemin qui mène au camp anglais ?

RAYMOND. Malheur à nous ! les ennemis. (*Les soldats s'avancent, aperçoivent Jeanne et reculent épouvantés.*)

ISABEAU. Qu'ont-ils maintenant à s'arrêter ?

LES SOLDATS. Dieu nous assiste.

ISABEAU. Est-ce un fantôme qui vous apparaît ? Etes-vous des braves ou des lâches ? Qu'y a-t-il ? (*Elle traverse le groupe, s'approche et recule à l'aspect de la Pucelle.*) Que vois-je ? Ah ! (*Reprenant ses esprits et marchant résolument vers Jeanne.*) Rends-toi ! tu es ma prisonnière.

JEANNE. J'y consens. (*Raymond s'enfuit avec des gestes de désespoir.*)

ISABEAU, *aux soldats.* Qu'on la charge de chaînes ! (*Les soldats s'approchent de la Pucelle avec circonspection ; Jeanne leur tend ses bras. On l'enchaîne.*) Est-ce donc là cette puissante guerrière, cette héroïne formidable, qui dispersait nos rangs comme un troupeau, et ne sait pas même aujourd'hui se défendre elle-même ? Serait-ce qu'elle n'opère ses miracles que là où l'on a foi en elle, et redevient simple femme dès qu'elle trouve un homme à qui parler ? (*A la Pucelle.*)

Pourquoi as-tu quitté ton armée? Où est Dunois, ton chevalier et protecteur?

JEANNE. Je suis bannie.

ISABEAU *recule étonnée.* Comment? Quoi! bannie, toi! bannie par le dauphin?

JEANNE. Ne m'interroge pas. Je suis en ton pouvoir, décide de mon sort.

ISABEAU. Bannie! sans doute pour l'avoir retiré de l'abîme, pour l'avoir couronné dans Reims, roi de France? Bannie! Je reconnais bien là mon fils. Emmenez-la au camp! Montrez à l'armée cet épouvantail, objet de tant d'alarmes. Elle, une magicienne! toute sa magie fut votre illusion et votre lâcheté. Une folle plutôt qui s'est sacrifiée pour son roi et qui reçoit en ce moment la royale récompense de son sacrifice. Hâtez-vous de la conduire à Lionel. Je lui envoie enchaînée la fortune des Français. Allez; je vous suis.

JEANNE. A Lionel! Tuez-moi ici à l'instant, plutôt que de m'envoyer à Lionel.

ISABEAU, *aux soldats.* Obéissez à mes ordres. Qu'on l'entraîne! (*Elle sort.*)

SCÈNE VI.

JEANNE, SOLDATS.

JEANNE, *aux soldats.* Anglais! ne souffrez pas que je sorte vivante de vos mains; tirez vos épées, plongez-les moi dans le cœur, et me jetez inanimée aux pieds de votre chef! Songez que c'est moi qui mis à mort les meilleurs d'entre vous; moi, qui fus sans pitié, qui répandis à flots le sang anglais et ravis à vos vaillants héros le jour heureux du retour dans la patrie! Ne vous marchandez pas une sanglante vengeance. Tuez-moi, vous me tenez à cette heure, et peut-être ne me verrez-vous pas toujours aussi faible.

LE CHEF DES SOLDATS. Faites ce que la reine a commandé.

JEANNE. N'ai-je donc point épuisé la somme de mes misères? Vierge redoutable, ta main s'appesantit sévèrement sur moi! Suis-je donc à jamais tombée en ta disgrâce? Dieu a cessé de se manifester; nul ange ne se montre; plus de miracles; le ciel s'est fermé! (*Elle suit les soldats.*)

SCÈNE VII.

Le camp du roi de France.

DUNOIS, L'ARCHEVÊQUE, DUCHATEL.

L'ARCHEVÊQUE. Triomphez de vos ressentiments, prince, marchez avec nous. Revenez à votre roi! N'abandonnez point la commune cause en ce moment, où de nouveau, pressés, nous réclamons l'appui de votre bras.

DUNOIS. Pourquoi sommes-nous dans la gêne? Pourquoi l'ennemi se relève-t-il? Tout était consommé; la France victorieuse touchait au terme de la guerre. Vous avez banni l'ange de salut. Sauvez-vous donc maintenant vous-même; moi je ne veux plus revoir le camp où elle n'est plus!

DUCHATEL. Vous réfléchirez, prince; vous ne nous quitterez pas ainsi.

DUNOIS. Arrêtez, Duchâtel, je vous hais, et de vous ne saurais rien entendre. Vous êtes celui qui le premier a douté d'Elle.

L'ARCHEVÊQUE. Et qui ne fut le jouet de cette erreur, qui ne sentit sa foi en elle chanceler dans ce jour malheureux où tout semblait concourir à l'accuser! Eblouis, confondus, le coup qui atteignit nos cœurs fut si terrible, qu'à cette heure fatale nul ne put approfondir le vrai! Depuis, la réflexion nous est revenue. Nous la voyons telle qu'elle était parmi nous, et jugeons ses actes irréprochables. Nous fûmes égarés; nous tremblons d'avoir injustement prononcé. Le roi se repent; le duc gémit, La Hire reste inconsolable, et le deuil est dans tous les cœurs!

DUNOIS. Un démon d'imposture, Elle! dont la Vérité emprunterait les traits pour s'incarner à nos yeux sur la terre. Si l'innocence, la fidélité, la pureté d'âme habitent quelque part en ce monde, n'est-ce pas sur ses lèvres et dans son limpide regard?

L'ARCHEVÊQUE. Puisse le ciel intervenir, puisse-t-il éclairer ce mystère que nos yeux mortels sont impuissants à pénétrer ; mais quelle que soit la solution des choses, d'une et d'autre façon une faute pour nous est à déplorer. Ou nous avons en effet combattu avec les armes de l'enfer, ou nous avons banni une sainte; et c'en est assez pour attirer la colère et le châtiment du ciel sur cet infortuné pays.

SCÈNE VIII.

UN CHEVALIER; *les précédents*, puis RAYMOND.

LE CHEVALIER. Un jeune pâtre demande à te parler; il insiste et prétend venir de la part de la Pucelle?

DUNOIS. Va, et me l'amène. C'est Jeanne qui me l'envoie. (*Le chevalier ouvre la porte à Raymond; Dunois s'élance au-devant de lui.*) Où est-elle? où est la Pucelle?

RAYMOND. Salut à vous, noble prince, et permettez que je me réjouisse de rencontrer céans ce vénérable évêque, ce saint homme protecteur des opprimés, père des pauvres délaissés!

DUNOIS. Où est la Pucelle?

L'ARCHEVÊQUE. Parle, mon fils.

RAYMOND. Seigneur, elle n'est point une sombre magicienne! Par Dieu et tous les saints, je l'atteste. Le peuple est dans l'erreur, vous avez chassé l'innocence, proscrit l'envoyée de Dieu!

DUNOIS. Où est-elle? Parle.

RAYMOND. Je fus son compagnon dans sa fuite à travers le bois des Ardennes, et son âme s'est ouverte à moi. Que je meure dans les tortures, que je sois privé de mon salut éternel si elle n'est pure de tout reproche.

DUNOIS. Le soleil lui-même dans le ciel n'est pas plus pur! Où est-elle? Parle.

RAYMOND. Oh! si Dieu a retourné vos âmes! Hâtez-vous, sauvez-la, car elle est prisonnière des Anglais.

DUNOIS. Prisonnière! Que dis-tu?

L'ARCHEVÊQUE. Infortunée!

RAYMOND. Dans les Ardennes, où nous cherchions un refuge, elle a été surprise par la reine et livrée aux mains des Anglais. O vous qu'elle a sauvés, sauvez-la d'une horrible mort.

DUNOIS. Aux armes! debout! Sonnez l'alarme; que les tambours appellent tout le monde au combat. Que la France entière prenne l'épée. L'honneur est engagé, on nous a ravi la couronne, le palladium! Notre sang! notre vie à tous! et qu'elle soit libre avant la fin du jour. *(Ils sortent.)*

SCÈNE IX.

Un donjon.

JEANNE, LIONEL.

FALSTOLF *accourt*. Impossible de contenir le peuple davantage. Ils demandent, furieux, que la Pucelle meure. En vain vous voudriez leur résister. Tuez-la et jetez sa tête du haut des créneaux de cette tour. Les flots de son sang peuvent seuls apaiser l'armée.

ISABEAU, *survenant*. Ils placent des échelles pour l'escalade! Calmez le peuple. Voulez-vous attendre qu'ils démolissent la tour en leur fureur aveugle, et que nous périssions dans la bagarre. Vous ne pouvez la protéger. Livrez-la!

LIONEL. Qu'ils attaquent donc; qu'ils se démènent comme des enragés. Ce château est solide, et plutôt que de leur céder je m'ensevelirais sous ses décombres. Réponds, Jeanne : sois à moi, et je te défendrai contre le monde entier.

ISABEAU. Etes-vous hommes?

LIONEL. Les tiens t'ont répudiée, tu es quitte de tout devoir envers ton indigne patrie. Les lâches qui recherchaient ta main, ils t'ont abandonnée; aucun d'eux n'a osé se battre pour ta gloire. Mais moi, contre mon peuple et contre le tien, je prétends soutenir ta cause. Jadis tu me laissas croire que mes jours t'étaient chers, et alors je tirais l'épée contre toi en ennemi; maintenant tu n'as d'autre ami que moi.

JEANNE. Tu es mon ennemi, toi que mon peuple hait. Rien de commun entre nous ne saurait exister. Non, je ne puis t'aimer, mais si ton cœur se sent enclin vers moi, fais que ce sentiment porte bonheur à nos peuples. Conduis ton armée hors du sol de ma patrie, rends les clés de toutes les villes subjuguées, mets en liberté les prisonniers, envoie des otages en garantie du saint traité : à ces conditions, je t'offre la paix au nom de mon roi.

ISABEAU. Prétends-tu dans les fers nous imposer des lois?

JEANNE. Agis, pendant qu'il en est temps, tu le peux encore. La France jamais ne pliera au joug de l'Angleterre. Jamais, jamais cela n'arrivera! dût ce pays se changer en un vaste tombeau où s'engloutiront vos armées. Les meilleurs d'entre vous ont cessé d'exister; songez à vous assurer la retraite. C'en est fait de votre gloire et de votre puissance!

ISABEAU. Et vous pouvez souffrir qu'une insensée vous brave ainsi?

SCÈNE X.

UN CAPITAINE *survenant à la hâte*. Hâtez-vous, général, hâtez-vous de ranger votre armée en bataille. Les Français s'approchent enseignes déployées, déjà la vallée entière reluit de l'éclat de leurs armes.

JEANNE, *avec enthousiasme*. Les Français! Au combat,

superbe Angleterre. Il s'agit maintenant de croiser de nouveau le fer.

FALSTOLF. Insensée, modère ta joie, car tu ne verras pas la fin de cette journée.

JEANNE. Je mourrai, mais mon peuple aura vaincu. Les braves n'ont plus besoin du secours de mon bras.

LIONEL. Je me moque de ce tas de poltrons. Avant que cette héroïque jeune fille combattît pour eux, nous les avons chassés devant nous en vingt rencontres. Je les méprise tous à l'exception d'une seule, et celle-là, ils l'ont bannie! Venez, Falstolf, courons leur ménager une nouvelle journée de Crécy et de Poitiers. Vous, reine, demeurez en cette tour. Veillez sur la Pucelle jusqu'à ce que le sort se soit prononcé. Je vous laisse cinquante cavaliers pour vous couvrir.

FALSTOLF. Quoi! vous voudriez marcher à l'ennemi en laissant derrière vous cette furieuse?

JEANNE. Une femme enchaînée te fait peur?

LIONEL. Ta parole, Jeanne, que tu ne chercheras pas à t'échapper.

JEANNE. Recouvrer ma liberté est mon unique vœu.

ISABEAU. Chargez-la de liens plus étroits! J'engage ma vie qu'elle ne s'échappera pas. (*On lui lie les bras et le corps de lourdes chaînes.*)

LIONEL, *à Jeanne.* Tu le veux, tu nous y contrains! Ton sort est encore dans tes mains. Renonce à la France! porte la bannière d'Angleterre, et tu es libre! et tous ces furieux qui demandent ton sang, deviennent tes esclaves.

FALSTOLF, *le poussant.* Partons, mon général, partons.

JEANNE. Trêve de discours, les Français s'avancent, défends-toi. (*Les clairons sonnent, Lionel sort à la hâte.*)

FALSTOLF. Vous savez ce qui vous reste à faire, madame? Si la fortune se déclare contre nous, si vous voyez fuir nos bataillons...

ISABEAU, *tirant son poignard.* Soyez tranquille, elle ne vivra pas pour contempler notre chute.

FALSTOLF, *à Jeanne.* Tu sais ce qui t'attend, libre à toi d'appeler maintenant la victoire sur les armes de ton peuple !

(Il sort.)

SCÈNE XI.

ISABEAU, JEANNE, SOLDATS.

JEANNE. Oui, je l'appellerai, et nul ne m'en empêchera. Écoutez ! c'est la marche guerrière de mon peuple. Vaillante harmonie, comme elle retentit au fond de mon cœur en lui présageant la victoire ! Mort aux Anglais ! Victoire à la France ! Debout, mes héros, debout ! la Pucelle est avec vous ; elle ne peut plus, comme jadis, porter la bannière devant vous, de lourdes chaînes la retiennent ; mais libre, hors de sa prison, s'élance son âme sur les ailes de votre chant guerrier.

ISABEAU, *à l'un des soldats.* Monte à la plate-forme, et dis-nous les chances du combat. *(Le soldat monte.)*

JEANNE. Courage, courage, mon peuple ! c'est le dernier combat. Une victoire encore, et l'ennemi succombe.

ISABEAU. Que vois-tu ?

LE SOLDAT. Les deux armées sont aux prises. Un furieux, monté sur un coursier barbe, à la peau tigrée, s'élance en avant avec les gens d'armes.

JEANNE. C'est le comte Dunois ! Courage, vaillant guerrier, la victoire marche avec toi.

LE SOLDAT. Le duc de Bourgogne attaque le pont.

ISABEAU. Le traître ! Puissent vingt lances percer son fourbe cœur !

LE SOLDAT. Lord Falstolf lui fait une vigoureuse résistance ; ils descendent de cheval, ils combattent corps à corps, ceux du duc et les nôtres.

ISABEAU. N'aperçois-tu pas le dauphin, ne reconnais-tu pas les insignes royales ?

LE SOLDAT. Tout se confond dans la poussière. Impossible de rien distinguer !

JEANNE. Ah! s'il avait mes yeux, ou si j'étais là-haut à sa place, le moindre détail ne m'échapperait pas. Je compte les oiseaux au passage, je reconnais le faucon au plus haut des airs.

LE SOLDAT. Près des fossés, une effroyable mêlée s'agite. Les chefs, à ce qu'il me paraît, se battent là.

ISABEAU. Vois-tu toujours flotter notre étendard?

LE SOLDAT. Oui, certes, et haut encore!

JEANNE. Ah! si je pouvais seulement y voir par la fente des murailles, je voudrais de mon regard diriger le combat.

LE SOLDAT. Malheur à moi! Que vois-je, notre chef est circonvenu.

ISABEAU, *levant le poignard sur Jeanne*. Meurs, misérable!

LE SOLDAT, *vivement*. Délivré! le brave Falstolf prend l'ennemi par derrière et pénètre dans ses rangs les plus épais!

ISABEAU, *rengaînant son poignard*. C'est ton bon ange qui vient de parler.

LE SOLDAT. Victoire! victoire! ils fuyent.

ISABEAU. Qui fuit?

LE SOLDAT. Français et Bourguignons sont en déroute, les fuyards couvrent la plaine.

JEANNE. Mon Dieu! mon Dieu! tu ne m'abandonneras point de la sorte!

LE SOLDAT. Un homme grièvement blessé est amené de ce côté, une multitude s'élance pour le secourir, c'est un prince!

ISABEAU. Est-ce un des nôtres ou un Français?

LE SOLDAT. On lui ôte son casque, c'est le comte Dunois!

JEANNE, *secouant ses liens avec un geste convulsif*. Et dire que je ne suis qu'une pauvre femme enchaînée!

LE SOLDAT. Attention! Quel est celui qui porte le manteau bleu de ciel broché d'or?

JEANNE, *chaleureusement.* C'est mon maître ! mon roi !

LE SOLDAT. Son coursier prend peur, il trébuche, il s'abat, il se dépêtre à grands efforts. (*Jeanne donne pendant ce récit des signes d'émotion passionnée.*) Les nôtres lui courent sus en toute hâte ; ils l'atteignent enfin, ils l'enveloppent !

JEANNE. Seigneur ! il n'y a donc plus d'anges dans le ciel ?

ISABEAU, *avec ironie et sarcasme.* C'est le moment ou jamais... Allons, protectrice suprême, protège donc.

JEANNE, *tombant à genoux, et d'une voix qui s'exalte de plus en plus.* Entends-moi, Seigneur. Du fond de mes misères, je t'invoque en suppliante, et vers toi, dans le ciel, j'élève mon âme. Tu peux rendre un fil d'araignée aussi fort qu'un câble de vaisseau ; il est aisé à ta toute-puissance de changer ces liens de fer en une toile d'araignée. Que ta volonté se manifeste ; et ces chaînes vont tomber, ces murailles s'ouvrir. Tu vins en aide à Samson, aveugle et dans les fers, alors qu'il subissait l'amère raillerie de superbes ennemis. Fort de sa confiance en toi, il saisit d'une main puissante les portes de sa prison, et l'édifice ébranlé s'écroula...

LE SOLDAT. Triomphe ! triomphe !

ISABEAU. Qu'est-ce ?

LE SOLDAT. Le roi est prisonnier !

JEANNE, *se relevant.* Qu'ainsi donc, Dieu me vienne en aide ! (*A ces mots, elle a saisi violemment ses chaînes à deux mains et les arrache, puis se jetant sur le premier soldat qu'elle rencontre, elle lui enlève son épée et s'élance dehors. Tous restent frappés d'immobilité et de stupeur.*)

SCÈNE XII.

Les précédents, excepté JEANNE.

ISABEAU, *après une longue pause.* Qu'était-ce là ? Rêvais-je ? Où a-t-elle passé ? Comment s'y est-elle prise pour rompre ses chaînes écrasantes ? Le monde entier serait là pour me l'affirmer, que je refuserais d'y croire, si je ne l'avais vu de mes yeux.

LE SOLDAT, *sur la plate-forme.* Comment? a-t-elle donc des ailes? Le tourbillon l'aurait-il emportée?

ISABEAU. Réponds. L'aperçois-tu en bas?

LE SOLDAT. Elle s'élance au milieu du combat. Sa course est plus rapide que mes yeux. Tantôt d'un côté, tantôt de l'autre; je la vois en vingt endroits à la fois. Elle fend les masses, tout se disperse devant elle. Les Français reviennent à la charge. Malheur à moi ! Qu'ai-je vu? Nos peuples jettent bas les armes, nos drapeaux rentrent dans la poussière!

ISABEAU. Quoi! prétend-elle nous ravir une victoire certaine?

LE SOLDAT. Elle s'élance vers le roi ! La voilà qui vient de le joindre et l'arrache hors du combat. Lord Falstolf tombe. Le général est fait prisonnier !

ISABEAU. Assez! assez! Descends.

LE SOLDAT. Fuyez, reine, vous allez être surprise! Le peuple armé investit la tour.   (*Il descend.*)

ISABEAU, *tirant l'épée.* Battez-vous donc, lâches que vous êtes !

SCÈNE XIII.

LA HIRE *entre, suivi de soldats. Les hommes de la reine mettent bas les armes.*

LA HIRE, *abordant la reine avec respect.* Soumettez-vous, Madame, à la toute-puissance. Vos chevaliers se sont rendus; toute résistance désormais serait vaine. Daignez agréer mes services. Ordonnez. Où voulez-vous qu'on vous accompagne?

ISABEAU. Tout lieu me sera bon, pourvu que je n'y rencontre point le dauphin. (*Elle lui rend son épée et le suit avec ses soldats.*)

SCÈNE XIV.

Le champ de bataille. Des soldats portant des étendards occupent le fond du théâtre.

LE ROI *et* LE DUC DE BOURGOGNE *soutiennent dans leurs bras* JEANNE *mortellement blessée et qui ne donne aucun signe de vie. Ils arrivent lentement sur l'avant-scène.* AGNÈS *accourt précipitamment.*

AGNÈS *se jette dans les bras du roi.* Vous êtes libre, vous vivez, je vous possède encore!

LE ROI. Je suis libre, je le suis à ce prix. (*Il montre Jeanne.*)

AGNÈS. Jeanne! Dieu! elle expire!

LE DUC. C'en est fait. Voyez mourir un ange ; voyez comme elle repose là calme et sans douleur ainsi qu'un enfant endormi. La paix du ciel se reflète sur ses traits, aucun souffle ne s'échappe de son sein. Mais sa main n'est pas encore refroidie; il y a là un signe de vie...

LE ROI. C'en est fait, elle ne s'éveillera plus; son regard ne contemplera plus les choses terrestres. Déjà elle plane là-haut comme un esprit lumineux. Elle ne voit plus ni notre douleur ni notre repentir.

AGNÈS. Elle ouvre les yeux! elle vit!...

LE DUC, *étonné.* Revient-elle à nous de son tombeau? Subjugue-t-elle la mort? Elle se relève, elle se soutient.

JEANNE *regarde autour d'elle.* Où suis-je?

LE DUC. Au milieu de ton peuple, Jeanne, au milieu des tiens.

LE ROI. Dans les bras de ton ami, de ton roi.

JEANNE. Non, je ne suis pas une magicienne, non, je vous l'affirme.

LE ROI. Tu es sainte et angélique, mais nos regards étaient aveugles.

JEANNE *regarde en souriant autour d'elle.* Suis-je réellement au milieu des miens? Ne suis-je plus méprisée et proscrite? On ne me maudit donc plus, on me regarde avec bonté? Oui, maintenant, je reconnais tout. Voilà mon roi; voilà les bannières de la France; mais je ne vois pas la mienne. Où est-elle? Je ne puis marcher sans ma bannière. Elle m'a été confiée par mon maître, je dois la déposer devant mon maître; je dois la lui montrer, car je l'ai portée fidèlement.

LE ROI, *détournant le visage.* Donnez-lui sa bannière. (*On la lui présente; elle se tient debout, sa bannière à la main. Le ciel brille d'une lueur éclatante.*)

JEANNE. Voyez-vous là-haut l'arc-en-ciel? Le ciel ouvre ses portes d'or. Elle est là brillante au milieu du chœur des anges; elle porte son fils éternel sur son sein et étend vers moi les bras avec un doux sourire. Que se passe-t-il en moi? Des nuages légers me soulèvent; ma lourde cuirasse se transforme en ailes. La terre fuit derrière moi... Là-haut!... là-haut!... Courte est la douleur, éternelle la joie. (*La bannière échappe de sa main; elle tombe morte. Tous les assistants sont autour d'elle dans une émotion muette. Le roi fait un signe; on apporte tous les étendards et on en couvre doucement le corps de Jeanne.*)

FIN DU SECOND VOLUME.

TABLE.

	Pages.
Don Carlos.	1
Marie Stuart	169
La Pucelle d'Orléans.	291

Abbeville. — Imp. Jeunet.

www.ingramcontent.com/pod-product-compliance
Lightning Source LLC
Chambersburg PA
CBHW071853230426
43671CB00010B/1324